JN071681

条解民事執行規則（第四版）

上〔第１条～第98条の２〕

ま　え　が　き

この資料は，最高裁判所民事裁判資料第257号として，最高裁判所事務総局から刊行されたものです。

実務に携わる各位の好個の資料と思われるので，当局のお許しを得て頒布することといたしました。

令和２年４月

一般財団法人　法　曹　会

はしがき

この解説は，昭和54年11月８日制定交付された民事執行規則（昭和54年最高裁判所規則第５号）について，実務の参考に供するため，とりあえず立案資料を整理し，逐条的に解説を試みたもので，謄写に加えて印刷刊行するものである。

いずれ関連の規則，通達等が整備されるのを待って，内容を補正し，改めて版を起こす予定である。

昭和55年１月

最高裁判所事務総局民事局

民事執行規則が制定公布されてから18年が経過した。その間，民事執行規則は，株券等の保管及び振替に関する法律，民事保全法及び民事保全規則，民事訴訟法及び民事訴訟規則等の法令の制定又は改正に伴い，合計９回の改正を経た。また，民事執行法及び民事執行規則に関する裁判例の集積等も見られるところである。

そこで，執務の参考に供するため，本書では，昭和55年１月に刊行した初版に，これらの改正部分を中心として，加筆訂正を行うとともに，従来の縦書きを横書きに改めた。

平成10年３月

最高裁判所事務総局民事局

改訂版刊行以降，民事執行制度は大きな転換期を迎え，民事執行手続を一層，適正かつ迅速なものとすることにより円滑な権利の実現を図るとの観点から，既存の制度が見直され，新たな制度が創設された。

主だったところでは，平成10年に競売手続の円滑化等を図るための関係法律の整備に関する法律，平成15年に担保物権及び民事執行制度の改善のための民法等の一部を改正する法律，平成16年に民事関係手続の改善のための民事訴訟法等の一部を改正する法律等が制定されており，これらの民事執行制度の改正を含む諸制度の改正に伴い，民事執行規則も改訂版刊行後，12回にわたり改正されてきたところである。

そこで，主要な改正に応じて刊行してきた増補版，再増補版及び再々増補版と改訂版を合冊し，これまでのすべての関連法令及び規則の改正を反映させるとともに，新しい裁判例及び新たに公刊された文献等を踏まえて内容を再検討し，第三版として本書を刊行するものである。

なお，本書の刊行に当たっては，東京地方裁判所及び大阪地方裁判所から御協力をいただき，執行実務の取扱いや運用に関する事項等について貴重なご意見をいただいた。

平成19年３月

最高裁判所事務総局民事局

第三版の刊行以降，民事執行規則は，電子記録債権法の施行（平成20年）や社債，株式等の振替に関する法律の施行（平成21年）等に合わせて数度の改正がされてきたが，令和元年に公布された民事執行法及び国際的な子の奪取の民事上の側面に関する条約の実施に関する法律の一部を改正する法律は，新たな民事執行制度を多数創設するものであったことから，これに伴う今般の民事執行規則改正もとりわけ大きな改正となり，執行裁判所及び執行官の実務に大きな影響を及ぼすものである。

そこで，執務の参考に供するため，本書では，第三版に，これらの改正部分を中心とした加筆訂正を行い，第四版として刊行するものである。

なお，本書の刊行に当たっては，東京地方裁判所及び大阪地方裁判所から御協力をいただき，執行実務の取扱いや運用に関する事項等について貴重なご意見をいただいた。この場をお借りして感謝申し上げる。

令和２年３月

最高裁判所事務総局民事局

凡　　例

〔文　　献〕

浦野・条解　浦野雄幸　条解民事執行法（昭和60年）

田中・解説　田中康久　新民事執行法の解説（増補改訂版）（昭和55年）

注解　　注解強制執行法（昭和49年・51年・53年）

注解民執法　注解民事執行法（昭和59年・60年）

注釈民執法　注釈民事執行法（昭和58年～平成７年）

注解民執法（上）　【注解】民事執行法上巻（平成３年）

佐藤＝三村・預託株券等解説　佐藤歳二＝三村量一　預託株券等執行・新電話加入権執行手続の解説（昭和62年）

深沢・実務（上）（中）（下）　深沢利一（園部厚補訂）　民事執行の実務（上）（中）（下）（補訂版）（平成19年）

座談会　法曹会編　座談会・民事執行の実務（昭和56年）

債権諸問題　東京地裁債権執行等手続研究会編著　債権執行の諸問題（平成５年）

理論と実務（上）（下）　東京地裁民事執行実務研究会編著　改訂不動産執行の理論と実務（上）（下）（平成11年）

不動産執行実務（上）（下）　相澤眞木＝塚原聡編著　民事執行の実務（第４版）・不動産執行編（上）（下）（平成30年）

債権執行実務（上）（下）　相澤眞木＝塚原聡編著　民事執行の実務（第４版）・債権執行編（上）（下）（平成30年）

債権不動産　執行事件実務研究会編　債権・不動産執行の実務（東京・大阪両地方裁判所における執行事件処理の実際）（昭和53年）

配当研究　伊藤善博＝松井清明＝古島正彦　不動産執行における配当に関する研究（裁判所書記官実務研究報告書）（昭和60年）

執行文研究（上）（下）　大山涼一郎＝城所淳司＝福永浩之　執行文に関する書記官事務の研究（上）（下）（裁判所書記官実務研究報告書）（平成４年）

物明研究　久保田三樹＝高次秀幸＝町田政弘　不動産執行事件等における物件明細書の作成に関する研究（裁判所書記官実務研究報告書）（平成６年）

執行文講義案　執行文講義案（改訂再訂版）（裁判所書記官研修所研修教材第21号）（平成26年）

不動産手引(上) 民事書記官事務の手引(上)（執行手続－不動産編－）（民事裁判資料第176号）（訟廷執務資料第57号）（昭和63年）

不動産手引(下) 民事書記官事務の手引(下)（執行手続－不動産編－）（民事裁判資料第179号）（訟廷執務資料第58号）（平成元年）

債権手引　民事書記官事務の手引（執行手続－債権編－）（民事裁判資料第185号）（訟廷執務資料第59号）（平成２年）

協議要録　民事執行事件に関する協議要録（民事裁判資料第158号）（昭和60年）

改正関係執務資料　民事執行法改正関係執務資料（民事裁判資料第211号）（平成８年）

執行官提要　執行官提要（第５版）（民事裁判資料第248号）（平成20年）

旧執行官提要　執行官提要（民事裁判資料第95号）（昭和43年）

執行官協議要録　執行官事務に関する協議要録（第４版）（民事裁判資料第249号）（平成23年）

執行事務要録　執行事務協議会要録（民事裁判資料第99号）（昭和45年）

執行官法概説　西村宏一＝貞家克己編　執行官法概説（昭和44年）

谷口外・解説　谷口園恵＝筒井健夫編著　改正　担保・執行法の解説（平成16年）

一問一答　法務省民事局参事官室編　一問一答　新民事訴訟法（平成８年）

一問一答平成16年改正　小野瀬厚＝原司編著　一問一答　平成16年改正　民事訴訟法　非訟手続法　民事執行法（平成17年）

一問一答電債法　始関正光＝高橋康文編著　一問一答　電子記録債権法

Ｑ＆Ａ　法務省民事局参事官室編　平成10年改正Ｑ＆Ａ新競売・根抵当制度（平成11年）

条解民訴規　条解民事訴訟規則（民事裁判資料第213号）（平成９年）

条解民保規　条解民事保全規則（改訂版）（民事裁判資料第226号）（平成11年）

書式全書Ⅱ　粕谷和雄編＝芳田圭一編著　注解書式全書・民事執行　Ⅱ（平成６年）

中野・執行法　中野貞一郎＝下村正明　民事執行法（平成28年）

菊井・総論　菊井維大　強制執行法（総論）（法律学全集）（昭和51年）

〔雑　　誌〕

ジュリ　ジュリスト

判　時　判例時報

判　タ　判例タイムズ

判　評　判例評論

金　法　金融法務事情

〔法　　令〕

○　法令名のないものは，民事執行規則を示す。

○　そのほかの略記は，次のとおり

法	民事執行法
整備法	民事訴訟法の施行に伴う関係法律の整備等に関する法律（平成８年法律第110号）
平成10年改正規則	民事執行規則等の一部を改正する規則（平成10年最高裁判所規則第５号）
平成14年改正規則	民事執行規則の一部を改正する規則（平成14年最高裁判所規則第６号）
平成15年改正法	担保物権及び民事執行制度の改善のための民法等の一部を改正する法律（平成15年法律第134号）

平成15年改正規則	民事執行規則等の一部を改正する規則（平成15年最高裁判所規則第22号）
平成16年改正法	民事関係手続の改善のための民事訴訟法等の一部を改正する法律（平成16年法律第152号）
平成16年改正規則	民事訴訟規則等の一部を改正する規則（平成17年最高裁判所規則第１号）
平成20年電債改正規則	民事執行規則及び民事保全規則の一部を改正する規則（平成20年最高裁判所規則第15号）
平成20年社振改正規則	民事執行規則及び民事保全規則の一部を改正する規則（平成20年最高裁判所規則第20号）
平成27年改正規則	民事執行規則等の一部を改正する規則（平成27年最高裁判所規則第４号）
令和元年改正法	民事執行法及び国際的な子の奪取の民事上の側面に関する条約の実施に関する法律の一部を改正する法律（令和元年法律第２号）
令和元年改正規則	民事執行規則等の一部を改正する規則（令和元年最高裁判所規則第５号）
ハーグ条約実施法	国際的な子の奪取の民事上の側面に関する条約の実施に関する法律（平成25年法律第48号）
ハーグ条約実施規則	国際的な子の奪取の民事上の側面に関する条約の実施に関する法律による子の返還に関する事件の手続等に関する規則（平成25年最高裁判所規則第５号）
民訴法	民事訴訟法（平成８年法律第109号）
旧民訴法	民事訴訟法附則２条による改正前の民事訴訟法（明治23年法律第29号）
旧民訴法旧○○条	民事執行法附則３条により削除された旧民訴法の条文

民訴規	民事訴訟規則（平成８年最高裁判所規則第５号）
民費法	民事訴訟費用等に関する法律
民費規	民事訴訟費用等に関する規則
民保法	民事保全法
民保規	民事保全規則
民再法	民事再生法
民再規	民事再生規則
会更法	会社更生法
会更規	会社更生規則
刑訴法	刑事訴訟法
刑訴規	刑事訴訟規則
社振法	社債，株式等の振替に関する法律
社振法施行令	社債，株式等の振替に関する法律施行令
電債法	電子記録債権法
電債法施行令	電子記録債権法施行令
不登法	不動産登記法
不登規	不動産登記規則
不登令	不動産登記令
旧不登法	不動産登記法（明治32年法律第24号）
立木法	立木ニ関スル法律
国徴法	国税徴収法
船主責任法	船舶の所有者等の責任の制限に関する法律
車両法	道路運送車両法
滞調法	滞納処分と強制執行等との手続の調整に関する法律
滞調規	滞納処分と強制執行等との手続の調整に関する規則
手数料規	執行官の手数料及び費用に関する規則

略称	正式名称
事業法	電気通信事業法
事業規	電気通信事業法施行規則
旧公衆法	電気通信事業法附則３条により廃止された公衆電気通信法
質権法	電話加入権質に関する臨時特例法
質権法施行規則	電話加入権質に関する臨時特例法施行規則
質権法施行令	電話加入権質に関する臨時特例法施行令
決済合理化法	株式等の取引に係る決済の合理化を図るための社債等の振替に関する法律等の一部を改正する法律
小型船舶登録法	小型船舶の登録等に関する法律
資産流動化法	資産の流動化に関する法律
信書便法	民間事業者による信書の送達に関する法律
組織犯罪法	組織的な犯罪の処罰及び犯罪収益の規制等に関する法律
特定競売法	特定競売手続における現況調査及び評価等の特例に関する臨時措置法
特定競売規	特定競売手続における現況調査及び評価等の特例に関する臨時措置規則

目　　次

条解民事執行規則（第四版）下

第１章　総　　則

（民事執行の申立ての方式）

第１条　強制執行，担保権の実行及び民法（明治29年法律第89号），商法（明治32年法律第48号）その他の法律の規定による換価のための競売並びに債務者の財産状況の調査（以下「民事執行」という。）の申立ては，書面でしなければならない。

〔解　説〕

1　本条の趣旨

本条は，民事執行の申立て（法２条）は書面でしなければならないこと及び書面申立てを要する「民事執行」の内容を規定したものである。

本条は，民事執行が国民の財産権に直接重大な影響を及ぼす手段であること，申立ての内容として細かい数値が必要であることが多いこと，民事執行法施行前の実務上，執行裁判所に対する強制執行の申立てはほとんど例外なく書面によってされており，規則によりこれを義務付けることとしても実質的には当事者に新たな負担を課することにはならないこと等を考慮して，民事執行の手続全般について，訴えの提起（民訴法133条）と同様に，書面による申立てを義務付けたものである。

「民事執行」の申立ての意義につき，平成15年改正前の本条には明記されていなかったが，執行機関に対して民事執行の手続の開始を求める基本申立てをいい，民事執行の申立て前の保全的な処分の申立て，民事執行手続開始後の手続内における申立て等，民事執行手続の付随的申立てを含まないものと解されていた。平成15年改正法により担保不動産収益執行（法180条２号）及び財産開示手続（法４章）が創設されたこと等を踏まえ，平成15年改正規則により，「民事執行」の内容が明確に規定された。さらに，令和元年改正法により，第三者からの情報取得手続が創設されたことから，財産開示手続と併せて，債務者の財産状況の調査として「民事執行」に含まれるものとされた。

２　「民事執行」の内容

⑴　「民事執行」の具体的内容は，次のとおりである。これは，法１条所定の「民事執行」と実質的に同一の内容である(1)。

ア　強制執行（法25条）

イ　担保権の実行（法３章）

担保権の実行としての競売，法193条１項に規定する担保権の実行及び行使，180条の２及び180条の３の規定による振替社債等及び電子記録債権に関する担保権の実行並びに担保不動産収益執行のことであり，170条１項の「担保権の実行」と同じ意味である。

この担保権の実行は，法１条所定の「担保権の実行としての競売」と実質的に同一の内容を規定しているものである。

ウ　民法，商法その他の法律の規定による換価のための競売

これらの形式的競売による売却手続は，担保権の実行としての競売の例によることとされている（法195条）。

エ　債務者の財産状況の調査（法４章）

財産開示手続及び第三者からの情報取得手続は，債権者が債務者の財産から債権の満足を受けるための手続である点で，強制執行等の手続に通ずる性質を有する反面，強制執行等と異なり最終的な債権の満足に至るものではないことを考慮して，強制執行，担保権の実行としての競売等と並ぶ民事執行の手続の一つとして位置付けられている(2)（法１条）。

⑵　これに対し，民事執行手続の付随的申立てについては，書面又は口頭で申立てをすることができる（15条の２，民訴規１条１項）が，次の申立てについては，書面によることを義務付けることとしている。

ア　執行異議の申立て（期日においてする場合を除く。）（８条１項）

イ　代理人の許可の申立て（９条１項）

ウ　執行文付与の申立て（16条1項）

エ　配当要求（26条）

オ　民事執行法上の保全処分の申立て

(ア)　売却のための保全処分等の申立て（27条の2第1項）

(イ)　買受けの申出をした差押債権者のための保全処分等の申立て（51条の4第1項）

(ウ)　最高価買受申出人又は買受人のための保全処分等の申立て（55条の2第1項）

(エ)　担保不動産競売の開始決定前の保全処分等の申立て（172条の2第1項）

カ　内覧の実施の申立て（51条の2第1項）及び内覧への参加の申出（51条の3第3項）

キ　引渡命令の申立て（58条の3第1項）

ク　債務者の住居その他債務者の占有する場所以外の場所の占有者の同意に代わる許可の申立て（159条1項）

ケ　債権者の代理人が出頭した場合においても引渡実施を行うことができる旨の決定の申立て（160条1項）

3　申立書の記載事項等

民事執行の申立書の記載事項又は添付書類については，民事執行全般に通用する通則規定を置くことが困難であるので，強制執行の申立書（21条），担保権の実行の申立書（170条1項），財産開示手続の申立書（182条）及び第三者からの情報取得手続の申立書（187条）に分けて規定した上，民事執行の目的財産や対象ごとに特則を設けている。

注(1)　法1条の「担保権の実行としての競売」は，法193条1項に規定する担保権の実行及び行使並びに担保不動産収益執行を含むものと解される。

(2)　財産開示手続につき，谷口外・解説137頁参照

（裁判を告知すべき者の範囲）

第２条　次に掲げる裁判は，当該裁判が申立てに係る場合にあつてはその裁判の申立人及び相手方に対して，その他の場合にあつては民事執行の申立人及び相手方に対して告知しなければならない。

一　移送の裁判

二　執行抗告をすることができる裁判（申立てを却下する裁判を除く。）

三　民事執行法（昭和54年法律第４号。以下「法」という。）第40条第１項，法第117条第１項又は法第183条第２項（これらを準用し，又はその例による場合を含む。）の規定による裁判

四　次に掲げる裁判

イ　法第11条第２項，法第47条第５項，法第49条第６項，法第62条第４項，法第64条第７項，法第78条第７項又は法第167条の４第３項（これらを準用し，又はその例による場合を含む。）において準用する法第10条第６項前段の規定による裁判及びこの裁判がされた場合における法第11条第１項，法第47条第４項，法第49条第５項，法第62条第３項，法第64条第６項，法第78条第６項又は法第167条の４第２項（これらを準用し，又はその例による場合を含む。）の規定による申立てについての裁判

ロ　法第132条第３項又は法第153条第３項（これらを準用し，又はその例による場合を含む。）の規定による裁判及びこれらの裁判がされた場合における法第132条第１項若しくは第２項，法第153条第１項若しくは第２項又は法第167条の８第１項若しくは第２項（これらを準用し，又はその例による場合を含む。）の申立てを却下する裁判

ハ　法第167条の15第４項の規定による裁判及びこの裁判がされた場合における同条第３項の申立てを却下する裁判

五　法第167条の10第２項，法第167条の11第１項，第２項，第４項若しくは第５項又は法第167条の12第１項の規定による裁判

2　民事執行の手続に関する裁判で前項各号に掲げるもの以外のものは，当該裁判が申立てに係るときは，申立人に対して告知しなければならない。

〔解　説〕

1　本条の趣旨

本条は，民事執行の手続に関する裁判を告知すべき者の範囲を明らかにした規定である(1)。

民訴法には，決定又は命令をいかなる者に告知すべきであるかについて具体的な規定はなく（民訴法119条参照），もっぱら解釈・運用に委ねられているので，若干の疑義が生じることも避けられないところであった。そこで，この規則においては，民事執行の手続に関する裁判を告知すべき者の範囲を具体的に規定して，疑義を解消するとともに，執行抗告の提起期間（法10条２項）の始期について，本条の規定により裁判の告知を受けるべき者でない者による執行抗告であっても，本条の規定により裁判の告知を受けるべき全ての者に告知された日から進行する旨の特例を設ける（５条）ことによって，裁判の安定を図ることとしている（５条の解説を参照)。

2　両当事者に告知する場合（１項)

本条１項は，その各号に掲げる裁判について，当該裁判が申立てに係る場合にあってはその裁判の申立人及び相手方に対して，その他の場合にあっては民事執行の申立人及び相手方に対して告知しなければならないことを規定したものである。

⑴　裁判を告知すべき者

ア　当該裁判が申立てに係る場合には，その裁判の申立人と相手方に告知しなければならない。「申立人」が誰であるかは自明であるが，「相手方」とは，当事者としてその裁判の効力を受けるものであって，各裁判ごとに解釈によってこれを定めなければならない。

例えば，売却のための保全処分の決定（法55条１項）については，申立人は差押債権者であり，相手方は債務者又は不動産の占有者であるが，不動産が損傷した場合の売却許可決定の取消決定（法75条２項）については，申立人は買受人であり，相手方は差押債権者及び債務者である。また，不動産の引渡命令（法83条１項）については，買受人が申立人，債務者又は不動産の占有者が相手方であり，差押物の引渡命令（法127条１項）については，差押債権者が申立人，差押物を占有する第三者が相手方である。

イ　当該裁判が申立てに係るものでない場合，すなわち職権によるものである場合には，民事執行の申立人と相手方に告知しなければならない。

「民事執行の申立人」とは，強制執行のうち金銭執行にあっては差押債権者(2)，非金銭執行にあっては債権者，担保権の実行としての競売にあっては差押債権者である。また，「民事執行の相手方」とは，強制執行にあっては債務者であるが，担保権の実行としての競売にあっては目的財産の所有者(3)のほかに債務者もこれに含まれると解される(4)。債権執行等における第三債務者は，「民事執行の相手方」ではない(5)。

⑵　本条１項により両当事者に告知すべき裁判は，次のとおりである。

ア　移送の裁判（１号）

民事執行の手続に関する移送の裁判として次のものが規定されている。

①　不動産執行事件の移送（法44条３項）

②　船舶執行事件の移送（法119条１項）

③　債権執行事件の移送（法144条３項）

④　自動車執行事件の移送（94条１項(6)）。

これらの移送の裁判に対しては，手続の安定を図るために，いずれも不服を申し立てることができないこととされている（法44条４項，法119条２項，法144条４項，94条２項）が，執行裁判所が変更したことを知らせるために両当事者に裁判を告知するのが当然である。

これらの移送の裁判は，職権でされるので，民事執行の申立人及び相手方に告知すべきことになる[(7)]。

イ　執行抗告をすることができる裁判（２号）

法は，民事執行の手続に関する裁判に対しては，特別の定めがある場合に限り，執行抗告をすることができるものとした（法10条１項）。法が執行抗告を認めた裁判は，その時点でその裁判の当否について上級審の判断を受ける機会を保障することが相当であると考えられる重要な裁判であるから，執行抗告権者であることが明らかな両当事者に対しては，執行抗告の提起期間内（同条２項）に執行抗告をする機会を与えるために，その裁判を告知するのが相当である。

これに対し，執行抗告をすることができず，執行裁判所に執行異議を申し立てることができる（法11条１項）だけの裁判（例えば，評価人選任決定（法58条１項）や売却基準価額の決定（法60条１項）など）は，執行異議に提起期間の制限がなく，裁判の重要性も一般には低い[(8)]ことから，両当事者に告知する必要はないと考えられる。

本号に該当する裁判には，売却のための保全処分（法55条１項，５項，６項），無剰余による強制競売手続の取消決定（法63条２項，３項，法12条１項），強制管理の開始決定（法93条１項，５項）等多くの例がある。

執行抗告をすることができる裁判であっても，それが申立てを却下する裁判であるときは，法律関係に何も変更はなく，抗告の利益を有するのは申立人のみであるから，本条２項により申立人に対してのみ告知すれば足りる（本号かっこ書き）。強制競売の申立てを却下する裁判（法45条３項），配当要求を却下する裁判（法51条２項）等がその例である。

なお，債務者に対する差押命令の送達をすることができない場合に差押命令を取り消す裁判（法145条８項）についても，実質的に抗告の利益を有するのは申立人のみであるから，本条２項により，申立人に対してのみ告知すれば足りると解される。

ウ　法40条１項等の規定による裁判（３号）

民事執行の手続を取り消す旨の決定に対しては，原則として執行抗告をすることができる（法12条１項前段）ので，この裁判は，本条１項２号により両当事者に告知すべきことになる。

ところが，強制執行における執行取消文書の提出による執行処分の取消し（法40条１項），保証の提供による船舶強制競売の手続の取消し（法117条１項）及び不動産競売における執行取消文書の提出による執行処分の取消し（法183条２項）の各決定[(9)]については，法12条の適用が除外されている（法40条２項，法117条４項，法183条３項）ので，執行抗告をすることができない。これは，これらの規定による取消しが他の規定による民事執行の手続の取消しと異なり，内容が確実なものであることから[(10)]，執行異議を申し立てることができれば足りるとされたためであるが，この取消しによって民事執行が終了する（ただし，法117条１項による取消しの場合は，配当等の手続が残る。）のであるから，これらの規定による取消決定も両当事者に告知すべきものとするのが相当である。

エ　執行異議の申立てに伴う執行停止等の裁判及びこの裁判がされた場合における執行異議の申立てについての裁判（４号イ）

執行異議の申立て[(11)]に伴う執行の停止又は続行の仮の処分（法11条２項，法47条５項，法49条６項，法62条４項，法64条７項，法78条７項，法167条の４第３項，法10条６項前段）の各決定（これらを準用し，又はその例による場合を含む。）は，いずれも職権でされ，これに対して不服を申し立てることができない（法11条２項等，法10条９項）。これは，これらの仮の処分の裁判が本案の結着がつくまでの暫定的措置であることによるものであって，手続を明確にするために，仮の処分の内容を両当事者に告知して了知させるべきことは当然である[(12)]。

法には，これ以外にも仮の処分の裁判として，執行抗告に伴う執行の停止又は続行の仮の処分（法10条６項），執行文の付与に対する異議の申立てに伴う執行の停止又は続行の仮の処分（法32条２項），執行文付与に対する異議の訴え，請求異議の訴え又は第三者異議の訴えの提起に伴う執行の停止，続行又は取消しの仮の処分（法36条１項，法38条４項）の各裁判の規定がある。しかし，これらの裁判は，いずれも執行裁判所が民事執行の手続内でする裁判ではない(13)から，本条の対象外であり，民訴法の解釈に従って裁判を告知すべき者の範囲を決すべきである。執行抗告に伴う仮の処分は，事件の記録が原裁判所に存する間は，原裁判所も命ずることができるとされている（法10条６項後段）が，これは，本来抗告裁判所の権限に属する事項を緊急の場合には原裁判所も行い得るとしたものであって，執行裁判所が自己の固有の権限として民事執行の手続に関する裁判をする場合とは様相を異にし，これも，民訴法の準用によるべきものである。

ところで，執行異議の申立てについての裁判は，民事執行の手続を取り消し，又は執行官に取消しを命ずるものであれば，執行抗告をすることができる（法12条１項）ので，本条１項２号により申立人及び相手方に告知される(14)。しかし，執行異議の申立てについてのこれ以外の裁判は，本条１項１号から３号までに該当せず，他に告知の根拠規定がない限りは，本条２項により申立人に告知されるのみである。例えば，評価人の選任決定（法58条１項）に対して差押債権者が執行異議を申し立てた場合に，これを認容して選任決定を取り消し他の者を評価人に選任する決定も，これを却下する決定も，いずれも申立人である差押債権者に告知されるのみで相手方である債務者には告知されないし，また，売却基準価額の変更決定（法60条２項）に対して債務者が執行異議を申し立てた場合に，これを認容して変更決定を取り消す決定も，これを却下する決定も，いずれも申立人である債務者に告知されるのみで相手方である差押債権者には告知されない。通常は，執行異議の申立てについてのこれらの裁判を相手方に告知すべき必要性は認められないのである。

しかしながら，執行異議の申立てに伴って執行の停止又は続行の仮の処分の決定がされたときは，前記のように，これを両当事者に告知すべきものとしているのであるから，執行異議の相手方が仮の処分の決定の告知を受けながら本案の裁判の告知を受けないという不合理な事態を回避するために，仮の処分の決定がされた場合に限って，本案である執行異議の申立てについての裁判を申立人及び相手方の双方に告知すべきものとする必要がある。本号イは，その旨を規定したものである。なお，執行異議の申立てによって民事執行の手続を取り消し，又は執行官に取消しを命ずる裁判については，本条１項２号又は３号と本号イとが重複することになるが，いずれに該当しても結論は同じなので，重複を避けるための表現はしていない。

オ　差押禁止動産又は差押禁止債権の範囲の変更の申立てに伴う執行停止又は支払停止の裁判及びこれらの裁判がされた場合における差押禁止動産又は差押禁止債権の範囲の変更の申立てを却下する裁判（４号ロ）

本規定は，動産執行又は債権執行における差押禁止動産又は差押禁止債権の範囲の変更の申立てに伴う執行停止又は支払停止の裁判（法132条３項，法153条３項）及びこれらの裁判がされた場合における差押禁止動産又は差押禁止債権の範囲の変更の申立てを却下する裁判（法132条１項又は２項，法153条１項又は２項）並びに少額訴訟債権執行における差押禁止債権の範囲の変更の申立てに伴う支払停止の裁判（法167条の８第３項，法153条３項）及びこの裁判がされた場合における差押禁止債権の変更の申立てを却下する裁判（法167条の８第１項及び第２項）を告知すべき者の範囲を明らかにするものである。すなわち，差押禁止動産又は債権執行若しくは少額訴訟債権執行における差押禁止債権の範囲の変更の申立てに伴う執行停止又は支払停止の裁判（これらを準用し，又はその例による場合を含む。）は，本号イの場合と同様，手続を明確にするために，申立人及び相手方の双方に告知することとし，この裁判がされた場合は，通常は本条２項により申立人のみに告知されるにすぎない差押禁止動産又は差押禁止債権の範囲の変更の申立てを却下する裁判も，申立人及び相手方の双方に告知することとするものである。ここで，本案の申立てを却下する裁判に限定しているのは，本案の申立てを認容する裁判又はこれに基づく執行処分が，すべて別の根拠により両当事者に通知又は告知されるからである。すなわち，法132条１項又は２項の申立てを認容する裁判は，執行官に対し，ある動産の差押えを許し，又は差押えの全部若しくは一部の取消しを命ずるものであるが，前者は，差押えを許す裁判が本条２項により差押債権者に告知され，この裁判に基づく差押えが執行官により債務者に通知される（103条）し，後者の裁判に対しては，執行抗告をすることができる（法12条１項後段）ので，本条１項２号により申立人である債務者と相手方である差押債権者に告知される。また，法153条１項又は２項の申立てを認容する裁判は，ある債権又はその部分の差押命令又は差押命令の全部若しくは一部の取消決定であるが，いずれの裁判に対しても，執行抗告をすることができる（法145条５項，法12条１項前段）ので，本条１項２号により両当事者に裁判が告知されることになる。さらに，法167条の８第１項又は第２項の申立てを認容する裁判は，ある債権又はその部分の差押処分又は差押処分の全部若しくは一部の取消決定であるが，前者については債務者及び第三債務者に対しては送達をしなければならず（法167条の５第２項，法145条３項），また債権者に対しては本条２項により告知がされ，後者については執行抗告をすることができる（法12条１項前段）ので本条１項２号により両当事者に裁判が告知されることになる。

カ　扶養義務等に係る金銭債権についての間接強制の決定の取消しの申立てに伴う執行停止の裁判及びこの裁判がされた場合における間接強制の

決定の取消しの申立てを却下する裁判（４号ハ）

扶養義務等に係る金銭債権についての間接強制の決定後に事情変更があったときは，間接強制の決定の取消しを申し立てることができる（法167条の15第３項)。この間接強制の決定の取消しの申立ては，これに伴い執行停止の裁判をすることができるという点で，執行異議の申立て（前記エ）及び差押禁止動産又は差押禁止債権の範囲の変更の申立て（前記オ）と同様の仕組みとされている（法167条の15第４項)。

そのため，執行異議の申立て及び差押禁止動産又は差押禁止債権の範囲の変更の申立てと同様，間接強制の決定の取消しの申立てに伴う執行停止の裁判は，手続を明確にするために，申立人及び相手方の双方に告知することとし，この裁判がされた場合は，通常は本条２項により申立人のみに告知されるにすぎない間接強制の決定の取消しの申立てを却下する裁判も，申立人及び相手方の双方に告知することが相当である[15]。

そこで，本規定は，間接強制の決定の取消しの申立てに伴う執行停止の裁判及びこの裁判がされた場合における間接強制の決定の取消しの申立てを却下する裁判は，申立人及び相手方の双方に告知しなければならないこととしている。

キ　少額訴訟債権執行から通常の債権執行の手続への移行の裁判（５号）

少額訴訟債権執行から地方裁判所における通常の債権執行の手続への移行の裁判（法167条の10第２項，法167条の11第１項，２項，４項及び５項，法167条の12第１項）については，移送の裁判（法144条３項等）と同様，手続の早期の安定を図るために，いずれも不服を申し立てることができないこととされている（法167条の10第４項，法167条の11第６項，法167条の12第２項)。そのため，移行の裁判については，当事者に不服申立ての機会を与える必要はないが，その後の手続が行われる執行裁判所が変更されることから，申立人及び相手方の双方に知らせることが相当である。

そこで，本号は，少額訴訟債権執行における地方裁判所における通常の債権執行の手続への移行の裁判についても，移送の裁判同様，申立人及び相手方の双方に告知しなければならないこととしている(16)(17)。

３　申立人のみに告知する場合（２項）

民事執行の手続に関する裁判で本条１項各号に掲げるもの以外のものは，当事者全員に告知する必要はないと考えられるので，当該裁判が申立てに係るときに申立人に対して告知すべきものとするにとどめている（本条２項）。

したがって，職権でする裁判（例えば，現況調査命令（法57条１項），評価人選任決定及び評価命令（法58条１項），売却基準価額の決定及びその変更決定（法60条１項，２項），一括売却することを定める決定（法61条）など）は，いずれの当事者に対しても告知する必要がない(18)。

４　告知についての特別規定

民事執行の手続に関する裁判を告知すべき者の範囲は，本条１項及び２項の規定により，ほとんどの場合に合理的に定まるということができる。

しかし，本条は，法が例外的に民事執行の手続に関する裁判の告知について設けている規定を補充する規定であるとともに，民事執行の手続に関する裁判を告知すべき者の範囲についての一般規定であり，若干の場合にその特則を定める必要がある。民事執行の手続に関する裁判の告知についての法及び規則中の特別規定は，次のとおりである。

⑴　開始決定等の送達

法は，執行処分としてされる次の決定を債務者に（④から⑥までについては，第三債務者にも）送達すべきこととしている。

①　不動産に対する強制競売の開始決定（法45条２項）

②　強制管理の開始決定（法93条３項）

③　船舶に対する強制競売の開始決定（法121条，法45条２項）

④　債権の差押命令（法145条３項）

⑤　転付命令，譲渡命令，管理命令（法159条２項，法161条７項）

⑥　物の引渡請求権の差押命令（法170条２項，法145条３項）

⑦　前記①及び③から⑤までの各規定を準用し，又はその例による場合の開始決定等（法167条１項，法188条，法189条，法193条２項，法195条）[19]

⑧　財産開示手続の実施決定（法197条４項）

⑨　第三者からの情報取得手続のうち，不動産に係る情報の提供を命じる決定及び給与債権に係る情報の提供を命じる決定（法205条３項，法206条２項）

これらは，その決定の重要性に鑑みて，送達という最も確実な方法によって債務者に裁判を告知すべき旨を特に法が規定したものである。

⑵　売却許否決定の言渡し

売却の許可又は不許可の決定の告知方法は，売却決定期日における言渡しである（法69条，法121条，法188条，法189条）。

売却の許可又は不許可の決定に対しては，執行抗告をすることができる（法74条１項，法121条，法188条，法189条）。抗告権者は，その決定により自己の権利が侵害されることを主張する者に限られる（法74条１項）。差押債権者及び債務者だけでなく，買受人も抗告権者となり得よう[20]。

売却決定期日は，公開する必要はない（12条の解説の３を参照）が，不動産の売却の許可又は不許可に関し利害関係を有する者（すなわち，決定の内容いかんによっては，執行抗告をすることができる者）は，これに出頭することができる（法70条参照）。そして，売却決定期日を開く日時及び場所は，公告され（36条１項２号，49条，50条４項），かつ，一定の者に通知されている（37条，49条，50条４項）。

したがって，売却許否決定は，売却決定期日に出頭しなかった抗告権者に対しても，期日における言渡しのみによって完全に告知の効力を生ずるものと解すべきである（54条参照）。

売却許否決定は，形式的には本条１項２号に該当し，民事執行の申立人及び相手方に告知すべきものであるが，売却決定期日に言渡しをすれば，たとえ不出頭でも，民事執行の申立人及び相手方に対する告知の効力を生じ，これらの者に対し更に何らかの方法によって決定を現実に了知させる必要はない。その意味では，本条１項２号には法69条と重複する部分があるということもできる。

⑶　規則における本条の特則

この規則において，民事執行の手続に関する裁判を告知すべき者の範囲について特則を規定したのは，次のとおりである。

ア　航行許可決定の告知

船舶執行における航行許可決定（法118条１項）に対しては，執行抗告をすることができる（同条２項）が，各債権者並びに最高価買受申出人又は買受人及び次順位買受申出人の同意があることが航行許可の要件とされている（同条１項）ので，これらの者は，いずれも抗告権者であると解される。しかし，本条によれば，航行許可決定は，本条１項２号により申立人である債務者と相手方である差押債権者に対する告知が義務付けられるのみなので，これ以外の抗告権者に対しても航行許可決定を告知すべき旨の特則を設ける必要がある。そこで，航行許可決定は，差押債権者以外の債権者並びに最高価買受申出人又は買受人及び次順位買受申出人にも告知すべきものとされている（80条）。

なお，法118条は，船舶国籍証書等の取上げを命ずる方法による仮差押えの執行及び船舶の競売について準用されている（民保法48条３項，法189条）ので，80条も，この両者について準用することとされている（民保規33条，174条５項）。

イ　自動車の売却許可決定の告知

自動車執行における自動車の売却については，原則として不動産の強制競売の規定が準用されている（97条）ので，この場合の売却許否決定の告知については，前記(2)のとおりである。

しかし，自動車執行においては，差押債権者の買受けの申出により，執行官に売却を実施させることなく直ちに差押債権者に対し売却許可決定をするという特殊な売却方法が規定されており（96条２項），これについては，法69条を準用しないこととされている（97条）から，前記売却許可決定は，売却決定期日において言い渡す必要はない。したがって，この決定について前記(2)のように考えることはできない。

本条１項２号によれば，前記売却許可決定は，差押債権者及び債務者に告知することが義務付けられるのみであるが，配当要求債権者その他の配当等を受けるべき債権者も，前記決定に対して執行抗告をすることができると解されるから，これらの債権者に対しても前記決定を告知すべき旨の特則を設ける必要がある。そこで，前記売却許可決定は，差押債権者以外の債権者にも告知すべきものとされている（96条３項）。

なお，96条３項は，建設機械執行及び小型船舶執行並びに自動車，建設機械及び小型船舶の競売についても準用されている（98条，98条の２，176条２項，177条，177条の２）。

ウ　特別代理人の選任及び改任の裁判の告知

22条の２の規定により，民訴規16条の規定が準用されることから，特別代理人の選任及び改任の裁判は特別代理人に告知されることになる。

エ　第三者からの情報取得手続の申立てを認容する決定の告知

第三者からの情報取得手続の申立てを認容する決定については，本条の規定にかかわらず，188条の規定により，申立人及び当該決定により情報の提供を命じられた者に対して告知されることになる（当該決定のうち，前記(1)⑨の決定は，債務者に送達される。）。なお，同申立てを却下する決定については，本条２項の規定により，申立人に告知すれば足りる。

オ　第三者からの情報取得手続の申立てを認容する決定を取り消す旨の決定の告知

第三者からの情報取得手続の申立てを認容する決定を取り消す旨の決定については，本条１項の規定にかかわらず，193条３項の規定により，申立人，第三者からの情報取得手続の申立てを認容する決定の告知を受けた情報の提供を命じられた者及び同決定の送達を受けた債務者に告知されることになる。

⑷　民事執行の手続に関する裁判の通知

この規則は，民事執行の手続に関する裁判の多くについてその通知を義務付けており，ある者に対しては告知を，他のある者に対しては通知を義務付けるというものも多数ある。例えば，二重開始決定は，当該開始決定に係る差押債権者に対しては告知し（本条２項），債務者に対しては送達する（法45条２項）ほか，先の開始決定に係る差押債権者に対し通知しなければならない（25条１項）。強制競売の続行決定（法47条６項）は，後の開始決定に係る差押債権者に告知する（本条２項）ほか，債務者に対し通知しなければならない（25条３項）。また，強制管理の開始決定（法93条１項）は，差押債権者には告知し（本条１項２号），債務者及び給付義務者に対しては送達する（法93条３項）ほか，租税その他の公課を所管する官庁又は公署に通知しなければならない（64条）。

告知と通知の相違点は，告知が裁判の伝達をする場合に限られる用語であるのに対し，通知はこれに限られないこと，この規則の規定による通知がこれを受けるべき者の所在が明らかでないとき，又はその者が外国にあるときはすることを要しない（３条１項，民訴規４条５項。ただし，３条２項参照）のに対し[21]，告知はそうでないことである。

この規則においては，民事執行の手続に関する裁判をその裁判の申立人又は執行抗告をすることができる者に対して伝達するときは，すべて告知とし

（本条１項２号，２項，80条，96条３項），それ以外の場合でも，特に重要な裁判を当事者に伝達する場合でその者の所在が明らかでなく，又はその者が外国にあるときであっても何らかの伝達手段を講ずべきであると考えられるものについては，告知とし（本条１項１号，３号から５号まで），その他は通知としている。

注⑴　平成16年改正法により，①裁判所書記官の処分に対する異議の申立てについての裁判（法47条４項，法49条５項，法62条３項，法64条６項，法78条６項），②少額訴訟債権執行における，裁判所書記官の執行処分に対する執行異議の申立てについての裁判（法167条の４第２項），差押禁止債権の範囲の変更の裁判（法167条の８第１項及び２項），通常の債権執行の手続への移行の裁判（法167条の10第２項，法167条の11第１項，２項，４項及び５項，法167条の12第１項），③扶養義務等に係る金銭債権についての間接強制における間接強制の決定の取消しの裁判（法167条の15第３項）がそれぞれ新設されたことから，平成16年改正規則により，本条４号及び５号において，これらの裁判等を告知すべき者の範囲を明らかにした。

⑵　差押債権者とは，執行裁判所が目的財産を差し押さえる旨の決定を発し，又は執行官が目的物を差し押さえた後の呼称であり，その前は単に債権者と呼ばれる（法45条１項，法93条１項，法114条２項，法124条，法153条１項等参照）。

⑶　不動産とみなされるものを目的とする競売又は法193条１項に規定する担保権の実行若しくは行使の申立てにあっては，その目的である権利の権利者（法182条，170条１項１号参照）。

⑷　法は，担保権の実行としての競売について，競売の申立人の相手方があることを明らかにした（法181条４項，法189条）。この「相手方」に所有者のほか債務者を含むか否か必ずしも明確でない（法182条及び法191条は，「相手方」という語を用いず，「債務者又は不動産（動産）の所有者」としているが，解釈上の決め手にはならない。）が，担保権実行の手続によって，直接債務者の負う債務の消長を来たし，それ故に債務者が担保権の不存在又は消滅を理由として不動産競売の開始決定に対し執行異議の申立

てをすることができる（法182条，法189条，法191条，法193条２項）ことを考えると，債務者も差押債権者の対立当事者である相手方として取り扱うのが相当であると考えられる。

なお，法188条は，不動産競売について不動産に対する強制競売の規定の大部分を準用しているが，例えば法45条２項を準用する際に，「債務者」とあるのを「所有者」と読み替えるか，「債務者及び所有者」と読み替えるかについても解釈にゆだねられている（座談会・299頁以下参照）。

⑸　ただし，裁判の告知の関係では，差押命令，転付命令，譲渡命令等を第三債務者にも送達すべきことが法に規定されている（法145条３項，法159条２項，法161条７項等）。

⑹　①から④までのほか，これらを準用し，又はその例による場合がある（法167条，法167条の２第４項，法188条，法189条，法193条２項，法195条，84条，98条，98条の２，150条の５，150条の11，175条，176条２項，177条，177条の２，180条の２第２項，180条の３第２項）。

⑺　実務上は，移送の裁判（本条１項１号）が，開始決定又は差押命令の相手方（債務者）への送達前にされた場合には，その送達前に移送の裁判を債務者に告知してしまうと，財産が処分されてしまうおそれがあることから，移送の裁判を告知しない取扱いがされているようである。

⑻　不動産，船舶又は航空機に対する強制競売の開始決定（法45条１項，法114条１項，84条）は，極めて重要な裁判ではあるが，これに対して執行抗告をすることはできない。しかし，これらの開始決定は，債務者に送達しなければならないこととされており（法45条２項，法121条，84条），本条２項によって差押債権者にも告知されるので，両当事者に告知されることになる。

⑼　これらの規定を準用し，又はその例による場合を含む（法189条，法193条２項，法195条，84条，175条，176条２項，177条，177条の２，180条の２第２項，180条の３第２項）。

⑽　浦野・条解71頁

⑾　法11条１項所定の執行異議の申立てのほか，平成16年改正法により裁判所書記官が行うこととされ，執行裁判所に異議を申し立てることができるとされた①配当要求の終期を定め，又は延期する処分（法47条３項，法49条１項，３項），②物件明細書の作成及びその内容の公開（法62条１項，２項），③売却の方法等を定めて執行官に売却を実施させる旨の処分及び売却決定期日を指定する処分（法64条１項，３項，４項），④代金の納付の期限を定め，又はこれを変更する処分（法78条１項，５項），⑤少額訴訟債権執行に関する処分（法167条の２第２項等）に対する異議の申立て（法47条４項，法49条５項，法62条３項，法64条６項，法78条６項，法167条の４第２項）を含む。

なお，平成16年改正法により，費用の予納を命ずる処分及び配当表の作成についても，裁判所書記官が行うこととされた（法14条１項，法85条５項）。しかし，費用の予納を命ずる処分に対する異議の申立ては，これに伴い執行停止等の裁判をすることができず，執行異議の申立てと同様の仕組みとされていない（法14条参照）。また，配当表の作成については，その異議に関し新たな規定は整備されていない。そのため，これらについては，本条１項４号イの対象とされていない。

⑿　通知では足りないことについて，本文の４⑷を参照

⒀　第三者異議の訴えは，執行裁判所が管轄するとされている（法38条３項）が，この執行裁判所とは，執行裁判所の所属する地方裁判所その他の裁判所という意味である。

⒁　民事執行の手続を取り消す裁判であっても，執行抗告をすることができないものがあるが，これについても本条１項３号により両当事者に告知すべきものとしている（本文２⑵ウ）。

⒂　間接強制の決定の取消しの申立てを認容する裁判は，執行停止の裁判がされているか否かにかかわらず，本条１項２号により申立人及び相手方の双方に告知される。

⒃　少額訴訟債権執行における移行の裁判（本条１項５号）も，注⑺と同様に取り扱われるものと考えられる。

⒄　なお，第三債務者に対しては，通常の債権執行における移送の裁判については，運用上通知がされているようであるが，少額訴訟債権執行における移行の裁判について

は，149条の５第２項により，簡易裁判所の裁判所書記官から通知がされることになる。

⒅　現況調査命令などの執行官に対する職務命令を執行官に伝達すべきこと，評価命令など当事者以外の名あて人がある裁判をその名あて人（評価命令の場合は，評価人）に告知又は通知すべきことは，規定するまでもなく当然である。

⒆　航空機，自動車，建設機械又は小型船舶に対する強制執行又は担保権の実行としての競売については，この規則で，法の規定の準用により開始決定の送達について規定している（84条，97条，98条，98条の２，175条，176条２項，177条，177条の２）。また，振替社債等に対する強制執行又は担保権の実行としての競売については，債務者及び振替機関等に送達しなければならず（150条の３第３項，180条の２第２項），電子記録債権に対する強制執行又は担保権の実行としての競売については，債務者，第三債務者及び電子記録債権機関に送達しなければならない（150条の10第３項，180条の３第３項）。

⒇　配当要求債権者その他の配当を受けるべき債権者は，売却許可決定に対しては抗告権を有すると解されている（近藤崇晴・注釈民執法⑷80頁，三宅弘人・注解民執法⑶96頁）が，売却不許可決定に対しては見解が分かれている（積極－浦野・条解330頁，消極－近藤崇晴・注釈民執法⑷82頁，三宅弘人・注解民執法⑶97頁）。抗告権を否定した裁判例として東京高決平元．２．17金法1234－34がある。

買受人とならなかった買受申出人が売却許否決定に対して抗告権を有するかについても見解が分かれている（積極－三宅弘人・注解民執法⑶100頁，消極－近藤崇晴・注釈民執法⑷81頁，82頁）。

(21)　３条の解説の６を参照

（催告及び通知）

第３条　民事訴訟規則（平成８年最高裁判所規則第５号）第４条の規定は，民事執行の手続における催告及び通知について準用する。この場合において，同条第２項，第５項及び第６項中「裁判所書記官」とあるのは「裁判所書記官又は執行官」と読み替えるものとする。

２　前項の規定にかかわらず，民事訴訟規則第４条第３項の規定は，法第177条第３項の規定による催告については準用せず，同規則第４条第５項の規定は，第56条第２項又は第59条第３項（これらの規定を準用し，又はその例による場合を含む。）の規定による通知について準用しない。

〔解　説〕

１　本条の趣旨

本条は，民事執行法の手続における催告及び通知の方法等について，原則として，民訴規４条を準用する旨を定めたものである。

２　民事執行に関する手続における催告及び通知（本条１項，民訴規４条１項）

⑴　裁判所書記官が行う催告及び通知

法は，執行裁判所が執行機関として行う手続における催告を裁判所書記官の権限事項とし[(1)]，この規則において定める催告も原則として裁判所書記官の権限としている[(2)]。

また，執行裁判所が執行機関として行う手続の通知について，この規則に定める執行裁判所関係の通知は，催告と同様に全て裁判所書記官の権限とされている[(3)]。法には，執行裁判所が執行機関として行う手続における通知について，剰余を生ずる見込みがないと認めるときの差押債権者への通知（法63条１項及びこれを準用する規定）及び裁判所書記官が入札又は競り売りの方法による売却を３回実施させても買受けの申出がなかった場合において，更に売却を実施させても売却の見込みがないと認められるときに強制競売の手続を停止する旨の差押債権者への通知（法68条の３第１項及びこれを準用する規定）が規定されている。これらの通知については執行裁判所の権限事項とされているが，本条１項により裁判所書記官にもさせることができる（民訴規４条６項の準用）[(4)]。

⑵　執行官が行う催告及び通知

法には明渡しの催告（法168条の２第１項）が規定され，規則には，次順位買受け申出の催告（41条３項），入札の催告（41条１項，44条１項２号），債務者に対する白地手形等の補充の催告（103条２項），銀行等に対する金銭支払の催告（118条８項）が規定されている。また，執行官のする通知は，法には，売却命令により債権を売却したときの第三債務者に対する譲渡の通知（法161条６項）が規定され，規則には，民事執行を開始する日時の通知（11条１項）等多数の規定がある。

3　催告及び通知の方法

催告及び通知は，相当と認める方法によることができる（本条１項，民訴規４条１項）。相当と認める方法としては普通郵便，葉書はもちろん，電話，ファクシミリ，口頭による伝達等によることも差し支えない。

ただし，執行官のする催告のうち，次順位買受けの申出の催告と入札の催告は，その性質上口頭によることしか考えられず，銀行等に対する金銭支払の催告は，その性質上書面によることが相当である[(5)(6)]。また，執行官のする通知のうち，第三債務者に対する譲渡の通知は，確定日付のある証書によることとされている（法161条６項）ので，民訴規４条１項を準用する余地はない。

4　催告及び通知の記録

裁判所書記官又は執行官は，催告又は通知をしたときは，その旨及びその方法を記録上明らかにしなければならない（本条１項，民訴規４条２項）。記録上明らかにするとは，調書を作成する必要はないが，催告書又は通知書の写しを添付する等の何らかの方法により事件記録に催告又は通知したこと，具体的には，通知をした者，通知の相手方，通知をした年月日及びその方法を明らかにするということである。ただし，入札の催告は，当然期日入札調書に記載することになる（44条１項２号）し，次順位買受けの申出の催告も，期日入札調書（44条），期間入札調書（49条）又は競り売り調書（50条４項）に記載するのが便宜である。

裁判所側の催告及び通知であれば，裁判所書記官が行った場合（法文上，裁判所書記官が行うものとなっている場合だけでなく，本条１項，民訴規４条６項により，裁判所書記官が行ったときも含まれる。）はもちろん，裁判所が行った場合にも記録が必要である[(7)]。そこで，執行裁判所の銀行等に対する納付の催告（58条），無剰余通知（法63条１項）及び売却の見込みがない場合の競売手続の停止の通知（法68条の３第１項）についても，裁判所書記官がその旨及びその方法を記録上明らかにすべきである。

5　公告の方法による催告

民事執行の手続における催告をすべき場合に，催告を受けるべき者の所在が明らかでないとき，又はその者が外国に在るときは，催告の実施が困難になり，又は催告の効力が生ずるまでに長時間を要することになることが多い[(8)]。

実務上特に問題となるのは，抵当権者等に対する債権届出の催告（法49条２項）及び電話加入権の質権者に対する債権届出の催告（148条）である[(9)]。これらの催告について，常に通常の方法による催告を要求すると，場合によっては非常に手続が遅延することになる。しかし，所在不明等の場合に催告を全く要しないとすることは，法の規定による催告については，法に抵触するおそれがある。したがって，少なくとも，法49条２項に規定する催告については，簡易な方法による催告を認める必要がある。そして，148条に規定する催告もこれと同性質のものであるから，催告の方法も同一にすることが相当である。また，債務者に対する白地手形等の補充の催告（103条２項）は，これが到達しないことによって手続が遅延することはないが，たとえ簡易な方法によってであっても，支払期日まで（法136条参照）に催告することが相当である。そこで，本条１項（民訴規４条３項）は，法177条３項の規定による催告を除き（本条２項），これを受けるべき者の所在が明らかでないとき，又はその者が外国にあるときは，催告すべき事項を公告してすれば足りることとしたのである。

「所在が明らかでないとき」とは，住所も居所も知れず，送達をすべき場所が分からない場合であり，公示送達の要件の一つ（民訴法110条１項１号）と同じである。「外国に在るとき」とは，外国において所在が知れている場合とそうでない場合とのいずれをも含む。これらの場合には，催告すべき事項を公告すれば足りるが，この公告については４条が適用される。

法177条３項の規定による債務者に対する事実を証明する文書の提出の催告は，簡易な方法によりこれを行って執行文を付与することは相当ではなく，本来の方法で催告しても強制執行の手続（狭義）が遅延するわけではないので，民訴規４条３項の準用を除外している（本条２項）。

公告の方法による催告は，公告をした日から１週間を経過した時にその効力を生ずる（民訴規４条４項）。公示送達をした場合（民訴法112条１項及び２項）より早く効力を生ずることとされているのである。

6　通知を要しない場合

⑴　本条１項（民訴規４条５項）の趣旨

本条１項は，民訴規４条５項を準用している。これは，この規則の規定による通知が，これを受けるべき者の所在が明らかでないとき，又はその者が外国にあるときは，することを要しないこと及びこの場合には，その事由を記録上明らかにしなければならない旨を規定したものである。

⑵　法の規定による通知の場合

法の規定による通知は，剰余を生ずる見込みのない場合の差押債権者に対する通知（法63条１項），売却の見込みがない場合の競売手続の停止の通知（法68条の３第１項）及び売却命令により債権を売却したときの第三債務者に対する譲渡の通知（法161条６項）である（これらを準用し，又はその例による場合を含む。）。これらの通知を規則によって不要とすることは，法に抵触するおそれがある上に，無剰余通知は，差押債権者がその通知を受けた日から１週間以内に保証の提供等をしないときに強制競売の手続を取り消すこととされ（法63条２項），競売手続の停止の通知は，差押債権者がその通知を受けた日から３月以内に買受希望者があることを理由とする売却を実施させるべき旨の申出をしないときに強制競売の手続を取り消すこととされている（法68条の３第２項，３項）ので，これらの期間の始期を明らかにするためには，通知を不要とすることはできない。また，第三債務者に対する譲渡の通知は，債権譲渡に民法上の対抗力を付与するためには（民法467条），これを不要とすることはできない。そのために，通知を要しないことがあるのは，この規則の規定による通知に限られたのである。

⑶　規則の規定による通知の例外

この規則の規定による通知であっても，代金納付期限の通知（56条２項）及び弁済金の交付の日の通知[10]（59条３項）（これらの規定を準用し，又はその例による場合を含む。）については，民訴規４条５項の準用が除外されている（本条２項）。これらの通知はいずれも重要な通知であり，前者の通知は買受人に対するものであるから常に送達の特例（法16条）を活用できるし，後者の通知はたとえ弁済金の交付の日までに到達しなくても，現実の通知によって弁済金又は剰余金の交付を受け得ることを知らせることが望ましいからである[11]。

注⑴　抵当権者等に対する債権届出の催告（法49条２項），給付義務者への陳述催告（法93条の３），第三債務者に対する陳述催告（法147条１項），債務者に対する事実を証明する文書の提出の催告（法177条３項）及びこれらの規定を準用し，又はその例によるもの

⑵　計算書の提出の催告（60条），東日本電信電話株式会社若しくは西日本電信電話株式会社に対する回答の催告（147条１項），電話加入権の質権に対する債権届出の催告（148条）及びこれらの規定を準用し，又はその例によるもの。ただし，銀行等に対する納付の催告（58条）は，執行裁判所が債権者の立場で行うものなので，執行裁判所の権限とされている。

⑶　開始決定の通知（24条），二重開始決定等の通知（25条），配当要求の通知（27条）等多数の規定がある。

⑷　条解民訴規16頁参照

⑸　執行裁判所の銀行等に対する納付の催告（58条）も同様である。

⑹　明渡しの催告については，催告それ自体の方式は特に定められていないが，催告をしたときは，その旨，引渡し期限及び不動産等の占有の移転が禁止されている旨を，当該不動産等の所在する場所に公示しなければならないとされている（法168条の２第３項)。⑺　条解民訴規14頁

⑻　送達の特例（法16条）による送達ができる場合にはいいが，常にその要件があるわけではなく，その要件がないときは，公示送達をすることになる。しかし，催告を受けるべき者が外国にあるというだけで公示送達をすることは許されず（民訴法110条１項３号)，外国送達が一応可能である限りはこれを試み，これが不能となったときに公示送達をすることになる（同項４号参照）が，その効力を生ずるのは掲示を始めた日から６週間を経過したときである（民訴法112条２項)。

⑼　法の規定による催告のうち，第三債務者に対する陳述の催告（法147条１項）は，差押命令の送達（法145条３項）と共に行われるので，催告だけが遅延することはない。

規則の規定による催告のうち，計算書の提出の催告（60条）は，配当期日の呼出し（法85条３項，民訴法94条）又は弁済金の交付の日の通知（59条３項，本条２項参照）と共に行えばよいので，催告だけが遅延することはない。

また，銀行等に対する納付の催告（58条，118条８項）及び東日本電信電話株式会社又は西日本電信電話株式会社に対する催告（147条１項）は，実務上問題となることはない。

⑽　配当期日には，各債権者及び債務者を呼び出すことになっており（法85条３項)，呼出状を送達する（法20条，民訴法94条）ので，これについて本条１項（民訴規４条５項の準用）の適用はない。

⑾　通知の効力の生ずる時期は，書留郵便等による送達については法16条２項，４項，民訴法107条３項，公示送達については法20条，民訴法112条

（公告及び公示）

第４条　民事執行の手続における公告は，公告事項を記載した書面を裁判所の掲示場その他裁判所内の公衆の見やすい場所に掲示して行う。

２　裁判所書記官又は執行官は，公告をしたときは，その旨及び公告の年月日を記録上明らかにしなければならない。

３　裁判所書記官又は執行官は，相当と認めるときは，次に掲げる事項を，日刊新聞紙に掲載し，又はインターネットを利用する等の方法により公示することができる。

一　公告事項の要旨

二　法又はこの規則の規定により執行裁判所に備え置かれた文書に記録されている情報の全部又は一部

三　前２号に掲げるもののほか，公示することが民事執行の手続の円滑な進行に資することとなる事項

〔解　説〕

１　本条の趣旨

本条は，民事執行の手続における公告の方法及びこれを補充する公示の手段を定めたものである(1)。

２　公告の方法（１項）

民事執行の手続における公告の方法は，公告事項を記載した書面を裁判所の掲示場その他裁判所内の公衆の見やすい場所に掲示して行うのが唯一の方法である（本条１項)。公告の方法が多様であると，その一部に瑕疵があった場合の公告の効力が問題になるので，裁判所における掲示を唯一の公告方法とし，日刊新聞紙への掲載又はインターネットを利用する等の方法（本条３項)，市町村の掲示場への掲示の嘱託（36条２項)，船籍の所在地を管轄する地方裁判所への掲示の嘱託（82条）は，公告の方法ではなく，これを補充する単なる公示の手段としたのである。

本条１項における公告の方法が，「裁判所の掲示場その他裁判所内の公衆の見やすい場所」に掲示して行うこととされたのは，単に「裁判所の掲示板」又は「裁判所の掲示場」とすると，裁判所の敷地の外周部に設けられて，裁判所の執務時間外において公衆の目に触れるようにした設備に限られると解されるおそれがあるが，民事執行の手続における公告，殊に売却の公告は，常時公衆の目に触れることを期待するというよりは，公告を見ることを意欲する者を対象とするものであるから，必ずしも裁判所の外側で公告をする必要はなく，例えば裁判所庁舎の玄関ホールのように裁判所内の公衆の見やすい場所であれば，そこに公告をすることでも足りると考えられるからである(2)。書記官室内は，「公衆の見やすい場所」とはいえないであろう。

本条1項が裁判所書記官のする公告と執行官のする公告のいずれにも適用されることは，もちろんである。なお，法は，執行裁判所が執行機関となる手続における公告が裁判所書記官の権限事項であることを明らかにしている（法49条2項，4項，法64条5項等)。

3　公告の記録（2項)

裁判所書記官又は執行官は，公告をしたときは，その旨及び公告の年月日を記録上明らかにしなければならない(3)（本条2項)。ここに「公告をした」とは，本条1項に規定する方法による公告のみを指すことは，前記のとおりである。したがって，本条3項による公示や市町村等に対する掲示の嘱託については，記録上明らかにすることは義務付けられていないが，執行費用等の関係でその事実を明らかにする必要があれば，領収証，市町村等の公告事項掲示の報告書等により容易にこれを証明することができる。

4　公告事項の要旨等の公示（3項)

裁判所における掲示が，公告事項を広範囲の者に周知させるための手段として強力なものであるとはいえないことは，明らかである。そこで，より広範囲の者に周知させるための手段として，裁判所書記官又は執行官は，相当と認めるときは，①公告事項の要旨（1号)，②法又はこの規則の規定により執行裁判所に備え置かれた文書に記録されている情報の全部又は一部（２号），③その他公示することが民事執行の手続の円滑な進行に資することとなる事項（３号）を日刊新聞紙へ掲載し，又はインターネットを利用する等の方法により公示することができるとされている（本条３項）。

「法又はこの規則の規定により執行裁判所に備え置かれた文書(4)」の代表的なものは，不動産の競売事件における物件明細書，現況調査報告書及び評価書である（法62条２項，31条３項）。また，「公示することが民事執行の手続の円滑な進行に資することとなる事項」の例としては，不動産の所在地に至るまでの通常の交通手段（最寄りの駅やバス停等を含む。）等が考えられる。

法は，前記２のとおり，執行裁判所が執行機関となる手続における公告を裁判所書記官の権限としているので，本項に規定する公示も裁判所書記官の権限で行うことができる。

「相当と認めるとき」とは，本来の公告のほかに公示することが，それに要する執行費用や労力を勘案してもなお望ましいと考えられる場合をいう。

公示の方法は，日刊新聞紙へ掲載する方法のほか，インターネットを利用する方法(5)が例示されている。その他の公示方法としては，不動産情報誌への掲載，市町村の広報への掲載，テレビのスポット放送，パンフレットの配布(6)などが考えられる。公示に要する費用は，執行費用となる(7)（法42条１項参照）。

注(1)　売却に関する情報を広く国民に知らせるため，平成14年改正規則により，本条３項において，公示の対象が拡大されるとともに，公示の方法としてインターネットを利用する方法が明示された（餘多分宏聡「三点セットのインターネット提供に関する民事執行規則の一部を改正する規則の概要」（金法1647－58）参照）。

さらに，平成15年改正規則により，物件明細書等の写しの備置きに代えて，その内容をインターネットを利用して公開する措置（31条１項，３項）が規定されたことに伴い，本条３項について，所要の整備がされた。

(2)　滞納処分における公売公告は，「税務署の掲示場その他税務署内の公衆の見やすい場所に掲示して行う。」とされている（国徴法95条２項）。

⑶　３条１項，民訴規４条３項の規定により公告の方法で催告をしたときは，同項に規定する事由をも記録上明らかにすること（３条１項，民訴規４条５項参照）が望ましい。

⑷　平成15年改正規則により，物件明細書等の内容の公開の方法として，その写しの備置きに代えて，インターネットを利用して提供する方法が規定された（31条１項，３項）ことに伴い，本条３項２号中「備え置くべき文書」とされていたのが「備え置かれた文書」に改められた。

⑸　インターネットを利用した公示の方法（Broadcast Information of Tri-set System（略称「ＢＩＴ」））については，森田恵祐外「物件明細書等のインターネットによる公示の開始」金法1647－49を参照されたい。

⑹　滞納処分においては，「公売広報」という冊子が大量に配布されている。

⑺　執行官法10条１項２号の「公告の費用」には，公示に要する費用も含まれる（執行官法概説265頁）。

（執行抗告の提起期間の始期の特例）

第５条　執行抗告の提起期間は，執行抗告をすることができる者が裁判の告知を受けるべき者でないときは，その裁判の告知を受けるべきすべての者に告知された日から進行する。

〔解　説〕

１　本条の趣旨

執行抗告は，裁判の告知を受けた日から１週間の不変期間内にしなければならない（法10条２項）が，本条は，この期間の始期について特例を定めたものである。

２　本条が設けられた理由

民事執行の手続に関する裁判を告知すべき者の範囲は，２条並びにその特則である80条，96条３項，188条及び193条３項に規定されている[(1)]。一方，執行抗告の当事者適格を有するのは，その裁判について法律上の利害関係を有する者であると解されるが，その範囲は必ずしも明確でない。前記５か条は，執行抗告の当事者適格及び抗告の利益を有する者を尽くしている[(2)]と考えられるが，これと異なる解釈が生ずる可能性もある。

例えば，民事執行の手続を取り消す旨の決定に対し執行抗告をすることができるのは，差押債権者のみであり（債務者には抗告の利益がない），配当要求債権者その他の配当等を受けるべき債権者は，差押債権者の申立てにより開始した手続に依拠しているだけであるから，執行抗告をすることはできないものと解される[(3)]ので，差押債権者以外の債権者は，取消決定を告知すべき者とされていない。しかし，差押債権者以外の債権者にも取消決定につき法律上の利害関係があるとして，これに抗告権を認める見解もあり得るところである。この見解による場合には，２条により差押債権者及び債務者が取消決定の告知を受けた日から１週間を経過しても，差押債権者以外の債権者はなお執行抗告をすることができ，しかも，民事執行の手続を取り消す旨の決定は，確定しなければ効力を生じないとされている（法12条２項）ので，全債権者に告知しない限り効力を生じないことになってしまう。

２条１項２号の規定は，差押債権者以外の債権者には取消決定に対する抗告権がないという見解を前提としているのであるが，これに抗告権を認める抗告裁判所の決定が一つでも出されると，その高裁の管内の執行裁判所は，取消決定を確定させるためには，全債権者に決定を告知しなければならないことになってしまうのである。

また，配当等を受けるべき債権者の全員に裁判を告知することは，その労力は別として，可能ではあるが，例えば，強制執行の目的とする不動産の債務者以外の真実の所有者が，第三者異議の訴えを提起するほかに，開始決定（強制管理の場合）又は売却許可決定[(4)]に対して執行抗告をすることができるとする見解[(5)]を採った場合には，真実の所有者の存在を事前に探知することは困難であるから，抗告権者全員に対する裁判の告知は不可能である。

したがって，法10条２項の「裁判の告知を受けた日」を当該抗告人が裁判の告知を受けた日という意味に限定するわけにはいかない。そこで，本条は，執行抗告の提起期間は，執行抗告をすることができる者が裁判の告知を受ける者でないときは，その裁判の告知を受けるべき者，すなわち２条，80条，96条３項，188条及び193条３項に規定する者の全てに告知された日から進行するものとしたのである[(6)]。なお，売却許否決定に対する執行抗告の提起期間は，言渡しの日から進行する（54条参照）。

注⑴　民事執行の手続に関する裁判を告知すべき者の範囲を定めた規定としては特別代理人の選任及び改任の裁判の告知を規定した22条の２（民訴規16条）がある。しかし，特別代理人の選任は，民事執行の手続に関する裁判ではあるが，執行抗告を許容する旨の規定はなく（法10条１項），かつ，執行裁判所の執行処分（法11条１項）ではないので，選任申立てを却下する決定に対しては，通常抗告を申し立てることができるのみであるので（民訴法328条１項），本文に記載しなかった。

⑵　ただし，売却許否決定については，２条の解説の４⑵を参照。

⑶　田中康久・注釈民執法⑴244頁，340頁

⑷　これも確定しなければ効力を生じない（法74条５項）。

⑸　目的物の真実の所有者と主張する者は，第三者異議の訴え（法38条１項）によって争うべきであるから抗告の利益を有しないとする見解が多数である（近藤崇晴・注釈民執法⑷81頁，三宅弘人・注解民執法⑶101頁，東京高決昭42．２．22，高裁民集20－１－79）。

⑹　第三者からの情報取得手続のうち，不動産に係る情報の提供を命じる決定及び給与債権に係る情報の提供を命じる決定については，債務者は，執行抗告をすることができるが（法205条４項，法206条２項），この規則においては，これらの決定を告知すべき者とはされていない（188条参照）。もっとも，債務者は，法205条３項及び法206条２項の規定により，これらの決定の送達を受けることから，本条の「裁判の告知を受

けるべき者でないとき」には当たらず，債務者が送達を受けた日からその執行抗告の提起期間が進行すると解される（188条の解説の注⑴を参照）。

（執行抗告の理由の記載方法）

第６条　執行抗告の理由には，原裁判の取消し又は変更を求める事由を具体的に記載しなければならない。

２　前項の事由が，法令の違反であるときはその法令の条項又は内容及び法令に違反する事由を，事実の誤認であるときは誤認に係る事実を摘示しなければならない。

〔解　説〕

１　本条の趣旨

抗告人は，原裁判所に提出する抗告状に執行抗告の理由を記載するか，又は執行抗告の理由書を原裁判所に提出しなければならず（法10条３項），執行抗告の理由は，最高裁判所規則で定めるところにより記載しなければならない（同条４項）。そして，執行抗告の理由の記載がこれに明らかに違反しているときは，原裁判所は，執行抗告を却下しなければならない（同条５項２号）。これは，執行抗告の理由がまともに記載されていないような執行抗告は，原審限りで却下することとして，濫抗告による手続の遅延を防止しようとするものである。本条は，法10条４項の個別委任に基づいて，執行抗告の理由の記載方法について規定したものである。

２　執行抗告の理由の記載方法

⑴　本条１項は，執行抗告の理由には，原裁判の取消し又は変更を求める事由を具体的に記載しなければならないものとした（民訴規193条，民訴規207条参照）。執行抗告の抗告審の構造は事後審的なものとされている[(1)]が，原裁判の時点では適法な裁判であっても，その後に生じた事実に基づいて抗告審が原裁判を取り消し，又は変更することも可能であると解される[(2)]ので，「原裁判を違法とする事由」とはしていない。

⑵　本条２項は，更に，原裁判の取消し又は変更を求める事由が法令の違反又は事実の誤認であるときの理由の記載方法を規定したものである。

法令の違反を主張するときは，その法令の条項又は内容及び法令に違反する事由を摘示しなければならない（民訴規191条参照)。「法令の条項又は内容」であるから，例えば「民事執行法第○条」というように摘示しなくても，その規定の内容を摘示すれば足りる。判例違反の主張は，法令違反の主張の一種であると考えられるが，判例違反を主張するときは，その判例を具体的に摘示すべきである（民訴規192条参照)。

事実の誤認を主張するときは，誤認に係る事実を摘示しなければならない（刑訴法382条参照)。原裁判の認定事実のうち誤認であるとする部分を具体的に摘示しなければならないが，これについての真実であるとする事実をも記載するのが相当である。

注⑴　浦野・条解62頁

⑵　田中・解説40頁。なお，東京高決平10.12.２判時1669－80参照。

（執行抗告に係る事件記録の送付）

第７条　執行抗告があつた場合において，執行裁判所が民事執行の事件の記録を送付する必要がないと認めたときは，執行裁判所の裁判所書記官は，抗告事件の記録のみを抗告裁判所の裁判所書記官に送付すれば足りる。

２　前項の規定により抗告事件の記録が送付された場合において，抗告裁判所が民事執行の事件の記録が必要であると認めたときは，抗告裁判所の裁判所書記官は，速やかに，その送付を執行裁判所の裁判所書記官に求めなければならない。

〔解　説〕

１　本条の趣旨

本条は，執行抗告があった場合の事件の記録の送付について規定したものである。

2　抗告事件の記録の送付（1項）

原裁判所が執行抗告を却下しなかった場合の記録の送付については，特段の規定を設けないと，15条の2により民訴規205条，民訴規174条が準用される結果，抗告事件の記録（以下「抗告記録」という。）のほか，民事執行事件の記録（以下「基本記録」という。）をも抗告裁判所に送付すべきことになる。

執行抗告には，仮の処分（法10条6項）がされない限り執行停止の効力はない（民訴法334条1項参照）が，基本記録を抗告裁判所に送付してしまうと，抗告裁判所から基本記録が返送されるまでの間は，民事執行の手続は事実上停止してしまう。

しかし，執行抗告の理由が明らかに主張自体失当であるときや，抗告人が執行抗告の手数料を納めないとき(1)は，抗告裁判所は，抗告記録のみに基づいて執行抗告を棄却又は却下することができるから，このような場合にまで基本記録を抗告裁判所に送付する必要はない。

そこで，本条1項は，濫抗告による手続の遅延を防止するために，執行裁判所が基本記録を送付する必要がないと認めたときは，執行裁判所の裁判所書記官は，抗告記録のみを抗告裁判所の裁判所書記官に送付すれば足りるものとしたのである(2)。

3　基本記録の送付（2項）

執行裁判所が基本記録を送付する必要がないと認めたときでも，抗告裁判所が基本記録を必要と考える場合がある。この場合に，抗告裁判所の裁判所書記官は，速やかに，その送付を執行裁判所の裁判所書記官に求めなければならないことを規定したのが，本条2項である(3)。

注(1)　不適法ではあるが，その不備は補正することができるから，原審限りで却下することはできない（法10条5項参照）。

(2)　刑事事件の抗告についても同趣旨の規定がある（刑訴規271条1項）。

(3)　刑訴規271条2項参照。なお，同条1項，2項とも，民訴規と異なり，主体が裁判所書記官ではなく裁判所である。

（民事執行事件記録の送付の特例）

第７条の２　法第10条第８項の規定による執行抗告があつたときは，前条の規定にかかわらず，執行裁判所の裁判所書記官は，抗告事件の記録のみを抗告裁判所の裁判所書記官に送付するものとする。

２　前項の場合には，同項の記録に，抗告事件についての執行裁判所の意見を記載した書面及び抗告事件の審理に参考となる資料を添付しなければならない。

［解説］

１　本条の趣旨

本条は，執行抗告の原審却下決定（法10条５項）に対して執行抗告（以下「再度の執行抗告」という。）がされた場合における基本記録の送付について，７条の特則を規定している。

２　抗告記録のみの送付（１項）

本条１項は，再度の執行抗告がされた場合においては，執行裁判所は，基本記録を送付する必要性の判断をせず，執行裁判所の裁判所書記官は，直ちに抗告記録のみを抗告裁判所の裁判所書記官に送付することを規定している。

一定の場合には，執行裁判所は，執行抗告を原審却下しなければならない（法10条５項）[(1)]が，この原審却下決定に対して，更に執行抗告をすることができるとされている（同条８項）[(2)]。このような再度の執行抗告がされた場合であっても，執行裁判所が基本記録を送付する必要がないと認めないときは（７条１項），執行裁判所の裁判所書記官は，15条の２，民訴規205条，民訴規174条の規定により，抗告記録に加えて基本記録をも抗告裁判所に送付すべきこととなり，抗告裁判所から基本記録が返送されるまでの間は，民事執行の手続は事実上停止されることとなる。

しかし，再度の執行抗告は，当初の執行抗告の原審却下決定を対象とするものであるから，抗告裁判所における審理のためには，基本的に抗告記録が送付されていれば十分であると考えられる。

そこで，基本記録が執行裁判所にないことによる民事執行の手続の事実上の停止という事態を可及的に回避するべく，濫抗告による手続遅延の防止という前条の趣旨を更に徹底し，再度の執行抗告がされた場合には，執行裁判所の裁判所書記官は，前条の規定にかかわらず，抗告記録のみを抗告裁判所の裁判所書記官に送付することとされた(3)。

3　添付書面等（２項）

本条２項は，再度の執行抗告がされた場合において抗告裁判所に送付する抗告記録に添付すべき書面等を規定している。

添付すべき書面等は，以下のとおりである。

⑴　執行裁判所の意見を記載した書面

執行抗告がされた場合において，これを理由がないと認めるときは(4)，執行裁判所は，15条の２，民訴規206条の規定により，意見(5)を付して事件を抗告裁判所に送付すべきこととなる。このことは，再度の執行抗告がされた場合にも当然妥当するが，本条２項は，再度の執行抗告がされた場合における意見の付し方について，送付する抗告記録に執行裁判所の意見を記載した書面を添付する方法によることを明確にしている。

これは，原審却下の決定書は，定型書式を用いて作成されることが多いと考えられるところ，法10条５項４号に該当するとして原審却下決定がされ，再度の執行抗告がされた場合等，決定書に記載された定型文言のみからでは，抗告裁判所に争点の所在等が分かりづらいこともあると考えられたことによる。

したがって，執行裁判所の意見を記載した書面は，このような場合には，抗告裁判所における審理の参考となるように，具体的な内容を有するものである必要があろう。

⑵　審理の参考となる資料

再度の執行抗告は，当初の執行抗告の原審却下決定を対象とするものであるから，その審理のための資料は，基本的に抗告記録のみで十分であると考えられる[(6)]。しかし，法10条５項４号に該当するとして原審却下決定がされ，再度の執行抗告がされた場合等，抗告記録以外に審理の参考となる資料が必要である場合も考えられないではない。そこで，このような場合にあっては，送付する抗告記録に抗告事件の審理に参考となる資料を添付しなければならないこととされた。

したがって，資料の添付は常に必要となるわけではなく，資料の内容も当初の執行抗告を原審却下した理由により具体的に検討する必要がある[(7)(8)]。

注⑴　原審却下決定の告知により，「確定しなければその効力を生じない」旨の明文の規定がある売却許可決定等の裁判であっても，確定し，効力を生ずるとする見解がある。田中・解説38頁，田中康久・注釈民執法⑴261頁

⑵　法10条８項の規定による執行抗告についても，法10条５項の規定による原審却下決定をすることができると解されている。田中康久・注釈民執法⑴261頁，竹下守夫・注解民執法⑴140頁。

⑶　本条は，法10条５項４号が原審却下事由を拡張して濫抗告に対処するものであるのに対応し，基本記録を送付する場面を限定して濫抗告に対処するものである。

⑷　これを理由があると認めるときは，執行裁判所は，法20条，民訴法333条の規定により，原審却下決定を更正すべきこととなる。

⑸　この意見は，原審却下決定の一部を構成するものではなく，抗告裁判所にとっては参考意見にとどまる（条解民訴規428頁）。

⑹　法10条５項１号及び２号に該当するとして原審却下決定がされ，再度の執行抗告がされた場合には，その審理のために必要となる資料は，いずれも抗告記録に含まれている。執行抗告をすることができない裁判に対する執行抗告であり，同項３号に該当するとして原審却下決定がされ，再度の執行抗告がされた場合等も同様である。

⑺　期間徒過に関する追完主張を全く伴わない提起期間経過後の執行抗告であり，法10

条５項３号に該当するとして原審却下決定がされ，再度の執行抗告がされた場合には，提起期間を明確にするため，当初の執行抗告の対象となった裁判の告知日を明らかにする資料（売却許可決定の写し等）を添付することが必要となる。また，いわゆる抗告屋が介在している執行抗告であり，同項４号に該当するとして原審却下決定がされ，再度の執行抗告がされた場合等には，当該執行裁判所に顕著な事実により却下事由が認定されていることも多いと考えられる。このような場合には，同一の抗告屋が介在した同種事案の抗告状，執行抗告の理由書の写し数通，抗告状を郵送してきた封筒の写し等を添付することが必要となろう。

⑻　抗告裁判所は，抗告記録に添付された資料が審理の参考として十分ではないと判断する場合には，執行裁判所に対し，その追加を求めることができると解される。

（執行異議の申立ての方式）

第８条　執行異議の申立ては，期日においてする場合を除き，書面でしなければならない。

２　執行異議の申立てをするときは，異議の理由を明らかにしなければならない。

〔解　説〕

１　本条の趣旨

本条は，執行異議（法11条）の申立ての方式について定めた規定であり，執行異議の申立ては原則として書面によること（１項）及び異議の理由を明示すること（２項）を求めている。

２　申立ての書面性（１項）

執行異議の申立て（法11条１項）について１条の適用はないが，執行異議の手続を安定させるためには，これについても書面申立てを義務付けるのが相当である。

しかし，売却決定期日（法69条）又は配当期日（法85条１項）において執行異議を申し立てるときは，裁判所書記官立会いのもとで直接裁判官に対して申し立てるのであるから，口頭による申立ても許容すべきである。

そこで，執行異議の申立ては，期日においてする場合を除き，書面でしなければならないものとされた（本条１項）。なお，「期日」とは，執行裁判所が実施する期日であって，売却決定期日及び配当期日のほか，審尋の期日（法５条，法213条１項１号参照）も含まれる。入札期日（37条），開札期日（46条）及び競り売り期日（50条）は，執行官が実施する期日であるから，本項の「期日」に含まれないことは当然である。

３　異議の理由の明示（２項）

濫用的な執行異議の申立てを防止するために，申立てをするときは，異議の理由を明らかにしなければならないこととされた。異議の理由が明らかにされないときは，直ちに申立てを却下することができる。

しかし，執行異議が執行抗告に比べて簡易な不服申立方法であることから，執行抗告の理由の記載方法（６条）のような厳格な要求はしないこととされている。

（代理人の許可の申立ての方式）

第９条　法第13条第１項の許可の申立ては，代理人となるべき者の氏名，住所，職業及び本人との関係並びにその者を代理人とすることが必要であることの理由を記載した書面でしなければならない。

２　前項の書面には，本人と代理人となるべき者との関係を証する文書を添付しなければならない。

〔解　説〕

１　本条の趣旨

執行裁判所でする手続（訴え又は執行抗告に係る手続を除く。）については，弁護士又は法令によって裁判上の行為をすることができる代理人以外の者も，執行裁判所の許可を受けて代理人となることができる（法13条１項）。本条は，この許可の申立ての方式について定めたものである。なお，この許可の申立てをするのは，本人であって，代理人となるべき者ではない[(1)]。

２　申立ての方式（１項）

この許可の申立てについても１条の適用はないが，代理人の許否について適切な判断をし，いわゆる非弁活動を防止するためには，一定の事項を記載した書面による申立てを義務付けるのが相当である。

そこで，本条１項は，書面による申立てを義務付け，申立書には，代理人となるべき者の氏名，住所，職業及び本人との関係並びにその者を代理人とすることが必要であることの理由を記載すべきこととしている。

代理人となるべき者と本人との関係としては，両者の間に親族関係，雇用関係などがあれば，これを具体的に記載すべきことになる。代理人となることを許可するのは，通常は，両者の間に親族関係又は雇用関係がある場合に限られようが，友人関係などであっても，代理人となるべき者がいわゆる非弁行為として代理行為をするのではないことが明らかであるような場合には，代理人の許可をすることができる。したがって，規則に許可の具体的基準は定めず，実務の運用に委ねることとしている(2)。

その者を代理人とすることが必要であることの理由としては，本人自身が訴訟行為をすることができないか，又はそれが不適格であることの事情（法律知識の欠如，病気，多忙など）と，代理人となるべき者が本人に代わって訴訟行為をするのに適していることの事情（法律知識を有していること，当該事件を担当する従業員であることなど）を具体的に記載すべきことになる(3)。

３　本人との関係を証する文書の添付（２項）

申立書には，本人と代理人となるべき者との関係を証する文書を添付しなければならない(4)。

申立書には両者の関係を記載することになっている（本条１項）が，それだけでは非弁活動を防止するのに不十分なので，更にその証明書の添付を要求するのである。親族関係については戸籍謄抄本，住民票の写し，雇用関係については代理人となるべき者が業務担当者であることの証明書などがこれに当たる。法人の場合には，代表者作成の身分証明書及び委任状がこれに当たる。この規定を厳格に適用して，いわゆる事件屋などが民事執行の手続に介入することを防ぐように努めるべきである。

執行裁判所が，代理人の許可に関して本人又は代理人となるべき者から，代理人の許可の取消し（法13条２項）に関して本人又は代理人から必要な資料の提出を求めことができることは，規定するまでもなく当然である[(5)]。

なお，代理人となることが許可されると，法20条，法15条の２により訴訟代理人に関する民訴法55条以下及び民訴規23条が代理人について準用されることになる。

注⑴　代理人となるべき者が，代理人の許可の申立てについて本人の使者となって申立ての文書を提出することは可能である。なお，実務では，代理人許可申立てと同時に代理人名義で競売申立てをすることを認めている（理論と実務（上）17頁参照)。

⑵　簡易裁判所における訴訟代理人の許可（民訴法54条１項ただし書）と同様である。

⑶　協議要録９頁〔21〕，田中康久・注釈民執法⑴346頁

⑷　実務上は，このほか，代理人の使用印の印影を代理人許可申立書等の余白に押捺させるなど適宜の方法により，使用印の届出をさせることが多い（理論と実務（上）17頁参照)。

⑸　執行処分ではないので法５条の審尋はできないと解されるが，法20条により民訴法87条２項を準用して当事者を審尋することは可能であろう。

（法第15条第１項の最高裁判所規則で定める担保提供の方法）

第10条　法第15条第１項の規定による担保は，発令裁判所（同項に規定する発令裁判所をいう。以下この条において同じ。）の許可を得て，担保を立てるべきことを命じられた者が銀行，保険会社，農林中央金庫，株式会社商工組合中央金庫，全国を地区とする信用金庫連合会，信用金庫又は労働金庫（以下「銀行等」という。）との間において次に掲げる要件を満たす支払保証委託契約を締結する方法によつて立てることができる。

第10条

一　銀行等は，担保を立てるべきことを命じられた者のために，発令裁判所が定めた金額を限度として，担保に係る損害賠償請求権についての債務名義又はその損害賠償請求権の存在を確認する確定判決若しくはこれと同一の効力を有するものに表示された額の金銭を担保権利者に支払うものであること。

二　担保取消しの決定が確定した時に契約の効力が消滅するものであること。

三　契約の変更又は解除をすることができないものであること。

四　担保権利者の申出があつたときは，銀行等は，契約が締結されたことを証する文書を担保権利者に交付するものであること。

〔解　説〕

1　本条の趣旨

法の規定により担保を立てるときの担保提供の方法は，金銭を供託する方法，発令裁判所が相当と認める有価証券を供託する方法及び最高裁判所規則で定める方法である（法15条１項）。

本条は，この方法の個別委任に基づき，担保提供の方法として，銀行(1)，保険会社(2)，農林中央金庫，株式会社商工組合中央金庫，全国を地区とする信用金庫連合会，信用金庫又は労働金庫（以下「銀行等」という。）との間で支払保証委託契約を締結する方法を定めたものである。

担保提供者が，担保提供の方法として，常に現実の出捐を要するとすると，担保に係る損害賠償請求権の存否が確定するまでの間，金銭又は有価証券を寝かせておくこととなり，担保提供者にとってかなりの経済的苦痛となる。担保に係る損害賠償請求権の存在が確定したときに，確実な支払能力を有する第三者が担保提供者に代わって担保権利者に対し債務の履行をすることにすれば，担保提供者が担保提供時に現実の出捐をすることなしに（ただし，その第三者に対する保証料の支払等は必要である。），十分に担保の目的を達することができる。

ところで，損害保険会社の行う保証証券業務は，契約上の債務者又は法令上の義務者が損害保険会社と保証委託契約を締結し，この契約に基づいて損害保険会社が保証証券（Surety Bond）を発行して債務者又は義務者に交付し，債務者又は義務者が保証証券を債権者又は権利者に提出することによって債権者又は権利者と損害保険会社との間に保証契約が成立するというものであって，契約上の債務を保証する契約保証と法令上の義務を保証する法令保証の２種に大別される(3)。

本条の支払保証委託契約は，法令保証としての保証証券制度と類似したものを採用し，損害保険会社だけでなく，銀行にも通用する制度(4)として規定したものであり，その後の改正により，支払保証委託契約ができる金融機関として，農林中央金庫，株式会社商工組合中央金庫，信用金庫，労働金庫及び全国を地区とする信用金庫連合会が加わった(5)。

2　支払保証委託契約の性質

担保を立てるべきことを命じられた者は，発令裁判所の許可を得て，銀行等との間において本条各号の要件を満たす支払保証委託契約を締結する方法によって，法の規定による担保を立てることができる(6)。

発令裁判所の許可を要するのは，担保権利者にとって，本条の方法による担保提供が金銭又は有価証券を供託する方法による担保提供よりも，権利実行の手続において若干不利な点がある（後記３⑴及び注⑼）ので，本条の方法によることの相当性について審査をする必要があるからである。

契約の締結自体が担保提供の方法であって，契約締結の証明書を発令裁判所に提出することは，単に立担保の証明手段であるにすぎず，担保提供の方法ではない。

第三者異議の訴えにおける仮の処分（法38条４項，法36条１項）を例にあげると，原告が受訴裁判所に執行停止の申立てをし，受訴裁判所が原告に対し金○○円の担保を立てるべきことを命じ，原告が支払保証委託契約の締結によってその担保を立てることについて発令裁判所（受訴裁判所）の許可を求め，その許可がされると，原告が支払保証委託契約を締結したことを発令裁判所に証明し[(7)]，発令裁判所が執行停止の決定をする，というのが通常の手順になる。

この支払保証委託契約は，第三者のためにする契約（民法537条）であると解される。すなわち，担保提供者と銀行等との間の契約において，銀行等が債務者となって第三者である担保権利者に対し本条１号により金銭を支払うことを約し，これによって，担保権利者は，銀行等に対して直接にその支払を請求する権利を取得するのである。担保権利者のこの権利は，担保権利者が銀行等に対してこの契約の利益を享受する意思を表示したときに発生する（民法537条３項）が，遅くとも，担保権利者が銀行等に対して本条４号の証明書の交付を求めた時点においては，この受益の意思表示があったものと解すべきである。

銀行等の担保権利者に対する債務が民法446条以下の保証債務であるかどうかは問題である。両者が明示の意思表示により保証契約を締結することは，本条の予定しないところである。しかし，担保権利者が銀行等に対して受益の意思表示をしたときに，黙示の意思表示により保証契約が成立したと解することは可能である。さらに，銀行等の担保権利者に対する債務の実質が保証責任であることから，発令裁判所の許可があり，かつ，支払保証委託契約が締結されてそれが発令裁判所に対して証明されたときに，保証契約の締結を擬制し，又は保証契約が締結された場合に準じて取り扱うこととすることも考えられる。このように解すれば，受託保証人の主たる債務者に対する事前求償権に関する民法460条が適用又は類推適用されることになるし，銀行等が従前から行っている業務と全く異なるものではない[(8)]ので，実務界にも受け入れやすいものになる。

3　支払保証委託契約の要件

支払保証委託契約の締結が有効な担保の提供となるためには，契約が本条各号に掲げる要件を満たしていることが必要である。

(1) 担保権利者に対する金銭の支払（１号）

銀行等が，担保提供者のために，担保に係る損害賠償請求権についての債務の履行として一定の金銭を担保権利者に支払う旨の約定が，この契約の中核的部分である。

銀行等が担保権利者に支払うべき金額が，発令裁判所が立担保を命じた金額，すなわち銀行等が支払保証をした金額を限度とすることは当然であり，これを上回る損害が生じたときは，担保権利者が担保提供者に対して別途損害賠償の請求をするしかない。

担保権利者は，担保権の実行をするには，銀行等に対し，担保に係る損害賠償請求権の存在及び額を立証しなければならないが，その立証方法が問題になる。担保権利者が担保権の実行をする際に，銀行等の実体的審査を受けるというのでは，供託の方法による担保の提供に比べてあまりに担保権利者に不利であるから，むしろ，被担保債権の存在及び額を証する文書を一定の範囲に制限しても，その文書が提示されたときには，銀行等が，実体的審査をすることなく当然にそこに表示された額の金銭を支払うこととした方が，手続も簡明となり，担保権利者にとって有利である[(9)]。

そこで，本条１号は，担保権利者が権利の実行をするときに，担保に係る損害賠償請求権の存在及び額を証明するには，その請求権についての債務名義又はその請求権の存在を確認する確定判決若しくはこれと同一の効力を有するものを要することとしている。

担保に係る損害賠償請求権についての債務名義（法22条）の存在は，最も確実な証明方法であるから，これを認めるべきことは当然である。しかし，強制執行をするわけではないから，執行力が現存することを示すために執行文が付与されている必要はない。すなわち，執行力のある債務名義の正本を提示する必要はない。この債務名義は，確定判決はもちろん，仮執行宣言付判決（法22条２号）や執行証書（同条５号）等でもよい[10]。

また，強制執行をするわけではないから，担保に係る損害賠償請求権についての確定した給付判決と確定した確認判決とを区別する理由はなく，確認判決をも許容するのが相当である。さらに，これを許容する以上は，確定判決と同一の効力を有するもの，すなわち，和解調書（民訴法267条），認諾調書（同条），調停調書（民事調停法16条），調停に代わる決定（同法17条，同法18条３項）中の確認条項（給付条項は債務名義になる。）も許容しない理由はない。これらのものは，いずれも，裁判所が関与したものであることから信頼性の保障があると考えられるのである。公正証書のうち，債務名義である執行証書とならないものは，本号の書面に当たらない。

銀行等は，担保権利者から債務名義又は確定した確認判決若しくはこれと同一の効力を有するものを提示されたときは，その内容について実体的審査をすることなく，発令裁判所が定めた金額を限度として，これらのものに表示された額の金銭を担保権利者に支払わなければならない[11]。ただし，債務名義について法39条１項各号に掲げる文書が存在するとき，又は確定した確認判決若しくはこれと同一の効力を有するものが提示された場合において，これを取り消し，若しくはその効力がないことを宣言する確定判決等（法183条１項参照）が存在するときは，銀行等が支払を免れ得ることは当然であって，その旨を約款に規定したとしても，本条１号に違反するものではない。

⑵　契約の効力の消滅時（２号）

担保に係る損害賠償請求権の存否が確定する時期は千差万別であって，それまでに非常な長年月を要することもあり得る。

したがって，支払保証委託契約において，契約の有効期間として一定の年月を定めることは許されない（形式的にこれを定めても，自動延長の条項があれば差し支えない。）が，本条の方法により立てられた担保について担保取消しの決定（法15条２項，民訴法79条）が確定したときは，当該支払保証委託契約の効力が消滅することは当然である。

本条2号は，担保取消しの決定が確定した時に契約の効力が消滅する旨の約定があることを担保が有効となるための要件とすることによって，それ以外に自由に契約の有効期間を定めることを禁止する趣旨の規定である。

ただし，いったん本条の方法により担保を立てた後に他の担保に変換したとき（法15条２項，民訴法80条）には，担保取消しの決定が確定した場合に準じて支払保証委託契約の効力を消滅させることは問題のないところであり，その旨を約款に規定したとしても，本条２号に違反するものではない。

⑶　契約の変更又は解除の禁止（３号）

前記２のように，本条の支払保証委託契約は第三者のためにする契約であると解されるので，第三者である担保権利者が受益の意思表示をした（民法537条３項）後は，担保提供者と銀行等が契約の変更又は解除によって担保権利者の権利を変更し，又は消滅させることはできない（民法538条１項）。

しかし，担保権利者が受益の意思表示をする前に支払保証委託契約の当事者がこれを変更又は解除することを認めると，担保権利者は，支払保証委託契約の当初の内容どおりの権利を取得することができない。したがって，受益の意思表示がされる前に契約の変更又は解除をすることを禁止しておく必要がある[(12)]。前記２のように，担保権利者と銀行等との間に保証契約が成立する（又は擬制される）と解する場合には，保証契約の成立後に支払保証委託契約の変更又は解除をしても保証契約に影響を与えないが，保証契約の成立前については，受益の意思表示について述べたのと同じことになる[(13)]。

そこで，本条３号は，契約の変更又は解除をすることができない旨の約定があることを，支払保証委託契約の締結が有効な担保となるための要件としたのである。しかし，担保権利者の同意があれば，契約の変更又は解除をしても差し支えないから，その旨を約款に規定しても，本条３号に違反しないと解される。

⑷　担保権利者への証明書の交付（４号）

発令裁判所は，立担保に係る決定（例えば執行停止の決定）をしたときは，その決定を担保権利者に告知するが，その決定には立担保の方法が記載されており，本条の方法による担保提供である場合には，銀行等の名称等支払保証委託契約を特定するための事項が記載されている。

これによって，担保権利者は，債務の履行をする銀行等を知ることができるので，本条１号の債務名義等を取得したときに，銀行等に対し債務の履行を求めればよい。

しかし，債務名義等を取得するまでには，通常は，かなりの期間を要するので，担保権利者としては，後日の紛争を懸念して，銀行等の作成に係る支払保証委託契約締結の証明書を取得しておくことを欲するであろう。

そこで，本条４号は，担保権利者の申出があったときは，銀行等が前記証明書を担保権利者に交付する旨の約定があることを，支払保証委託契約が有効な担保となるための要件としたのである。この証明書の様式に制限はない[(14)]。

注⑴　銀行法上の銀行のほか，長期信用銀行（長期信用銀行法２条）を含む（同法18条ただし書)。日本銀行は含まれない。

⑵　生命保険会社は，保険会社ではあるが本条の業務を行うことはできない。本条の業務を行うのは，損害保険会社である（保険業法３条，同法７条参照)。

⑶　保証証券については，山下陽生「保証証券制度利用上の留意点とその効用」ＮＢＬ68−27，横尾督雄「保証証券制度の解説」金法727−13，鴻常夫ほか「新保険の展望（座談会)」損害保険双書３（新種保険）329頁参照

保証証券制度発足以前からこれに類似したものとして保証保険がある（予算決算及び会計令77条１号の入札保証保険契約，同令100条の３第１号の履行保証保険契約，宅地建物取引業法41条１項２号の保証保険契約や住宅ローン保証保険など)。保証保険については，望月重樹「保証保険の特異性」前掲損害保険双書３（新種保険）77頁，竹

内啓介「住宅ローン保証保険」同書51頁参照

⑷　銀行が行う同種の制度の先例として，宅地建物取引業法41条１項１号の保証委託契約，船主責任法20条の供託委託契約がある。

⑸　条解民訴規60頁参照。なお，株式会社商工組合中央金庫法（平成19年法律第74号）の制定に伴い，本条に所要の整備がされた。

⑹　従来は，担保を立てるべきことを命じた裁判所の所在地を管轄する地方裁判所の管轄区域内にある金融機関の店舗において締結した契約に限り認められるという運用がされていたが，その後，全国銀行協会連合会では，平成２年４月23日に傘下の銀行に対し，担保権利者による権利行使のための書類の契約店舗以外の店舗での取次ぎと郵送による権利行使を認めるべき旨の通達を発した。また，農林中央金庫，株式会社商工組合中央金庫，信用金庫及び労働金庫についても同様の取扱いがされるよう運用が改められることとなった（条解民保規13頁参照）。

⑺　証明方法に法令上の制限はないが，保険会社は，発令裁判所提出用の契約締結の証明書として，担保権利者に対し，保証証券の謄本を交付するという取扱いをすることとしている。

⑻　支払承諾取引における銀行と主債務者との契約は，本条の支払保証委託契約と類似したものであり，銀行と債権者との間に保証契約があるものとして構成されている。保険会社の保証証券業務においても，本文１で述べたように，保険会社と債権者又は権利者との間に保証契約が成立するという構成がされている。

⑼　証明文書が制限される点で，供託の方法による担保の提供に比べ，担保権利者にとって不利となることは避け難いが，そのために，本条の方法による担保の提供には発令裁判所の許可を要することとされているのである。

⑽　条解民訴規65頁（注５）参照。仮執行宣言付判決が含まれるとした裁判例として名古屋地判平４．４．10判時1455－21がある。

⑾　債務名義等でも，担保提供者と担保権利者との通謀などによって，真実に反する内容のものが作成されることはあり得ないではないが，この場合にも，銀行等は，債務

名義等に表示された額の金銭を担保権利者に支払わなければならず，その上で，担保提供者に求償し，あるいは担保権利者に対して不法行為に基づく損害賠償請求訴訟を提起するなどしなければならない。なお，銀行等は，担保に係る損害賠償請求権についての担保提供者・担保権利者間の訴訟に補助参加（民訴法42条）をすることができる。

⑿　船主責任法20条は，供託委託契約は，原則として変更又は解除をすることができないものとしている。最高裁判所規則で契約の変更又は解除の禁止という実体規定を設けることには問題があるので，本条は，担保として有効な支払保証委託契約が満たすべき要件として規定しているのである。

⒀　もっとも，銀行等の担保権利者に対する債務は，保証契約を要せずに発生する法定保証債務であって，当然に民法の保証債務に関する規定が適用されるという見解もあり得よう。この場合に，支払保証委託契約の変更又は解除をしても保証債務の内容に影響を及ぼさないと解し得るならば，本条３号は不要ということになる（逆に，本条３号があるのでこのように解し得るといえないこともない。）。

⒁　保険会社は，従来の保証証券業務の一種として処理するために，保証証券を担保権利者に交付するという取扱いをしている。

（送達場所等の届出の方式等）

第10条の２　民事訴訟規則第41条及び第42条の規定は，法第16条第１項の規定による送達を受けるべき場所の届出及び送達受取人の届出について準用する。

〔解　説〕

１　本条の趣旨

本条は，民訴規41条（送達場所等の届出の方式）及び民訴規42条（送達場所等の変更の届出）の規定を民事執行の手続についての送達場所等の届出について準用するものである。

２　本条が設けられた理由

民訴法の送達場所等の届出制度については，平成８年の民訴規の改正により，届出の方式や変更の届出に関する規定（民訴規41条及び民訴規42条）が設けられた[1]が，民事執行手続における送達場所等の届出制度にもそれらの規定を準用することが相当であることから，本条が設けられた[2]。

なお，15条の２に民訴規を包括準用する規定があるが，送達場所等の届出については，法16条２項も個別に民訴法を準用していること，送達場所等の届出制度の基本的な構造が民訴法とは異なる面があることから，本条で個別の準用規定を設けることとしたものである[2]。

注⑴　民訴規41条及び民訴規42条の規定の趣旨及び内容については，条解民訴規88頁以下参照

⑵　林道晴「「民事訴訟法及び民事訴訟規則の施行に伴う関係規則の整備等に関する規則」の解説」法曹時報49巻10号80頁参照

（送達できなかつた場合の調査）

第10条の３　民事執行の手続において文書を送達することができないときは，裁判所書記官は，差押債権者その他当該文書の送達について利害関係を有する者に対し，送達すべき場所について必要な調査を求めることができる。

〔解　説〕

1　本条の趣旨

本条は，送達の奏効に向けた差押債権者等の執行裁判所に対する協力を具体化するものとして，民事執行の手続において文書を送達することができない場合における，送達事務取扱者である裁判所書記官が送達すべき場所について必要な調査を求める権限を規定している[1]。

2　裁判所書記官が調査を求めるための要件

本条による調査は，民事執行の手続において文書を送達することができないときに求めることができる。その前提となる，民事執行の手続において文書の送達を行う場合については何らの限定がない。すなわち，不動産に対する強制競売手続の開始決定[2]（法45条２項），債権差押命令[3]（法145条３項）等，法の

規定により送達しなければならないとされている文書を送達することができないときはもちろん，売却の見込みがない場合の停止通知（法68条の３第１項），引渡命令（法83条１項）等，通常送達によっている文書を送達することができないときも本条による調査を求めることができる。

３　調査を求められる者

本条により調査を求められる者は，差押債権者その他当該文書の送達について利害関係を有する者である。差押債権者については，民事執行の手続の円滑な進行に最も大きな利害関係を有しており，これに際して行われる文書の送達についても一般に利害関係を有すると考えられたことによる。「その他当該文書の送達について利害関係を有する者」とは，当該文書の送達の円滑な実施に利害関係を有するものであり，送達すべき文書ごとに検討する必要がある。例えば，最高価買受申出人又は買受人のための保全処分決定（法77条１項）であれば，当該申立てをした最高価買受申出人又は買受人，引渡命令（法83条１項）であれば，当該申立てをした買受人，担保不動産競売の開始決定前の保全処分決定（法187条１項）であれば，当該申立てをした担保権実行者がこれに当たる。

４　調査事項

本条による調査の対象となる事項は，送達不能の理由に応じて適宜必要となるものであるが，基本的には，以下のものを挙げることができる[(4)]。

⑴　全戸不在（留置期間満了）による送達不能のとき

受送達者の就業場所の調査を求めることが考えられる。

⑵　⑴以外の理由による送達不能のとき

受送達者の現在の住所等又は就業場所の調査を求めることが考えられる。

調査を求める方法については制限がないので，適宜の方法によることになる。裁判所書記官は，差押債権者等からの調査報告書等の提出を待って，就業場所における送達や付郵便送達を行い，あるいは差押債権者等に公示送達の申立てを促すことになろう[(5)]。

注(1)　平成10年改正規則による本条の新設前においても，送達ができないときは，裁判所書記官は，電話等適宜の方法により，差押債権者等に対して受送達者の現住居所の調査及び報告を依頼し，また，送達方法についての意見を聴取していた。本条は，そうした運用の根拠を明確にしたものということができる。

(2)　債務者に開始決定を送達できない場合には，執行裁判所が，差押債権者に対し，相当の期間を定め，送達すべき場所を明らかにするよう補正命令をし，補正がないときは，開始決定を取り消す（法20条，民訴法138条２項，137条）ことが考えられるが（東京地決平３・11・７判タ769号246頁），直ちに補正命令をするのではなく，まずは本条により調査を求めるのが相当であると解される。

(3)　債権差押命令に関しては，令和元年改正法により，債務者に差押命令　の送達をすることができない場合には，執行裁判所が，差押債権者に対し，相当の期間を定め，送達をすべき場所の申出をすべきことを命じることができ，差押債権者が当該期間内に当該申出をしないときは，差押命令を取り消すことができる旨の規定が設けられたが（法145条７項，８項），直ちに送達をすべき場所の申出をすべき命令をするのではなく，まずは本条により調査を求めるのが相当であると解される。

(4)　理論と実務(上)108頁

(5)　東京地裁民事執行書記官実務研究会編著　不動産の競売手続ハンドブック（改訂版）50頁，理論と実務(上)107頁

（執行官が民事執行を開始する日時の指定）

第11条　執行官は，民事執行の申立てがあつたときは，速やかに，民事執行を開始する日時を定め，申立人が通知を要しない旨を申し出た場合を除き，これを申立人に通知しなければならない。

２　前項の規定により定める日は，やむを得ない事由がある場合を除き，申立てがあつた日から１週間以内の日としなければならない。

〔解　説〕

1　本条の趣旨

本条は，執行官が行う強制執行の日時の指定につき，民事執行全般に通用する総則規定として規定したものである。

2　執行開始日時の指定

執行官は，民事執行の申立てがあったときは，速やかに，民事執行を開始する日時を定めなければならない（本条１項）。民事執行を開始する日時とは，執行に着手する日時のことである。

特に迅速に処理する必要のない場合であっても，執行を開始する日時は速やかに定めるべきであるから，本条においては，除外事由を規定しないこととしている。なお，「速やかに」という語は，「直ちに」よりは急迫の程度が低い場合に訓示的意味をもつものとして用いられることが多い。

執行官が民事執行を開始する日は，やむを得ない事由がある場合を除き，申立てがあった日から１週間以内の日としなければならない（本条２項）。これは執行官が行う民事執行の手続が迅速にされることを図るものである。本条２項は「やむを得ない事由がある場合を除き」と除外の範囲が限定されているので，申立ての日から１週間以内に執行を開始するという原則は，励行されるべきことになる[(1)]。なお，明渡しの催告については，不動産の引渡し等の強制執行の開始には当たらないと解されるから，明渡しの催告を実施する日時については，本条２項は適用されない（154条の３第１項。同条の解説の２を参照）。

3　執行開始日時の通知

執行官は，申立人が通知を要しない旨を申し出た場合を除き，速やかに，民事執行を開始する日時を申立人に通知しなければならない（本条１項）。民事執行の申立人（債権者）又はその代理人は，債務者が拒絶しない限り，執行官が債務者に対する執行処分をするのに立ち会うことができる[(2)]ので，その日時を申立人に通知するのである。しかし，申立人が通知を要しない旨を申し出た場合にまで通知をする必要はないので，この場合は除外することとしている[3][4][5]。

4　執行開始日時の変更

いったん民事執行を開始する日時を定めた後に，これを変更し，新たに民事執行を開始する日時を定める場合も，本条に準じて取り扱うべきである。この場合，変更後の執行開始の日は，やむを得ない事由がある場合を除き，日時の変更をする日から１週間以内の日としなければならない，と解すべきであろう[6]。

注⑴　ただし，執行官は，手数料及び費用の概算額を，申立てを受けた後，速やかに予納させなければならない（執行官法15条１項）が，予納されない場合は申立てを却下することができ（同条３項），また予納されるまでは事務を行わないことができる（執行官規則18条３項）から，前記概算額が予納されるまでは執行は開始されないことになる。

⑵　不動産の引渡し等の強制執行は，債権者又はその代理人が執行の場所に出頭したときに限り，することができる（法168条３項）。

⑶　不動産の引渡し等の強制執行の場合は，常に通知をしなければならない。

⑷　３条１項，民訴規４条５項前段に規定する場合に通知を要しないことはもちろんである。

⑸　執行官が空き時間を利用して，事前に日時を指定することなく民事執行を開始することは，本条１項により許されない。

⑹　執行官提要98頁

（民事執行の調書）

第12条　執行裁判所における期日については，裁判所書記官は，調書を作成しなければならない。

2　民事訴訟法（平成８年法律第109号）第160条第２項及び第３項並びに民事訴訟規則第66条（第１項第３号及び第６号を除く。）から第69条までの規定は，前項の調書について準用する。

〔解　説〕

1　本条の趣旨

本条と次条は，民事執行の調書に関する通則規定であって，共通見出しがつけられている。本条は，執行裁判所関係の調書に関する規定であり，民事執行について裁判所書記官が調書を作成すべき場合及び調書の記載事項等についての通則規定であって，本条の特則となる規定はない。

2　調書の作成（1項）

執行裁判所における期日については，裁判所書記官は，調書を作成しなければならないこととされた。口頭弁論期日に関する民訴法160条1項と同趣旨の規定である。

執行裁判所における期日とは，執行裁判所が主宰して実施する期日のことであって，売却決定期日（法69条），配当期日（法85条），財産開示期日（法199条）及び審尋の期日（法5条，法213条1項1号参照）の4つである。これ以外にはない[(1)]。入札期日，開札期日及び競り売り期日は，執行機関は執行裁判所であっても，執行官が主宰して実施する期日であるから，執行裁判所における期日には当たらない。

3　準用される規定（2項）

執行裁判所における期日の調書の記載事項等については，口頭弁論調書に関する民訴法160条2項及び3項並びに民訴規66条（1項3号及び6号を除く。）から69条までの規定を準用することで賄うこととされ，民事執行の調書に固有の規定は設けられていない。

民訴規66条は，調書の形式的記載事項に関する規定である。ただし，民事執行の期日に検察官が立ち会うことはないので，同条1項3号は準用から除外されている。また，執行裁判所が実施する期日における手続は，民事訴訟における口頭弁論ではないので，憲法82条の適用がなく，利害関係を有する者に対してのみ公開すれば足り，一般の公衆が自由に傍聴できるようにする必要はない[(2)]。したがって，民訴規66条１項６号も準用から除外されている。

民訴規67条は，調書の実質的記載事項に関する規定であり，性質上準用され得ないものを除き，すべて準用される。「弁論の要領」としては，同条各号に掲げる事項のほか，意見を陳述した者及び陳述した意見（法70条）の要旨，配当期日におけるすべての債権者間の合意（法85条１項ただし書），配当異議の申出（法89条１項）の有無及び内容，配当実施（法84条１項，法89条２項）の要領などを記載すべきである[(3)]。

調書への書面等の引用添付に関する民訴規69条，調書の記載に対する関係人の異議に関する民訴法160条２項，調書の証明力に関する同法160条３項もすべて準用される[(4)]。

注⑴　例えば弁済金の交付の日（法84条２項，59条）のように，期日とされていない（法78条４項参照）ものについては，調書を作成する必要はない。

⑵　三宅弘人・注解民執法⑶13頁

⑶　三宅弘人・注解民執法⑶13頁，中野・執行法360頁

⑷　林道晴「「民事訴訟法及び民事訴訟規則の施行に伴う関係規則の整備等に関する規則」の解説」法曹時報49巻10号86頁参照

第13条　執行官は，民事執行を実施したときは，次に掲げる事項を記載した調書を作成しなければならない。

一　民事執行に着手した日時及びこれを終了した日時

二　民事執行の場所及び目的物

三　民事執行に立ち会つた者の表示

四　実施した民事執行の内容

五　民事執行に着手した後これを停止したときは，その事由

六　民事執行に際し抵抗を受けたときは，その旨及びこれに対して採つた措置

七　民事執行の目的を達することができなかつたときは，その事由

八　民事執行を続行することとしたときは，その事由

2　執行官は，民事執行に立ち会つた者に，調書に署名押印させなければならない。この場合において，その者が署名押印しなかつたときは，執行官は，その事由を調書に記載しなければならない。

3　前２項の規定は，配当等（法第84条第３項に規定する配当等をいう。以下同じ。）の実施については，適用しない。

4　第１項及び第２項の規定は，次に掲げる場合について準用する。

一　執行官が法第55条第１項，法第64条の２第１項，法第68条の２第１項，法第77条第１項，法第114条第１項，法第115条第１項，法第127条第１項，法第171条第１項，法第174条第１項第１号若しくは法第187条第１項又は第81条，第89条第１項若しくは第174条第２項（これらを準用し，又はその例による場合を含む。）の規定による決定を執行した場合

二　執行官が法第168条の２第１項の規定による明渡しの催告を実施した場合

〔解　説〕

1　本条の趣旨

本条は，執行官が民事執行を実施したときの調書に関する通則規定であり，必要に応じて各則にその特則を規定している[(1)]。

2　調書の作成義務

執行官は，民事執行を実施したときは，調書を作成しなければならない（本条１項)。執行官が「民事執行を実施したとき」とは，執行官が執行機関となる民事執行事件について，執行官自らがその執行の本体的部分に属する執行処分をした場合を指す。

執行裁判所が執行機関となる民事執行事件について執行官が執行裁判所の補助をするときには，本条は適用されない。したがって，不動産，船舶，航空機，自動車，建設機械，小型船舶の売却は執行官が実施する（法64条３項等）が，本条の適用はないので，個別に，売却調書の作成義務及び調書の記載事項等について規定が設けられている（44条，49条，50条４項，51条６項，その他これらの規定を準用する各規定)。

また，執行官自らが行うのではない行為についても本条の適用はないから，動産執行における委託売却（122条）の実施について調書を作成する必要はなく，売却を実施した者から売得金の交付を受けたときに，売得金の額等を記録上明らかにしておけば足りる（122条３項)。

執行の本体的部分とは，金銭執行の場合には差押え及び売却，非金銭執行の場合には債務者の不動産等に対する占有を解いて債権者にその占有を取得させる行為（法168条１項）又は債務者から動産を取り上げて債権者に引き渡す行為[(2)]（法169条１項）である。金銭執行における配当等の実施は，執行の本体的部分であるが，その内容は配当計算書（132条，70条）や受取証[(3)]などで判明するから，調書の作成を義務付ける必要に乏しいので，本条１項及び２項の規定は，配当等の実施については，適用を除外することとされている（本条３項)。

次の執行処分は，執行の本体的部分に属しないので，本条の適用はないが，調書を作成することが相当であると考えられるので，個別に，調書の作成義務及び記載事項等についての規定が設けられている。

① 債務者，差押債権者又は第三者に差押物を保管させる行為（105条１項)
② 保管者から差押物の返還を受けた場合において，差押物に不足又は損傷があるときの措置（105条３項)
③ 差押物の点検（108条２項)

なお，民事執行における本来の売却ではないが，「差押物を売却する」（法137条）とか，「動産執行の売却の手続により売却する」（法163条２項）とか，「動産執行の手続により売却する」（57条２項，127条３項）とか，「動産執行の例による」（154条の２第１項）とか規定されている手続については，本条及び動産の売却の調書に関する規定（119条，120条３項，121条５項）が適用される。

民事執行の実施に当たらない行為でも，本条１，２項の規定により調書を作成すべきであると考えられる行為については，後記５に述べるように，これらの規定を準用することとされている（本条４項）。

3　調書の記載事項（１項）

⑴　民事執行に着手した日時及びこれを終了した日時（１号）

現実に職務の執行をした時間を分単位で記載することを要する[(4)(5)]。執行に着手した以上，その日に執行行為を完了しないで，停止又は続行（執行の中断）した場合でも，執行不能で終了した場合でも調書は作成しなければならない[(6)]から，終了した日時としてこれらの日時を記載しなければならない。

⑵　民事執行の場所及び目的物（２号）

民事執行の場所は，地番，家屋番号，室番号等によって特定する。執行の場所が異なれば，執行行為も別になるが，社会通念上１個の生活単位と観念される空間であれば，数筆の土地又は数個の建物も１つの場所とみることができる[(7)]。

民事執行の目的物は，民事執行の対象となった物件であり，これを特定するに足りる事項を記載する[(8)]。動産の差押えをしたときに作成すべき差押調書における民事執行の目的物の記載については，特則規定がある（102条２項）。

⑶　民事執行に立ち会った者の表示（３号）

債権者又はその代理人，債務者，その代理人又は同居の親族若しくは使用人その他の従業員で相当のわきまえのある者又はこれらの者がいない場合の立会人（法７条）等がこれに含まれる[(9)]。執行官が補助者として使用した者及び警察上の援助をした警察職員は含まれない[(10)]。買受けの申出をした者は，民事執行に立ち会った者に含まれない[(11)]（本条２項，119条２項参照）。

⑷　実施した民事執行の内容（４号）

執行官が現実に行った執行行為の内容を具体的に記載すべきである。どの程度まで詳細に記載するかは，執行官の判断によるが，法的に意義をもつ重要な事項は漏れなく記載しなければならない[(12)]。動産の売却を実施したときに作成すべき調書における実施した民事執行の内容の記載については，特則規定がある（119条１項）。

⑸　民事執行に着手した後これを停止したときは，その事由（５号）

法39条１項各号に掲げる文書の提出により停止する場合だけでなく，執行の途中で任意弁済を受けたり（法122条２項，法169条２項，法192条），動産の引渡しの強制執行において，執行の場所から債権者又はその代理人が退去した（155条１項参照）等の理由で執行を停止する場合を含む。執行停止の事由を記載する以上，停止した旨を記載することは当然である。

⑹　民事執行に際し抵抗を受けたときは，その旨及びこれに対して採った措置（６号）

抵抗をした者とその抵抗の態様・状況を記載し，執行官又はその補助者が威力を用いたときはその態様を，警察上の援助を求めたときはその旨を記載すべきである(13)。

⑺　民事執行の目的を達することができなかったときは，その事由（７号）

執行目的物の不存在，債務者の居所不明，売却不能等，執行の場所に臨場した後，執行に着手する前(14)又は後の何らかの事由により民事執行の目的を達することができなかったときは，その事由を記載する(13)。

⑻　民事執行を続行することとしたときは，その事由（８号）

執行の途中で午後７時を過ぎた場合（法８条１項），執行が大規模のため１日では終了せず翌日に続行した場合などがこれに当たる(13)。

⑼　以上⑴から⑻までのほか，不動産の引渡し等の強制執行をしたとき，又は動産の引渡しの強制執行をしたときに作成すべき調書には，目的外動産の処理について記載しなければならない（153条，155条３項）。また，動産の差押えをしたときに作成すべき差押調書には，以上⑴から⑻までのほか，債務者から自己の所有に属しない旨の申出があった差押物については，その旨を記載しなければならない（102条１項，178条３項）。

⑽　本条１項に執行調書の必要的記載事項として規定されていないが，事件の表示及び調書を作った年月日を調書に記載すべきことは，民事執行に関しないものを含み，執行官が作成すべきすべての調書に共通する事項として，執行官規則17条に規定されている。執行官が調書に記名押印すべきことについても同様である。

これに対し，債務名義の表示については，執行力のある債務名義の正本が記録につづられているから，更に執行調書にもこれを表示する必要はないと考えられるので，記載を義務付けないこととされている（102条参照）。執行行為についてされた執行裁判所の裁判(15)の要旨は，当該裁判書の正本が記録につづられるから，執行調書にその要旨を記載する必要はないと考えられるので，これも記載を義務付けないこととされている。

4　立ち会った者の署名押印（２項）

執行官は，民事執行に立ち会った者に，調書に署名押印させなければならない（本条２項前段）。民事執行に立ち会った者に調書を読み聞かせ，又は閲覧させることは要求せず，単にその者が執行に立ち会ったことを確認させ，これについての明確な証拠を残す意味で調書に署名押印させなければならないこととしたものである。したがって，調書が未完成であっても，これに署名押印させることができる。

民事執行に立ち会った者が調書に署名押印しなかったときは，執行官は，その事由を調書に記載しなければならない（本条２項後段）。民事執行に立ち会った者が執行の途中で現場を立ち去ったこと，署名押印を拒否したことなどがその事由に当たる。

5　民事執行の実施に準ずる場合の調書の作成（４項）

執行官が本条４項に掲げる執行をすることは，本来の民事執行の実施には当たらないが，その内容から見て民事執行の実施に準じて調書を作成すべきであるので，これらの執行をした場合については，本条１項及び２項の規定を準用することとされている。

本条4項に掲げる決定は，次のとおりである。

⑴　裁判所の決定の執行（1号）

裁判所の決定により執行をする場合で，調書の作成が必要なものは次のとおりである（これらを準用し，又はその例による場合を含む。）。

ア　民事執行法上の保全処分の決定

㋐　売却のための保全処分等の決定（法55条1項）

㋑　買受けの申出をした差押債権者のための保全処分等の決定（法68条の2第1項）

㋒　最高価買受申出人又は買受人のための保全処分等の決定（法77条1項）

㋓　担保不動産競売の開始決定前の保全処分等の決定（法187条1項）

これらの決定の執行は，執行官が目的物の占有を取得するのみで，債権者等に目的物の占有を取得させるものではないから，本来の民事執行の実施には当たらない(16)。しかし，これらの決定の執行は，引渡命令との関係で当事者恒定効を生じさせ（法83条の2第1項，法187条5項），あるいは保全処分の内容を公示するという重要な意味を持つものであるから，執行官保管の保全処分の決定を執行した場合と同様に，実施した執行の内容等を明らかにしておくことが相当である。

そこで，執行官は，上記㋐から㋓までの決定(17)を執行した場合について，調書を作成すべきこととした。

イ　内覧実施命令（法64条の2第1項）

内覧実施命令は，執行裁判所の執行官に対する職務命令であるから，この命令を執行することは執行官の民事執行の実施には当たらない。しかし，内覧の実施の際には秩序維持に反する行為がされるおそれがあること，差押債権者等に占有権原を対抗することができない占有者が正当な理由なく不動産の立入りを拒み又は妨げたときは罰金に処せられる（法213条2

項）こと等に照らすと，実施した執行の内容等を明らかにしておくことが相当である。

そこで，執行官は，内覧実施命令を執行した場合についても，調書を作成すべきこととした。

ウ　その他

(ア)　船舶国籍証書等の取上命令（法114条１項）

(イ)　船舶執行の申立て前の船舶国籍証書等の引渡命令（法115条１項）

(ウ)　差押物の引渡命令（法127条１項）

(エ)　代替執行における授権決定（法171条１項）

(オ)　執行官に子の引渡しを実施させる旨の決定（法174条１項１号）

(カ)　船舶国籍証書等の再取上命令（81条）

(キ)　自動車に対する強制競売の開始決定における自動車の引渡命令（89条１項）

(ク)　船舶の競売における船舶占有者に対する船舶国籍証書等の引渡命令（174条２項）

このうち(ア)及び(カ)は，執行裁判所の執行官に対する職務命令であるから，これらの決定を執行することが執行官の民事執行の実施に当たらないことは明らかである。

また，(エ)及び(オ)の決定は，行為者として執行官を指定しているとしても，これに基づく執行官の行為は執行官法１条２号の事務であり，執行官の民事執行の実施に当たらないことも明らかである。

さらに，(イ)，(ウ)，(キ)及び(ク)は，前記アと同様，これらの決定の執行が，執行官が目的物の占有を取得するのみで，債権者等にその占有を取得させるものではないから，本来の民事執行には当たらない。

しかし，これらの効果が重大であること（そのため，いずれの決定に対しても執行抗告をすることができる。）に照らし，本条１項及び２項を準用することとされている。なお，(オ)については，民事執行の場所及び目的物の記載に代えて，引渡実施を行った場所，引渡実施を行った場所が債務者の住居その他債務者の占有する場所以外の場所であり，当該場所における引渡実施を相当と認めた場合には，その事由及び子の表示を記載すべき旨の特則がある（164条)。

⑵　明渡しの催告（２号）

明渡しの催告（法168条の２第１項）は，不動産等の引渡し等の強制執行の開始ではなく，本来の民事執行の実施には当たらないものと解される[18]。しかし，明渡しの催告が実施されると，債務者は不動産等の占有移転を禁止され（同条５項)，催告後に占有の移転があっても引渡し期限の経過前には承継執行文を要しないで強制執行をすることができる（同条６項）という重要な意味を持つものであるから，実施した明渡しの催告の内容等を明らかにしておくことが相当である。

そこで，執行官は，明渡しの催告を実施した場合についても，調書を作成すべきこととしたものである。

これらの調書の記載事項及び執行に立ち会った者の署名押印については，民事執行を実施した場合に作成すべき調書に準ずることとなる（本条４項，１項，２項)。

不動産の占有者や不動産に立ち入った者は，本条２項所定の「民事執行に立ち会った者」に準ずるものと解されるので，執行官はその署名押印を求めることとなろう[19]。

注⑴　平成15年改正法及び令和元年改正法において新たな手続が創設されたことに伴い，それぞれ平成15年改正規則及び令和元年改正規則により，本条４項について，執行官が民事執行の実施に準じて調書を作成すべき場合が付加された。

⑵　動産の引渡執行は，不動産の場合（法168条３項）と異なり，債権者又はその代理人が出頭しないときにも実施することができる（法169条２項が法168条３項を準用して

いない。)。債権者又はその代理人が出頭しない場合に，債務者から動産を取り上げたときは，取上げ及び保管（155条２項）を調書に記載すれば足り，後日債権者に動産を引き渡したことについて調書を作成する必要はない。

⑶　平９．３．13最高裁民三第127号民事局長通達「執行官の事件の記録の表紙及び帳簿等の記載要領並びに事件の処理について」記第３の９参照

⑷　稲葉威雄・注解⑴363頁，執行官提要126頁

⑸　執行に着手した日時とは，執行の本体的部分に属する執行処分を開始した日時のことを指し，例えば，動産執行のために債務者方に立ち入って捜索をし，又は明渡執行のための家具等の物件の搬出にかかった時に執行の着手があったものといえる。

⑹　稲葉威雄・注解⑴361頁，執行官提要127頁

⑺　稲葉威雄・注解⑴363頁，執行官提要127頁

⑻　執行官提要127頁

⑼　執行官提要127頁

⑽　執行官提要127頁，稲葉威雄・注解⑴364頁

⑾　動産の売却調書においては，本条１項４号の「実施した民事執行の内容」として，買受人を表示することになる（119条１項１号)。

⑿　執行官提要127頁

⒀　執行官提要128頁，稲葉威雄・注解⑴365頁

⒁　執行に着手する前であれば，本来，本条に定める調書は作成する必要はなく，民事執行を実施しなかった旨及びその理由を記録上明らかにしておけばよい　（前掲（注⑵）民事局長通達記第３の８）のであるが，実務においては，中止調書又は不能調書と題する書面を作成している例もある（執行官関係事件モデル記録（民裁資料167号）３頁１・参照)。

⒂　休日・夜間執行の許可の裁判（法８条１項)，差押禁止動産の範囲の変更等の裁判（法132条１，２号)，競り売り又は入札以外の方法により差押物の売却を実施することの許可の裁判（121条１項）などがこれに当たる。

(16) なお，引渡命令（法83条１項）の執行は，執行官が不動産の占有者の不動産に対する占有を解いて買受人にその占有を取得させる方法により行われるので，不動産の引渡しの強制執行（法168条１項）そのものであり，引渡命令は債務名義そのものであるから，本条１項及び２項が「適用」されることになる。

(17) 法55条１項１号（法187条１項による場合を含む。）及び法77条１項１号により，価格減少行為をする者に対し不作為又は作為を命ずる保全処分については，その性質上，執行官による執行は想定されないが，この保全処分の内容を公示する公示保全処分が発令され，執行官がこれを執行した場合には，調書を作成すべきこととなる。

(18) 154条の３の解説の２を参照

(19) 本条の解説の４のとおり，この署名押印は，未完成調書に署名させることも可能であるから，例えば，名簿等に署名押印させ，これを調書に添付するなどの取扱いも考えられよう。

（執行裁判所に対する民事執行の申立ての取下げの通知）

第14条　執行裁判所に対する民事執行の申立てが取り下げられたときは，裁判所書記官は，民事執行を開始する決定の送達を受けた相手方に対し，その旨を通知しなければならない。

〔解　説〕

1　本条の趣旨

民事執行の申立てが取り下げられたときは，相手方もその原因関係からこれを知っていることが多いであろうが，必ず知っているわけではない。その場合には，開始決定等の送達により処分禁止が知らされるだけで，申立ての取下げによる処分権の回復が知らされないことになって不都合である(1)。

そこで，本条は，執行裁判所に対する民事執行の申立てが取り下げられたときは，裁判所書記官は，民事執行を開始する決定の送達を受けた相手方に対し，その旨を通知しなければならないこととしている。開始決定の送達前に申立てが取り下げられた等の理由により相手方に民事執行を開始する決定の送達がされていないときは，取下げの通知をする必要がないので，民事執行を開始する決定の送達を受けた相手方に限定されている。

民事執行を開始する決定とは，強制競売の開始決定，強制管理の開始決定，債権又はその他の財産権の差押命令，担保権の実行としての競売の開始決定，担保不動産収益執行の開始決定及び財産開示手続の実施決定である。

なお，強制管理及び担保不動産収益執行については管理人及び給付義務者に対し（67条１項，173条２項），債権執行又はその他の財産権に対する強制執行並びに法193条１項に規定する担保権の実行及び行使については第三債務者又はこれに準じて取り扱われる者に対し（136条１項，179条２項，法167条１項，150条の８，150条の15），取下げの通知をすべき特則が置かれている。

また，第三者からの情報取得手続の申立てが取り下げられたときは，同申立てを認容する決定の告知を受けた情報の提供を命じられた者及び同決定の送達を受けた債務者に対し，取下げの通知をすべき旨が規定されている（193条１項）。

2　執行の停止・取消しの通知の要否

執行の停止・取消しの通知については，本条のような規定を設ける必要はない。(2) その理由は次のとおりである。

(1)　執行の停止

強制執行の一時の停止を命ずる旨を記載した裁判の正本（法39条１項７号）の提出により強制執行が停止されるときは，その裁判が両当事者に告知されているので，執行が停止された旨を民事執行の申立人に通知する必要はない。

担保権の実行を一時禁止する裁判の謄本が提出された場合（法183条１項７号及びこれを準用する各規定）の担保権の実行としての競売等についても同様である。

また，弁済受領書面又は弁済猶予書面（法39条１項８号）の提出により強制執行が停止されるときは，これらの書面は申立債権者が作成した書面であり，執行裁判所がそのことを審査した上で強制執行が停止されるのであるから，執行が停止された旨を申立債権者に通知する必要はない。

⑵　執行の取消し

執行裁判所に係属する民事執行の手続の取消しは，裁判によってされ，これが両当事者に告知される（２条１項２号，３号）から，通知の規定を設ける必要はない。

注⑴　竹下守夫・注解⑶168頁

⑵　もっとも，特に執行の停止・取消しの通知を要する場合については，個別に規定が置かれている（136条２項・３項，193条２項等）。

（執行官がした民事執行の手続の取消しの通知）

第15条　執行官は，民事執行の手続を取り消したときは，民事執行の申立人に対し，その理由を通知しなければならない。

〔解　説〕

1　本条の趣旨

本条は，執行官が，民事執行の手続を取り消したときは，その理由を民事執行の申立人に通知すべきことを規定したものである。各則に，動産の差押えの取消しを債務者に通知すべきこと（127条１項及び２項，178条３項）及び執行官に申し立てられた非金銭執行事件又は引渡実施が終了したときは，その旨を債務者に通知すべきこと（154条，155条３項，162条）を規定している。

執行官が民事執行の手続を取り消す方法は，執行裁判所が裁判によって取り消すのと異なり，事実行為による取消しである（127条１項，178条３項[(1)]）から，２条の適用はない。そして，執行官が民事執行の手続を取り消す事由には，取消書面の提出による取消し（法40条１項，法192条，法183条２項），超過差押えによる差押えの取消し（法128条２項），無剰余よる差押えの取消し（法129条２項，法192条），売却の見込みがないときの差押えの取消し（法130条，法192条）など多様なものがあるので，取消しの理由も民事執行の申立人に通知する必要がある。

そこで，本条は，民事執行の手続取消しの理由を民事執行の申立人に通知すべきこととしているのである。取消しの理由が通知される以上は，取り消した旨も当然通知されることになる。

相手方への取消しの通知は，取消書面の提出による取消しの場合に必要がないことはもちろんであり，差押えの取消しの場合には，各則で，債務者及び債務者以外のその動産を受け取る権利を有する者に対し差押えの取消しの通知をすべきこととされている（127条１項及び２項，178条３項）。

2　執行の停止等の通知の要否

⑴　執行の停止

強制執行の停止（法39条１項７号，８号），動産競売の手続の停止（法192条，法183条１項５号）を民事執行の申立人に通知する必要がないことは，執行裁判所に申し立てられた民事執行事件の場合と同様である（前条の解説の２⑴を参照）。

⑵　申立ての取下げ

執行官に対する民事執行の申立てのうち，動産執行又は動産競売の申立てが取り下げられたときは，差押えを取り消さねばならないから，前記１と同じになる。民事執行の申立人が取下げをしたのではあるが，事実行為としての差押えの取消しがされたことを知らせるために，取下げを原因とする差押えの取消しがされたことを民事執行の申立人に通知する必要があるのである。

また，執行官に対する非金銭執行の申立てが取り下げられたときは，原状回復の措置をとる必要はないと解される(2)ので，本条の適用はないが，取下げにより強制執行が終了するから，各則の規定により，強制執行が終了した旨を債務者に通知しなければならない（154条，155条３項）。

⑶　執行の終了

民事執行の手続が最終段階まで行われて終了したときは，どうなるか。

金銭執行（動産執行）又は動産競売において，動産の売却がされ，配当等が実施されたときは，差押債権者に手続の終了を通知する必要がないことはもちろんであり，債務者に対しても売却期日等の通知がされている（115条，120条３項，121条４項，122条４項，178条３項）から，債務者が剰余金の交付（法139条１項）を受けられないときでも，債務者としては売却期日等の通知を受けた以上は配当等の実施により手続が終了するものと考えるべきであり，債務者に対しあらためて手続の終了を通知する必要はない。

金銭を差し押さえた場合又は手形等の支払金を受けた場合に配当等を実施したときも，債務者に差押えの通知がされている（103条１項，178条３項）から，前記と同様に考えるべきである。

また，非金銭執行又は引渡実施が終了したときは，その旨を債権者に通知することを義務付ける必要はない（法168条３項，155条１項参照）が，債務者にはその旨を通知しなければならないこととされている（154条，155条３項，162条）。

注⑴　執行官が行う非金銭執行（法168条，法169条）について，執行終了前に取消書面が提出されたときは，原状回復のための措置を採るべきことになろう（法40条１項）。

⑵　注⑴を参照

（民事訴訟規則の準用）

第15条の２　特別な定めがある場合を除き，民事執行の手続に関しては，民事訴訟規則の規定を準用する。

〔解　説〕

１　本条の趣旨

本条は，民訴規を包括準用する規定である。

２　準用される規定

準用される主な規定は，民訴規１条（申立て等の方式[(1)]），同規則９条（移送による記録の送付)，同規則10条１項及び３項（除斥又は忌避の方式等)，同規則11条（除斥又は忌避についての裁判官の意見陳述)，同規則12条（裁判官の回避)，同規則13条（裁判所書記官への準用等)，同規則15条（法定代理権等の証明)，同規則16条（特別代理人の選任及び改任の裁判の告知)，同規則23条１項及び２項（訴訟代理権の証明)，同規則33条（訴訟記録の正本等の様式)，同規則43条（就業場所における補充送達の通知)，同規則50条（決定及び命令の方式等)，同規則206条（抗告裁判所への事件送付）などである。

さらに，（任意的）口頭弁論を開いたときは，例えば，口頭弁論に関する民訴規62条（口頭弁論期日の開始)，同規則65条（訴訟代理人の陳述禁止等の通知）や証拠調べに関する規定が準用されると考えられる。

以上のほか，民訴規において新設された規定の中にも15条の２を通じて準用されるものが考えられる。民訴規３条（裁判所に提出すべき書面のファクシミリによる提出)，同規則７条（移送の申立ての方式)，同規則10条２項（除斥又は忌避の申立ての書面性)，同規則14条（法人でない社団等の当事者能力の判断資料の提出)，同規則17条（法定代理権の消滅等の届出)，同規則207条（原裁判の取消し事由等を記載した書面）などである。

注(1)　ただし，１条により書面申立てが義務付けられている民事執行の開始を求める基本的な申立てや，この規則において個別に特則が定められている付随的な申立てには準用されない（１条の解説２を参照)。

第２章　強制執行

第１節　総　　則

（執行文付与の申立ての方式等）

第16条　**執行文付与の申立ては，次に掲げる事項を記載した書面でしなければならない。**

一　債権者及び債務者の氏名又は名称及び住所（債務者を特定することができない場合にあつては，その旨）並びに代理人の氏名及び住所

二　債務名義の表示

三　法第27条第１項から第３項まで又は法第28条第１項の規定による執行文の付与を求めるときは，その旨及びその事由

２　確定しなければその効力を生じない裁判に係る債務名義について前項の申立てをするときは，その裁判が確定したことが記録上明らかであるときを除き，申立書にその裁判の確定を証する文書を添付しなければならない。

３　第１項の規定は，少額訴訟における確定判決又は仮執行の宣言を付した少額訴訟の判決若しくは支払督促の正本の交付を更に求める場合について準用する。

〔解　説〕

1　本条の趣旨

本条は，執行文付与の申立ての方式，申立書の記載事項及び添付書類等に関する規定である。

規則においては，民事執行の申立てについて書面申立主義をとることとしている（１条)。執行文の付与は，裁判所書記官又は公証人が行う（法26条１項）公証事務であり，１条は直接適用されないが，これによって強制執行の実施の具体的要件(1)が満たされることになる（法25条本文）きわめて重要な公証行為であって，複雑困難な判断を要する場合もあるので，手続の安定のためには，口頭による付与の申立てを許すのは相当でない。

そこで，規則においては，執行文の付与についても書面申立てを義務付けることとしている（本条１項）。この規定は，裁判所書記官に対する執行文付与の申立てについてはもちろん，公証人に対する執行文付与の申立てについても適用される[(2)]（16条から19条までの執行文付与関係の規定は，少額訴訟における確定判決又は仮執行の宣言を付した少額訴訟の判決若しくは支払督促に関する本条３項，18条２項及び19条２項を除き，すべて裁判所書記官のする執行文付与にも公証人のするそれにも適用される。)。

２　申立書の記載事項（１項）

⑴　債権者及び債務者の氏名又は名称及び住所（債務者を特定することができない場合にあっては，その旨）並びに代理人の氏名及び住所（１号）

債権者及び債務者とは，執行債権者及び執行債務者のことである。したがって，債務名義に表示された当事者以外の者が債権者又は債務者となる場合（法23条，民保法62条１項，法27条２項参照）には，その者を表示しなければならない。債権者及び債務者を表示するには，自然人であるときは氏名及び住所を，法人であるときは名称及び主たる事務所又は本店の所在地を記載しなければならない。もっとも，債務者不特定の承継執行文の付与の申立て[(3)]にあっては，申立ての時点では債務者が不詳であり，その執行がされるまで債務者が特定されないので，債務者については特定することができない旨を記載すれば足りる。

また，債権者が代理人によって執行文の付与を申し立てるとき，又は債務者に代理人があるときには，その代理人の氏名及び住所も記載しなければならない。

⑵　債務名義の表示（２号）

債務名義を表示するには，判決，和解調書，執行証書等法22条各号に掲げるものを事件番号等によって特定しなければならない。１個の判決等に数個の債務名義が含まれている場合には，どの債務名義について執行文の付与を求めるのかを明らかにしなければならない[(4)]。例えば，「○○地方裁判所令和○○年(ワ)第○○号事件和解調書のうち和解条項第３項」のように記載する。

⑶　特別な執行文の付与の申立書の記載事項（３号）

法27条１項から３項まで（いわゆる条件成就執行文，承継執行文若しくは債務者不特定の承継執行文）又は法28条１項（執行文の再度付与）による執行文の付与を求めるときは，その旨及びその事由を記載しなければならない。

「その旨」としては，前記のどの規定により執行文の付与を求めるかのほか，再度付与の場合には，同時に数通の付与を求めるときはその通数を，２度目以降の付与を求めるときはその度数を記載しなければならない[(5)]。

また,「その事由」としては，債権者の証明すべき事実が到来したこと（法27条１項)，債権者又は債務者に承継があったこと（同条２項)，不動産を占有する者を特定することを困難とする特別の事情があること（同条３項)，執行文の付された債務名義の正本が滅失したこと（法28条１項）等の事由を具体的に記載しなければならない。

なお，法177条２項（債務者の意思表示が反対給付との引換えに係る場合）又は３項（債務者の意思表示が債務者の証明すべき事実のないことに係る場合）の規定による執行文の付与の申立書には，本条１項各号に掲げる事項のほか，これらの規定による執行文の付与を求める旨及びその事由を記載しなければならない（165条)。

３　申立書の添付書類（２項）

確定しなければその効力を生じない裁判又は処分に係る債務名義（法22条１号，３号，４号の２，６号）について執行文付与の申立てをするときは，申立書にその裁判等の確定を証する文書を添付しなければならないが，その裁判等が確定したことが記録上明らかであるときには，確定を証する文書を添付する必要はない[6]。

なお，法27条１項から３項までに照らせば，これらの規定により執行文の付与を申し立てるときに次に掲げる文書を添付すべきことは，当然である[7]。

⑴　法27条１項による執行文の付与

債権者の証明すべき事実の到来したことを証する文書

⑵　同条２項による執行文の付与

債務名義に表示された当事者以外の者に対し，又はその者のために強制執行をすることができることが裁判所書記官又は公証人に明白であるときを除き，そのことを証する文書

⑶　同条３項による執行文の付与

不動産を占有する者を特定することを困難とする特別の事情を証する文書

4　執行文を要しない債務名義の正本の再度交付（３項）

少額訴訟における確定判決（異議後の訴訟の確定判決を含む。）又は仮執行の宣言を付した少額訴訟の判決若しくは支払督促の正本に基づき強制執行を実施するには，原則として執行文の付与を要しない（法25条。ただし，法27条による執行文[8]は必要。なお，これらの正本の再度交付については，執行文の再度付与と同一の要件が付されている。法28条２項）ため，これらの正本[9]の再度交付の申立てについては，本条１項の規定を準用することとされた。

なお，金銭の支払等の給付を命ずる家事審判（家事事件手続法75条），特許の審判に関する費用の額についての確定した決定（特許法170条）等のように，執行力のある債務名義と同一の効力を有するとされているものの正本の再度交付についても，少額訴訟における確定判決又は仮執行の宣言を付した少額訴訟の判決若しくは支払督促の正本の再度交付について準用される規定を類推適用すべきである。

注⑴　浦野・条解117頁

⑵　最高裁判所規則によって公証人の事務を律することも，法21条の委任の範囲内にある。なお，収用委員会の裁決（土地収用法94条10項，公共用地の取得に関する特別措置法37条１項）のように特別法の規定によって執行証書とみなされる債務名義については，執行文付与機関を収用委員会の会長（土地収用法94条11項前段，公共用地の取得に関する特別措置法37条２項）と読み替えた上で公証人の執行文付与に関する規定を適用することになる。

また，許可，認可等の整理及び合理化のための運輸省関係法律の一部を改正する法律（平成７年法律第85号）（以下「運輸省関係法律の一部改正法」という。）１条による改正前の鉄道抵当法（以下「旧鉄道抵当法」という。）においては，抵当証書又は信託証書及びこれに記載した事項を変更する契約証書（同法41条本文）は執行証書とみなされ，監督官庁の官吏が執行文付与機関とされていた（同法41条ただし書）が，前記の改正により，債務名義となる抵当証書等は公正証書によるものとされた（鉄道抵当法41条参照）ことから，それに対する執行文は公証人により付与される。

しかし，運輸省関係法律の一部改正法１条の施行前に旧鉄道抵当法５条の認可を受けて設定されている抵当権にかかる抵当証書又は信託証書及び同法７条３項の認可を受けた契約にかかる契約証書については，運輸省関係法律の一部改正法１条の施行後に当該抵当証書又は信託証書の記載事項を変更する契約が締結された場合を除き，強制執行及び執行文付与に関して従前の例によることとされている（同法附則２条５項）から，その場合の抵当証書等の執行文付与機関は監督官庁の官吏となる。

⑶　平成15年改正法により，不動産の引渡し又は明渡しの請求権に係る債務名義につき承継執行文を付与する場合において，当該不動産の占有者を特定することを困難とする特別の事情がある場合には，裁判所書記官は，債務者を特定しないで承継執行文を付与することができることとされた（法27条３項)。債務者不特定の承継執行文の付された債務名義に基づく強制執行は，当該執行文の付与の日から４週間を経過する前に限り，することができるものであり（同条４項)，執行官による執行の時に不動産の占有を解かれた者が当該執行文の債務者となる（同条５項）（谷口外・解説148頁以下参

照)。

⑷　丹野達・注解民執法⑴450頁

⑸　法28条の再度付与は，旧法の数通付与も含めた概念である（浦野・条解127頁，近藤崇晴・注釈民執法⑵197頁)。

⑹　控訴状の提出先が第一審裁判所に限定された（民訴法286条１項）ことから，第一審裁判所において，常に控訴の有無を把握することができることとなった。そのため，第一審裁判所の裁判所書記官に対する執行文付与の申立書には，上訴の提起のないことの控訴裁判所の裁判所書記官の証明書を添付する必要はない。しかし，通常共同訴訟人中の１名のみが控訴し．他の者については控訴せず確定したような場合に，控訴裁判所の裁判所書記官に対し，確定した部分について執行文付与の申立てをするときには，本条２項により，上訴の提起のないことの第一審裁判所の裁判所書記官の証明書（民訴法91条３項）を添付することを要すると考えられる（執行文研究（上）139頁以下参照)。なお，抗告についても同様である（民訴法331条，同法286条１項参照)。

⑺　執行文の再度付与（法28条１項）の要件は，文書によって証明することを要求されていない。

⑻　一問一答425頁以下参照

⑼　少額訴訟における確定判決又は仮執行の宣言を付した少額訴訟の判決の判決書に代わる調書（民訴法254条２項，同法374条２項）の正本が含まれることは当然である。

（執行文の記載事項）

第17条　債務名義に係る請求権の一部について執行文を付与するときは，強制執行をすることができる範囲を執行文に記載しなければならない。

２　法第27条第２項の規定により債務名義に表示された当事者以外の者を債権者又は債務者とする執行文を付与する場合において，その者に対し，又はその者のために強制執行をすることができることが裁判所書記官又は公証人に明白であるときは，その旨を執行文に記載しなければならない。

３　法第28条第１項の規定により執行文を付与するときは，その旨を執行文に記

載しなければならない。

4　執行文には，付与の年月日を記載して裁判所書記官又は公証人が記名押印しなければならない。

〔解　説〕

1　本条の趣旨

本条は，法26条1項の規定により裁判所書記官又は公証人が執行文を付与するときに，同条2項の規定により記載すべき事項のほかに，執行文に記載すべき事項を規定したものである。

2　請求権の一部について付与する執行文の記載事項（1項）

債務名義に係る請求権の一部について執行文を付与するときは，強制執行をすることができる範囲を執行文に記載しなければならない。

債務名義に係る請求権の一部について執行文を付与するときとは，

① 1個の判決や和解調書等に債務名義となる条項が複数あり，その一部の条項についてのみ執行文を付与するとき

② 債務名義となる1個の条項の可分の一部についてのみ執行文を付与するとき（例えば，金100万円の給付を命ずる債務名義につき，金50万円の執行文付与の申立てがあったとき）

③ 債権者又は債務者に承継があり，権利の一部を承継した債権者のため，又は義務の一部を承継した債務者に対し強制執行をするために執行文を付与するとき

などである。これらの場合の執行文の記載は，執行文中に，前記①の場合はその条項を特定して記載し，前記②の場合はその一部の範囲を明確に記載し，前記③の場合は権利義務を承継した範囲又は承継の割合を明確に記載することとなる(1)。

執行文中にこのような限定的な記載がないときは，債務名義となる全条項の全額について執行文が付与されたと解されることになる。

3　承継執行文の記載事項（２項）

いわゆる承継執行文は，債務名義に表示された当事者以外の者に対し，又はその者のために強制執行をすることができることが裁判所書記官又は公証人に明白であるとき(2)は，そのことを証する文書の提出を要せずに，付与することができる（法27条２項）。しかし，債権者が文書によってそのことを証明したときは，執行開始の要件としてその文書の謄本が債務者に送達されるが，そのことが明白であるとされたときには執行文が送達されるだけである（法29条後段）。

したがって，そのことが明白であるとして，証明書なしに執行文を付与するときは，債務者にそのこと（承継等）を争う機会を与えるために，執行文中にそのことが明白である旨を記載するのが相当である。本条２項は，このことを規定したものである。

4　再度付与の場合の執行文の記載事項（３項）

法28条１項の規定により執行文を付与（再度付与）するときは，その旨を執行文に記載しなければならない(3)。

法27条の規定により執行文が付与された場合以外の場合には，執行文が債務者に送達されることはない（法29条）ので，執行文中のこの記載は，直接には執行機関の目に触れるのみである。そして，執行機関にとって，その執行文が法28条１項の規定により付与されたものであるか否かが，格別法律上の意味をもつわけではない(4)。しかし，他の執行力のある債務名義の正本に基づく強制執行の実施によって，債権者が全部又は一部の満足を得たときの処理などについて，執行文中のこの記載が間接的に参考になることがあるので，執行文にこの旨記載することとされているのである。

法28条１項の規定により執行文を付与する旨さえ記載すればよいので，同時数通付与の通数や何度目の付与であるかなどについて記載することは義務付けられていないが，「３通付与する」とか「再度付与する」とか記載するのが相当である[(5)]。

5　執行文への記名押印等（４項）

執行文には，付与の年月日を記載して裁判所書記官又は公証人が記名押印しなければならない。裁判所書記官が付与する執行文においても裁判所の印の押なつは不要である。

公証実務においては，記名押印ではなく，署名押印をしている（公証人法23条，同法48条参照）が，本条４項の規定は，公証人関係の法令によって公証人に署名押印を義務付けることを妨げるものではない。

注(1)　執行文講義案39頁，48頁，151頁，執行文研究（上）275頁

(2)　明白であるとされる事例については，丹野達・注解民執法(1)484頁参照

(3)　前条の注(5)参照

(4)　同一の執行力のある債務名義の正本が数通あることが判明している場合でも，申立てがあれば，執行機関は，その１通に基づいて全額の強制執行を実施しなければならない。

(5)　丹野達・注解民執法(1)489頁。実務の取扱いは，執行文講義案41頁参照。ただし，執行文を要しない債務名義の正本の再度交付の場合もこれに準じるかについては見解が分かれており，積極とするものに，丹野達・注解民執法(1)487頁，深沢・実務（下）431頁，消極とするものに，近藤崇晴・注釈民執法(2)205頁，執行文研究（下）795頁，執行文講義案42頁がある。

（債務名義の原本への記入）

第18条　**裁判所書記官又は公証人は，執行文を付与したときは，債務名義の原本にその旨，付与の年月日及び執行文の通数を記載し，並びに次の各号に掲げる場合に応じ，それぞれ当該各号に定める事項を記載しなければならない。**

一　債務名義に係る請求権の一部について付与したとき　強制執行をすることができる範囲

二　債務名義に表示された当事者以外の者が債権者又は債務者であるとき

その旨及びその者の氏名又は名称

三　法第27条第３項の規定により付与したとき　その旨

2　裁判所書記官は，少額訴訟における確定判決又は仮執行の宣言を付した少額訴訟の判決若しくは支払督促の正本を更に交付したときは，当該判決又は当該支払督促の原本にその旨，交付の年月日及び交付した正本の通数を記載しなければならない。

〔解　説〕

1　本条の趣旨

本条は，裁判所書記官又は公証人が執行文を付与した場合において，債務名義の原本に記入すべき事項について規定している。

これは，債務名義の原本に一定の事項を記載しておくことにより，後日執行文の再度付与（法28条１項）を求められたときに，それさえ見れば再度付与になるかどうかを簡便に判断することができるようにするためのものである。

2　債務名義の原本への記入事項（１項）

本条１項は，裁判所書記官又は公証人が執行文を付与したときの債務名義の原本への記入事項について規定している。

⑴　債務名義の原本への記入事項は，次のとおりである。

ア　執行文を付与した旨

１個の判決等における債権者又は債務者となり得る者が複数であるときは，当事者が異なれば別個の債務名義であるから，誰を債権者，債務者として執行文を付与したかを記載すべきことは当然である。当事者について特段の記載がなければ，債権者となり得る者全員のために，債務者となり得る者全員に対して執行文が付与されたと解されることとなるが，そのような場合でも当事者名を全て列挙しておくことが望ましい。

イ　付与の年月日

ウ　執行文の通数

再度付与の必要性を判断するために，既に付与された執行文が何通あるかを記載しておく必要がある[(1)]。したがって，同時に数通付与されたときはその通数を，２度目以降の付与であるときはその度数を記載しなければならない。

エ　債務名義に係る請求権の一部について付与したときは，強制執行をすることができる範囲（１号）

債務名義に係る請求権の一部についてのみ執行文が付与されているときは，その残りの部分について執行文を付与しても再度付与にはならないから，この点を明確にしておく必要がある。

オ　債務名義に表示された当事者以外の者が債権者又は債務者であるときは，その旨及びその者の氏名又は名称（２号）

既に付与されている執行文が承継執行文（法27条２項）ではなく，今回付与すべき執行文が承継執行文であれば，執行当事者が異なるので執行文の再度付与には当たらないが，前回も同一当事者の承継執行文であれば再度付与に当たる。したがって，承継執行文を付与したときは，その旨及び承継人の氏名又は名称を記載しておく必要がある。

この記載がない場合には，債務名義に表示された当事者を債権者及び債務者とする執行文が付与されたものと解されることとなる。

カ　法27条３項の規定により付与したときは，その旨（３号[(2)]）

債務者不特定の承継執行文は，執行文の付与の日から４週間を経過する前に執行しなければ効力が失われる（法27条４項）ところ，既に債務者不特定の承継執行文が付与され，その失効前に再度債務者不特定の承継執行文を付与するときは，再度付与に当たるものと解される[(3)]。したがって，法27条３項により債務者不特定の承継執行文を付与したときは，その旨を記載しておく必要がある。

(2)　上記各事項は，債務名義の原本に記載するのが原則である[(4)]が，上訴審判決が債務名義となる場合で，第一審裁判所の裁判所書記官が執行文を付与するとき（法26条１項参照）には，訴訟記録中には上訴審判決の原本はなく判決正本が綴られているのみである[5]から，当該判決正本に所要事項を記載すれば足りる[6]。

また，上訴審裁判所の裁判所書記官が執行文を付与するときには，訴訟記録はいずれ第一審裁判所に返送されることとなるから，判決原本のほか訴訟記録に綴られる判決正本にも，所要事項を記載しておくべきである[7]。

3　執行文を要しない債務名義の原本への記入事項（２項）

少額訴訟における確定判決又は仮執行の宣言を付した少額訴訟の判決若しくは支払督促は，職権で当事者に送達される（民訴法255条，民訴法374条２項，民訴規159条２項，民訴法391条２項)。これについて，執行文を付与した場合と同様に一々原本記入をする必要はない。

債権者の申立てにより少額訴訟における確定判決又は仮執行の宣言を付した少額訴訟の判決若しくは支払督促の正本を交付するときは，常に２度目以降の正本交付になる（ただし，判決の送達について，判決書に代わる調書の謄本によった場合を除く。）が，その原本に再度交付の点を記載しておかないと，何度目の交付であるかが分からない。２度目の交付であるか３度目の交付であるかは，１度目と２度目以降の区別ほど重要ではないが，再度交付の必要性の判断に当たって当然に考慮すべき事項である。

そこで，本条２項は，少額訴訟における確定判決又は仮執行の宣言を付した少額訴訟の判決若しくは支払督促の正本を更に交付したときは，その原本にその旨，交付の年月日及び交付した正本の通数を記載しなければならないこととしている。

なお，少額訴訟における確定判決又は仮執行の宣言を付した少額訴訟の判決若しくは支払督促の正本に執行文（法27条による）を付与する場合（法25条参照）には，もちろん本条１項が適用される。

注(1)　数通の執行文の付与を受けた後，そのうち１通を滅失しても，残りの執行文の付された債務名義の正本で強制執行の目的を達し得ると認められるときは，更に執行文を付与すべきではない。

(2)　平成15年改正法により債務者不特定の場合の承継執行文の付与の制度が創設されたことに伴い，平成15年改正規則により新設された。

(3)　これに対し，債務者不特定の承継執行文の失効後，再度債務者不特定の承継執行文を付与する場合には，重複執行の危険はないので，法28条１項所定の要件を満たす必要はないものと解される。もっとも，この場合には，申立人は，「不動産を占有する者を特定することを困難とする特別の事情」を証するため，前回の執行文付与後の調査の経緯を記載した報告書等，新たな資料を提出する必要があるものと考えられよう。

(4)　なお，裁判所書記官の実務では，原本の上部欄外にこの記載をした上，押印する方法によっている（執行文講義案42頁以下)。

(5)　民訴法及び民訴規に明文の規定はないが，上訴審での訴訟完結に伴う訴訟記録の返送に当たっては，判決の正本が添付される運用がされている（条解民訴規382条（注３）参照)。

(6)　執行文研究（上）277頁，丹野達・注解民執法(1)453頁参照

(7)　丹野達・注解民執法(1)453頁参照

（執行文の再度付与等の通知）

第19条　裁判所書記官又は公証人は，法第28条第１項の規定により執行文を付与したときは，債務者に対し，その旨，その事由及び執行文の通数を通知しなければならない。

２　前項の規定は，少額訴訟における確定判決又は仮執行の宣言を付した少額訴訟の判決若しくは支払督促の正本を更に交付した場合について準用する。

〔解　説〕

1　本条の趣旨

執行文の再度付与（法28条１項）をすると，重複執行の危険が生じる。した

がって，執行文の再度付与をしたときは，これを債務者に通知することによってその注意を喚起し，債務者に重複執行防止の手段を講じさせるとともに，執行文付与に対する異議の申立て（法32条）の機会を与えることが相当である[(1)]。

そこで，本条は，裁判所書記官又は公証人が法28条１項の規定により執行文を付与したときなどには，債務者に対し，常に所要事項を通知しなければならないこととした。

2　執行文の再度付与の通知（１項）

裁判所書記官又は公証人は，法28条１項の規定により執行文を付与したときは，債務者に対し，その旨，その事由及び執行文の通数を通知しなければならない。

「その事由」としては，執行文の再度付与の２つの要件（債権の完全な弁済を得るために必要であるとき又は滅失したとき。法28条１項）のいずれによって執行文の付与をしたのかを明らかにしなければならない。「執行文の通数」としては，同時数通付与のときはその通数，２度目以降の付与のときはその度数を明らかにしなければならない[(2)]。

通知の方法は，相当と認める方法によってすることができる（３条１項，民訴規４条１項）が，実務では，通知書を送付する方法によっている[(3)]。

3　執行文を要しない債務名義の正本の再度交付の通知（２項）

少額訴訟における確定判決又は仮執行の宣言を付した少額訴訟の判決若しくは支払督促の正本の再度交付（法28条２項）をしたときも，債務者に重複執行防止の手段を講じさせるとともに，正本交付に対する異議の申立て（法32条５項，１項）の機会を与えるために，債務者の注意を喚起する措置を採ることが相当である。

そこで，少額訴訟における確定判決又は仮執行の宣言を付した少額訴訟の判決若しくは支払督促の正本を更に交付した場合について本条１項の規定を準用することとされている。

注⑴　丹野達・注解民執法⑴488頁，執行文研究（下）785頁

⑵　２度目以降の付与で，かつ，同時に数通付与するときは，例えば「２度目の付与として執行文を３通付与した。」というように通知すればよい（執行文講義案43頁）。

⑶　執行文講義案43頁

（公証人法第57条ノ２第１項の最高裁判所規則で定める執行証書の正本等の送達方法）

第20条　公証人法（明治41年法律第53号）第57条ノ２第１項の最高裁判所規則で定める方法は，次項から第４項までの申立てに基づいてされる公証人による送達，執行官による送達及び公示送達とする。

２　債務者が執行証書の作成を公証人に嘱託するためにその役場に出頭したときは，債権者は，当該公証人に対し，当該執行証書に係る公証人法第57条ノ２第１項に規定する書類について，公証人自らがその場で債務者に交付してする送達の申立てをすることができる。

３　債権者は，送達と同時に強制執行を実施することを求めるときその他必要があるときは，執行官に対し，前項の書類の送達の申立てをすることができる。

４　債務者の住所，居所その他送達をすべき場所が知れないとき，若しくは次項及び公証人法第57ノ２第３項において準用する民事訴訟法第107条第１項の規定による送達をすることができないとき，又は外国においてすべき送達についてその送達が著しく困難であるときは，債権者は，第２項の書類の公示送達について，債務者の普通裁判籍の所在地を管轄する地方裁判所（この普通裁判籍がないときは，請求の目的又は差し押さえることができる債務者の財産の所在地を管轄する地方裁判所）の許可を受けて，その地方裁判所に所属する執行官に対し，その書類の公示送達の申立てをすることができる。

５　民事訴訟法第102条第１項及び第２項の規定は第２項の送達について，同法第101条から第103条まで，第105条，第106条並びに第107条第１項及び第３項並びに民事訴訟規則第43条及び第44条の規定は第３項の送達について，同法第

111条及び第112条並びに同規則第46条第２項の規定は前項の公示送達について準用する。

〔解　説〕

1　本条の趣旨

執行証書（法22条５号）を債務名義として強制執行を実施するときも，執行証書の正本又は謄本並びにいわゆる条件成就執行文又は承継執行文が付与された場合に執行文及び債権者が提出した証明書の謄本（以下「執行証書の正本等」という。）を，あらかじめ，又は同時に債務者に送達することは，執行開始の要件である（法29条）。

執行証書の正本等の送達につき，公証人法57条ノ２は，郵便又は最高裁判所規則の定める方法によることとした上，郵便による送達は，申立てにより公証人がするとして，公証人に送達の権限を与え，これについて民訴法の必要規定を準用することとしている。本条は，この規定の委任を受けて，郵便による送達以外の執行証書の正本等の送達の方法について規定したものである(1)。

2　公証人による交付送達（２項）

⑴　公証人による交付送達ができる場合

債権者は，「債務者が執行証書の作成を公証人に嘱託するためにその役場に出頭したとき」は，公証人に対し，「当該執行証書に係る」「書類」について，交付送達の申立てをすることができる。

これは，債務者本人が執行証書の作成嘱託のため出頭する場合には印鑑証明書の提出等による本人確認がされること（公証人法28条），債務者本人に交付する場合には同人に執行証書の正本等の内容を了知させることができる可能性が高いこと，公証人による交付送達を認めることによって，執行証書の作成嘱託の機会を送達に利用することができるとともに債権者の郵便代金の負担がなくなり，ひいては最終的に債務者に転嫁されることとなる費用負担の軽減が期待できることから認められた送達方法である。

公証人による交付送達を行うためには，債務者本人が現実に公証人役場に出頭することが必要である。この送達を受けることができるのは債務者本人に限られ，その代理人が受けることはできない[(2)]。送達を受けるべき者が債務者本人であると確認できることが必要であるところ，代理権の確認の手続（公証人法32条）は，本人確認のそれ（同法28条）とは異なる面があること，そもそも代理人は，執行証書の作成嘱託の代理権しか有しておらず，交付送達を受ける権限の委任を受けていないことが通常であること，執行証書の正本等の送達は，債務名義としての効力を受けることなどを債務者に了知させるために行われるものであるところ，債権者の関係者（社員等）が債務者の代理人となることが少なくなく，代理人による作成嘱託の際に当該代理人に交付したのでは債務者の了知するところとならないおそれがあることなどが考慮されたためである。

この送達を行うためには，債務者が，送達する執行証書の作成嘱託のために出頭したことが必要である。したがって，執行証書の作成嘱託以外の目的のために出頭したときには行うことはできないし，例外的な場合であろうが，既に作成されている執行証書の正本等を，別の執行証書の作成嘱託のため出頭した債務者に送達することもできないと解される。別の用件で出頭した債務者に送達を行うことは，当該債務者の予期に反することとなるおそれがある上，執行証書の作成嘱託のためでないと本人確認（同法28条参照）がされないためである。

この送達は，債権者の申立てがあるときに行われる。本条３項による執行官送達及び本条４項による公示送達のいずれについても同様であるが，本条の規定による送達は，執行証書に基づき強制執行を行おうとする債権者のために認められるものであるからである。

⑵　公証人による交付送達の対象となる書類

債権者は，「当該執行証書に係る公証人法57条ノ２第１項に規定する書類について」，公証人に対し，交付送達の申立てをすることができる。

公証人法57条ノ２第１項に規定する書類としては，

① 執行証書の正本又は謄本

② いわゆる条件成就又は承継執行文（法27条）の謄本

③ 前記②の執行文の付与を受けるために提出した証明文書の謄本

があるが，前記(1)のとおり，公証人による交付送達を行うことができるのは，送達を受ける機会に作成嘱託をした執行証書に係るものであることが必要である(3)。

(3) 公証人による交付送達の手続

債権者は，公証人に対し，「公証人自らがその場で債務者に交付してする送達の申立てをすることができる」。

公証人による交付送達は，公証人役場に出頭した債務者本人に対し，公証人自らがその場で送達書類を交付することによって行われるが，その場合には，送達書類の交付と引き換えに受領書的な文書を受け取ることになる（本人確認は，執行証書の作成嘱託のためあらかじめされている。）と考えられる。公証人は，この文書に基づき，債権者が執行裁判所等に対して執行開始要件（法29条）が満たされていることを証明するための送達証明書を発行することとなろう。

公証人による交付送達については，民訴法の必要規定が準用されている（本条５項)。すなわち，無能力者への送達（民訴法102条１項）及び共同代理人への送達（同条２項）については，裁判上の文書の送達と同一になる。

なお，公証人による交付送達においては，公証人が自ら送達を実施するため，公証人が送達事務取扱者であるとともに送達実施機関（民訴法99条参照）となる。

3 執行官送達（３項）

債権者は，送達と同時に強制執行を実施することを求めるときその他必要があるときは，執行官に対し，執行証書の正本等の送達の申立てをすることができる。

送達と同時に強制執行を実施することを求めるとき，すなわちいわゆる同時送達[(4)]（法29条参照）の場合は，執行官送達の方法を採るほかないから，この場合には執行官による送達が認められる。送達と同時に強制執行を実施することを求めるときのほか，「その他必要があるとき」にも執行官による送達が認められる。その他必要があるときとは，同時送達の必要以外に執行官送達の必要がある場合を総称するのであり，執行証書の正本等を郵便により送達することができない場合あるいは郵便により送達することが著しく困難な事情がある場合等が考えられる。しかし，執行証書の正本等の送達は公証人が行うのが原則であり，執行官送達によるのは例外である[(5)]から，執行官としては，債権者に対し，執行証書の正本等の送達については，まず公証人に対する送達の申立てをするよう指導する取扱いが妥当である。

執行開始の要件（法29条）を満たすことを目的としていないときは，送達の必要がないとして，執行官は申立てを却下しなければならない。

本条３項の執行官送達は，執行官が申立てにより取り扱う（執行官法２条１項）ところのいわゆる１号事務（同法１条１号）である（なお，本条４項の公示送達についても同様である。）。

本条３項の執行官送達については，民訴法及び民訴規の必要規定が準用されている（本条５項）。すなわち，交付送達の原則（民訴法101条），無能力者への送達（民訴法102条１項），共同代理人への送達（同条２項），在監者への送達（同条３項），送達場所（民訴法103条），出会送達（民訴法105条），補充送達及び差置送達（民訴法106条），書留郵便に付する送達（民訴法107条１項），書留郵便に付する送達の完了時（同条３項），就業場所における補充送達の通知（民訴規43条）並びに書留郵便に付する送達の通知（民訴規44条）については，裁判上の文書の送達と同一になる。本条３項の執行官送達においては，執行官は，送達実施機関（民訴法99条参照）であると同時に送達事務取扱者でもあるので，裁判所書記官を送達事務取扱者とする民訴法98条２項は準用されていない（なお，本条４項の公示送達についても同様である。）。

４　公示送達（４項）

公示送達をすることができるのは，①債務者の住所，居所その他送達をすべき場所が知れないとき，②本条５項及び公証人法57条ノ２第３項において準用する民訴法107条１項の規定による送達（付郵便送達）をすることができないとき，又は③外国においてすべき送達についてその送達が著しく困難であるときである。①及び②は民訴法110条１項１号及び２号の公示送達の要件と同じであるが，③は民訴法110条１項３号及び４号と表現が異なる。それは，郵便による送達についても，執行官による送達についても民訴法108条が準用されていない（公証人法57条ノ２第３項，本条５項参照）からであるが，執行証書の正本等の外国における送達については，民事訴訟手続に関する条約等の適用（未締結国については類推適用）があり(6)，その結果，民訴法108条が準用されることになる(7)。したがって，前記③の要件は，表現は異なるが，民訴法110条１項３号及び４号の要件と実質的には同一であるということができる(8)。

公示送達を求める債権者は，まず公示送達について裁判所の許可を受けなければならない。許可を求めるべき裁判所は，第一次的には，債務者の普通裁判籍の所在地を管轄する地方裁判所であり，この普通裁判籍がないときは，第二次的に，請求の目的又は差し押さえることができる債務者の財産の所在地を管轄する地方裁判所である(9)。執行証書の正本等の送達を求める時点ではまだ執行裁判所がないので，債務者が送達の内容を了知する可能性が最も高い地において公示送達をすることとしたのである。

債務者の普通裁判籍は，民訴法４条により定められるが，債務者の住所，居所その他送達をすべき場所が知れないときは，結局，債務者（法人その他の団体であるときは代表者その他の主たる業務担当者[10]）の日本における最後の住所によって定められることになる（同条２項）。請求の目的又は差し押さえることができる債務者の財産の所在地によることになるのは，債務者が終始外国にあり，かつ，外国送達が著しく困難である場合である。請求の目的の所在地は，金銭以外の代替物又は有価証券の一定の数量の給付を目的とする請求についての執行証書（法22条５号参照）の場合に，これによることになる。当該執行証書に基づいて強制執行を実施すべき地は，ほとんどが本条４項により定まる地と一致するであろう（法144条１項参照）。

債権者は，前述したところによって定まる地方裁判所の許可を受けて，その地方裁判所に所属する執行官に対し，執行証書の正本等の公示送達の申立てをすることができる。まず執行官に対して公示送達の申立てをし，執行官が裁判所の許可を受けるとすることも考えられるが，公示送達の要件の有無について執行官が第一次的な判断をする[11]ことは適当でないと考えられるので，本条４項のように規定されたのである。

本条４項の公示送達については，民訴法111条，民訴法112条及び民訴規46条２項の規定が準用されている[12]（本条５項）。したがって，この公示送達は，執行官が送達すべき書類を保管していつでも送達を受けるべき者に交付すべき旨を裁判所の掲示場に掲示する方法により実施すべきであり（民訴法111条），掲示を始めた日から２週間又は６週間を経過することによってその効力を生ずる（民訴法112条１項本文，２項）。執行官は，公示送達があったことを官報又は新聞紙に掲載することなど（民訴規46条２項）ができる。

注⑴　法21条の委任による規定ではない点で，この規則においては異色の規定である。

⑵　林道晴「「民事訴訟法及び民事訴訟規則の施行に伴う関係規則の整備等に関する規則」の解説」法曹時報49巻10号121頁注参照

⑶　林前掲論文同頁注44参照

⑷　動産執行において，事前送達をすると債務者が執行回避の手段を採るおそれがある

場合に用いられる。

⑸ 法務省民事局・公証人法関係解説先例集（改訂版）解説法例編187頁以下参照

⑹ 執行証書の正本等の外国における送達については，従前と同様に，民事訴訟手続に関する条約（いわゆる民訴条約），民事又は商事に関する裁判上及び裁判外の文書の外国における送達及び告知に関する条約（いわゆる送達条約），民事訴訟手続に関する条約等の実施に伴う民事訴訟手続の特例等に関する法律，同規則が当然に適用（未締結国については類推適用）されることになるので，これについてこの規則に規定をおく必要はない。

⑺ 特例法６条２項による。

⑻ なお，国税通則法による公示送達の要件について同法14条１項参照

⑼ 執行証書に関する執行文付与の訴え，執行文付与に対する異議の訴え及び請求異議の訴えの管轄と同一である（法33条２項５号，法34条３項，法35条３項）。

⑽ 民訴法４条４項の代表者その他の主たる業務担当者の住所についても民訴法４条２項を準用すべきである（秋山幹男，伊藤眞，加藤新太郎，高田裕成，福田剛久，山本和彦・コンメンタール民事訴訟法Ⅰ（第２版追補版）104頁参照）。

⑾ 公示送達の要件を欠くと執行官が判断したときは，裁判所の許可を求めることなく，執行官限りで申立てを却下することになる。

⑿ 民訴法112条１項ただし書は，ことの性質上，準用の余地がない。

（強制執行の申立書の記載事項及び添付書類）

第21条　強制執行の申立書には，次に掲げる事項を記載し，執行力のある債務名義の正本を添付しなければならない。

一　債権者及び債務者の氏名又は名称及び住所並びに代理人の氏名及び住所

二　債務名義の表示

三　第５号に規定する場合を除き，強制執行の目的とする財産の表示及び求める強制執行の方法

四　金銭の支払を命ずる債務名義に係る請求権の一部について強制執行を求

めるときは，その旨及びその範囲

五　法第171条第１項各号，法第172条第１項又は法第174条第１項第１号に規定する方法による強制執行を求めるときは，求める裁判

〔解　説〕

1　本条の趣旨

本条は，強制執行の申立書の記載事項及び添付書類に関する通則規定である。

この規則においては，強制執行の総則に，強制執行の申立書の記載事項及び添付書類に関する通則規定をおき，必要に応じて各則にその特則を規定することとしている(1)。なお，強制執行の申立てを書面でしなければならないことは，１条に規定されている。

2　申立書の記載事項

⑴　債権者及び債務者の氏名又は名称及び住所並びに代理人の氏名及び住所（１号）

この記載事項は，執行文付与の申立書の記載事項（16条１項１号）と基本的に同一であり，その意味も同じである（16条の解説の２⑴を参照）(2)。

したがって，強制執行の申立書に記載される債権者及び債務者は，執行文に記載されている債権者及び債務者と一致しなければならないことになる。

⑵　債務名義の表示（２号）

この記載事項は，執行文付与の申立書の記載事項（16条１項２号）と同一であり，表示の方法も同じである（16条の解説の２⑵を参照)。

⑶　強制執行の目的とする財産の表示及び求める強制執行の方法（３号）

「強制執行の目的とする財産」とは，金銭執行のうち，不動産，船舶，航空機，自動車，建設機械，小型船舶，債権又はその他の財産権に対する強制執行にあっては，ある特定の不動産，船舶等の財産であり，これを特定するに足りる事項を記載しなければならない(3)。金銭執行のうち，動産執行にあっては，債権者が差し押さえるべき動産を個別に特定する必要はなく，執行すべき場所を特定すれば足り（99条），差し押さえるべき動産の選択は執行官にゆだねられている[(4)]（100条参照）から，抽象的に動産を強制執行の目的とする旨を記載した上，99条の特則により差し押さえるべき動産が所在する場所を記載しなければならない。

非金銭執行の場合は，引渡し・明渡しの対象となる不動産又は人の居住する船舶等（法168条１項），引渡しの対象となる動産（法169条１項）又は差押えの対象となる債務者の第三者に対する物の引渡請求権（法170条１項）を特定するに足りる事項を記載しなければならない。ただし，法171条に基づく代替執行，法172条に規定する間接強制及び法174条１項１号に規定する執行裁判所が決定により執行官に子の引渡しを実施させる方法による子の引渡しの強制執行については，強制執行の目的とする財産がないか，又はこれを表示するだけでは足りないから，本条３号によらず，本条５号によらなければならない。不動産等引渡しの強制執行（法168条１項），動産引渡しの強制執行（法169条１項），目的物を第三者が占有している場合の引渡しの強制執行（法170条１項）及び代替執行（法171条１項）について，間接強制の方法により行う場合（法173条）並びに扶養義務等に係る金銭債権に基づく間接強制を行う場合（法167条の15）も同様である。

「強制執行の方法」とは，強制競売，強制管理，引渡執行，明渡執行等の別である。不動産に対する金銭執行の場合以外は，債務名義中の記載又はこれと強制執行の目的とする財産の表示とでおのずから強制執行の方法は定まるが，申立書の記載のみで強制執行の方法が明らかになることを要求しているのである。これについても，法171条に基づく代替執行，法172条に規定する間接強制及び法174条１項１号に規定する執行裁判所が決定により執行官に子の引渡しを実施させる方法による子の引渡しの強制執行に本条３号の適用はなく，本条５号によらなければならない。不動産等引渡しの強制執行，動産引渡しの強制執行，目的物を第三者が占有している場合の引渡しの強制執行及び代替執行について，間接強制の方法により行う場合並びに扶養義務等に係る金銭債権に基づく間接強制を行う場合も同様である。

⑷　一部執行を求める場合（4号）

債務名義に記載された請求権の一部についてのみ強制執行を求めることは，当然許される[(5)]。この場合，非金銭執行であれば，一部執行を求める旨とその範囲は，強制執行の目的とする財産の表示（本条3号）又は求める裁判（本条5号）によって明らかになるが，金銭執行であるときは，本条3号による記載だけではそれが明らかにならない。そこで，本条4号は，金銭の支払を命ずる債務名義に係る請求権の一部について強制執行を求めるときは，申立書にその旨及びその範囲を記載しなければならないとしているのである。

債務名義に係る請求権の一部について執行文が付与されたとき（17条1項）は，申立書に本条4号の記載がなくても，執行文に記載された強制執行をすることができる範囲の全部について強制執行を求めるものと解すべきであるが，このような場合にも手続の誤りを避けるために同号の記載をしなければならない。

⑸　代替執行，間接強制又は執行裁判所が決定により子の引渡しを実施させる方法による子の引渡しの強制執行を求める場合（5号）

代替執行（法171条），間接強制（法172条）又は執行裁判所が決定により執行官に子の引渡しを実施させる方法による子の引渡しの強制執行（法174条1項1号）を求めるときは，抽象的な強制執行の方法を申立書に記載するだけでは，執行裁判所のなすべき裁判が定まらないから，本条3号の記載に代えて，どのような主文の裁判を求めるかを記載しなければならない[(6)(7)]（本条5号）。「申立ての趣旨」と規定するのと意味は同じである。

3　申立書の添付書類

強制執行の申立書には，執行力のある債務名義の正本を添付しなければならない。強制執行は，執行力のある債務名義の正本に基づいて実施する（法25条。なお，法51条１項参照）のであるから，申立書に執行力のある債務名義の正本を添付すべきことは当然である。

申立てを受理した執行裁判所又は執行官は，執行力のある債務名義の正本を事件の記録につづり，事件終了後に，求めにより差押債権者又は債務者に交付することになる（62条，73条，83条１項，84条，97条，98条，98条の２，129条，132条，145条，150条の８，150条の15）。

金銭の支払等の給付を命ずる家事審判（家事事件手続法75条）等のように，執行力のある債務名義と同一の効力を有するとされているもの（16条の解説の４を参照）については，本条を類推適用し，その審判書の正本等(8)を添付すべきである。

なお，15条の２により民訴規が準用されるので当事者の資格証明書（民訴規15条，民訴規18条）や代理人の代理権を証する書面（民訴規15条，民訴規23条）を添付すべきこと，執行開始の要件（法29条から法31条まで）を書面によって証明する場合にその証明書を添付すべきことは当然である。

４　本条の適用範囲

本条の規定は，強制執行の手続の開始を求める基本申立てに関するものであって，強制執行手続開始後の手続内における申立てなどの付随的申立てに適用されないことはもちろんである（１条の解説の２を参照）。

これらの付随的申立てにおいて明らかにすべき事項及び添付書類については，特に規定（例えば144条）がおかれていない限り，その申立てに関する規定の解釈により決すべきである。

注(1)　不動産強制競売の申立書の添付書類について23条，強制管理の申立書の記載事項について63条，添付書類について73条，23条１号，２号，５号，船舶執行又は航空機執行の申立書の記載事項及び添付書類について74条，84条，自動車執行，建設機械執行又は小型船舶執行の申立書の記載事項及び添付書類について88条，98条，98条の２，

動産執行の申立書の記載事項について99条，債権差押命令の申立書の記載事項について133条，電話加入権執行の申立書の記載事項及び添付書類について146条，その他の財産権で権利の移転について登記又は登録を要するものに対する強制執行の申立書の添付書類について149条の２，146条２項，振替社債等に関する差押命令の申立書について150条の８，133条，電子記録債権に関する差押命令の申立書について150条の15，133条，子の引渡しの強制執行の申立書の記載事項及び添付書類について157条

⑵　ただし，16条１号で規定されている「債務者を特定することができない」場合の措置については，本条には規定されていない。

⑶　債権差押命令の申立書における強制執行の目的とする財産の表示については，133条２項に特則がある。その他の財産権に対する強制執行は，その例による（法167条１項）。

⑷　田中・解説279頁

⑸　強制執行の手続の進行中に請求金額を拡張することができるかについて170条の解説の２⑷を参照

⑹　旧法の代替執行又は間接強制の申立てに明示すべき事項について，山本卓・注解⑷136頁，167頁，173頁，176頁

⑺　扶養義務等に係る金銭債権，不動産等引渡請求権及び動産引渡請求権に基づく強制執行を間接強制の方法により行う場合並びに目的物を第三者が占有する場合の引渡しの強制執行を間接強制の方法により行う場合については，本条の解説の２⑶を参照

⑻　家事審判のように確定しなければ審判の効力を生じない（家事事件手続法74条２項，４項）場合は，更に確定証明書を添付すべきである。

（強制執行開始後の申立債権者の承継）

第22条　強制執行の開始後に申立債権者に承継があつた場合において，承継人が自己のために強制執行の続行を求めるときは，法第27条第２項に規定する執行文の付された債務名義の正本を提出しなければならない。

２　前項の規定により債務名義の正本が提出されたときは，裁判所書記官又は執

行官は，債務者に対し，その旨を通知しなければならない。

〔解　説〕

1　本条の趣旨

本条は，強制執行開始後に申立債権者の承継があった場合に，承継人が，自己のために強制執行手続の続行を求めるときは，承継執行文の付された債務名義の正本を執行機関に提出すべきこと及びその提出があった場合には債務者にその旨を通知すべきことを定めたものである。

2　承継執行文付債務名義正本の提出（１項）

強制執行の開始後に執行当事者に承継があった場合の手続に関する法の規定は，債務者が死亡した場合についての規定（法41条）があるのみである。

しかし，債務者に特定承継があった場合の手続については，特段の規定を要しないと考えられる。なぜならば，債務者に特定承継があっても，旧債務者が依然として強制執行手続の当事者としての債務者であるから，その者に対する強制執行を続行し得ることは当然であり，旧債務者がその債務名義による強制執行の不許を求めるためには，請求異議の訴え（法35条）を提起しなければならないし，また，新債務者に対して強制執行をするには，その者を債務者とする承継執行文（法27条２項）の付与を得た上，旧債務者に対する強制執行とは別個の強制執行をしなければならないことも当然だからである。

強制執行の開始後に申立債権者に一般承継又は特定承継があった場合の手続について，法には明文の規定がないが，承継人のために強制執行を続行するには，承継の事実を認定する必要があることはもちろんであるが，強制執行の手続の途中で執行機関にそのような判断をさせることは執行手続の迅速化を図るために適当でなく，執行機関と別に執行文付与機関が設けられている制度の趣旨からしても，執行文付与機関に承継執行文の付与という形式で承継の事実を認定させることが相当であると考えられる。

そこで，この規則において，承継人が自己のために強制執行の続行を求めるときは，承継執行文の付された債務名義の正本を提出しなければならないとした（本条１項)。この正本の提出先は，当該強制執行を行っている執行裁判所又は執行官である。

3　承継執行文付債務名義正本の提出の通知（２項)

承継執行文の付与された債務名義の正本に基づいて強制執行を開始するときは，執行文及び承継についての証明書の謄本を，あらかじめ，又は同時に，債務者に送達しなければならない（法29条後段)。これは，債務者に，執行文付与に対する異議の申立て（法32条）又は執行文付与に対する異議の訴え（法34条）によって，承継の事実を争う機会を与えるためである。

強制執行の開始後に承継執行文が付与された場合にも，これと同様に，債務者に承継の事実を争う機会を与える必要がある。ただ，この場合には，旧債権者によって既に強制執行が開始されており，債務者はいずれにしても執行を受ける立場にあるから，執行文及び証明書の謄本を送達するまでの必要はないと考えられる(1)。

そこで，本条２項は，裁判所書記官又は執行官が，債務者に対し，承継執行文の付された債務名義の正本が提出された旨を通知すべきことを規定するにとどめている。

4　承継人が本条１項の手続をとらない場合の措置

強制執行の開始後に債権者に承継があったことが執行機関に判明したが，承継人が本条１項の手続をとらない場合に，執行機関がどのような措置をとるべきかは問題である。

旧法下では，債権者が死亡した場合には，強制執行の手続を停止すべきであるとする解釈が有力であり(2)，更に，承継人に対し期間を定めて当事者変更の手続をなすべきことを促した上で，定められた期間内に承継人がその手続をしないときは，強制執行の手続を取り消すべきであるとする説も唱えられていた(3)。また，債権者に特定承継があった場合については，たとえその事実が執行機関に判明した場合でも，承継執行文の提出がない限り，前主のために執行を続ける以外に方法がないとする説もあった[(4)]。

これらの問題は，この規則においても明文による解決は図られていないので，今後も解釈運用にゆだねられることになるが，債権者に特定承継があったことが判明してもそのまま手続を続行し，一般承継があったことが判明した場合には，債権者の当事者能力が喪失し，債権者の能動的な関与を要する手続は進行することができないので，本条１項の手続がとられるまでは，債権者の能動的な関与を要しない手続のみを進行させることができる，と解すべきであろうか[(5)]。

注⑴　中野・執行法143頁，田中・解説86頁，富越和厚・注釈民執法⑵636頁。なお，町田顕・注解民執法⑴716頁注19は，この場合にも法29条後段の適用があり，執行文及び証明書の謄本の送達が必要ではないかと疑問を呈している。

⑵　山本実一「執行関係の変動について三」判時135－４，丹野達・注解⑴204頁，菊井・総論173頁（ただし，一般承継の場合に限定していない。），最高裁判所事務総局・執行文に関する研究（訟廷執務資料第８号）（昭和30年）299頁，執行事務要録289頁。これに対して，債権者の積極的な手続関与を要するときは事実上進行を停止するが，そうでないときは執行手続はそのまま進められ得るとするのは，吉村徳重・判タ182－73。

⑶　山本前掲論文同頁。菊井・総論173頁は，新適格者に対し当事者変更の手続をなすべきことを促すべきであるが，前主が新適格者の適格を否認し従来のまま執行手続の続行を求め，かつ，債務者が前主に対し請求異議の訴えを提起しない場合には，執行手続の取消しは問題であろう，とする（そうすると，旧債権者死亡の場合には手続を取り消してよいことになろうか。）。

⑷　吉村前掲論文72頁，山本前掲論文同頁

⑸　富越和厚・注釈民執法⑵637頁以下，小川浩・注解民執法（上）443頁，浦野・条解173頁，丹野達・注解民執法⑴472頁以下，町田顕・注解民執法⑴715頁，田中・解説111頁，中野・執行法144頁参照

（特別代理人についての民事訴訟規則の準用）

第22条の２　民事訴訟規則第16条の規定は，法第41条第２項（法第194条において準用する場合を含む。）の特別代理人について準用する。

〔解　説〕

1　本条の趣旨

強制執行は，その開始後に債務者が死亡したときでも続行することができるが（法41条１項），その場合において，債務者の相続人の存在又はその所在が明らかでないときには，相続財産又は相続人のために特別代理人を選任することができる（同条２項）。

本条は，特別代理人の選任及び改任の裁判は特別代理人にも告知しなければならないとした民訴規16条が法41条２項の特別代理人について準用されることを規定したものである(1)。

2　本条が設けられた理由

整備法による改正前の法41条３項は，その特別代理人の権限等について，旧民訴法56条２項から４項までを準用していたが，平成８年の民訴法及び民訴規の改正により，旧民訴法56条２項及び３項に相当する規定が民訴法35条２項及び３項に置かれ，旧民訴法56条４項に相当する規定が民訴規16条として規則化された(2)。

本条は，それらに伴い，整備法により法41条３項が民訴法35条２項及び３項を準用する規定に改正されたため，改めてこの規則において民訴規16条を準用することとしたものである。

注(1)　担保権の実行については，法194条により法41条が準用されているところ，平成15年改正規則により，担保権の実行における特別代理人についても本条により民訴規16条が準用されることが確認的に明らかにされた。

なお，財産開示手続については，その実施決定における必要性の要件（法197条１項，２項）は債務者ごとに属人的に判断されるべきものであり，債務者に対する財産開示事件と債務者の相続人等に対する財産開示事件とは別個の事件というべきである。したがって，財産開示手続の係属中に債務者が死亡した場合には，債務者に対する財産開示手続は当然終了するものと解されるため（谷口外・解説148頁参照），法41条が準用されず（法203条），本条により民訴規16条を準用する必要もない。また，第三者からの情報取得手続についても，法41条が準用されていない（法211条）。

⑵　条解民訴規33頁参照

（執行費用等の額を定める手続への民事訴訟規則の準用）

第22条の３　**民事訴訟規則第24条，第25条第１項及び第26条の規定は法第42条第４項（法第194条，法第203条及び法第211条において準用する場合を含む。以下この条において同じ。）の申立て及び同項の規定による裁判所書記官の処分について，同規則第28条の規定は法第42条第９項（法第194条，法第203条及び法第211条において準用する場合を含む。）において準用する民事訴訟法第74条第１項の申立てについて準用する。**

〔解　説〕

１　本条の趣旨

本条は，訴訟費用等の額の確定手続に関する民訴規の規定が，執行費用及び債権者が返還すべき執行費用に相当する金銭の額を定める手続（法42条）に準用されることを規定したものである[(1)]。

２　本条が設けられた理由

整備法による改正前の法42条は，４項において，執行費用（ただし，同条２項により取り立てられたものを除く。）及び債権者が返還すべき執行費用に相当する金銭の額を執行裁判所が定めることとし，当該額の確定の手続を５項から７項までにおいて旧民訴法を準用するなどして規定していた。しかし，民訴法において訴訟費用等の負担額の確定を裁判所書記官が行うこととなった（民訴法71条から74条まで）ことに伴い，整備法により，執行費用等の額の確定も裁判所書記官が行うことに改められた[(2)]。

そして，平成８年の民事訴訟法及び民事訴訟規則の改正により，訴訟費用等の負担額の確定手続のうち細目的な事項が規則化されるとともに，裁判所書記官権限化に伴う改正や手続の合理化を目指した改正が加えられた[(3)]（民訴規24条から28条まで）ため，改めてこの規則において，訴訟費用等の負担額の確定手続に関する民訴規の規定のうち必要なもの[(4)]を執行費用等の額の確定手続に準用することとした。

注⑴　平成15年改正規則により，担保権の実行及び財産開示手続について，令和元年改正規則により，第三者からの情報取得手続について，それぞれ本条が適用されることが明らかにされた。

なお，担保権の実行における執行費用等の額の確定手続については，法194条により法42条が準用されている。また，財産開示手続における執行費用等の額の確定手続についても，同様に，法203条により法42条が準用されているが，この手続においては費用の同時取立てはできないので，同条２項の準用は除外されている。

⑵　一問一答549頁参照。訴訟費用等の負担額の確定手続と執行費用等の額の確定手続との差異については，一問一答70頁及び549頁参照

⑶　民訴規24条から28条までの規定の趣旨及び内容については，条解民訴規48頁参照

⑷　準用が除かれた部分（民訴規25条２項，同規則27条）は，いずれも当事者双方が費用を負担する場合についてのみ適用されるものであり，それらに相当する旧民訴法101条２項及び同法102条は，整備法による改正前の法42条においても準用されていなかった。

第２節　金銭の支払を目的とする債権についての強制執行

第１款　不動産に対する強制執行

第１目　強制競売

（申立書の添付書類）

第23条　不動産に対する強制競売の申立書には，執行力のある債務名義の正本のほか，次に掲げる書類を添付しなければならない。

一　登記がされた不動産については，登記事項証明書及び登記記録の表題部に債務者以外の者が所有者として記録されている場合にあつては，債務者の所有に属することを証する文書

二　登記がされていない土地又は建物については，次に掲げる書類

イ　債務者の所有に属することを証する文書

ロ　当該土地についての不動産登記令（平成16年政令第379号）第２条第２号に規定する土地所在図及び同条第３号に規定する地積測量図

ハ　当該建物についての不動産登記令第２条第５号に規定する建物図面及び同条第６号に規定する各階平面図並びに同令別表の32の項添付情報欄ハ又はニに掲げる情報を記載した書面

三　土地については，その土地に存する建物及び立木に関する法律（明治42年法律第22号）第１条に規定する立木（以下「立木」という。）の登記事項証明書

四　建物又は立木については，その存する土地の登記事項証明書

五　不動産に対して課される租税その他の公課の額を証する文書

〔解　説〕

1　本条の趣旨

本条は，不動産[(1)]に対する強制競売の申立書に添付すべき書類について規定している。

強制執行の申立書には，21条の規定[(2)]により，執行力のある債務名義の正本を添付すべきこととされているところ，本条は，不動産に対する強制競売の申立書には，さらに，１号から５号までに掲げる書類をも添付すべきことを義務付けるものである[(3)]。

本条に掲記された書類以外の申立書に添付すべき書類については，21条の解説の３を参照されたい。

2　申立書の添付書類

(1)　目的不動産の登記事項証明書等（１号）

本条１号は，既登記の不動産を目的とする強制競売を申し立てる場合の添付書類として，登記事項証明書を規定している。

ア　不登法改正に伴う改正（注(3)）前の本条１号は，登記がされた不動産に対する強制競売の申立書には，登記簿の謄本を添付することを定めていた。

このうち，「登記簿」については、旧不登法15条において，「登記簿の謄本」の交付については，同法21条１項において定められていたところ，現行不登法においては，「登記簿」という概念は維持しているものの，それは紙媒体ではなく，磁気ディスクをもって調製するものをいうと定義された（不登法２条９号）。そして，「登記簿の謄本」の交付に代わって「登記記録に記録されている事項の全部又は一部を証明した書面（以下「登記事項証明書」という。)」を交付することと改められた（同法119条１項）[(4)]。

そこで，本条１号においても，「登記簿の謄本」を「登記事項証明書」に改めている[(5)]。

また，改正前の本条１号においては，区分建物については，「不動産についての登記簿の謄本」に代えて，「区分した建物に係る登記簿の抄本」を提出すればよいものとされていた。これは，目的不動産が区分建物の場合には，一棟の建物全体の謄本を添付させる必要はないので，その区分建物自体について表題部，甲区欄，乙区欄が揃っている登記簿の抄本であれば，足りると考えられたからであるが，その前提としては，区分建物については，「１建物１用紙」の例外として，「一棟ノ建物ヲ区分シタル建物ニ在リテハ其一棟ノ建物ニ属スルモノノ全部ニ付キ一用紙ヲ備フ」（旧不登法15条ただし書）と定められており，区分建物については，各区分建物ごとの登記簿がなかったためである。

この点，現行不登法においては，旧不登法15条ただし書に相当する例外は設けられず、区分建物についても，「１建物１登記記録」の原則が維持されることとなった（不登法２条５号，12条）。そこで，今後は，区分建物に対する強制競売を申し立てる際には，原則どおり，「当該区分建物についての登記記録に記録されている事項を証明した書面（登記事項証明書）」の添付をすればよいこととなるため，改正前の本条１号のかっこ書に相当する規律は設けていない。

さらに，旧不登法においては、紙の登記簿を原則としていたため，「登記用紙」を「表題部」と「甲乙二区」に区分し，表示に関する事項は，表題部に「記載」することとされていた（旧不登法16条）のに対し，現行不登法においては，登記簿は，磁気ディスクをもって調製することとされ（不登法２条９号），「登記記録」は「表題部」と「権利部」に区分し，「表題部」は表示に関する登記が「記録」される部分をいうこととされた（同法２条７号，８号，同法12条）。

そこで，本条１号においても，「登記用紙の表題部に……記載」という表現を，「登記記録の表題部に……記録」という表現に改めている。

イ　「登記がされた不動産」とは，所有権の登記がされたものだけでなく，表示に関する登記のみがされたものを含む。このうち前者にあっては，常に，登記事項証明書のみで足りる。ただし，本条１号には明記されていないが，登記記録上の所有名義が債務者であることを要する。目的不動産が債務者の責任財産に帰属していなければ強制執行はできないので，債務者名義になっていない場合は，強制競売の申立ては却下される。その場合に，別の文書で，不動産が債務者の所有であることを証明して，これに代えることはできない。登記名義により一律に判断するのが手続の安定にかなうし，他人名義のままでは差押えの登記ができないからである[(6)]。したがって，この場合には，債権者は，まず，債権者代位権に基づいて登記名義を債務者に変更した上で（民法423条，不登法59条７号参照），変更後の登記事項証明書を添付しなければならない。

次に，表示に関する登記だけがされている場合で，表題部の所有者欄に債務者の氏名又は名称及び住所が記載されているとき[(7)]にも，登記事項証明書のみを申立書に添付すれば足りる。この欄の所有者の記録は，所有権に関する登記と異なり，「権利に関する登記」ではないが，所有権の登記がない場合には最も確実な資料であり，かつ，そこに記録された者は，いつでも所有権保存登記を申請することができる（不登法74条１項１号）という強い推定力が不登法上与えられているし，差押えの登記もなし得る（同法76条２項）からである。

これに対し，表示に関する登記だけがされているが，表題部の所有者欄には債務者以外の者が記録されている場合には，当該不動産が債務者の所有に属することを証する文書をも添付しなければならない。前述のように，表題部の所有者の記録は，権利に関する登記ではないので，この場合には，他の文書による所有権の「証明」があれば，前記の推定が破れ，債務者の責任財産に帰属することの証明としては，十分であると考えられるからである。この文書については，後記⑵を参照されたい。この場合には，裁判所は特に慎重に所有権の有無を審査すべきである。

差押えの登記の嘱託により登記がされれば，差押えの登記がされた後の登記事項証明書が返送される（法48条２項）。不動産の表示に関する登記のみがされている場合には，裁判所書記官の嘱託により登記官が職権で債務者名義の所有権保存登記をした上で，差押えの登記をする（不登法76条２項）。この場合において，表題部の所有者欄に債務者以外の者が記録されているときでも，債務者の所有に属するか否かの判断は執行裁判所のみが行うのであって，嘱託書に不動産が債務者の所有に属することを証する文書を添付する必要はない(8)。

⑵　目的の土地建物が未登記の場合の所有者証明文書等（２号）

本条２号は，未登記の土地又は建物(9)を目的とする場合の添付書類を規定している。

第１は，土地又は建物が「債務者の所有に属することを証する文書」である（本号イ）。未登記物件の強制競売の申立ての際に，この文書を添付すべきであるのは，当然のことであろう。

文言上特に限定がないので，公文書であると私文書であるとを問わないが，債務者の所有権を「証明」するものでなければならない。実務上よく見られる具体例としては，固定資産税の納付証明書，官公庁が建築に関して交付する許可，認可，確認等の書面（消防法７条，建築基準法６条等），建築請負人作成の証明書等があるが，もちろん，これらに限られない。

本条２号の場合の差押えの登記の嘱託も，この文書を添付してする必要はない（前記⑴を参照）。したがって，この文書は，裁判所のみにとって必要な文書である。

第２に，当該土地についての土地所在図及び地積測量図（本号ロ）並びに当該建物についての建物図面，各階平面図及び不登令別表の32の項の添付情報欄ハに規定する情報（登記がない建物が区分建物である場合において，当該区分建物が属する一棟の建物の敷地について登記された所有権，地上権又は賃借権の登記名義人が当該区分建物の所有者であり，かつ，区分所有法22

条１項ただし書の規約における別段の定めがあることその他の事由により当該所有権，地上権又は賃借権が当該区分建物の敷地権とならないときは，当該事由を証する情報）又はニに規定する情報（登記がない建物が敷地権のある区分建物である場合において，①敷地権の目的である土地が区分所有法５条１項の規定により建物の敷地となった土地であるときは，同項の規約を設定したことを証する情報，②敷地権が区分所有法22条２項ただし書の規約で定められている割合によるものであるときは、当該規約を設定したことを証する情報，③敷地権の目的である土地が他の登記所の管轄区域内にあるときは，当該土地の登記事項証明書）（本号ハ）であり，いずれも差押えの登記をするのに必要な書類である[10]。

未登記の土地又は建物については，差押えの登記をする前提として，当該土地又は建物について登記記録を作成し，所有権保存登記をする必要があるので，通常の場合に登記記録を作成するのに必要な図面，すなわち，土地については不登令別表の31の項の添付情報欄ロに規定する土地所在図（同令２条２号）及び地積測量図（同令２条３号），建物については同令別表の32の項の添付情報欄ロに規定する建物図面（同令２条５号）及び各階平面図（同令２条６号）を添付して，差押えの登記を嘱託しなければならない（不登法26条，不登令７条１項６号）。そこで，本条２号において，これらの図面を強制競売の申立書の添付書類としたものである。

また，未登記の建物が区分建物である場合においては，登記記録の作成及び所有権保存登記をするに当たり，敷地権に関する情報を添付しなければならない（不登法26条，不登令７条１項６号，同令別表の32の項の添付情報欄ハ又はニ）。そこで，本条２号において，この情報を記載した書面を強制競売申立書の添付書類としたものである。なお，同令別表の32の項の添付情報欄ハに規定する情報を記載した書面としては，敷地の分離処分を可能とする規約を証する書面が考えられる[11]。

⑶　目的土地上の建物等及び目的建物等の存する土地の登記事項証明書（３号，４号）

本条３号は，強制競売の目的物が土地である場合における地上建物及び地上立木の登記事項証明書の添付を，本条４号は，強制競売の目的物が建物又は立木である場合におけるその存する土地の登記事項証明書の添付を規定している[(12)]。

強制競売において，土地及びその地上建物がいずれも債務者の所有に属する場合には，売却の結果所有者を異にするに至れば，常に法定地上権が成立することとされ（法81条），また，土地及びその地上立木についても，法定地上権が成立することとされている（立木法５条２項)。そして，執行裁判所は，物件明細書を作成して，これらの法定地上権の成否を明らかにしなければならない（法62条１項３号)。

そこで，法定地上権の成否を申立て時において差押債権者に明らかにさせる趣旨で，本条３号，４号において，強制競売の目的とされる不動産だけでなく，もう一方の不動産についても，登記事項証明書を提出させ，その所有関係及び抵当権設定の有無を判断する資料とするものである。

⑷　目的不動産の公課証明書（５号）

本条５号は，不動産の公課証明書の添付を義務付けている。買受人が負担することとなるべき公課の額を売却の公告において明らかにして（36条１項７号参照)，買受けの申出の参考に供するための資料を得ることが目的である[(13)]。土地における地番，地目，地積，建物における所在，構造，床面積等の事項は，公課所管官庁が証明するに適する事項ではないし，法では，現況調査等において明らかにすべきことである（法57条，29条等参照）ので，本条５号では，証明の対象とされていない。しかし，公課の証明をするに際し，不動産を特定するため，これらの事項を記載する必要があろう。また，提出される公課証明書を特に１年分のものに限らなければならない理由はないので，本号においては，そのような制限は設けられていない。そのため，例えば，６月分の公課の証明書でも，それが６月分と明示されていれば，適式である。もっとも，実務上は１年分の公課証明書が最も便利であると思われる。

本条５号の前記の目的を考えると，公課の証明書は最新のものである必要がある。

本条５号の公課にあたるものは，現行法上は，固定資産税（地方税法341条以下），特別土地保有税（同法585条以下），都市計画税（同法702条以下），水利地益税（同法703条）などがある。強制競売を申し立てようとする者は，これらの諸税についての所管の官庁又は公署に対し，公課証明書の交付を請求することができる（法18条３項）。なお，これらについて，当該不動産には課税されない（非課税）とき又は新築直後等のため固定資産の価格の決定がされていない（未課税）ときは，その旨の証明書を添付すべきこととなる。

注⑴　本条以下の各規定で「不動産」というのは，法43条１項に定義されている「不動産」及び同条２項で不動産とみなされるものを意味する。前者には，民法上の不動産のほか，特別法により不動産とみなされている立木法上の立木，工場財団等が含まれる。なお，特別法により，不動産又は土地に関する規定が準用される結果，本条以下の規定が準用されるものに，鉱業権，漁業権等がある。

⑵　21条は，強制執行の申立書の記載事項も規定しているが，不動産に対する強制競売の申立書の記載事項は，特則をおかないでも，すべて同条の一般規定でまかなえるので，本条は，添付書類のみを規定している。

⑶　本条１号から４号までは，不登法の全面改正に伴い制定された「不動産登記法等の施行に伴う関係規則の整備等に関する規則」（平成17年最高裁判所規則第６号）により，改正された。

⑷　なお，不登法附則５条において，①新法の施行前に交付された登記簿の謄本又は抄本，②新法施行後であってもオンライン庁としての指定を受けていない登記所におい

て交付された登記簿の謄本又は抄本は，民法，民事執行法その他の法令の適用については，登記事項証明書とみなす旨の規定がおかれている。

⑸　現行の不登法は，全部事項証明と一部事項証明を区別せずに，「登記事項証明書」と総称している。したがって，不登法改正後の法令の規定における「登記事項証明書」の意味については，当該法令の規定の解釈問題となるが，改正前の法令において登記簿抄本ではなく，登記簿謄本を要求していた場合には，改正後の当該規定における登記事項証明書は，全部事項証明書を指すものと解される（清水響「新不動産登記法の概要について（下）」民事法情報218－21参照）。

　これに加えて，目的不動産の現在の債務者，所有者の権利関係のみならず，前所有者が設定した担保権等の権利関係を見落とすことなく確認するために必要であることに照らしても，本号の「登記事項証明書」は，全部事項証明書を指すものと解される。

⑹　もっとも，権利能力のない社団を債務者とする金銭債権を表示した債務名義を有する債権者が，構成員の総有不動産に強制執行をしようとする場合において，前記不動産につき，当該社団のために第三者がその登記名義人とされているときは，前記債権者は，強制執行の申立書に，当該社団を債務者とする執行文の付された前記債務名義の正本のほか，前記不動産が当該社団構成員全員の総有に属することを確認する旨の前記債権者と当該社団の及び前記登記名義人との間の確認判決その他これに準ずる文書を添付して，当該社団を債務者とする強制執行の申立てをするべきである（最判平22．6．29民集64－4－1235）。

⑺　表示に関する登記と同時に所有権の登記がされたときは記載されない（不登法27条3号）し，記載後に所有権の登記がされれば，抹消される（不登規158条）。

⑻　同旨，香川保一「不動産登記法の一部を改正する等の法律逐条解説」登記研究169－8，不動産手引（上）56頁，反対，内田龍・注解民執法⑵82頁以下

⑼　不動産のうち，土地及び建物に限ったのは，地上権及び永小作権については，既登記のもののみが，民事執行上の不動産とみなされ（法43条2項），また，立木は，所有権保存登記をしたもののみが不動産とみなされ（立木法1条1項，同法2条1項），工

場財団は，所有権保存登記をすることにより設定される（工場抵当法９条）など，未登記不動産は，土地，建物及びその共有持分に限られるからである。

⑽　ここでは，不登法改正により，登記申請に際し土地所在図，地積測量図，建物図面及び各階平面図の添付を要するとする旨の規定が，同法から不登令に委任されたことにより，所要の形式的整備がされたほか，同令別表の32の項の添付情報欄ハ又はニ（未登記建物が区分建物である場合についての添付書面の特則）に規定する書面を要する旨が追加されている。これは，同令別表の32の項の添付情報欄ハ及びニに相当する規定である旧不登法101条３項（同法93条の３第２項から第５項までの準用）が，建物の区分所有等に関する法律及び不動産登記法の一部を改正する法律（昭和58年法律第51号）により新設され，同項が所有権の処分の制限の登記を嘱託する際に添付すべき書面を定めた旧不登法104条２項において準用することとされた際に，本号の改正をしなかったためと考えられる。そのような状況においても，申立人にこの添付書面の提出を求めていたと考えられるが，この点を明確にするために，この書面を強制競売の申立書の添付書面とすることとしたものである。

⑾　昭和58年11月10日民事三第6400号法務省民事局長通達，登記研究431－83参照

⑿　立木については，立木登記簿（立木法12条）があるところ，その謄本の交付等の規定は，立木法上には設けられていない。立木は，立木法２条１項により不動産とみなされ，不登法が直接適用されるため，立木登記簿についても，同法119条が適用されることとなり，登記簿の謄本に代わって「登記事項証明書」が交付されることになる。そこで，本号についても，「登記簿の謄本」を「登記事項証明書」と改めている。

⒀　付随的には，評価人の評価の参考資料となる。なお，買受申出の希望者の不動産の評価（値ぶみ）の参考としては，評価人の評価額及び売却基準価額があるので，公課額自体は，あまり参考にはならないと思われる。

なお，本条５号の目的から考えれば，公課証明書は，開始決定に不可欠の書類とはいえない面があるので，その添付を欠く申立ては，これを不適法却下とすべきか，開始決定をした上で，追完を許すこととするかは，１つの問題である。追完を認める見

解（中野・執行法380頁，三宅弘人・注釈民執法⑶88頁，加藤哲夫・注解民執法（上）470頁，深沢・実務（上）32頁）があるが，提出されない場合には申立てを却下（開始決定がされているときは，これを取り消した上）する見解（大橋寛明・注釈民執法⑶405頁）もある。

（手続の進行に資する書類の提出）

第23条の２　申立債権者は，執行裁判所に対し，次に掲げる書類を提出するものとする。

一　不動産（不動産が土地である場合にはその上にある建物を，不動産が建物である場合にはその敷地を含む。）に係る不動産登記法（平成16年法律第123号）第14条第１項の地図又は同条第４項の地図に準ずる図面及び同条第１項の建物所在図の写し（当該地図，地図に準ずる図面又は建物所在図が電磁的記録により記録されているときは，当該記録された情報の内容を証明した書面）

二　債務者の住民票の写しその他その住所を証するに足りる文書

三　不動産の所在地に至るまでの通常の経路及び方法を記載した図面

四　申立債権者が不動産の現況の調査又は評価をした場合において当該調査の結果又は評価を記載した文書を保有するときは，その文書

〔解　説〕

1　本条の趣旨

本条は，不動産に対する強制競売の申立債権者が，送達，現況調査及び評価の円滑な実施に資する資料として，執行裁判所に対して一定の書類を提出するよう任意に協力する旨を具体化した規定である(1)。

2　申立債権者の提出する書類(2)

⑴　不登法14条１項の地図等及び建物所在図の写し等（１号）

本条１号は，申立債権者が提出する書類として，不動産に関して不登法14条１項の規定により登記所に備え付けることとされている地図及び建物所在図又は同条４項の規定により地図が備え付けられるまでの間これに代えて備え付けることができるとされる地図に準ずる図面（以下「準地図」という。）を規定している[3]（当該地図，準地図又は建物所在図が電磁的記録に記録されているときは，当該記録された情報の内容を証明した書面を含む。）。

不登法14条１項の地図及び同条４項の準地図は，現地指示能力及び現地復元能力を有し，また，同条の建物所在図は，登記された建物の現地における所在，位置，形状等を明確にするものである[4]。したがって，これらの書類は，現況調査又は評価をするに当たり，不動産の特定[5]等のために極めて有益な資料となることから，提出するものとされた。

本条１号にいう「不動産」とは，強制競売の目的となる不動産（法43条参照）のみならず，目的不動産が土地である場合にはその上にある建物を，目的不動産が建物である場合にはその敷地を含む。したがって，土地のみを目的として強制競売を申し立てる場合であって，その上にいわゆる件外物件である建物が存在するときは，土地に関する地図又は準地図のみならず，その建物に関する建物所在図も提出し，建物のみを目的として強制競売を申し立てる場合には，建物所在図のみならず，その敷地に関する地図又は準地図も提出することになる。

⑵　債務者の住民票の写しその他その住所を証するに足りる文書（２号）

本条２号は，申立債権者が提出する書類として，債務者の住民票の写しその他その住所を証するに足りる文書を規定している。

強制競売の開始決定は，債務者に送達しなければならない（法45条２項）ところ，この文書は，主にこの送達の円滑な実施に有益であることから，提出するものとされた。

債務者が自然人である場合には，通常，住民票の写しを提出する[6][7]。その他の場合には，債務者の住所を証するに足りる文書を提出する。「その他その住所を証するに足りる文書」とは，債務者の現在の住所を明らかにするものである必要があり，債務者が法人である場合には，商業登記簿に記録されている事項を証明した書面（以下「商業登記に係る登記事項証明書」という[(8)]。）がこれに当たる。もっとも，債務者が法人である場合には，代表者の資格証明書を提出する必要があり（15条の２，民訴規18条，民訴規15条），この書面が同時に債務者の「住所を証するに足りる文書」を兼ねるときは，別途商業登記に係る登記事項証明書を提出する必要はない。

⑶　現地案内図（３号）

本条３号は，申立債権者が提出する書類として，不動産の所在地に至るまでの通常の経路及び方法を記載した図面を規定している。

この図面は，現況調査又は評価をするに当たり便宜となる一方，申立債権者も市販の道路地図等を参考に容易に作成することが期待できるものであることから，提出するものとされた。

「通常の経路及び方法」とは，裁判所等の基準となる地点から不動産の所在地に至るまでの通常の交通手段（最寄りの駅やバス停等を含む。），所要時間，さらに徒歩による移動の必要がある部分については，最寄りの駅やバス停等の基準となる地点から不動産の所在地に至るまでの通常の経路を示した表示及び必要となる説明を意味し，執行官又は評価人が不動産の所在地に到達できる程度に具体的な記載が必要となる。

⑷　不動産の現況の調査の結果又は評価を記載した文書（４号）

本条４号は，申立債権者が不動産の現況の調査又は評価をした場合において当該調査の結果又は評価を記載した文書を保有するときは，これを提出書類とすることを規定している。

これらの文書は，現況調査又は評価をするに当たり参考とすることができ，その円滑な実施に有益となる一方，合理的な経済活動を行う申立債権者であれば，強制競売の申立てに当たり，当該手続による回収可能性等を吟味するために，不動産の現況の調査や鑑定評価を行い，有益な資料を保有すること

が期待されることから，提出するものとされた。(9)

3　執行費用との関係

本条に掲げる書類が提出された場合には，これらの書類は，執行裁判所，執行官及び評価人の参考とされるものであるから，その書記料，提出費用及び官庁等からの書類の交付を受けるために要する費用（民訴費用法２条６号から８号まで）は，いずれも各債権者の共同の利益のために支出されたものとして，共益費用である執行費用となるが，本条４号の文書を作成するために行った調査の費用は，民訴費用法２条のいずれの号にも該当せず，執行費用とはならない。

注⑴　本条は，申立債権者の執行裁判所に対する任意の協力を具体化したものであるから，本条に掲げる書類が提出されないことを理由に，その申立てを不適法なものとして却下することはできない。この点は，21条及び23条の規定による申立書に添付すべき書類と異なる。

⑵　不動産に対する強制競売を申し立てる債権者は開始決定がされることを条件として，強制執行続行決定申請をすることができるということを前提として，徴収職員等に対する強制競売開始の通知と強制執行続行決定についての求意見書の送付とを同時に行うことができる（滞調規19条，12条参照）。この趣旨に照らし，滞納処分が先行している不動産について，強制競売の申立てをする際には，本条に規定する書類の他に強制執行続行決定申請書の提出をすることとなる。

⑶　不登法全面改正に伴い，本条が改正され，形式的整備がされるとともに，14条１項の地図がない場合に備え付けられる準地図を提出すべきことが定められた。

⑷　不登法14条１項の地図には，国土調査法20条１項の地籍図，土地改良登記令５条２項３号又は土地区画整理登記令４条２項３号又は新住宅市街地開発法等による不動産登記に関する政令６条２項の土地の所在図等がある（不登規10条５項本文，６項）。不登法14条４項の地図に準ずる図面には，いわゆる公図，上記の地積図，土地の所在図等のうち，地図として備え付けることを不適当とする特別の事情があるもの（不登規

10条５項ただし書，６項）等がある。また，不登法14条１項の建物所在図には，新住宅市街地開発法等による不動産登記に関する政令６条２項の建物の全部についての所在図等がある（不登規11条２項）。

公図は，距離角度等の点では不正確なことが少なくないが，土地の形を表す点では，比較的正確であるといわれており，準地図も，現況調査又は評価をするに当たり，有力な資料となるものと考えられる。

地図，準地図及び建物所在図は，誰でも所定の手数料を納付して，その全部又は一部の写し（当該地図等が電磁的記録に記録されているときは，当該記録された情報の内容を証明した書面）の交付を請求することができる（不登法120条，不登規193条，不登規194条）。

⑸　不動産を現地において特定することができず，その所在が不明である場合には，執行裁判所は，法53条を適用又は類推適用して手続を取り消すことができると解されている（大橋寛明・注釈民執法⑶239頁，内田龍・注解民執法⑵140頁，執行官提要404頁等）。

⑹　住民票の写しは，自己の権利を行使し，又は自己の義務を履行するために住民票の記載事項を確認する必要がある者等であれば，利用の目的，請求者の氏名及び住所，請求に係る住民の氏名及び住所を明らかにしてその交付を請求することができることとされている（住民基本台帳法12条の３，住民基本台帳の一部の写しの閲覧及び住民票の写し等の交付に関する省令10条）。

⑺　債務者が外国人である場合には，中長期在留者等であって日本国内に住所を有する者については住民票が存在する（住民基本台帳法30条の45）が，これら以外の者については住民票は存在しない（同法39条）。住民票の存在しない外国人については，弁護士法23条の２の規定による外国人登録事項に関する報告書が「住所を証するに足りる文書」に当たる。

⑻　商業登記に係る登記事項証明書は，誰でも所定の手数料を納付して，その交付を請求することができる（商業登記法10条，商業登記規則18条，同規則19条）。

(9)　本条は担保不動産競売の申立てにも準用されているが（173条１項），不動産に担保権を設定し，あるいは当該担保権を実行する際には，不動産の現況の調査や鑑定評価を行い，有益な資料を保有することがより一層期待される。

（開始決定の通知）

第24条　強制管理の開始決定がされた不動産について強制競売の開始決定がされたときは，裁判所書記官は，強制管理の差押債権者及び管理人に対し，その旨を通知しなければならない。担保不動産収益執行の開始決定がされた不動産について強制競売の開始決定がされたときも，同様とする。

〔解　説〕

1　本条の趣旨

本条は，強制管理（法93条１項）又は担保不動産収益執行（法180条２号）（以下「強制管理等」と総称する。）の開始決定がされた不動産について更に強制競売の開始決定がされたときの通知について規定している[(1)(2)]。

強制管理等の開始決定がされた不動産について更に強制競売の申立てがあった場合には，両手続はそれぞれ独立に進行するが，強制競売の手続において不動産が売却され買受人が代金を納付すると，これにより不動産の所有権が移転する（法79条）以上，原則として強制管理等を続行することは許されないと解される。また，これによりすべての抵当権等が消滅する（法59条１項，法188条）。そのため，強制管理等の手続は職権で取り消されるものと解される[(3)]（法111条，法53条，法188条）。このような場合，強制管理等の事件の関係者が，強制管理等の事件の取消しを予測できず，不測の損害を受けるおそれがあるため，強制管理等の開始決定がされた不動産について強制競売の開始決定がされたときには，一定範囲の者に強制競売の開始決定がされたことを通知をすべきこととされたものである。

2　強制管理等の開始決定がされた不動産について強制競売の開始決定がされた場合の通知

⑴　差押債権者に対する通知

強制管理等の開始決定がされた不動産について強制競売の開始決定がされた場合，強制管理等の差押債権者は，売却までの期間に限って不動産の収益から自己の債権の満足を受け得るにとどまることとなる。この場合，強制競売を申し立てたのが強制管理等の差押債権者でないときには，強制管理等の差押債権者は，申立て時に，後に申し立てられる強制競売により管理が打ち切られ手続が取り消されてしまうことは予想できないし，強制競売が開始になったことを覚知することもできないため，不測の損害を受けるおそれがある。しかも，強制管理等の差押債権者は，法87条１項各号に掲げる債権者には該当しない場合がある(4)ので，強制管理等の手続が取り消された後，強制競売事件において当然に配当等を受け得るわけではない。

そこで，本条は，強制管理等の差押債権者に強制競売の開始決定がされたことを通知して，自己の権利保護を図る機会を与えることとしている。この通知を受けることにより，当該差押債権者は，強制管理等の取消しを避けるために，強制競売の開始決定に対する執行異議や売却許可決定に対する執行抗告を申し立てて，これらの取消しを求め(5)，あるいは強制競売事件に配当要求をしたり，他の財産に対する強制執行を申し立てるなど，代替的な権利行使方法を採ることができることとなる。

⑵　管理人に対する通知

本条は，強制管理等の管理人に対しても，強制競売の開始決定がされた旨を通知することとしている。管理人は一定の管理計画の下で管理をしているため，予想以上に短期間で管理を打ち切らざるを得なくなると，管理計画を立て直す必要に迫られることもあると考えられるからである。

⑶　配当要求債権者等に対する通知の要否

本条は，強制管理等の事件の配当要求債権者に対する通知については規定していない。もともと配当要求債権者は，差押債権者とは異なり，積極的に手続を進める立場にはなく，他人の申し立てた手続に依存しているにすぎない者であり，申立てが取り下げられたり手続が取り消されたりすれば，それと運命を共にする立場にあるからである。これらの者のうち，有名義債権者は配当要求の代わりに強制管理の申立てをしておけばよいし，仮差押債権者は当然に強制競売手続において配当を受けることができる（法87条１項３号）ので，その保護に欠けることはない(6)。

また，債務者は，強制競売の開始決定が送達される（法45条２項）から，本条の通知の相手方とはされていない。

⑷ 強制競売が先行する場合の通知の要否

本条が規定する場合とは逆に，強制競売の開始決定がされた不動産について強制管理等の開始決定がされることもあり得る。この場合には，強制管理等の差押債権者及び管理人は，短期間で強制管理等が取り消される運命にあることは承知しているし，強制競売の差押債権者にとっては何ら不利益がないので，いずれに対しても通知の必要はない。

注⑴ 平成15年改正前の本条は，強制管理の開始決定がされた不動産について強制競売の開始決定がされたときの通知について規定していたところ，平成15年改正規則により，新たに本条後段として，担保不動産収益執行の開始決定がされた不動産について強制競売の開始決定がされたときの通知について規定されたものである。

⑵ 本条前段は強制管理の開始決定がされた不動産について担保不動産競売が開始された場合について，本条後段は担保不動産収益執行の開始決定がされた不動産について担保不動産競売が開始された場合について，それぞれ準用される（173条１項）。

⑶ 強制管理につき松浦馨・注解民執法⑵52頁，富越和厚・注解民執法⑶505頁以下，なお，富越前掲506頁参照。担保不動産収益執行につき谷口外・解説53頁参照

⑷ 法87条１項１号所定の「差押債権者」は，配当要求の終期までに強制競売又は一般の先取特権の実行としての競売の申立てをした差押債権者に限られる。

⑸ ただし，強制管理等が先行していることを理由に取消しを求めることはできないの

で，開始決定又は売却許可決定自体に瑕疵がある場合に限られる。

(6) 一般の先取特権者は，担保不動産競売の申立てを含め，全ての財産につき優先的な権利行使をすることができるから，その保護に欠けることはないであろう。

なお，法も，差押債権者の保護と配当要求債権者の保護との間に差を設けている。例えば，売却のための保全処分等（法55条１項），地代等の代払の許可（法56条１項）の申立権は，差押債権者のみが有する。この規則における各種の通知において，その対象として差押債権者が規定されている場合でも，原則として配当要求債権者は対象とはされていない（二重開始決定等の通知（25条），配当要求の通知（27条），管理人の選任・解任・辞任の通知（65条，66条）等）。

（二重開始決定等の通知）

第25条　法第47条第１項の規定により開始決定がされたときは，裁判所書記官は，先の開始決定に係る差押債権者に対し，その旨を通知しなければならない。

２　先の開始決定に係る強制競売又は競売の手続が停止されたときは，裁判所書記官は，後の開始決定に係る差押債権者に対し，その旨を通知しなければならない。

３　法第47条第６項の裁判がされたときは，裁判所書記官は，債務者に対し，その旨を通知しなければならない。

〔解　説〕

1　本条の趣旨

本条は，同一不動産について強制競売の二重開始決定があった場合に関する各種の通知について規定している。

法は，既に強制競売の開始決定がされている不動産に対し更に強制競売の申立てがされたときは，後の申立てについても重ねて強制競売の開始決定をすることとしている（法47条１項）。担保不動産競売が先行していたときも同様である(1)。そして，先の事件が申立ての取下げ，手続の取消しにより終了したときは，後の開始決定に基づいて，当然に手続を続行するものとした（同条２項）

が，先の事件が停止になったときは，当然続行とはせず，後の事件の差押債権者の申立てにより，売却条件に変更を生じない限り，続行の裁判をして，手続を続行するものとした（同条６項）。本条は，二重開始決定がされたときの通知を１項で，先の手続が停止になったときの通知を２項で，続行の裁判がされたときの通知を３項で規定している。

２　二重開始決定の通知（１項）

本条１項は，二重開始決定がされたときは，先の事件の差押債権者にその旨を通知することを規定している。

法は，第２の強制競売の申立てがあったときは，更に開始決定をすることとした（法47条１項）ので，その申立人も「差押債権者」になり，配当を受けることができるものとした（法87条１項１号）。そこで本条１項は，二重に開始決定がされたことを先の事件の差押債権者のみに対し通知することとしている。その趣旨は，先の事件の差押債権者は，自己の配当を受ける金額が縮減されることとなるので，他の財産につき更に強制執行を申し立てるなどの方策を採る機会を与える意味があるという点にある。同様の要請は，配当要求債権者にも妥当するが，配当要求債権者は，自ら執行の申立てをした者ではなく，他人の申し立てた手続に依存して利益の配分にあずかるにすぎない者である(2)ことを理由に，通知をする必要はないものとされた。また，債務者については，二重開始決定も開始決定であるから，当然債務者に送達される（法45条２項）ので，別途通知の必要はない(3)。

３　二重開始決定後の停止の通知（２項）

本条２項は，二重開始決定があった後，先の手続が停止されたときに，後の開始決定に係る差押債権者に対しその旨を通知することを規定している。

法は，二重開始決定後，先の手続が停止されたときは，手続は当然に続行されず，申立てにより続行の裁判をしてはじめて手続が続行されるものとした（法47条６項本文）。この申立権は，後の開始決定に係る差押債権者のみが有すると解される。そこで，本条２項は，後の開始決定に係る差押債権者[(4)]に手続が停止された旨を通知し，申立権行使の機会を与えることとしたものである。

配当要求の終期後の申立てに係る差押債権者は手続続行の申立てをすることができない（法47条６項本文）から，この者に対する本条２項の通知は不要なようにも思われるが，配当要求の終期は，裁判所書記官により延期されることもある（法49条３項）し，終期から３月以内に売却許可決定がされないとき等には自動的に変更される（法52条）ので，結局，当初終期後の申立てであったものも，延期又は変更後の終期前の申立てになり得るので，その場合には，続行の申立てをすることができることとなる。特に，先の手続が停止になれば，それが解けない限り自動的に終期が変更になる蓋然性が高いので，結局，全ての差押債権者に通知をしておくのが適当と考えられる。

また，先の手続が取り消されたとすれば売却条件に変更を生じる場合には，続行の裁判はできない（法47条６項ただし書[(5)]）ので，この場合には本条２項の通知は不要であるようにも思われるが，本条２項の通知をするのは裁判所書記官であること及び執行裁判所といえども続行の申立てがあってはじめて続行するか否かを判断することとされた同項の趣旨から考えて，法47条６項ただし書の適用があるか否かは，申立てを受けた執行裁判所の判断すべきことであって，本条２項の通知は例外なくすべきものである。

なお，本条２項の「停止されたとき」とは，法39条１項７号又は８号の文書の提出により停止されたときのことを指し，同項１号から６号までの文書の提出による停止を含まない。なぜなら，後者の場合には，先の手続が停止されるのみならず，取り消されてしまう（法40条１項）ので，法47条２項が適用されて，当然に後の開始決定に基づいて手続が続行され，同条６項の適用の余地がないからである。

4　続行決定の通知（３項）

本条３項は，法47条６項により手続続行の裁判がされたときは，債務者に対しその旨を通知することを規定している。

前述のとおり，法では，二重開始決定後に先の手続が停止されたときには，続行の裁判がされない限り後の開始決定により手続が進行することはないものとされたところ，続行の裁判は，２条２項により申立人たる差押債権者に告知されるだけで，債務者には告知されない。しかし，停止文書を提出して手続を停止させた債務者が知らない間にまた手続が進行を開始しているというのは適当でない。そこで，本条３項は，債務者に対し続行の裁判がされた旨を通知することとしたものである。

注(1)　後行事件が担保不動産競売事件である場合については，法188条が法47条を準用している。その場合の通知については，173条１項が本条を準用している。

(2)　この点については，前条の解説の２(3)を参照

(3)　旧法では，第２の強制競売の申立てがあったことを，配当要求があったことと同様に，利害関係人に通知することとしており（旧民訴法旧647条１項），この利害関係人には，差押債権者，有名義配当要求債権者，債務者のほか，登記簿上の権利者，権利の届出をした者，知れている抵当証券の所持人及び裏書人が含まれていた（同法旧648条）。しかし，後三者のうち配当につき利害関係を有するのは，担保権者のみである上，担保権者は，優先して弁済を受け得るから，配当要求や第２の強制競売の申立てがあっても，不利益を受けることはない。そのため，後三者に対し，二重開始決定を通知する必要はないこととされた。

(4)　他の者に対する停止の通知が不要なことにつき，14条の解説の２(1)を参照。

(5)　法の文言上は，法62条１項２号の事項についてのみ規定されており，同項３号の事項（法定地上権）について変更が生じても続行し得るかのように見えるが，法定地上権の成立のみが，他の用益権の取得から区別される理由はないので，同項２号の事項とする中には法定地上権の成立も含まれるものと解される。

（配当要求の方式）

第26条　**配当要求は，債権（利息その他の附帯の債権を含む。）の原因及び額を**

記載した書面でしなければならない。

〔解　説〕

1　本条の趣旨

本条は，配当要求の方式として，書面申立主義及び配当要求書の記載事項について規定している。

2　配当要求の書面性

1条は，民事執行の基本申立てについて書面申立てを義務付けているが，その反対解釈として，基本申立て以外の申立ては，書面又は口頭のいずれの方法でもなし得るのが原則ということになる[(1)]。しかし，配当要求は，基本申立てではないが，重要な申立てであり，かつ，数額等に誤りが生じないためには，書面申立てを義務付けるのが適当である。そこで，本条は，配当要求は書面ですべきこととしたものである。

3　配当要求書の記載事項

本条は，また，配当要求書に記載すべき事項として，債権の原因及び額を規定している。この債権には，債権の元本のほか，利息その他の附帯の債権が含まれる。これらの事項は，債権の届出を催告された仮差押債権者，担保権者等の届出をすべき事項と同じである（法49条２項，法50条１項参照）。

債権の原因については，法が，一般の先取特権者及び差押え登記後の仮差押債権者を除き，有名義債権者のみが配当要求をすることができることとした（法51条１項）ので，原因債権を特定できれば足りる。

債権の額については，配当表の記載事項とされている（法85条６項，１項本文）ので，元本，利息等につき各別にその額を記載しなければならない。

4　配当要求書の添付書類

配当要求書に添付すべき書類[(2)]については規定されていないが，法51条１項の解釈上当然に，有名義債権者は，執行力のある債務名義の正本を，仮差押債権者は，仮差押えの登記がされた登記事項証明書及び仮差押命令正本[(3)]を，一般の先取特権者は，法181条１項各号に掲げる文書を，それぞれ配当要求書と共に提出しなければならない。

5　交付要求

租税債権の交付要求については，現行法は何も規定していないが，法49条２項３号により債権届出の催告を受けた徴収権者は，配当要求の終期まで(4)に交付要求をすることができる。交付要求は，配当要求と同一の効力を有すると解されるが，その方式については交付要求書によりされることとなり(5)（国徴法82条１項，同法施行令36条１項等），本条の類推の余地はない。

注(1)　１条の解説の２(2)を参照

(2)　次条の規定により通知すべき差押債権者及び債務者の数に応じた副本をも添付させる取扱いが行われている（不動産手引（上）91頁）。

(3)　仮差押えの登記には債権の種類，額等が記載されていないので，仮差押命令正本を提出する必要がある。仮差押えによって配当を受ける資格が認められるのは，仮差押えの被保全債権の範囲に限られる。

(4)　交付要求をなすべき時期については，国徴法82条１項の交付要求につき，昭41．８．22国税庁長官通達「国税徴収法基本通達の全文改正について」第82条関係２(2)，同法22条５項の交付要求につき，最判平２．６．28民集44－４－785。なお，同項の交付要求につき，前掲通達では，執行裁判所が同条１項の担保権者に配当金を交付するまで交付要求をすることができる（前掲通達22条関係22）とされているが，その趣旨は，前掲最高裁判例により変更されている（渡来安雄・国税徴収法基本通達逐条解説（平成７年改訂版）177頁以下）。

(5)　交付要求書等の延滞税欄には，従前，「法律による金額」の下部に「要す」などと記載するのみであったが，執行手続の円滑な遂行に資するとの趣旨で，その作成日までの延滞税の概算額を併記する扱いに改められた（平６．10．27最高裁民三第347号民事局長通知「執行裁判所等に対して送付する交付要求書等の延滞税欄の記載要領について」)。それに伴い，租税債権者に対する債権届出の催告書には，交付要求書作成日までの延滞税の概算額の記載を求める旨付記する取扱いが相当である（平６．10．27最高裁民事局第一課長，総務局第三課長通知「債権届出書の書式について」）。

なお，滞納に係る国税の本税に法定納期限後の一部納付等があった場合，交付要求書の本税の欄には交付要求時の残額を記載し，延滞税の欄には具体的金額を記載せず法律による金額の交付を求める旨のみを記載している交付要求書の効力は，法定納期限後の一部納付等により交付要求時以前に消滅した本税部分の金額に対応して計算される延滞税の金額には及ばないとする判例（最判平９．11．13民集51－10－4107，判時1621－162）がある。

（配当要求の通知）

第27条　配当要求があつたときは，裁判所書記官は，差押債権者及び債務者に対し，その旨を通知しなければならない。

〔解　説〕

1　本条の趣旨

本条は，差押債権者及び債務者に対し配当要求の通知をすべきことを規定している。

本条が，通知の相手方を差押債権者及び債務者のみに限った理由については，二重開始決定の通知を差押債権者に限ったのと同一であるので，25条の解説の２を参照されたい。なお，二重開始決定と異なり，配当要求書は債務者に送達されないので，本条では，債務者にも通知をすることとされている。

2　終期後の配当要求

配当要求には終期の定めがあり（法49条１項），これを徒過して配当要求をした債権者は配当を受けられない（法87条１項２号参照）が，二重開始決定後の停止の通知において述べた（25条の解説の３）のと同様の理由により，終期前の配当要求となる場合があるので，本条では，特に限定を設けず通知をすることとしたものである。

3　交付要求

本条は，租税債権の徴収権者による交付要求についても類推適用される[(1)(2)]。

注(1)　もっとも，交付要求庁から，交付要求をした旨の通知（国徴法82条２項，３項，同法55条参照）がされる者については，通知の必要性は少ないと考えられる。

(2)　交付要求があった旨の通知に要する費用は，民訴費用法11条により，租税債権者が納付すべきと考えられることから，租税債権者に対する債権届出の催告書には，通知に要する郵便切手の額を明示するのが相当である（昭61．６．24最高裁民事局第一課長，総務局第三課長通知「債権届出の催告書等の書式について」参照）。

（売却のための保全処分等の申立ての方式等）

第27条の２　法第55条第１項の申立ては，次に掲げる事項を記載した書面でしなければならない。

一　当事者の氏名又は名称及び住所（相手方を特定することができない場合にあつては，その旨）並びに代理人の氏名及び住所

二　申立ての趣旨及び理由

三　強制競売の申立てに係る事件の表示

四　不動産の表示

２　申立ての理由においては，申立てを理由付ける事実を具体的に記載し，かつ，立証を要する事由ごとに証拠を記載しなければならない。

〔解　説〕

1　本条の趣旨

本条は，売却のための保全処分等（法55条１項）の申立ての方式等について規定している。

平成15年改正前の法55条１項及び２項による売却のための保全処分は，債務者又は不動産の占有者が不動産の価格を著しく減少する行為又はそのおそれがある行為をするとき等に，差押債権者の申立てにより，その行為をする者に対し，一定の行為を禁止し又は一定の行為を命じ，あるいは不動産に対する占有を解いて執行官に保管させることを認めるものである。

平成15年改正法により，この保全処分については，以下の改正が行われた[(1)]。

⑴　保全処分の発令要件が緩和され，不動産の価格の減少の程度が著しいものであることを要しないこととされた（法55条１項柱書）。

⑵　執行官保管の保全処分の発令要件について，平成15年改正前は，他の保全処分より加重されており，不動産の占有者等が他の保全処分に違反した場合等が必要とされていたが，他の保全処分と同様のものとされた（同項２号）。

⑶　占有移転禁止の保全処分に引渡命令との関係での当事者恒定効が付与され，この保全処分が執行された場合には，その後に占有の移転があったときであっても，保全処分の相手方に対して発せられた引渡命令に基づいて，現在の占有者に対し，不動産の引渡し等の強制執行をすることができることとされた[(2)]（同項３号，法83条の２）。

⑷　保全処分の内容を執行官に公示させる処分（公示保全処分）について明文の規定（同項各号）が設けられるとともに，公示書等を損壊した者に対して刑事罰を科することとされた（法212条１号）。

⑸　保全処分の相手方である占有者を特定することを困難とする特別の事情がある場合には，相手方を特定しないで保全処分を発令することができることとされ，この保全処分については，執行官による執行によって不動産の占有を解かれた者が相手方となることとされた（法55条の２第１項，３項）。

２　申立ての方式（１項）

本条１項は，売却のための保全処分等の申立ての書面性及び申立書の記載事項について規定している。

⑴　申立ての書面性

平成15年改正前の法55条１項及び２項による売却のための保全処分の申立ては，民事執行手続の付随的申立てであることから，民事執行の基本申立ての書面性について規定した１条は適用されず，口頭ですることが許容されていた（15条の２，民訴規１条１項）。

しかし，売却のための保全処分は，当事者の財産の処分又は行動の自由を奪う重大な効力を有している上，平成15年改正法により，占有移転禁止の保全処分に当事者恒定効が付与され（法55条１項３号，法83条の２），公示保全処分が明文化され（法55条１項），相手方を特定しないで発する保全処分が創設される（法55条の２第１項）など，保全処分の内容が複雑化・多様化し，その効力も一層強化されており，執行裁判所が申立ての内容を正確に把握する必要性が高まっている。

また，既に，民事保全法による占有移転禁止の仮処分については書面による申立てが義務付けられている[(3)]（民保規１条）のみならず，実務上，売却のための保全処分の申立ては，ほぼ例外なく書面によってされているなど，この申立てを書面ですべきこととしても，申立人に困難を強いることにはならない状況にある。

そこで，本条１項により，売却のための保全処分等の申立ては書面ですべきこととしたものである。

⑵　申立書の記載事項

申立書の記載事項は，次のとおりである。

ア　当事者の氏名又は名称及び住所（相手方を特定することができない場合にあっては，その旨）並びに代理人の氏名及び住所（１号）

当事者及び代理人を特定するものである。

ただし，相手方を特定しないで発する保全処分等（法55条の２第１項）の申立てにあっては，申立ての時点では相手方が不詳であり，その執行がされるまで相手方が特定されないので，相手方については特定することができない旨を記載すれば足りる。

その他の保全処分においては，従来どおり，相手方を特定すべきことは当然である。

イ　申立ての趣旨及び理由（２号）

「申立ての趣旨」は，申立人が求める保全処分の種類及び態様を明らかにするものであり，具体的な行為を明示して記載する必要がある。

「申立ての理由」は，申立てを理由付ける事実（債務者又は不動産の占有者が不動産の価格を減少させ，又は減少させるおそれがある行為をすること（法55条１項）を明らかにするものである。相手方を特定しないで発する保全処分等の申立てをする場合には，これに加えて，「相手方を特定することを困難とする特別の事情[(4)]」（法55条の２第１項）を明らかにする必要がある。

ウ　強制競売の申立てに係る事件の表示（３号）

売却のための保全処分等の基礎となった強制競売事件を特定するものである。

事件の表示とは，係属裁判所及び事件番号を記載すれば足り，そのほかに事件名を記載する必要はない。

エ　不動産の表示（４号）

１個の強制競売事件であっても，複数の不動産が対象とされていることも少なくないため，強制競売事件の対象となっている不動産のうち，いずれを対象として売却のための保全処分等の申立てを行うのかを明確にするものである。

オ　その他の記載事項

その他民訴規２条所定の形式的な事項も記載すべきである（15条の２，民訴規２条）。

３　申立書の立証方法等の表示（２項）

本条２項は，売却のための保全処分等の申立書における立証方法等の表示について規定している[(5)]。

執行裁判所が，売却のための保全処分等の申立てについて，適切で迅速な審理をするためには，申立書において，申立てを理由付ける事実を具体的に記載し，かつ，立証を要する事由と証拠との対応関係を明らかにさせることが有益である。そこで，本条２項において，売却のための保全処分等の申立書について，その旨を定めたものである(6)。

注(1)　民事執行法上の保全処分に関する平成15年改正法の趣旨及び概要については，谷口外・解説73頁以下参照。なお，平成15年改正法の国会審議の過程では，衆議院・参議院両法務委員会において，改正後の民事執行法上の保全処分について，労働組合運動その他正当な活動を阻害することのないよう十分配慮し，関係者への周知徹底を図ることという趣旨の附帯決議がされた。

(2)　平成15年改正前の法55条２項の執行官保管の保全処分が執行されている場合には，買受人は，代金納付の事実を執行官に証明することにより，引渡命令を要しないで執行官から不動産の引渡しを受けることができるという実務運用がされていた（不動産執行実務（上）415頁参照）。したがって，債務者の使用を許さない執行官保管の保全処分に関しては，引渡命令との関係での当事者恒定効を認める必要がないことを理由として，その旨の改正がされていない（谷口外・解説78頁注㉞参照）。

(3)　条解民保規１頁参照

(4)　「相手方を特定することを困難とする特別の事情」とは，例えば，不動産を外部から観察して表札の有無等を確かめたり，居住者への質問を試みるなど，申立債権者において通常行うべき調査を行った上で，なお相手方を特定することができないことをいうものと解される（谷口外・解説81頁参照）。

(5)　本条２項は，民訴規53条１項，民保規13条２項と同趣旨の規定である。

(6)　抵当権の設定時期，履行遅滞に陥った時期，競売申立ての時期，差押えの時期，保全処分申立ての時期という時間の経過に従い，執行妨害に関する事実の経過をまとめ，それを立証する資料を提出する必要がある（不動産執行実務（上）394頁参照）。

（公示保全処分の執行方法）

第27条の３　執行官は，法第55条第１項に規定する公示保全処分を執行するときは，滅失又は破損しにくい方法により標識を掲示しなければならない。

２　執行官は，前項の公示保全処分を執行するときは，法第55条第１項に規定する公示書その他の標識に，標識の損壊に対する法律上の制裁その他の執行官が必要と認める事項を記載することができる。

〔解　説〕

１　本条の趣旨

本条は，公示保全処分の執行方法について規定している。

公示保全処分は，執行官に，当該保全処分の内容を，不動産の所在する場所に公示書その他の標識[(1)]を掲示する方法により公示させる[(2)]ことを内容とする保全処分であり（法55条１項），平成15年改正法により創設されたものである。これは，従来の実務の運用で発せられていた公示命令に，明文の根拠を与えたものである。

法55条１項１号及び２号の保全処分においては，必要に応じて，公示保全処分が命じられる。これに対し，法55条１項３号の保全処分においては，公示が当事者恒定効（法83条の２）を生じさせるために必要な要素となることから，公示保全処分を命ずることが必要的なものとされている。

２　公示保全処分の執行方法（１項）

本条１項は，公示保全処分の執行方法について規定している。

公示保全処分によって不動産の価格減少を防止するためには，その効力の終期まで，保全処分の内容を相手方や第三者に対して認識させる必要がある。また，占有移転禁止の保全処分については，当事者恒定効を付与する前提として当該命令が発せられている旨の公示が不可欠の要素となる[(3)]。

そこで，本条１項は，公示保全処分の実効性確保の観点から，公示を保全処分の効力の終期[(4)]まで継続させ，その機能の実効性の確保を図るため，公示保全処分の執行における標識の掲示は滅失又は破損しにくい方法によらなければならないこととしたものである。

公示書には，当該保全処分の内容を記載する必要がある。そのほか，事件の表示，債務者に不動産の使用が許されているときはその旨，公示書の損壊等の行為に対する法律上の制裁，保全処分の執行の年月日，執行官所属の裁判所名及び執行官の職を記載することが相当である[(5)]。

3　法律上の制裁等の記載（2項）

本条2項は，公示書その他の標識における法律上の制裁等の記載について規定しており，執行官は，相手方，第三者等が違法な行為を行わないように警告するため，公示書その他の標識に，保全処分の内容の公示とは別に，標識の損壊に対する法律上の制裁その他の執行官が必要と認める事項を記載することができることとしたものである。

従来の公示命令の実務においても，公示書に「不動産に立ち入ったり，占有したり，公示書の損壊等をした者は，刑罰に処せられる」等の注意事項が記載される例がみられたが，本条2項は，執行官がこのような記載を行うことができる法的根拠を確認的に明らかにしたものである。

法律上の制裁の具体的内容としては，平成15年改正法により新設された公示書等損壊罪（法212条1号[(6)]）のほか，封印破棄罪（刑法96条），窃盗罪（同法235条）等の成立が考えられる。これらの法律上の制裁については，罪名の告知までは必要なく，当該物を処分したり，公示書を損壊したりした場合には刑罰に処せられることがある旨を告知すれば足りるものと考えられる[(7)]。

告知の方法は，仮処分の執行の際に口頭で告げる以外に，公示書に記載しておく方法でも足りる。

注(1)　公示書以外の標識を掲示する方法としては，例えば，公示内容を記載した木製又はプラスチック製の公示板を釘，針金等で固定したり，目的土地を鋼鉄製の板で囲み公示文言をペイントで記載することなどが考えられる。

(2)　執行官の行う公示の方法については，4条3項に規定があるが，公示保全処分による公示は，当該不動産の所在する場所にしなければならない。

(3)　谷口外・解説77頁参照

⑷　平成15年改正前の売却のための保全処分は，この保全処分が専ら差押債権者の利益保護を目的とするものであることから，明文規定はないが，買受人の代金納付時に効力が失われるものと解されていたところ，法55条１項１号及び２号の保全処分については，このような従前の解釈に変更はないものと解される。これに対し，同項３号の保全処分は，その執行後，引渡命令との関係で当事者恒定効が付与されるものであるから，その効力は引渡命令の執行まで存続するものと解される（谷口外・解説76頁参照）。

⑸　事件の内容によっては，執行官の氏名を公示するのが適当でない場合もあり，このような場合には，裁判所名及び執行官による公示であることを表示するにとどめ，執行官の氏名は表示しないこととしても差し支えないものと解される。

⑹　刑法96条の「封印」とは，物に対する任意の処分を禁止するために開披禁止の意思を表示してその外装に施された封緘その他の物的設備をいい，同条の「差押えの表示」とは，公務員がその職務上保全すべき物を自己の占有に移す強制処分の表示をいうものと解されている。法の規定する公示のうち，有体動産の差押え（法123条）や執行官保管の保全処分（法55条１項２号，３号等）は，いずれも執行官に占有を移すものであるから，これに当たる。

これに対し，公示書等損壊罪（法212条）の「公示」は，上記の封印又は差押えの表示に該当するものが除外されるものであり，不作為又は作為を命じる保全処分（法55条１項１号等）についての公示保全処分に基づく公示や明渡しの催告における公示が，これに当たる（谷口外・解説154頁注（175）参照）。

⑺　民事保全法上の占有移転禁止の仮処分に関する民保規44条についても，同様に解されている（条解民保規229頁参照）。

（相手方不特定の保全処分等を執行した場合の届出）

第27条の４　執行官は，法第55条の２第１項（法第68条の２第４項及び法第77条第２項において準用する場合を含む。）の規定による決定を執行したときは，速やかに，法第55条の２第３項（法第68条の２第４項及び法第77条第２項にお

いて準用する場合を含む。）の規定により当該決定の相手方となつた者の氏名又は名称その他の当該者を特定するに足りる事項を，執行裁判所に届け出なければならない。

〔解　説〕

1　本条の趣旨

本条は，執行官が相手方不特定の保全処分等（法55条の２第１項等）を執行した場合の届出について規定している。

相手方不特定の保全処分等は，相手方の特定を困難とする「特別の事情」がある場合に，相手方を特定しないで発することが認められた保全処分(1)であり，平成15年改正法により創設されたものである。「特別の事情」がある場合とは，不動産を外部から観察して表札の有無等を確かめるとともに，居住者への質問を試みるなど，申立債権者において通常行うべき調査を行った上で，なお相手方を特定することができない場合をいうものと解される(2)。

この保全処分が発せられたときは，執行官は，その執行の時に占有者を特定し，その執行によって不動産の占有を解かれた者が，当該保全処分の相手方となる(3)（法55条の２第２項，３項）。

2　執行官による届出

⑴　占有者の特定

相手方を特定しないで発せられた保全処分であっても，その執行後においては，保全処分の効力（法83条の２）や不服申立て（法55条６項）等との関係で，相手方が定まっている必要がある。

相手方の特定の程度については，保全処分命令の送達，担保取消手続(4)，不服申立手続等の手続において，当該保全処分の相手方を明確に判断するに足りることが必要であり，少なくとも氏名又は名称が必要となる事案が多いものと考えられる(5)。事案によっては，これに加えて住所，居所その他の補完的な要素によって特定されることも考えられる。

通常の民事執行法上の保全処分の執行において，執行官は，執行現場で，保全処分の相手方となっている者が占有者であるかどうかを判断しているが，相手方不特定の保全処分等の執行における占有者の特定においても，その本質的な部分に変わりはないものと考えられる。執行官は，執行現場に赴く前に，現況調査報告書及び物件明細書が作成されていればこれらを参照したり，申立債権者から占有者の存在の可能性，占有者に関する情報等を入手することとなる。また，執行現場で，外形的な徴表（表札，看板，郵便受けの表示，郵便物の宛て先，ガスの開栓票の表示等）や遺留品を確認したり，不動産に在る者に対して質問をしたり(6)，目的不動産の所有者，管理人，近隣者等から情報を聴取するなどして，占有者を認定することとなる。

相手方不特定の保全処分等の執行において，執行官が適正な占有認定を行うためには，執行前に事情を最もよく知り得る申立債権者から十分な情報収集をし，占有者に関する調査結果等の資料の提出等を求めることが有益となる。もっとも，この保全処分は，もともと発令時には占有認定が困難な特別な事情が認められるものであるから，執行官による占有認定も困難な事例があることも想定され，この場合には執行不能とせざるを得ない(7)が，少しでもそのような事態が生じないようにするためにも，申立債権者の協力を得ることが一層重要になろう。

⑵　届出が必要である場合

相手方不特定の保全処分等が執行されたときは，執行官は，保全処分の執行の時に占有者を特定し，当該執行によって不動産の占有を解かれた者が，当該決定の相手方となる（法55条の２第２項，３項）。

この保全処分が執行された場合には，執行裁判所は，次のとおり，当該決定の相手方となった者を了知する必要がある。

第一に，相手方不特定の保全処分等の決定は，他の民事執行法上の保全処分の決定と同様に，相手方への送達を要するものであるところ，保全処分の執行前には相手方が特定されておらず，執行官により不動産の占有を解かれた者が相手方となる。したがって，執行官が，執行と同時に送達をしなかった場合には，執行後，裁判所書記官が送達をしなければならない。

第二に，相手方不特定の保全処分等においては，保全処分の決定自体からは，その相手方が明らかではない。そのため，担保取消決定手続（法15条２項，民訴法79条）において，担保権利者を判断するためには，事件の記録上，保全処分の決定の相手方を明らかにしておくことが相当である。

第三に，特定された占有者は，保全処分に対する執行抗告をすることができる（法55条６項）ところ，執行裁判所が，執行抗告権者による執行抗告であるかどうかを判断するため，事件の記録上，当該占有者を明らかにしておくことが相当である。

これらの事情にかんがみ，本条は，執行官が相手方不特定の保全処分等を執行したときは，当該決定の相手方となった者を特定するに足りる事項を執行裁判所に届け出なければならないこととしたものである。

届出の方法としては，執行裁判所に対し，届出書を提出することとなる(8)が，執行調書の写しを引用することも考えられる。

なお，債権者に対する届出については，規定されていない。債権者は，保全処分の執行に立ち会うことにより，執行の内容を了知し得るし，執行調書や事件記録中の届出書の閲覧や謄本の交付等を請求して（執行官法17条及び18条，法17条），特定された相手方を把握することができるからである。

⑶　届出が不要である場合

執行官が，相手方を特定できないなどの理由により，相手方不特定の保全処分等を執行しなかった場合には，執行裁判所に対し，その旨の届出をする必要はない。所定の期間内に当該保全処分の執行がされなかったときは，相手方に対して保全処分の決定を送達することを要しない（法55条の２第４項）し，執行裁判所が担保権利者や執行抗告権者を確定する必要は生じないからである[9]。

3　本条の適用範囲

買受けの申出をした差押債権者のための保全処分等及び最高価買受申出人又は買受人のための保全処分等についても，法55条の2第1項が準用されている（法68条の2第4項，法77条2項）。

そこで，執行官がこれらの相手方不特定の保全処分等を執行した場合についても，本条の適用範囲に含まれるものとした[10]。

注(1)　保全処分の決定書においては，保全処分の対象となる目的不動産を特定した上で，相手方は当該不動産を占有する者である旨を記載することとなるものと解される。

(2)　谷口外・解説81頁参照。これを証する資料として，例えば，占有者に関する調査の経緯を記載した報告書，表札名義の住民票や商業登記がないことを証する公文書等の提出を求めることが考えられる。

(3)　執行官が建物の内部に立ち入る際には，まだ相手方を特定することができていなくても差し支えないが，目的外動産の搬出等，不動産の占有を解く行為を行う際には，相手方が特定されている必要があるものと解される（谷口外・解説82頁参照）。

(4)　保全処分の発令時には相手方が特定されていないが，執行官が複数の占有者を認定した場合の担保の取扱いが問題となる。

相手方不特定の保全処分を発令する時点においては，占有者の人数についても不明であるから，担保決定の合理的解釈としては，全ての占有者との関係で担保額が定められたものと解されよう。したがって，担保取消手続においては，全ての占有者について「担保の事由が消滅したこと」等の要件を具備することを要するものと考えられる。

(5)　例えば，写真，似顔絵等による特定では，その後の手続において機能せず，不十分といわざるを得ないであろう。

(6)　平成15年改正法により，不動産の引渡し等の強制執行について，執行官が不動産の占有者の特定に必要な情報を確実に得られるようにするため，執行官に「不動産等に在る者」に対して質問等をする権限が付与され（法168条２項），この質問等に対して陳述せず，又は虚偽の陳述をした者に対し刑事罰が科される（法213条１項４号）こととされた。

保全処分の執行は，不動産の引渡し等の強制執行の規定により行われることとなるから，これらの規定の適用があるものと解される（谷口外・解説83頁参照）。

(7) 執行時においても不動産の占有者を具体的に特定することができず，執行することができなかった場合には，債権者は，「担保の事由が消滅した」（法15条２項，民訴法79条１項）ものとして，単独で担保取消決定を得ることができる。

この場合には，債務者（担保権利者）が具体的に定まっていないため，担保取消決定を債務者に告知することができないことから，民訴法119条の特則として，担保取消決定は，債務者への告知を要さず，申立人への告知のみによって効力が生じるものとされている（法55条の２第４項後段）。

(8) 執行官は，当該執行と同時に相手方に保全処分命令を送達した場合には，執行裁判所に対して送達報告書（民訴法109条）を提出する。この書面には送達に関する事項が記載されるところ，実務上，受送達者の氏名も記載されている。

この送達報告書は，要式的な公証行為である送達の一内容をなしているものであるのに対し，上記の届出は，執行裁判所が保全処分等の執行に付随する手続を履践するために執行によって特定された相手方を知らせるための行為であって，両者は性質や目的を異にするから，執行官は，送達報告書とは別に，届出書を提出することが相当である。

(9) この場合には，執行官は，執行不能調書を作成する（13条４項）。

債権者は，この執行不能調書の写し等により，担保の事由が消滅したことを立証することとなろう。

(10) 担保不動産競売の開始決定前の保全処分等についても，相手方不特定の保全処分等が創設された（法187条５項，法55条の２第１項）。これは担保不動産競売に関する規定であるので，平成15年改正規則により，172条の２第４項において本条を準用することとされた。

（職務執行区域外における現況調査）

第28条　執行官は，不動産の現況調査のため必要があるときは，所属の地方裁判所の管轄区域外で職務を行うことができる。

〔解　説〕

1　本条の趣旨

本条は，執行官が職務執行区域外において現況調査をすることができる場合について規定している。

執行官の職務執行区域については，執行官法４条に一般的な規定があり，執行官は，原則として所属の地方裁判所の管轄区域内においてのみ職務を行うことができるが，他の法令(1)に別段の定めがあれば，この区域外でも職務を行い得ることとされている。本条は，この例外規定(2)にあたる。

執行官は，執行裁判所の命令により，不動産の現況調査をする（法57条１項）が，調査の目的である不動産によっては，通常の職務執行区域外で調査せざるを得ない場合又は調査するのが適当である場合がある。例えば，建物が数個の地方裁判所の管轄区域にまたがって存在する場合の当該建物又はその敷地（法44条２項参照）についての現況調査は，目的物自体の一部が職務執行区域外に存するし，その他の場合にあっても，不動産の占有者の占有権原の有無，内容等についての債務者その他の関係人に対する調査活動（次条１項４号ハ並びに５号ロ及びニ参照）は，職務執行区域外で行わざるを得ない場合又は行うことが適当である場合があることが予想される。本条は，このような場合に，執行官が職務執行区域外においても職務を行い得ることを明らかにしたものである。

2　本条が設けられた理由

現況調査は，執行官の不動産への強制的立入権（法57条２項，３項），債務者等に対する質問権及び文書提示請求権（同条２項）等が明定されている上，特に，債務者が正当な理由なく陳述や文書の提示を拒んだり，虚偽の陳述や虚偽文書の提示をしたときは，６月以下の懲役又は50万円以下の罰金に処することとして（法213条１項２号），執行官の権限の強化をはかっている。このような強力な職務執行を職務執行区域外でも行い得ることは，明文で規定するのが適当であると思われるので，本条においてこれを明記することとしたものである。

3　職務執行区域外における職務執行の要件

職務執行区域外における職務執行の要件は，「現況調査のため必要があるとき」というだけで，客観的必要性があれば足りる。したがって，前記１で例示したような場合には，当然，本条の適用がある(3)。

本条は，他の民事執行において現況調査をする場合（船舶執行，不動産競売，船舶競売）に準用されている。

注(1)　「他の法令」に最高裁判所規則が含まれることは，当然である。

(2)　この規則では，本条のほか，101条，104条５項，109条，114条２項及び152条に，職務執行区域についての例外規定をおいている。

(3)　ただし，職務執行区域外における現況調査は義務的ではないので，調査の必要性及び有効性の程度並びに調査に要する費用，時間及び労力等を考慮し，その実施をするかどうかを決すべきであり，執行裁判所の審尋の方法もあるので，判断が困難な場合には，執行裁判所の指示を求めるのが適当である（執行官協議要録290頁〔507〕）。同旨，柳田幸三・注解民執法(2)188頁

（現況調査報告書）

第29条　執行官は，不動産の現況調査をしたときは，次に掲げる事項を記載した現況調査報告書を所定の日までに執行裁判所に提出しなければならない。

一　事件の表示

二　不動産の表示

三　調査の日時，場所及び方法

四　調査の目的物が土地であるときは，次に掲げる事項

イ　土地の形状及び現況地目

ロ　占有者の表示及び占有の状況

ハ　占有者が債務者以外の者であるときは，その者の占有の開始時期，権原の有無及び権原の内容の細目についての関係人の陳述又は関係人の提示に係る文書の要旨及び執行官の意見

ニ　土地に建物が存するときは，その建物の種類，構造，床面積の概略及び所有者の表示

五　調査の目的物が建物であるときは，次に掲げる事項

イ　建物の種類，構造及び床面積の概略

ロ　前号ロ及びハに掲げる事項

ハ　敷地の所有者の表示

ニ　敷地の所有者が債務者以外の者であるときは，債務者の敷地に対する占有の権原の有無及び権原の内容の細目についての関係人の陳述又は関係人の提示に係る文書の要旨及び執行官の意見

六　当該不動産について，債務者の占有を解いて執行官に保管させる仮処分が執行されているときは，その旨及び執行官が保管を開始した年月日

七　その他執行裁判所が定めた事項

2　現況調査報告書には，調査の目的物である土地又は建物の見取図及び写真を添付しなければならない。

〔解　説〕

1　本条の趣旨

本条は，現況調査を命じられた執行官の現況調査報告書の提出義務と，その記載事項を規定している。

法制定の眼目の１つに「不動産執行における売却の適正化」があげられるが，法57条の現況調査は，この目的のために新設された手続である。旧法は，執行の目的である不動産の現況の把握について，第一次的には差押債権者の申立てが適正にされることに依存し，副次的に，差押債権者の申立てにより，執行裁判所が執行官に対し賃貸借関係等の取調べを命ずるものとしていた（旧民訴法旧643条３項）にすぎず，その内容も，賃貸借の期限並びに借賃及び借賃の前払い又は敷金の差入れの額と規定されているのみで，不動産の現況全般にわたるわけではなく，報告書に記載すべき事項も必ずしも明確とはいえなかった。法は，これを改め，執行裁判所が，常に職権をもって執行官に命じて不動産の現況を調査させた上，評価人の評価と併せて，売却条件を確定し，売却を実施することをもって，売却の適正を確保することとし，適正確保の主体を裁判所に移すこととした(1)。

しかるに，法57条１項は，現況調査の内容について，「不動産の形状，占有関係その他の現況」と，極めて概括的に規定しているにとどまる。しかも，「不動産の形状，占有関係」は，「現況」の例示にすぎないので，これだけでは調査すべき内容が明確ではないが，現況調査の結果は，売却条件の判断(2)，引渡命令申立ての審理の資料（法83条１項及び３項参照）及び買受希望者の買受申出の意思決定の際の参考資料（31条３項参照）となるから，その目的を果たすに不足のない内容(3)が求められる。そこで，本条は，現況調査報告書の記載事項という形で，調査すべき内容を詳細に規定することとしたものである。

2　現況調査報告書の提出義務

まず，本条１項は，現況調査の報告は，書面ですべきこと(4)を規定する。これは，現況調査の性質上当然の要請というべきであろう。

次に，同項は，現況調査報告書を「所定の日までに」提出すべきことを規定している。提出期限を定めるのが執行裁判所であることは，いうまでもない。執行裁判所は，現況調査報告書の提出期限を定めた上で，現況調査命令を発する。この提出期限は，事件等により長短はあろうが，通常は，１月から２月程度であろう。

3　現況調査報告書の記載事項（1項）

⑴　事件の表示（1号）

特定の事件に関して執行官が作成すべき報告書に事件の表示を記載すべきであるのは，当然であろう。

事件の表示とは，係属裁判所及び事件番号を意味し，そのほかに，事件名をも記載する必要はない。係属裁判所名も執行裁判所が自庁の執行官に現況調査をさせるのであるから，省略しても事件の特定上支障はない。

⑵　不動産の表示（2号）

「不動産」とは，強制執行の目的物である不動産のことであり，調査の対象となる不動産には，そのほかに土地上の建物（本条1項4号ニ参照），建物の敷地（本条1項5号ハ，ニ参照）があるが，これらを含まない趣旨である。強制執行の目的物が不動産の共有持分，登記された地上権若しくは永小作権又はこれらの権利の共有持分である場合（法43条2項参照）には，これらを記載する。この場合には，調査の目的物（本条1項4号，5号参照）は本来の不動産である土地又は建物であるので，強制執行の目的物と調査の目的物とは異なる場合があることになる。不動産の表示を記載するのは，強制執行の目的不動産を特定することにより，前号の事件の表示と相まって，現況調査報告書と執行事件の関係を明らかにするためである。

不動産の表示とは，不動産を特定するに足りる事項のことであるが，通常は，登記記録の表題部に記載された事項(5)程度を記載すれば足りる。これは，不動産の特定のために記載するのであるから，調査の結果判明した現況によるのではなく，現況調査命令書の記載に基づいて記載すべきである。現況は，本条1項4号又は5号により記載することとなる。

⑶　調査の日時，場所及び方法（3号）

現況調査は，その内容が多岐にわたるので，1日限りで完了することは困難な場合も多いと思われる。また，調査の場所も，不動産の所在場所に限られず，債務者その他の関係人方，市町村役場等，数か所に及ぶことも予想される。このような場合には，各調査活動の度ごとに，その日時，場所及び方法を明らかにすべきである。

日時は，調査の開始時刻と終了時刻をもって明らかにすべきである。方法は，不動産への立入り，債務者等に対する質問，文書提示の請求（法57条２項参照）のほか，関係人との面接，役場における書類調査，手紙による照会等，その態様及びその相手方又は文書の表示を明らかにして，具体的に記載すべきである。

⑷　土地についての調査事項（４号）

本号は，現況調査の目的物が土地である場合（強制執行の目的物が地上権，永小作権，土地の共有持分である場合を含む。）の調査事項を列挙している。

ア　土地の形状及び現況地目

「形状」とは，法57条１項が例示するもので，土地の場合には，その範囲及び起伏を意味する。

土地の範囲を明らかにするには，隣接地との境界を確認する必要がある。したがって，境界に争いがあったり，明らかでないときは，調査をした上で，境界を記載すべきである。もっとも境界の認定は困難なことが多いので，一応の調査をしても不明な場合には，その事情を明らかにして不明である旨を報告すれば足りる（本条の解説の５を参照）。

土地の範囲には，形のほかに大きさも含まれる(6)ことになるが，正確な距離や面積の測定は要求されない。例えば，現地で特定できる目標物による表示，大体の縮尺，距離の概数等，適宜の方法で記載すれば足りよう。

土地の範囲については，以上の点を特記事項として文章で記述することが適当な場合もあるが，通常は，本条２項で添付を義務付けられている土地の見取図を引用することで足りよう。

土地の起伏については，適宜の方法で，例えば，平坦地，斜面の別，崖，川，池等の存在を記載する。地質等についてまでは，必要的記載事項といえないであろうが，例えば，岩地であるなどと記載することが適当な場合もあろう。もっとも，この点も，本条２項で添付を義務付けられている土地の写真により明らかにされる場合が多いであろう。

次に，「現況地目」とは，文字どおり現況の地目で，本条１項２号の不動産の表示には，登記記録の表題部に記載された事項を記載するのに対し，現況を記載するものである。地目は，原則として，不登規99条の分類に従って記載すべきであろう(7)。なお，例えば，地目が畑の場合の作物の種類等は，ここでは記載する必要はないが，次の「占有の状況」において明らかにされる場合があろう。

現況地目が特に重要な意味を持つのは，それが農地又は採草放牧地（以下「農地等」という。）に当たるかどうかであり，これにより，農地法３条，同法33条等が適用されるか否かが決せられることになる。ところが，農地法上の農地等の概念（同法２条１項参照）は，不登法の地目の概念と必ずしも一致しない(8)ので，農地等に当たるか否かも，明らかにする必要がある。登記記録上の地目が「田」，「畑」又は「牧場」である場合で，現況が農地等であることが明らかであるときは，現況を記載すれば足りるが，登記記録上の地目が「田」，「畑」又は「牧場」である場合で，土地の現況が農地等であることに疑義があるときは，執行官の報告に基づき，執行裁判所から農業委員会に対し照会が行われる(9)ので，その旨を速やかに執行裁判所に報告するとともに，現況調査報告書には，現況地目又は現認した状況，所有者及び占有者等の現況に関する陳述の要旨を記載する。登記記録上の地目が「田」，「畑」又は「牧場」以外である場合，現況が農地等に該当する疑いがあれば，執行官自ら農業委員会に照会を行った上，現況地目又は現認した状況，農業委員会からの回答並びに所有者及び占有者等の現況に関する陳述の要旨を記載する（現況が農地等であることが明らかである場合も，所有者等の現況に関する陳述を除き，これに準ずる。)。

イ　占有者の表示及び占有の状況

本号ロは，法の例示する「占有関係」についての調査事項を規定している。

土地についての現在の支配関係を明らかにし，本号ハ，ニの事項と相まって，売却に伴う権利変動と買受人が目的物の引渡しを求める相手方及びその難易の判断の資料とするのが目的である。

占有者が複数いるときは，それぞれの占有している部分を特定した上で，全員について，その表示及び占有の状況を記載しなければならない。土地が調査の目的物である場合の建物の占有者が土地の占有者といえるかは，一つの問題である(10)が，ここでは，この者も含む趣旨である。

占有者が誰であるかについて調査を尽くしたが，判明しないこともあり得る。その場合には，占有者不明と記載することも許される(11)。ただし，本号ロには明記していないが，調査を尽くしたが判明するに至らなかった事情を記載すべきである。

ここで記載すべきであるのは，名義上の不動産上の権利者ではなく，事実上の不動産の支配者である占有者(12)である。その者の権原の有無，内容は，本号ハにおいて明らかにされる。

次に，「占有の状況」とは，占有者の占有の方法，態様をいう。例えば，本号ニにより記載される建物を建てて居住しているとか，稲作をして田として使用しているとか，一部を資材置場としているが，その他の部分は更地であるとかいう具合である。その態様をどこまで詳細に記載すべきかは，事案にもよるが，一般的には，基本的な事項を記載すれば足り，その詳細については，本号ハ，ニで記載すべきものとされるほかは，必要的記載事項とはいえないであろう。例えば，建物を建てて居住している場合の庭木の状況は，記載不要であろうし，畑作をしている場合の作物の品種や，山林の場合の木の種類は，判明した限りにおいて記載することはあっても，調査をしてまで記載すべき事項ではなかろう。

ウ　土地占有者が債務者以外である場合

本号ハは，土地の占有者が債務者以外の者であるときには，「占有関係」について，調査，報告すべき事項を詳細に規定している。

占有者が債務者であるときは，法定地上権が成立する場合（民法388条，法81条，立木法５条２項等参照）を除き，債務者の不動産上の権利は全て消滅する（法79条参照）ので，占有関係につき，更に詳細に調査する必要は，本号ニを除いて存しないが，債務者以外の者が占有している場合には，その占有権原の如何によっては，売却により消滅せず，買受人が引き受けることとなったり（法59条参照），買受人が引渡命令を得て簡易に引渡しを受けることができなかったり（法83条１項ただし書参照）する。目的不動産が農地等の場合には，賃貸借の対抗要件は，登記に限られず，土地の引渡しで足りる（農地法16条１項）ので，引渡しの時期が賃借権の帰すうに影響する。それで，これらの事項を調査しなければ，評価，売却基準価額の決定も，物件明細書の作成も不可能となるし，買受人も安心して買受けの申出をすることができないことから，これらの事項を調査，報告すべきこととしたものである。

まず，「占有の開始時期」については，前記の趣旨から，最先順位の担保権設定登記日及び差押えの効力発生時（法46条１項参照）との前後関係が重要である。開始時期は，できる限り年月日まで明らかにすべきであるが，調査の結果，そこまで詳しく判明しない場合はやむを得ない。

次に，「権原の有無」であるが，買受人に対抗することができるか否かにかかわりなく，およそ占有権原がある場合には，権原ありとして，次の権原の内容についても記載すべきである。

「権原の内容」とは，賃借権，地上権，使用収益の定めのある質権等を指すが，それだけでは，権利が引受けになる場合には資料として不十分であるので，その「細目」をも調査すべきこととしている。すなわち，その権原が契約に基づくものであるなら，その契約の内容，例えば，契約日，使用目的，期間，地代又は小作料の額及び支払条件，敷金又は権利金の有無及び額等の約定について調査しなければならない[13]。その他附帯の条件や地代等の滞納等についてもできる限り調査すべきであろう。権原が契約に基づかない場合も同様である。

これら，本号ハの各事項について，報告書に記載すべきなのは，これらの事項自体ではなく，これらの事項についての「関係人の陳述又は関係人の提示に係る文書の要旨」及び「執行官の意見」である。これは，執行官が常にこれらの事項について断定的に認定し得るとは限らないし，認定できる場合でも，その認定の客観的正当性が担保されるように，まず，執行裁判所の判断の材料とするために，客観的資料を記載させ，その上で，執行官の認定したところを記載させるという二段階の構成としたものである。

まず，「関係人」とあるのは，特に狭く限定する趣旨の文言ではなく，債務者，不動産の占有者に限られず，広く占有関係についての知識，情報を有する参考人を含む趣旨である。前述のとおり，執行官は，現況調査のために債務者又は土地の占有者に質問し，又は文書の提示を求めることができる（法57条２項）が，法は，執行官の強制的調査権限としての質問権等を規定したものであって，債務者，占有者以外の関係人に面接等をして，任意の陳述を求めたり，任意の文書提示を求めたりすることを否定しているのでないことは，もちろんである。本号では，これら一切の者の陳述又は提示文書を記載するものとしている。

これらの陳述又は提示文書について記載すべきなのは，その「要旨」である。陳述の一言一句を再現する必要のないことは当然であり，簡にして要を得た要領記載が望まれる。提示文書については，要領記載で足りることはもちろんであるが[14]，当該文書の写しがあれば，できる限りそれを添付することが望ましい。

以上が，客観的資料の記載であり，更に，これらの資料に基づいて判断した占有の開始時期，権原の有無，内容の細目についての「執行官の意見」を記載する。意見には，結論のほか，簡単な理由も付すべきである。特に，資料中に相矛盾するものがあるときは，理由をある程度詳しく記載することが必要であろう。また，事案によっては，調査を尽くしても，これらの事項について，資料が十分収集できなかったり，どの資料を信用すべきか決めかねる場合もあり得ると思われるが，そのような場合には，その事項については，不明であるとか，いずれとも断定しがたい旨の意見及びその理由を記載する[15]。

エ　土地上に建物がある場合

本号ニは，調査の目的物たる土地上に建物が存するときの建物についての調査事項を規定している。

地上建物がある場合には，売却により法定地上権が成立する場合がある（民法388条，法81条）し，その構造等によっては，法定地上権又は引受けとなるべき第三者の借地権の内容に差異を生ずる場合がある[16]。そこで，強制競売の申立書にも，建物の登記事項証明書を添付させることとした（23条３号）が，更に現況調査においても地上建物について調査をさせ，その「種類，構造，床面積の概略」及び「所有者の表示」を報告書に記載すべきものとした。申立時には，執行裁判所には地上建物の有無は知り得ないので，申立人が建物の登記事項証明書の添付を怠ったり[17]，建物が未登記の場合には，建物は存在しないと誤認することとなるし，また，登記と現況とは，しばしば食い違うものであるからである。

建物の「種類，構造，床面積」は，いずれも登記記録表題部の登記事項で，不登規113条から115条までの区分によるべきであろうが，床面積はその「概略」で足り，調査方法としては，測量は不要で，目測で足りる。例えば，１階６畳３間，２階４畳半２間程度の記載でも足りよう。登記記録の記載と大差ないと思われるときは，登記記録上の床面積とほぼ同一である旨の記載でも足りるし，登記記録の約１．５倍に増築されている旨の記載も許されよう。

ここで調査の対象になっている建物は，本来の調査の目的物ではないので，その性質上，次号イの調査より簡略でもよいと思われる。また，この建物が調査の目的物ではないので，執行官には，敷地への立入権はあっても，建物への立入権はない（法57条２項参照）と解されるから，任意の調査ができない場合は，外観から判断するほかない。そのような場合のことも想定すると，本号ニの調査は，あまり厳格な報告を要求することはできないであろう。

以上が，調査の目的物が土地であるときの調査事項である。

⑸　建物についての調査事項（５号）

本号は，調査の目的物が建物であるとき（強制執行の目的物が建物の共有持分である場合を含む。）の調査事項を列挙している。以下，事項ごとに解説をする。

ア　種類，構造及び床面積の概略

「種類，構造及び床面積の概略」についても，登記記録上の記載によるのではなく，現況を記載しなければならない。もっとも，床面積については，その概略で足りるとしている。現況調査においてよりも，評価人が評価の際に詳細に調査する（30条１項６号）のが，より適当であるからである。

建物の種類，構造，特に構造は，外観からは正確に見分けにくい場合があるし，床面積は測量しなければ正確には知り得ないが，執行官は，自らの観察と事情聴取等に基づいて，これらの事項を調査，報告すれば足りる。これらの点については，本条１項４号ニについて述べたところ（前記⑷エ）を参照されたい。そこで述べたとおり，本号イで記載すべき事項は，本条１項４号ニで記載すべき事項より，やや詳細であるべきである。

イ　建物の占有状況等

本号ロは，目的建物の「占有関係」について調査すべき事項を規定しているが，土地についての調査と同様であるので，前号ロ及びハに掲げる事項としているにとどまる。これらの事項については，本条１項４号ロ及びハについて述べたところ（前記⑷イ，ウ）を参照されたい。

特に，建物を第三者が賃借し，占有しているときは，建物の引渡しが賃借権の対抗要件である（借地借家法31条１項，同法附則４条ただし書，借家法１条１項）ので，占有の開始時期と最先順位の担保権設定登記日及び差押えの効力発生時との先後関係が重要な意味を持っており，この点については，特に入念な調査が必要である。

ウ　敷地の権利関係

本号ハ，ニは，目的建物の敷地についての調査事項を規定している。

第１に，敷地の所有者が債務者であれば，売却により法定地上権が成立する（民法388条，法81条）場合があるし，債務者でない場合は，債務者の敷地に対する占有権原が問題となるので，強制競売の申立書に敷地の登記事項証明書を添付させることとしている（23条４号）が，さらに，執行官に「敷地の所有者の表示(18)」を調査，報告させることとしている。法定地上権の成否は，登記記録上の記録によるのではなく，真実の所有関係によるからである。

第２に，敷地の所有者が債務者以外の者であるときは，「債務者の敷地に対する占有の権原の有無及び権原の内容の細目」を調査する。債務者の占有権原が，買受人の取得する権原となるからである。「占有の権原の有無」及び「権原の内容の細目」については，本条１項４号ハについての解説（前記⑷ウ）を参照されたい。これらの事項について記載すべきであるのは，「関係人の陳述又は関係人の提示に係る文書の要旨」及び「執行官の意見」である。この点についても，本条１項４号ハについて述べたところを参照されたい。

以上が，調査の目的物が建物である場合の調査事項である。

⑹　執行官保管の仮処分（６号）

本号は，不動産についていわゆる占有移転禁止，執行官保管の仮処分が執行されているときの記載事項を規定している。

占有移転禁止の仮処分の執行は，登記記録上に表れないが，この仮処分の執行は，売却により効力を失わず[19]，買受人に対抗し得ることとなるので，買受人は，所有権は取得できても，引渡しを受けることができない[20]。そこで，この仮処分の執行の有無を調査し，これがされているときは，その旨及び「執行官が保管を開始した年月日」を報告しなければならないとされている。この年月日は，調査すれば必ず判明するので，必ず記載しなければならない。

⑺　追加的記載事項（７号）

以上が，現況調査報告書の必要的記載事項であるが，本号は，このほかに執行裁判所が特に定めた事項についても記載すべきこととして，執行裁判所に記載事項の追加権限を与えている。

執行裁判所の追加し得る事項には特に制限がないので，現況を明らかにするため必要と考えれば，どのような事項でも定めることができるが，執行官の職務の性質と能力を考慮して，決めるべきであろう。通常の場合には，あまり追加すべき事項はないと思われるが，調査の目的物が，土地又は建物ではなく，立木法上の立木，工場財団などの場合には，本条１項４号又は５号に準じて調査事項を定める必要があるであろう。

4　現況調査報告書の添付書類（２項）

現況調査の報告は，文字で記述して行うのが本則と思われるが，不動産の形状については，図面や写真による方が，より容易かつ正確に報告し得る場合も多いと考えられることから，現況調査報告書に図面等を添付することを義務付けることとしたものである。

本条２項で添付を義務付けられるのは，土地又は建物の「見取図」及び「写真」である。

「見取図」は，30条２項で評価書に添付すべきものとされている「不動産の形状を示す図面」との対比上明らかなように，正確な縮尺で作成される図面である必要はなく，執行官が自らの視覚により感知したところを図に表したもので足りる。また，図面中に，距離，方位が詳細に記入されている必要もない。ただし，土地の場合には，その範囲が明らかとなるよう，境界を示す目標等を記載することが望ましい。また建物の場合は，間取りまで示すことが望ましい。

「写真」は，調査時における目的物の形状及び同一性を明らかにする目的を有しており，これらを把握するのに必要と認められる程度に目的物が写っている必要がある。なお，占有認定に必要な資料として具体的な占有状況を示す写真を添付する実務例もある。

これらの見取図及び写真は，本条１項の報告書に添付して，これと一体をなすものであり，現況調査報告書そのものの一部となるものである。

5　調査の目的物を発見することができなかった場合の報告書

執行官が調査の目的物を発見することができない場合もあり得るが，その場合には，本条１項１号から３号までに掲げる事項を記載した上，目的物を発見するに至らなかった事情を具体的に記載して報告すべきこととなる[21]。

注(1)　申立債権者が不動産の現況の調査をした場合においてその結果を記載した文書を保有するときは，これを提出するものとされた（23条の２第４号）。これは，当該文書を現況調査を担当する執行官の資料とする趣旨である（同条の解説の２(4)参照）。

⑵ 売却条件の内容によって売却基準価額が影響を受けることから，現況調査報告書の記載内容は売却基準価額決定にも影響を及ぼす。

⑶ 民事執行法の一部を改正する法律（平成８年法律第108号）により法83条１項及び３項が改正され，引渡命令の相手方の範囲が拡大されるとともに必要的審尋の対象となる者の範囲が狭められた（基本的には，昭和53年に国会に提出された法の政府原案と同じ規定にするという方向での改正であるが，詳細については，改正関係執務資料20頁以下参照)。また，平成15年改正法により，抵当権設定登記に後れる短期賃借権の保護が廃止され，明渡猶予の制度が創設された（民法395条。ただし，平成15年改正法附則５条は，同法施行（平成16年４月１日）の際，現に存する抵当権設定登記に後れる短期賃借権については，従前どおり保護されるとする。)。

これらの改正後も，基本的には現況調査の在り方自体に変化はないが，その内容及び程度は若干の影響を受けざるを得ないことから，現況調査報告書の記載に当たってもこの改正内容が考慮されるべきである。

なお，これらの改正後にはどのような現況調査が求められるかについては，内堀宏達「執行官事務をめぐる最近の状況」執行官雑誌28－１以下（特に，26頁以下)，今利義和・菊永充彦「担保・執行法等の改正による執行官実務の取り組み」判タ1135－67以下参照。

⑷ 執行官は，原本のほかに写しを１通提出する（31条３項参照)。なお，インターネットによる物件明細書等の公示を行っている執行裁判所においては，写しを２通提出する取扱いとしている。

⑸ 土地の場合は，不登法34条１項１号から４号まで，建物の場合は，同法44条１項１号から５号までに規定する事項である。

⑹ 形は相似形であっても，範囲の広狭は無限にあり得る。

⑺ 建築基準法上の道路と認定されていない場合でも，不登規99条に従い「公衆用道路」と記載した上で，別途同法上の道路に該当しない旨を記載することが考えられる。

⑻ 農地法上の「農地」（耕作の目的に供される土地）と不登規99条の「田」及び「畑」

とがほぼ一致することは間違いないであろうが，農地法上の「採草放牧地」（農地以外の土地で，主として耕作又は養畜の事業のための採草又は家畜の放牧の目的に供されるもの）については，家畜の放牧の目的に供される土地が不登規99条の「牧場」にほぼ該当するとしても，採草の目的に供される土地（牧草を栽培している土地は，農地に該当し除外される結果，自然に生育している草を採る土地のみが，これに当たる。）は，不登規99条の分類では，「原野」（耕作の方法によらないで雑草，灌木類の生育する土地）に該当するものと考えられるものの，実際には，「雑種地」とされることが多いとされる（和田正明・農地法詳解（第６次全訂新版）33頁注６）。逆に「原野」のうち，採草地に当たるのは，「主として耕作又は養畜の事業のための採草」の目的に供されるもののみであることから，採草していない土地はもとより，採草していても，別の目的，例えば屋根を葺く目的であると，農地法の適用はないこととなる。したがって，これらの点に疑問があれば，農業委員会に問い合わせるなどの調査が必要となろう。もっとも，採草放牧地は最近では少なくなってきているようである（和田前掲書32頁）。

⑼　昭58．７．１最高裁民三第941号民事局長通知「民事執行法による売却の目的物である農地等の現況に疑義がある場合の取扱いについて」参照。もっとも，法18条１項に基づき，執行官自ら農業委員会に照会しても差し支えない。

⑽　稲本洋之助・注釈民法⑺14頁，高橋欣一「建物収去・土地明渡訴訟における建物占有者に対する請求」実務民事訴訟講座４巻115頁，藤井正雄「土地所有権に基づく地上家屋居住者に対する退去請求」民事法の諸問題Ⅱ32頁参照

⑾　これが許されるからといって，安易に占有者不明とすることは，厳に慎むべきことは，もちろんである（他の事項についても同じ。）。しかし，どうしても占有者を確定し得ない場合にまで，断定的報告をすると，逆に真実に反する結果となることもあるので，そのような場合には，その旨及びその理由を報告し，執行裁判所の措置に委ねるのが適当である。

⑿　占有者とは直接占有者をいい，間接占有者や単なる名義上の占有者を含まないが，

間接占有者がいる場合には，占有権原との関係でその者の調査も必要となる（柳田幸三・注解民執法⑵202頁）。また，管理している旨の表示のみを行っているなどの実体を伴わない占有を主張する者が存在する場合には，後の占有の仮装を防ぐためにもその者が占有していないことを明らかにしておくことが必要である（執行官協議要録63頁〔122〕）。なお，占有が偽装されていると認められるか又はその疑いがある場合には，認定した理由又は調査の経過，資料の内容と共にその旨を記載する（執行官提要417頁参照）。

⒀　建物所有目的の地上権及び賃借権については，借地借家法においてその存続期間や効力等に関し特別の定めがある。同法の施行日は平成４年８月１日であるが，同法施行前に設定された借地権の存続期間等については，同法が適用されない（同法附則３条から11条まで及び14条，借地法及び建物保護ニ関スル法律参照）ことから，契約の成立時期についても調査する必要がある。なお，借地借家法においては，更新のない定期借地権等（同法22条から24条まで）が認められていることから，それらの特約の有無についても調査する必要がある。

また，借地権については，地上建物の登記が対抗要件となる（借地借家法10条１項，同法附則４条ただし書，建物保護ニ関スル法律１条）ほか，登記がされた地上建物が滅失した場合でも，借地権者が滅失建物の特定事項等を土地の見やすい場所に掲示することによって，２年間に限り対抗力を暫定的に維持することができ，かつ，２年以内に建物を再築し，登記を済ませれば，以後その登記に先立って土地に対する権利を取得した第三者に対しても借地権を対抗することができる（借地借家法10条２項）。この規定は滅失時期が同法施行後である限り，施行前に成立した借地権にも適用される（同法附則８条）。そのような場合には，本号ロの内容として掲示内容等を記載するとともに，本号ハにより借地権の内容の細目についての陳述要旨等を記載する必要がある。

⒁　なお，文書の原本と写しでは証明力に相違があるから，閲読した文書の原本，写しの別は明記する必要がある（柳田幸三・注解民執法⑵207頁）。

⒂　占有の偽装があると認められるか又はその疑いがあるときは，関係人の陳述又は提示文書の要旨を記載するとともに，執行官の意見としてその旨記載する（注⑵参照)。

⒃　また，土地について，占有者が買受人に対抗することができる権原を有していない場合において，売却外の建物を所有して占有しているときには，引渡命令は発令されるが，地上建物の収去を執行することはできないと解されている（最決平11. 10. 26判時1695-753。中野・執行法591頁注⑻。反対，中山一郎・注解民執法⑶241頁，住吉博「土地に対する引渡命令と地上建物の収去」昭和62年度重要判例解説（ジュリ910－131以下)）ことから，地上建物の存否は，引渡命令の実効性にも影響する場合がある。

⒄　登記された建物が存在する場合には，建物登記が借地権の対抗要件である（借地借家法10条１項，同法附則８条，建物保護ニ関スル法律１条）ので，売却条件に重大な影響がある。

⒅　債務者以外の者が所有者である場合は，氏名のほか，住所も記載しなければならない。

⒆　中野・執行法423頁，竹下守夫・注解民執法⑵271頁，大橋寛明・注釈民執法⑶292頁以下

⒇　買受人は，不動産の私法上の占有者に対する関係で引渡命令を得ることはできると解される（法83条１項参照）が，執行官が保管している以上，その執行をすることはできない。

㉑　目的不動産の所在が不明である場合，それが現存することの証明責任は債権者が負うことから，債権者の協力を得て調査を行っても確認ができない場合には，調査の過程を付記して，その旨を報告することで足りる（執行官提要401頁以下)。なお，現況調査は，目的不動産の所在場所等が不明確で特定されていない場合にまで，これを明らかにすることを目的としているものではないとする裁判例（名古屋高決昭58. 11. ４執行官雑誌15－76）がある。

（評価の方法）

第29条の２　評価人は，評価をするに際し，不動産の所在する場所の環境，その

種類，規模，構造等に応じ，取引事例比較法，収益還元法，原価法その他の評価の方法を適切に用いなければならない。

〔解　説〕

1　本条の趣旨

本条は，評価の在り方を明文化し，評価人の一般的な義務として規定することにより，その趣旨の一層の徹底を図り，より適正な評価の実現を期待するものであり，平成16年改正法により新設された法58条2項前段と同旨の規定である[(1)]。

2　適切な評価の方法の適用

本条は，評価人が評価をするに際し，不動産の特性に応じて評価の方法を適切に適用しなければならないことを定める。

評価の方法として例示する「取引事例比較法」，「収益還元法」，「原価法」とは，平成14年7月3日付け国土交通省事務次官通知「不動産鑑定評価基準等の改正について」により全面改正された不動産鑑定評価基準（最終改正（一部）平成26年5月。以下「基準」という[(2)]。）におけるものと基本的に同義である。基準によれば，「取引事例比較法」とは，まず多数の取引事例を収集して適切な事例の選択を行い，これらに係る取引価格に必要に応じて事情補正及び時点修正を行い，かつ，地域要因の比較及び個別的要因の比較を行って求められた価格を比較衡量し，これによって対象不動産の試算価格（比準価格）を求める手法であり，「収益還元法」とは，対象不動産が将来生み出すであろうと期待される純収益の現価の総和を求めることにより対象不動産の試算価格（収益価格）を求める手法であり[(3)]，「原価法」とは，価格時点における対象不動産の再調達原価を求め，この再調達原価について減価修正を行って対象不動産の試算価格（積算価格）を求める手法であるとされる。

基準は，法的強制力を持つものではないが，不動産鑑定士等が不動産の鑑定評価を行うに当たり，常に準拠すべきものとされており，評価人がその他の者である場合も，できる限りこれに従って行うことが望ましいと解されている[(4)]。しかし，基準も，鑑定評価理論の発展，社会の要請などに応じてその充実改善が期待されているものであるから，基準以外に定められているもののほか，より合理的な鑑定評価理論が開発され，それが適切に適用できるのであれば，評価人はこれに従って評価を行うべきである[(5)]。そこで，本条前段は，適用するべき評価の方法を「取引事例比較法，収益還元法，原価法その他の評価の方法」としている。

基準によれば，原則として，取引事例比較法，収益還元法及び原価法の三方式は併用されるべきであり，これらの適用に求められた試算価格を調整して鑑定評価額を決定するべきであるとされている[(6)]。これは，不動産の価格は，市場性，収益性及び費用性の三面から検討されるべきであるとの考えに基づくものである。評価人が評価をする際にあっても，この点は同様である。

しかし，基準も認めるように，所在地の実情，賃料の信頼性，不動産の種類等の事情，さらに，時間と費用が限定される不動産に対する強制執行手続の評価における制約等の事情により，併用が困難である場合もある。このような場合には，不動産の特性に応じ，適切な評価の方法を選択・適用し，その他の評価の方法の考え方を参酌しつつ評価を行う必要がある。そこで，本条は，これらの評価の在り方をもって，「所在する場所の環境，その種類，規模，構造等」の不動産の特性に応じ，これらの評価の方法を適切に適用しなければならないとしている[(7)(8)(9)]。

注(1)　平成16年改正前の本条後段には，評価人は，強制競売の方法による不動産の売却を実施するための評価であることを十分に考慮しなければならない旨が定められていた。そして，強制競売の方法による不動産の売却の特質（減価要因）として，①買受希望者が，原則として，事前に不動産（特に建物）の内部を確認できないこと，②原則として，入札又は競り売りの過程における多数の買受希望者間の自由競争による最終的な価格形成が予定されていること，③できる限り早期に売却する必要性があることな

どが指摘されていた（小谷芳正・岩井競平「主要論点の評価理論上の位置付け」金法1668－10以下，一問一答平成16年改正122頁参照）。しかし，評価の重要性に照らし，評価の基本的な基準は法律において定めることが相当であるとの考えにより，平成16年改正法により，同様の規定が法58条２項後段に規定されたことから，平成16年改正規則により，本条後段は削られた。

⑵　その内容については，宮ヶ原光正「新不動産鑑定評価要説７訂版」参照

⑶　収益還元法には，対象不動産から得られる特定の期間の純収益を還元利回りで還元する直接還元法と，対象不動産の保有期間中に得られる純収益と期間満了後の売却によって得られると予測される価格を現在価値に割り戻して足し上げるＤＣＦ法がある。ＤＣＦ法の詳細については，久恒新「ＤＣＦ法による不動産鑑定評価の考え方と実践」参照

⑷　大橋寛明・注釈民執法⑶254頁，竹下守夫・注解民執法⑵238頁，斉藤隆・注解民執法㊤605頁

⑸　宮ヶ原光正「新不動産鑑定評価要説７訂版」12頁，澤野順彦「新版不動産評価の法律実務」35頁参照

⑹　標準地の鑑定評価の基準に関する省令も，これと同一の算出方法を規定している（同令４条，同令７条から９条まで）。

⑺　全面改正前の不動産鑑定評価基準（平成２年10月26日付け土地鑑定委員会答申）は，収益は不動産の経済価値の本質を形成するものであるとして，収益還元法の積極的活用を求めていた。その後，収益還元法による鑑定評価は，これにとどまらず，近年，一層重視されてきている。平成10年９月22日，同年11月17日の２回にわたり日本不動産鑑定士協会が発表した「不良債権担保不動産の適正評価手続きにおける不動産の鑑定評価に際して特に留意すべき事項について」は，評価の方法として収益還元法（ＤＣＦ法）を採用しており，平成11年１月13日付け土地政策審議会意見取りまとめ「ポスト「右肩上がり」時代の土地関連諸制度のあり方」は，「収益を重視する方向での不動産鑑定評価制度の確立」を提言している。このような状況を受けて，基準が全面改

正され，ＤＣＦ法の導入や収益力をより詳細に把握するための物件調査や市場分析の拡充・改善により，収益性を重視した鑑定評価の充実が図られた。このような状況の背景には，バブル経済の崩壊により不動産取引の在り方が変化し，収益性に注目した取引が標準となってきたこと，不良債権処理の過程で欧米の金融機関から，グローバルスタンダードとされる収益還元法による価格の説明を求められる機会が増加したことがあるといわれる（小川隆文「競売不動産の評価の在り方と評価書第二部・競売市場における収益物件投資利回りについての統計解析と収益還元法」判タ1001－32)。

その後，全国の評価人候補者で構成される全国競売評価ネットワークが平成15年に結成され，競売評価の基本的な考え方や標準的な評価手順をまとめた「競売不動産評価基準」が平成22年４月に作成された（全国競売評価ネットワーク監修「競売不動産評価の理論と実務（第２版)」参照)。さらに，より具体的な評価方法をまとめた東京競売不動産評価事務研究会編「競売不動産評価マニュアル（第３版)」(別冊判タ30号）が公刊されるなど，競売評価の標準化が図られ，現在，評価人は，このような標準的な評価基準を踏まえた評価を行っている。

⑻　法58条２項前段の「その他の不動産の価格形成上の事情を適切に勘案して……評価しなければならない」も同様の趣旨を定めたものと解される。

⑼　これらによる評価額の算出の全過程は，評価書の記載事項である（30条１項７号)。

（評価書）

第30条　評価人は，不動産の評価をしたときは，次に掲げる事項を記載した評価書を所定の日までに執行裁判所に提出しなければならない。

一　事件の表示

二　不動産の表示

三　不動産の評価額及び評価の年月日

四　不動産の所在する場所の環境の概要

五　評価の目的物が土地であるときは，次に掲げる事項

イ　地積

ロ　都市計画法（昭和43年法律第100号），建築基準法（昭和25年法律第201号）その他の法令に基づく制限の有無及び内容

ハ　規準とした公示価格その他の評価の参考とした事項

六　評価の目的物が建物であるときは，その種類，構造及び床面積並びに残存耐用年数その他の評価の参考とした事項

七　評価額の算出の過程

八　その他執行裁判所が定めた事項

2　評価書には，不動産の形状を示す図面及び不動産の所在する場所の周辺の概況を示す図面を添付しなければならない。

〔解　説〕

1　本条の趣旨

本条は，評価人の評価書の提出義務と，その記載事項を規定している。29条の解説で述べたように，法制定の眼目の１つである「不動産執行における売却の適正化」は，特にその価額について実現されなければならないことは言うまでもない。この点について，旧法も，執行裁判所が職権で常に評価を行わせ，最低競売価額を決定することとしていた点では，法と異なるところはないが，旧法は，「適当ト認ムル者」に評価をさせ，それを「斟酌シテ」最低競売価額を決定することとしていた（旧民訴法旧655条）ため，評価をする者は不動産鑑定士（補）に限られず，評価の結果は最低競売価額決定の参考資料にすぎなかった。法はこの点につき，評価を命ずる者を不動産鑑定士（補）には限定しなかった(1)ものの，これに「評価人」との呼称を与える（法58条１項）とともに，不動産への立入権及び債務者等に対する質問権等を与え（同条４項，法57条２項，４項，５項），評価をより充実，適正化する一方，売却基準価額は「評価に基づいて」定められるべきものとして（法60条１項），売却基準価額の決定において評価をより重視することとしている(2)。

ところで，平成16年改正前の法は評価の内容については全く規定していなかった。そこで，本条においては評価書の記載事項という形で，平成10年改正規則により新設された29条の２においては評価の方法という形で，評価人のすべき評価の内容を規定したものである。そして，評価人の評価の重要性に照らすと，評価人が行う評価の基本的な基準は法律において定めることが相当であると考えられたことから，平成16年改正法により，評価人の評価に当たり考慮すべき事情を定めた法58条２項が新設された[(3)]。

2　評価書の提出義務

まず，本条１項は，評価の結果は書面にして提出されるべきこと[(4)]を規定している。これも，現況調査の場合（29条）と同じく，当然の要請というべきであろう。

また，本条１項は，評価書を「所定の日までに」提出すべきことを規定している。執行裁判所は，評価書の提出期限を指定して，評価命令を発する。この提出期限は，目的物等にもよるし，不動産鑑定士等に評価をさせる関係上，各地域の実情にもよると思われるが，通常は，１月から２月程度であろう。

3　評価書の記載事項（１項）

⑴　事件及び不動産の表示（１号，２号）

これらについては，29条の解説の３⑴，⑵を参照されたい。

⑵　不動産の評価額及び評価の年月日（３号）

「評価額」は，評価書の結論部分である。これは，仮に，同時に数個の不動産について評価を命ぜられ，１通の評価書のみを作成する場合でも，各不動産ごとに評価額を記載すべきである[(5)]。また，評価額は，強制競売の目的不動産[(6)]のみならず，これについての従物[(7)]を始め，附帯の権利（例えば，建物についての借地権）の価額を含み，逆に不動産上の負担（例えば，制限物権）を控除した，買受人の取得する権利の評価額であるべきである。これらの点については，執行裁判所の評価人に対する適切な指導が必要とされる。

次に，評価書に記載すべき日付としては，評価の基準とした日，評価をした日及び評価書を作成した日の三つが考えられるが，本号は，「評価の年月日」として，第２の日付を記載すべきものとしている[(8)]。不動産執行の評価においては，過去の一時点を基準とした評価を行うことはないので，第１の日付と第２の日付は一致すべきものであるし，評価書の作成日自体には意味がないからである。

⑶　不動産の所在する場所の環境の概要（４号）

「環境」は，評価の重要な資料であるし，買受人の参考に供する（31条３項参照）ためにも，これを記載させる意味がある。環境の内容としては，自然環境，地域性（住宅地，工場地帯等），交通の便，公共施設の利用の便等が考えられる。記載を要するのは，環境の「概要」であるから，これらの主要なものを記載すれば足りる。本条２項で評価書の添付書類とされている「不動産の所在する場所の周辺の概況を示す図面」を引用すれば，記載も簡略化し得るし，理解も容易であろう。

⑷　土地についての記載事項（５号）

本号は，評価の目的物が土地であるときの記載事項を列挙している。

ア　地積

地積は評価に欠くことのできない資料であり，その数値が異なれば，評価額が異なるのが通常であるので，正確であることが必要である[(9)]。

イ　法令に基づく制限の有無及び内容

本号ロで例示されている法令は，都市計画法及び建築基準法であるが，前者に基づく制限の例としては，市街化区域又は市街化調整区域の指定（都市計画法７条）に基づく制限（同法29条以下），市街化開発事業等予定区域の指定（同法12条の２）に基づく制限（同法52条の２以下），都市計画に定められた都市計画施設の区域又は市街化開発事業の施行区域における制限（同法53条以下），風致地区の指定（同法８条）に基づく制限（同法58条）などがあり，前者及び後者に基づく制限の例としては，第一種低層住居専用地域等の地域地区の指定（同法８条）に基づく制限（同法10条，建築基準法48条以下）などがあり，後者に基づく制限の例としては，災害危険区域の指定に基づく制限（同法39条）などがある。これらの制限については，その地域の指定さえ特定すれば，法律上その制限が明らかなものについては，具体的制限の内容まで記載する必要はない。これらの事項のうち，重要であり，かつ，法律上一律には決まらないものとして，いわゆる建ぺい率等（建築基準法52条，同法53条等）についての制限があり，これらについては，具体的数値を挙げて記載すべきである。

本号ロで例示されているもの以外の法令としては，都市再開発法，駐車場法，港湾法，都市緑地法，文化財保護法など[(10)]がある。

ウ　評価の参考とした事項

「評価の参考とした事項」は，本条１項７号において規定する評価額の算出の過程を記載する際の基礎となる資料である。評価額の算出の方法には，主に原価法，取引事例比較法，収益還元法（前条の解説の２を参照されたい。）があるが，これらの方法により評価額を算出するには，種々の事項（数値）を参考としなければならない。本号ハは，これを記載させて，評価の適正の担保とするものである。

本号ハが例示しているのは「規準とした公示価格」[(11)]であるが，これは，不動産鑑定士（補）が，法定の公示区域内の土地について鑑定評価を行う場合には，公示価格を規準としなければならないとされている（地価公示法８条）ことに基づく。不動産鑑定士（補）以外の者が評価人に選任された場合には，地価公示法の適用はないが，この区域内の土地については，公示価格を規準とすべきである。

本号ハについてのその他の例[(12)]としては，取引事例比較法における近隣地域又は同一需給圏内の類似地域における取引事例，都道府県の指定基準地価格，固定資産税評価額，相続税路線価，収益還元法における維持管理費用，賃貸料，原価法における造成，埋立てに要した費用などがある。

⑸　建物についての記載事項（６号）

本号は，評価の目的物が建物であるときの記載事項を規定している。

まず，「種類，構造及び床面積」を記載することとしている，現況調査報告書においては，床面積は，その概略で足りるとされている（29条１項５号イ）のに対し，本条１項６号では，概略では足りず，これらを詳細かつ正確に記載するものとしている。土地における地積と同じく，建物においては，これらが評価の不可欠の資料であるからである。これらは，登記記録表題部の記録事項であるが，評価書に記載すべきであるのは，当然のことながら，これらの現況である。種類，構造については，不登規113条及び同規則114条の区分に従って記載すべきである。

次に，「評価の参考とした事項」を記載する。これは，土地についての本条１項５号ハと同趣旨であるので，それについて述べたところを参照されたい。ここで例示がされているのは，「残存耐用年数」であるが，その他の例としては，原価法における建設工事費などがある。

⑹　評価額の算出の過程（７号）

本号は，「評価額の算出の過程」[13]を記載することとしている。

本条１項５号ハ又は６号で記載すべき評価の参考とした事項に基づき，本条１項３号で記載すべき評価額を算出した全過程を明らかにすることにより，評価の適正を担保するものである。

評価の方法に関し，平成10年改正規則により29条の２が，平成16年改正法により法58条２項が新設され，評価人は，評価をするに際し，不動産の特性に応じて評価の方法を適切に適用しなければならないことが明確にされた。本号において明らかにすべきとされているのは，29条の２の規定により選択した評価の各方法による価格の算出過程及びその結果に基づく評価額決定の過程の全部ということになる（同条の解説の２を参照されたい。）。

最終的な評価額を算出する際には，前述したとおり，不動産の従物及び附帯の権利の価額を加算し，不動産上の負担を差し引かなければならないので，当然これらについても評価をして，それを記載すべきである。附帯の権利又は負担としての賃借権，用益物権等の評価についても，基準に従って，適正に行うべきものである。

⑺　追加的記載事項（８号）

以上が，評価書の必要的記載事項であるが，本条１項８号は，このほかに執行裁判所が定めた事項についても記載すべきこととして，執行裁判所に記載事項の追加権限を与えている。

執行裁判所の追加し得る事項には特に制限がないので，執行裁判所の裁量にゆだねられる。通常の場合には，追加すべき事項はあまりないと思われるが，評価の目的物が，立木，工場財団などの場合には，本条１項５号又は６号に準じて記載事項を定める必要があろう。

4　評価書の添付書類（２項）

本項は，評価書の添付図面を規定している。評価の目的物を明示させる趣旨であるが，評価の資料として詳細な不動産の形状の把握及び環境の調査をする（本条１項４号，５号イ及び６号参照）ので，その結果に基づき図面を作成させて，現況調査報告書では十分明らかにならない部分についても，視覚的資料を完備させようとするものである。

本項で添付すべきものとされているものは，まず，「不動産の形状を示す図面」である。土地の場合は，地積測量図，建物の場合は，建物の各階平面図が必要とされる。現況調査報告書に添付すべき「見取図」と異なり，正確な縮尺，方位で作成されるべきである。

第２に添付すべきものは，「不動産の所在する場所の周辺の概況を示す図面」である。この図面は，まず，目的物が図面中に特定明示されていて，図面に基づいて現地に到達できるものであることを要する。また，周辺の概況として，本条１項４号について述べたような事項についての概略が図面中に記入されているものであることを要する。この図面の目的から考えて，目的物にもよるし，場所にもよるが，市街地の場合には，5000分の１程度の縮尺が適当であろう。実務的には，適当な縮尺の市販の地図の写しに目的物を記入することをもって足りる場合が多い。

注⑴　本文記載のような法58条の趣旨並びに法58条２項及び前条における評価の手法に照らすと，現行法下では，評価人は，できる限り不動産鑑定士（補）であることが望ましい。それができない場合でも，法58条２項及び前条に規定した評価の手法を用いて，本条に規定する内容の評価書を作成し得る能力を備えた者でなければ，評価人に選任することはできない。

⑵　申立債権者が不動産の評価をした場合においてその評価を記載する文書を保有するときは，これを提出するものとされている（23条の２第４号）。これは，当該文書を評価を担当する評価人の資料とする趣旨である（同条の解説の２⑷参照）。

⑶　一問一答平成16年改正120頁

⑷　評価人は，原本のほかに写しを１通（インターネットによる物件明細書等の公示を行っている執行裁判所においては２通）提出する（31条３項。同条の解説の４参照）。

⑸　複数の不動産を一括売却する場合（法61条）には，買受希望者への分かりやすさの観点からは，各不動産を一体とみて算出した一括価格を表示する必要性がある一方，特に，各不動産の担保権設定状況が異なる場合における配当等の適正化の要請や超過売却の判断（同条ただし書参照）の要請からは，各不動産の個別価格を算出したり，一括価格の各不動産ごとの内訳価格を算出する必要性が生じ，鑑定評価理論との関係や評価事務の迅速化の要請との関係で，難しい問題がある。この点につき，東京，大阪，名古屋，広島，福岡，仙台，札幌，高松の８庁の評価人候補者により取りまとめられた「競売評価の主要論点」（金法1654－35以下）は，第一次的には一括価格を算出した上で内訳価格を算出することとし，必要がある場合には個別価格を算出することとしつつ，配当等の手続との観点で，更に概念整理等の検討を継続することとしてい

る（佐藤満「評価事務改善の経緯と展望」金法1654－33参照）。

⑹　不動産の構成部分（例えば，土地についての未登記立木，庭石等，建物についての扉等）を含む。

⑺　従物にも差押えの効力が及ぶものであることは，今日では争いがない。従物の例としては，土地についての鉄塔等，建物についての物置小屋等がある。もっとも，従物と構成部分の区別については，定説というべきものが見られないほど説が分かれている。また，土地の従物か建物の従物かの区別も，容易に決し得ない場合があろう（これらの点につき，物明研究258頁，竹下守夫・注解民執法⑵227頁等参照）。

⑻　ちなみに，不動産の鑑定評価に関する法律施行規則は，このうち，前二者を鑑定評価書の記載事項としている（同規則38条１項３号）。

⑼　しかし，常に専門家の測量を行わなければならないと解する必要はない。評価人の能力の範囲内において，例えば巻尺等を用いて測定をする必要はあるが，その結果が登記記録上の面積と大差ないときは，登記記録上の面積を表示すれば足りよう（大橋寛明・注釈民執法⑶260頁，斎藤隆・注解民執法㊤609頁参照）。

⑽　法令上の制限についての例は，宅地建物取引業法施行令３条を参照

⑾　規準とするとは，対象土地の価格を求めるに際して，当該対象土地とこれに類似する利用価値を有すると認められる１又は２以上の標準地との位置，地積，環境等の土地の客観的価値に作用する諸要因についての比較を行い，その結果に基づき，当該標準地の公示価格と当該対象土地の価格との間に均衡を保たせることをいう（地価公示法11条）。

⑿　本文３⑵で述べた従物，附帯の権利，負担などは，本条１項５号ハの事項というより，同項７号で記載すべき事項である。

⒀　ちなみに，不動産の鑑定評価に関する法律施行規則35条１項４号は，「鑑定評価額の決定の理由の要旨」を鑑定評価書の記載事項としている。

（執行官及び評価人相互の協力）

第30条の２　執行官及び評価人は，現況調査又は評価をするに際し，それぞれの

事務が円滑に処理されるようにするため，相互に必要な協力をしなければならない。

〔解　説〕

1　本条の趣旨

本条は，執行官及び評価人が現況調査又は評価をする際における相互協力義務を規定している。

現況調査，評価の各事務が円滑に処理されるようにするためには，執行官及び評価人が相互に必要な協力をすることが極めて有益である。本条は，この相互協力を執行官及び評価人の一般的な義務として規定することにより，その一層の促進を期待するものである。

2　相互協力の内容

相互協力の目的は，現況調査，評価の各事務が円滑に処理されるようにすることであり，その内容としては，主に以下のものを挙げることができる。

⑴　資料，情報及び意見の交換又は供給

現況調査及び評価は，その目的及び内容が異なるものの，対象とする不動産の現状の的確な把握がその出発点となることでは共通しており，執行官及び評価人は，このため，まず，当該不動産に関する資料及び情報を収集することになるが，これらが共通していることも少なくない[(1)]。

また，現況調査及び評価では，当該不動産の現状の的確な把握ができたとしても，その現状をいかに理解するか困難な場合がある[(2)]が，このような場合，執行官及び評価人がそれぞれの経験と専門的知見に基づく意見を交換することが有益であることが多い。

そこで，このような資料，情報及び意見の交換又は供給は，現況調査，評価の各事務の円滑な処理に資するものとして，相互協力の内容となる。

⑵　対象とする不動産への同行

⑴の中でも意見の交換は，執行官及び評価人が対象とする不動産に同行す

ることにより最も有益に行い得るものといえる。また，執行官及び評価人が当該不動産へ同行することにより，評価人に強制解錠権限及び抵抗排除権限が認められていないことに伴う事務の遅延を回避することができる(3)。

したがって，当該不動産への同行は，現況調査，評価の各事務の円滑な処理に資するものとして，相互協力の内容となる(4)(5)。

注(1)　執行官及び評価人の対象とする不動産に関する資料及び情報収集権限についてはほぼ同一である（法18条２項，法57条４項及び５項並びに法58条４項参照）。

(2)　例えば，付合の有無や占有者の占有の範囲等がこれに当たる。

(3)　評価人は，執行裁判所の許可を受け，執行官に対して援助を求めることができる（法６条２項及び法58条３項）。しかし，執行官及び評価人が対象とする不動産へ同行する場合であって，当該不動産の占有者等から抵抗を受けるときは，執行官は，直ちに抵抗を排除することができ（法６条１項），評価人は，その結果として，前記の手続をとることなく，直ちにこれと同様の効果を受け得る。また，評価人には当該不動産に対する立入権限は認められているものの（法58条４項，法57条２項），強制解錠権限は認められていないため（法58条４項，法57条３項参照），当該不動産の所在地に赴いた際に占有者が不在の場合等内見ができない場合もあるが，このような不都合も執行官及び評価人が当該不動産へ同行することにより回避できる。

(4)　ただし，現況調査命令及び評価命令が同時に発令されていることが前提となる。

(5)　これにより対象とする不動産の特定等につき執行官と評価人が同一認識を共有することとなるから，過誤を防止するためには，その同一性等の点については慎重な認定がされる必要があることは言うまでもない。

（売却基準価額の変更の方法）

第30条の３　執行裁判所は，裁判所書記官が売却を実施させても適法な買受けの申出がなかつた場合（買受人が代金を納付しなかつた場合を含む。）において，不動産の現況，利用状況，手続の経過その他諸般の事情を考慮して，当該売却基準価額（法第60条第１項に規定する売却基準価額をいう。以下同じ。）によ

り更に売却を実施させても売却の見込みがないと認めるときは，評価書の記載を参考にして，売却基準価額を変更することができる。この場合においては，執行裁判所は，当該評価書を提出した評価人の意見を聴くことができる。

２　執行裁判所は，前項の聴取をするときは，裁判所書記官に命じて行わせることができる。

〔解　説〕

１　本条の趣旨

本条は，執行裁判所が，一定の場合には再評価を命ずることなく，評価書の記載を参考にして，売却基準価額を変更することができること，この場合には当該評価書を提出した評価人の意見を聴くことができることを規定するほか，当該意見の聴取を裁判所書記官に命じて行わせることができることを規定している。

本条は，本条による売却基準価額の変更は，法が許容していない適法な買受けの申出がないことのみを理由とするものとは異なること[(1)]，再評価を命ずる必要がない一場合であること[(2)]を明確にするものである。

２　売却基準価額の変更の方法（１項）

⑴　本条１項が定める要件

本条１項による売却基準価額の変更の要件は，まず，売却を実施させても適法な買受けの申出がなかった場合であることである。「適法な買受けの申出がなかつた」とは，51条１項のそれと同義であり，同条の解説の２⑴を参照されたい。適法な買受けの申出があれば，再度の売却実施は不要であるか，売却基準価額が不適切なものであることはうかがわれないから，この要件は，いわば当然のものである[(3)]。

次に，変更の必要性との関係で，不動産の現況，利用状況，手続の経過その他諸般の事情を考慮して，当該売却基準価額により更に売却を実施させても売却の見込みがないと認められることである。これは，不動産の現況，利用状況，手続の経過その他諸般の事情（時間の経過，経済状況の変化，地価動向等が考えられる。）から，客観的に当該売却基準価額が高きに失する不適切なものであると認められることを意味する[(4)]。このような場合に売却基準価額を変更する必要性が認められることについては，異論はないであろう[(5)]。

さらに，再評価を命じないこととの関係で，従前の評価書の記載から変更後の価額を算定できる場合であることも必要となり，本条１項は，これを当然の前提としている。法60条２項は，売却基準価額を変更することについて，評価人の評価に基づくことを求めていないが，全くこれと無関係に変更することは，同条１項の趣旨から許されないとも考えられ，また，執行裁判所の能力からも困難といえるからである。

したがって，売却を実施させても適法な買受けの申出がなかった場合のうち，地価等が長期下落傾向にある時期にあって，時間の経過により売却基準価額が高きに失する不適切なものとなっているときなど，執行裁判所が経験則により従前の評価書の記載から変更後の価額を合理的に算定できるような場合は，本条１項に該当し，再評価を命ずることなく売却基準価額を変更することができる。一方，不動産の物理的状態の変化（建物の一部滅失等が考えられる。）により売却基準価額が高きに失する不適切なものとなっているときなどは，本条１項に該当せず，売却基準価額を変更するに際し，通常，再評価を命ずることが必要となると考えられる。

⑵　評価人の意見聴取

執行裁判所は，本条１項により再評価を命ずることなく，評価書の記載を参考にして，売却基準価額を変更することができる場合であっても，当該評価書を提出した評価人の意見を聴取することができる。これは，評価人の意見を聴取した上で，変更の内容，再評価命令発令の要否等について判断することが必要となる場合もあると考えられたことによる。意見聴取の方法については制限がないので，適宜の方法による。

3　裁判所書記官による聴取（２項）

本条２項は，執行裁判所が本条１項の評価人の意見の聴取をするときは，裁判所書記官に命じて行わせることができることを規定している。これは，裁判所書記官が日常的に執行裁判所側の対外的な連絡等の窓口業務を担当しており，裁判所書記官が行った方が円滑な処理につながることが多いと考えられたことによる。

注⑴　法60条は，不当な安価での売却を防止するため，評価人の評価に基づく売却基準価額の決定（同条１項）及び必要があると認める限りでの売却基準価額の変更（同条２項）を定めていることから，適法な買受けの申出がないことのみを理由とする売却基準価額の変更は許されないと解されている（大橋寛明・注釈民執法⑶314頁，竹下守夫・注解民執法⑵275頁及び279頁）。

⑵　売却基準価額を変更するに際し，常に再評価を命ずる必要はないと解されている（大橋寛明・注釈民執法⑶319頁，竹下守夫・注解民執法⑵281頁）。

⑶　本条１項中，買受人が代金を納付しなかった場合も適法な買受の申出がなかった場合と同視する旨のかっこ書きは，平成15年改正規則において，本条が51条の３の規定の位置から改められるとともに付加されたものである。これは，唯一の適法な買受申出人に対して売却許可決定がされたものの，代金不納付によりこれが失効した場合は，結果的には有効かつ適法な買受けの申出がなかったことになり，実質的にはその他の場合と同様に入札又は競り売りの方法による売却の見込みがないと考えられるからである。そのため，他に適法な買受申出人が存在するような場合には，売却の見込みがないと認めることができず，本条１項の要件は満たされないと解される。

⑷　売却基準価額が高きに失する不適切なものであっても，かつての右肩上がりの時代には，時間の経過と共に問題は解消されたが，地価等が長期下落傾向にある時期には，このような売却基準価額はますます不適切なものとなる。

⑸　売却基準価額が低きに失する不適切なものであると認められる場合にも売却基準価

額を変更する必要性が認められるといえるが，このような場合には，買受希望者間の自由競争により適正な価額形成が期待され，比較的問題は少ない。

（物件明細書の内容と売却基準価額の決定の内容との関係についての措置）

第30条の４　執行裁判所は、売却基準価額を定めるに当たり、物件明細書に記載された事項の内容が当該売却基準価額の決定の基礎となる事項の内容と異なると認めるときは、当該売却基準価額の決定において、各事項の内容が異なる旨及びその異なる事項の内容を明らかにしなければならない。

２　前項の場合には、裁判所書記官は、同項に規定する各事項の内容が異なる旨及びその異なる事項の内容の物件明細書への付記、これらを記載した書面の物件明細書への添付その他これらを物件明細書上明らかにするものとして相当と認める措置を講じなければならない。

〔解　説〕

１　本条の趣旨

本条は，物件明細書の記載事項の内容が売却基準価額の決定の基礎として判断された事項の内容と異なる場合の措置に関する規定である。

２　本条の内容

⑴　売却基準価額決定において講ずべき措置（１項）

平成16年改正法により，物件明細書の作成については，裁判所書記官が行うこととされた（法62条１項)。これは，裁判所書記官が作成した物件明細書の原案は裁判官の審査の結果と一致するのが通例であること，これまでにも裁判所書記官による物件明細書の作成についての研究や論文が発表され，高い評価を受けていること(1)，及び，全国の地方裁判所の裁判所書記官により物件明細書の記載の在り方，内容，様式等の標準化に向けた研究がされ，この研究結果に沿った実務の運用が行われつつあること(2)等を踏まえ，裁判所書記官が，物件明細書の作成に大きな役割を果たし，十分な実績を有しており，物件明細書を作成することとしても，十分その職責に堪えられるものと判断されたからであると考えられる[(3)]。

ところで，売却基準価額の決定が執行裁判所の権限であるのに対し，物件明細書の作成が裁判所書記官の権限とされると，両者の判断に齟齬が生じることも考えられないではない。すなわち，実務上，執行裁判所が売却基準価額を定めるに当たっては，現況調査報告書及び評価書等のほか，これらを要約して作成された物件明細書を参考にしているところ，この売却基準価額の判断の過程において，執行裁判所が，物件明細書の記載事項の内容（例えば，買受人に対抗できる賃借権が存在すること）と売却基準価額の決定の基礎として判断した事項の内容（例えば，買受人に対抗できる賃借権が存在しないこと）とが異なることを認識する場合もあり得ないわけではない。

もっとも，このような場合であっても，通常であれば，裁判官と裁判所書記官とが協議をし，いずれかの誤りを正す等して，共通の判断が形成され，これに沿った物件明細書が作成され，公開されることになるのであって，最終的にも，物件明細書の記載事項の内容と執行裁判所が売却基準価額の決定の基礎として判断した事項の内容とが異なることは，基本的には想定し難いところではある。しかしながら，最終的にも，これらが異なると認められるような場合には，物件明細書の記載事項の内容に基づいてではなく，売却基準価額の決定に基づいて売却が実施されることになるため，何らの措置も講じなければ，物件明細書を見た買受希望者の認識と執行裁判所の認識が異なったまま，手続が進行しかねないおそれがある。

そこで，本項は，買受希望者に対して適切に情報提供を行うため，そのような場合には，執行裁判所が，当該売却基準価額の決定において，物件明細書の記載事項の内容と売却基準価額の決定の基礎として判断した事項の内容に異なる部分がある旨及びその異なる部分の内容を明らかにしなければならないこととしている[(4)]。

なお，売却基準価額の決定については，決定書の作成が義務付けられているものではないが（法20条，民訴法119条），実務上は，定型様式も含め何らかの書面が作成されており，その中のいずれかに，上記の記載がされれば足りる。

⑵　物件明細書上講ずべき措置（２項）

執行裁判所が，当該売却基準価額の決定において，物件明細書の記載事項の内容と売却基準価額の基礎として判断した事項の内容に異なる部分がある旨及びその異なる部分の内容を明らかにしたとしても，買受希望者は，事件の記録を閲覧できないと解されているので[(5)]，このことを知ることができない。そこで，物件明細書の記載事項の内容と売却基準価額の決定の基礎として判断した事項の内容に異なる部分がある旨及びその異なる部分の内容について，物件明細書とともに対外的にこれらを明らかにして，買受希望者に情報提供する必要がある。

そこで，本項は，裁判所書記官は，①これらの物件明細書それ自体への付記，②これらを記載した書面（売却基準価額の決定書が作成された場合には，同決定書の写し等）の物件明細書への添付，③その他これらを物件明細書上明らかにするものとして裁判所書記官が相当と認める措置[(6)]を講じなければならないこととしている。

注⑴　物明研究等

⑵　上田正俊ほか「物件明細書の標準化に関する研究報告書」金法1676－47

⑶　平成16年改正法に係る「民事訴訟法及び民事執行法の改正に関する要綱中間試案の補足説明」

⑷　平成16年改正法に係る法制審議会民事訴訟・民事執行法部会の審議においても，物件明細書の作成について裁判所書記官が行うこととされるに際し，「物件明細書の作成について，物件明細書に記載された事実等と売却基準価額の決定の基礎とされた事実等とが異なる場合には，例えば，①執行裁判所は，売却基準価額の決定において，その旨及びその事実等を明らかにするとともに，②その旨及びその事実等が物件明細書

と併せて公開されるような措置を講じるものとすることが考えられる。」との意見が出されていた。

⑸　買受希望者は，法17条の利害関係者に当たらないと解されており（注釈民執法⑴450頁，注解民執法⑴222頁），実務上も，そのように取り扱われている（不動産執行実務（上）37頁）。

⑹　「その他これらを物件明細書上明らかにするものとして相当と認める措置」としては，例えば，法律上は，物件明細書そのものの内容について，インターネットにより提供することも許容されており（法62条２項，31条１項），また，インターネットによる物件明細書等の公示（４条３項２号）を実施している執行裁判所もあるから，これらの方法により物件明細書の内容を提供する場合には，その記載事項の内容と売却基準価額の決定の基礎として判断した事項の内容に異なる部分がある旨及びその異なる部分の内容についても，併せてインターネットにより明らかにすること等が考えられる。

（物件明細書の内容の公開等）

第31条　法第62条第２項の最高裁判所規則で定める措置は，執行裁判所が使用する電子計算機と情報の提供を受ける者が使用する電子計算機とを電気通信回線で接続した電子情報処理組織を使用する措置であつて，当該電気通信回線を通じて情報が送信され，当該情報の提供を受ける者の使用する電子計算機に備えられたファイルに当該情報が記録されるもののうち，次のいずれにも該当するものとする。

一　当該執行裁判所の使用する電子計算機に備えられたファイルに記録された物件明細書の内容に係る情報を電気通信回線を通じて当該情報の提供を受ける者の閲覧に供し，当該情報の提供を受ける者の使用する電子計算機に備えられたファイルに当該情報を記録するもの

二　インターネットに接続された自動公衆送信装置（著作権法（昭和45年法律第48号）第２条第１項第９号の５イに規定する自動公衆送信装置をいう。）

を使用するもの

2　法第62条第２項の規定による物件明細書の写しの備置き又は前項の措置は，売却の実施の日の１週間前までに開始しなければならない。

3　裁判所書記官は，前項の備置き又は措置を実施している期間中，現況調査報告書及び評価書の写しを執行裁判所に備え置いて一般の閲覧に供し，又は当該現況調査報告書及び評価書の内容に係る情報について第１項の措置に準ずる措置を講じなければならない。

4　法第62条第２項及び前項の規定により物件明細書，現況調査報告書及び評価書の内容が公開されたときは，裁判所書記官は，その旨並びに公開の方法及び年月日を記録上明らかにしなければならない。

〔解　説〕

1　本条の趣旨

本条は，物件明細書，現況調査報告書及び評価書（以下「物件明細書等」と総称する。）の内容の公開に関する細目的な事項について規定している。

平成15年改正前の法62条は，物件明細書の写しを執行裁判所に備え置かなければならないものとし，買受希望者が裁判所に出向くことにより競売不動産に関する重要な情報を入手できるようにしていたが，近時の情報技術の発展に伴い，書類の備置き以外の方法によって，買受希望者がより簡便に情報を取得することが可能となっている。そこで，平成15年改正法により，法62条２項が新設され，競売不動産に関する情報提供について買受希望者の利便性を向上させる観点から，物件明細書の内容を不特定多数の者に提供する方法につき，物件明細書の写しを備え置く方法に代えて，最高裁判所規則で定める方法によることができることとされた[(1)]。

これを受けて，平成15年改正規則により，本条１項において，物件明細書の内容の公開の方法として，インターネットを利用する措置が規定され，本条２項から４項までについて，所要の整備がされたものである。

2　物件明細書の内容の公開（1項）

本条1項は，法62条2項の委任を受けて，買受希望者の利便性を向上させる観点から，不特定多数の者が電磁的方法[(2)]を利用して物件明細書の内容の提供を受けることができる措置について規定している。具体的には，ウェブサイト（ホームページ）を利用する方法であって，インターネットに接続された自動公衆送信装置を使用するものが，これに当たる[(3)]。

3　物件明細書の内容の公開の時期（2項）

本条2項は，物件明細書の内容の公開の時期について規定している。

法は，公開の時期について規定を置いておらず，平成15年改正前の本条1項は，物件明細書の写しの備置きの時期について規定していたが，平成15年改正規則は，本条1項の措置についても，物件明細書の写しの備置きと同様に，売却の実施の日の1週間前までに講じなければならないこととしたものである。売却の公告が売却の実施の日の2週間前までにすることとされている（36条，49条，50条4項）ので，物件明細書の内容の公開もこれと同時にすることも考えられる。しかし，物件明細書の内容は，現況調査報告書及び評価書の内容とともに公開しなければならない（本条3項）ところ，これを写しの備置きにより行う場合，事件数の多い庁では，これらの書類の写しの量が，相当大部となり，物理的に困難を生ずるおそれがある。そこで，本条2項では，公開の時期を「売却の実施の日の1週間前までに」しなければならないこととしている。実務の運用としては，余裕のある場合には，1週間より長い期間公開されることもあり得るであろう[(4)]。

売却の実施は，1回で終了せず2回以上繰り返されることもあるが，物件明細書の内容の公開は，各売却の実施ごとに，その1週間前までにしなければならない。売却の実施の日の1週間前までに公開した後，売却の実施の日まで，その公開を継続しなければならない[(5)(6)]が，執行官が売却の実施に着手すれば，公開の義務は解除される。

4　現況調査報告書及び評価書の内容の公開（３項）

本条３項は，現況調査報告書及び評価書[7]の内容の公開の方法について規定している[8]。

物件明細書の記載事項は，法62条１項各号に列挙されているが，そこに掲げられた３つの事項だけでは買受申出の希望者の資料としては十分ではない。他方，買受申出の希望者であるというだけでは，強制執行の利害関係人とは解されないので[9]，記録中の現況調査報告書や評価書を閲覧することはできない（法17条参照）。したがって，規則で物件明細書の記載事項を追加的に規定し，現況調査報告書及び評価書の内容の要旨をも記載させることとすることが考えられる。しかし，この方法は，裁判所書記官の事務量が著しく増大するだけでなく，不正確な要約，転記の際の誤記等が生ずるおそれもある。そこで，物件明細書の記載事項は法に掲げるものとし，代わりに，現況調査報告書[10]及び評価書の内容を公開する方法をとったものである。本項の方法の方が，買受希望者の資料としても，より充実したものとなるメリットもある。

現況調査報告書及び評価書の写しを備え置く方法により公開する場合，「一般の閲覧に供するために」備え置くのであるから，物件明細書の写しを備え置く場合と同様，閲覧に手数料はかからない。なお，この場合，備置き用の写しを裁判所書記官が作成することとすると，事務量が膨大なものとなると思われるので，執行官及び評価人は現況調査報告書又は評価書を提出する際に，原本のほか備置き用の写しを１通（インターネットによる物件明細書等の公示を実施している執行裁判所においては２通）提出する運用となろう。

5　備置きの記録（４項）

本条４項は，物件明細書等の内容が公開されたときには，裁判所書記官が記録上明らかにすべき事項を規定している。

物件明細書等の内容が公開されたことは，当然には記録に表れないところ，本条２項の期間が遵守されたことは，記録上明らかであることが相当であるので，公開された旨及びその年月日及び方法を明らかにすることとしたものである。

注(1)　谷口外・解説88頁参照

(2)　電磁的方法の意義については，江原健志外「平成13年商法改正に伴う政令・法務省令の制定（中）」商事法務1628－32を参照されたい。

(3)　本条１項では，「当該執行裁判所の使用する」と規定しているだけであるから，この公開を行うウェブサイトは，必ずしも裁判所自身のものである必要はなく，インターネット公開業務を受託する会社等が開設したようなものであっても問題はないものと考えられる。

(4)　理論と実務（下）394頁

(5)　期間入札の場合は，入札期間の終了まで公開する。

(6)　本条１項に違反して，売却実施の日の１週間前までに公開しなかったり，売却実施の日まで公開を継続しなかったことは，売却不許可事由（法71条７号）に当たることがあるものと解される（三宅弘人・注解民執法(3)73頁参照)。

(7)　29条２項及び30条２項の添付書類を含む。

(8)　平成15年改正前の31条２項は，現況調査報告書及び評価書は，一般の閲覧に供するため，その写しを執行裁判所に備え置かなければならない旨を規定していたが，平成15年改正規則は，これらの内容の公開についても，物件明細書の内容の公開と同様に，不特定多数の者がインターネットを利用してその内容の提供を受けることができる措置について規定したものである。

　そして，平成16年改正法により，物件明細書の写しの備置き等については裁判所書記官が行うこととされた（法62条２項）ことから，平成16年改正規則において，現況調査報告書及び評価書の写しの備置き等をする者を裁判所書記官に改める旨の改正がされた。

(9)　原田和德・注解民執法(1)222頁，田中康久・注釈民執法(1)445頁参照

(10)　現況調査の結果が十分でない場合には，執行裁判所が，売却条件を明らかにするた

めに，利害関係人，参考人を審尋する（法５条）ことがあるが，その場合の審尋調書の内容を公開するか否かは，本項に規定されていない。したがって，その公開は義務付けられない。しかし，不完全な現況調査報告書の内容が公開されるのは，かえって誤解を生じるおそれがないわけではない。他方，審尋調書には，一般の閲覧に供するには不適当な内容が含まれていることも予想される。そこで，運用上は，事案に応じて，審尋調書の内容を公開するか否かを決することとなろう。場合によっては，審尋調書のうち必要な部分の要旨を記載した書面を作成し，それを公開することも考えられる。いずれにしても，各庁の取扱いに委ねられている問題である（座談会200頁，大橋寛明・注釈民執法(3)361頁，廣田民生・注解民執法（上）655頁参照）。

（剰余を生ずる見込みのない場合等の差押債権者による買受けの申出）

第31条の２　差押債権者は，法第63条第２項第１号の申出をするときは，次に掲げる書類を執行裁判所に提出しなければならない。

一　次に掲げる事項を記載し，差押債権者（その者に法定代理人がある場合にあつては当該法定代理人，その者が法人である場合にあつてはその代表者）が記名押印した陳述書

イ　差押債権者の氏名（振り仮名を付す。）又は名称及び住所

ロ　差押債権者が個人であるときは，その生年月日及び性別

ハ　差押債権者が法人であるときは，その役員の氏名（振り仮名を付す。），住所，生年月日及び性別

ニ　自己の計算において差押債権者に買受けの申出をさせようとする者がある場合であつて，その者が個人であるときは，その氏名（振り仮名を付す。），住所，生年月日及び性別

ホ　自己の計算において差押債権者に買受けの申出をさせようとする者がある場合であつて，その者が法人であるときは，その名称及び住所並びにその役員の氏名（振り仮名を付す。），住所，生年月日及び性別

ヘ　差押債権者（その者が法人である場合にあつては，その役員）及び自

己の計算において差押債権者に買受けの申出をさせようとする者（その者が法人である場合にあつては，その役員）が暴力団員等（法第65条の２第１号に規定する暴力団員等をいう。以下この目において同じ。）に該当しないこと。

二　差押債権者が個人であるときは，その住民票の写しその他のその氏名，住所，生年月日及び性別を証するに足りる文書

三　自己の計算において差押債権者に買受けの申出をさせようとする者がある場合であつて，その者が個人であるときは，その住民票の写しその他のその氏名，住所，生年月日及び性別を証するに足りる文書

２　差押債権者は，次の各号に掲げる場合には，当該各号に定める文書の写しを執行裁判所に提出するものとする。

一　差押債権者が第51条の７第３項に規定する指定許認可等を受けて事業を行つている者である場合　その者が当該指定許認可等を受けていることを証する文書

二　自己の計算において差押債権者に買受けの申出をさせようとする者が第51条の７第３項に規定する指定許認可等を受けて事業を行つている者である場合　その者が当該指定許認可等を受けていることを証する文書

〔解　説〕

1　本条の趣旨

令和元年改正法により，不動産競売における暴力団員の買受け防止に関する規律が新設された（法65条の２，法68条の４，法71条５号)。法65条の２は，不動産の買受けの申出は，買受けの申出をしようとする者が，最高裁判所規則の定めるところにより，暴力団員等に該当しないこと等の陳述をしなければすることができないと規定しているところ，不動産の買受けの申出については，差押債権者によるいわゆる無剰余回避のための買受けの申出（法63条２項１号）のほか，保全処分の申立てをした差押債権者による買受けの申出（法第68条の

２第２項）並びに期日入札における入札（38条），期間入札における入札（47条），競り売りにおける買受けの申出（50条）及び特別売却における買受けの申出（51条）があり，これらのいずれについても法65条の２の陳述が必要であると考えられる。本条は，法65条の２の委任を受けた令和元年改正規則により新たに設けられた規定であり，差押債権者による無剰余回避のための買受けの申出について法65条の２の陳述の方式等を定めるものであるが，他の買受けの申出についても準用されている（38条７項，49条，50条４項，51条９項，51条の４第４項）。

２　陳述の方式（１項１号）

本条１項は，差押債権者がすべき陳述の方式として，下記の事項を記載し[(1)]，差押債権者（その者に法定代理人がある場合にあっては当該法定代理人，その者が法人である場合にあってはその代表者）が記名押印した陳述書を提出することとしている。

⑴　差押債権者の氏名（振り仮名を付す。）又は名称及び住所（１号イ）

これらの事項は，買受けの申出をする差押債権者を特定する事項であるとともに，都道府県警察に対する調査の嘱託（法68条の４第１項本文）に際して最低限必要な事項が，氏名，振り仮名，生年月日及び性別であることから，これらの事項の記載を求めるものである。

⑵　差押債権者が個人であるときは，その生年月日及び性別（１号ロ）

上記⑴のとおり，これらの事項も，都道府県警察への調査の嘱託に際して必要な事項であることから，記載を求めるものである。

⑶　差押債権者が法人であるときは，その役員の氏名（振り仮名），住所，生年月日及び性別（１号ハ）

最高価買受申出人が法人であるときは，その役員について暴力団員等に当たるかどうかを都道府県警察に調査を嘱託することとなることから（法68条の４第１項本文），差押債権者が法人であるときには，役員に関し調査の嘱託に必要な事項の記載を求めるものである。

⑷　自己の計算において差押債権者に買受けの申出をさせようとする者がある場合であって，その者が個人であるときは，その者の氏名（振り仮名），住所，生年月日及び性別（１号ニ）

執行裁判所は，自己の計算において買受けの申出をさせた者があると認める場合には，その者についても都道府県警察に調査を嘱託することとなることから（法68条の４第２項本文），その者に関し調査の嘱託に必要な事項の記載を求めるものである。

⑸　自己の計算において差押債権者に買受けの申出をさせようとする者がある場合であって，その者が法人であるときは，その者の名称及び住所並びにその役員の氏名（振り仮名），住所，生年月日及び性別（１号ホ）

自己の計算において買受けの申出をさせた者が法人である場合には，その役員についても都道府県警察に調査を嘱託することとなることから（法68条の４第２項），その法人を特定する事項である名称及び住所の記載を求めるとともに，その役員に関して，都道府県警察への調査の嘱託に際して必要な事項の記載を求めるものである。

⑹　差押債権者（その者が法人である場合にあっては，その役員）及び自己の計算において差押債権者に買受けの申出をさせようとする者（その者が法人である場合にあって，その役員）が暴力団員等に該当しないこと（１号ヘ）

買受申出人は，これらの者が暴力団員等に該当しないことを陳述する必要があることから（法第65条の２），陳述書にその旨を記載することとするものである。なお，「暴力団員等」とは，法65条の２第１号に規定する暴力団員等をいい，具体的には，暴力団員による不当な行為の防止等に関する法律（平成３年法律第77号）２条６号に規定する暴力団員又は暴力団員でなくなった日から５年を経過しない者をいう。

３　陳述書の添付資料⑵⑶⑷

⑴　差押債権者が個人であるときは，住民票の写しその他その氏名，住所，生年月日及び性別を証するに足りる文書（１項２号）

都道府県警察に対する調査の嘱託に当たっては，差押債権者を特定する事項の正確性を確認する必要があると思われることから，住民票の写しその他その氏名，住所，生年月日及び性別を証するに足りる文書(5)の提出を求めるものである(6)。

⑵　自己の計算において差押債権者に買受けの申出をさせようとする者がある場合であって，その者が個人であるときは，その者の住民票の写しその他その氏名，住所，生年月日及び性別を証するに足りる文書（１項３号）

自己の計算において差押債権者に買受けの申出をさせようとする者が個人である場合には，上記⑴と同様，その者を特定する事項の正確性を確認する必要があると考えられることから，その者の住民票の写し等の提出を求めるものである。

4　その他の添付資料（２項）

法68条の４第１項ただし書は，最高価買受申出人（その者が法人である場合にあっては，その役員）が暴力団員等に該当しないと認めるべき事情があるものとして最高裁判所規則で定める場合には，最高価買受申出人が暴力団員等に該当するか否かについて都道府県警察に対する調査の嘱託を要しない旨を規定している。また，同条第２項ただし書は，執行裁判所が自己の計算において最高価買受申出人に買受けの申出をさせた者があると認める場合において，当該買受けの申出をさせた者（その者が法人である場合にあっては，その役員）が暴力団員等に該当しないと認めるべき事情があるものとして最高裁判所規則で定める場合には，当該買受けの申出をさせた者が暴力団員等に該当するか否かについて都道府県警察に対する調査の嘱託を要しない旨を規定している。

これを受けて，51条の７は，そのような場合として，最高価買受申出人又は自己の計算において最高価買受申出人に買受けの申出をさせた者が，指定許認可等を受けて事業を行っている者である場合と規定している（「指定許認可等」の意義については，同条の解説の2を参照。）。

最高価買受申出人又は自己の計算において最高価買受申出人に買受けの申出をさせた者が指定許認可等を受けて事業を行っている者かどうかを判断するためには，これらの者に指定許認可等を受けていることを証する文書（免許証等）の写しを提出させることが簡便である。もっとも，最高価買受申出人が決定してからそのような文書の写しを提出させることとすると，原則として開札期日から3週間以内の日に売却決定期日を指定しなければならないとされており（35条2項，46条2項，50条4項），この間に都道府県警察へ調査の嘱託をしなければならないこととされていることとの関係で，かなり窮屈な日程となる。

そこで，本項は，買受けの申出をしようとする差押債権者に対し，買受けの申出をする際に，自身が指定許認可等を受けて事業を行っている者である場合には，当該指定許認可等を受けていることを証する文書の写しを提出することを求めている（1号[(7)]）。また，自己の計算において差押債権者に買受けの申出をさせようとする者が指定許認可等を受けて事業を行っている者である場合には，その者が当該指定許認可等を受けていることを証する文書の写しを提出することを求めている（2号）。仮に，買受けの申出の際に，これらの文書の写しが提出されなかった場合において，差押債権者が最高価買受申出人になったときは，これらの者が暴力団員等に該当するか否かについて都道府県警察に対して調査の嘱託をすることになるだけであるから，これらの文書の写しの提出は義務付けられておらず，あくまで任意の提出の協力を求めるものである。

注(1)　本条1項1号に定める必要的記載事項の記載を欠いた場合には，陳述として不十分であるから，当該陳述と共にした買受けの申出は原則として無効であると考えられる。もっとも，執行官に対する入札の場合は，買受けの申出の有効性について，迅速かつ一律の判断が求められるのに対し，差押債権者による無剰余回避のための買受けの申出については，差押債権者のみが執行裁判所に対してするものであり，また，時間的

な余裕もあることから，陳述書の記載に不備がある場合に執行裁判所の裁量により補正を求めることは許容されると考えられる。

⑵　本条１項２号又は３号に定める文書の提出を欠いた場合には，必要な書類が提出されないことになるから，当該買受けの申出は無効であると考えられる。もっとも，差押債権者による無剰余回避のための買受けの申出については，上記注⑴と同様，執行裁判所の裁量により補正を求めることは許容されると考えられる。

⑶　本条においては，執行官に対する入札の場合と異なり，差押債権者が法人の場合において代表者の資格を証する文書の提出が義務付けられていない（38条３項参照）。これは，差押債権者が法人である場合には，強制執行の申立ての際に既に資格証明書が提出されていることから，無剰余回避のための買受け申出の際に重複して資格証明書を提出させる必要はないからである。

⑷　本条の規律によれば，買受けの申出をしようとする差押債権者が法人であるときや自己の計算において買受申出人に買受けの申出をさせようとする者が法人であるときのその役員の住民票の写し等の提出は要しないこととなる。これは，法人の役員全員について住民票の写し等の提出を求めなければならないとすると，法人の買受申出人の負担が著しく増大すると考えられる一方，法人の代表者が役員に暴力団員等が含まれていることを隠蔽するために，故意に役員を特定する事項について虚偽の事実を記載するときには，買受けの申出の際に，当該法人でその役員のうちに暴力団員等に該当する者がないとの虚偽の陳述も同時に行われると想定されるから，虚偽陳述に対する制裁（法213条１項３号）が機能することによって，役員を特定する事項についての真実性が担保され得ると考えられることによるものである。

⑸　「その他のその氏名，住所，生年月日及び性別を証するに足りる文書」としては，戸籍謄本及び戸籍の附票などが考えられる。

⑹　差押債権者が住民票の写し等を執行裁判所に提出した場合であっても，買受けの申出から登記嘱託までの間に住所を変更した場合には，買受人となった差押債権者は，代金納付時に登記嘱託に必要となる最新の住民票の写し等を提出する必要がある。

⑺　なお，債権管理回収業に関する特別措置法３条の債権管理回収業の許可を受けた債権回収会社であることは，その商号自体から推認することが可能であると考えられるから（同法13条参照），資格証明書の提出があれば，同許可を受けたことを証する書面の写しの提出があったものと扱うことができると考えられる。

（剰余を生ずる見込みがない場合等の保証提供の方法等）

第32条　法第63条第２項の保証は，次に掲げるものを執行裁判所に提出する方法により提供しなければならない。

一　金銭

二　執行裁判所が相当と認める有価証券

三　銀行等が差押債権者のために一定の額の金銭を執行裁判所の催告により納付する旨の期限の定めのない支払保証委託契約が差押債権者と銀行等との間において締結されたことを証する文書

２　民事訴訟法第80条本文の規定は，前項の保証について準用する。

〔解　説〕

1　本条の趣旨

本条は，法63条４項の個別委任に基づいて，剰余を生ずる見込みがない場合の保証の提供方法及びその変換を規定している。

執行裁判所は，原則として，①差押債権者の債権に優先する債権（以下「優先債権」という。）がない場合において，不動産の買受可能価額が手続費用の見込額を超えない，又は②優先債権がある場合において，不動産の買受可能価額が手続費用及び優先債権の見込額の合計額に満たないと認めるとき（以下「無剰余の場合」という。）は，その旨を差押債権者に通知しなければならない（法63条１項）。そして，差押債権者は，通知を受けた日から１週間以内に，優先債権がない場合にあっては手続費用の見込額を超える額，優先債権がある場合にあっては手続費用及び優先債権の見込額の合計額以上の額（以下「申出額」と総称する。）を定めて，自ら買受人になることができる場合には，申出額で買い受ける旨を，自ら買受人になることができない場合には，他の買受申出人の買受けの申出の額が申出額に達しないときは差額を負担する旨を申し出ることができる。この申出をする場合には，所定の保証を提供しなければならない（同条２項）。本条は，この保証の提供方法等を定めている。

2　無剰余の場合の保証提供の方法（１項）

本条１項は，無剰余の場合の保証提供の方法として，３種類の方法を規定している。本条１項が特に排斥していないので，これらの３つの方法は，併用することが許される。

(1)　金銭・有価証券（１号，２号）

第１の方法として，金銭の提出が規定されているのは，当然のことであり，特段の説明を要しない(1)。

金銭の納付以外に，いかなる方法を認めるか(2)は，問題となるところであるが，本条は，担保の提供について，法が金銭のほかに発令裁判所が相当と認める有価証券の供託を認め（法15条１項），規則が支払保証委託契約の締結を認めた（10条）のと同様に，執行裁判所が相当と認める有価証券の提出と支払保証委託契約の締結を証する文書の提出とを認めている。

このうち，有価証券については，執行裁判所に保証とすることの相当性の判断を委ねて，規定上は，それ以上の制限を設けていない。したがって，有価証券の種類には制限がない。しかし，保証としての性質上，換価が確実に見込まれるもの，価値の変動の少ないものであることが必要である。最も適当なものの例としては，40条１項２号に規定されている銀行等の自己宛小切手，同項３号に規定されている銀行等の送金小切手がある。これらは，券面額での換価が確実かつ容易にできるものであって，同項の保証としてだけでなく，本条１項の保証にも適する。40条の保証とはなり得ないもので，本条の保証となり得るものには，例えば，国債，株券などがある(3)。

執行裁判所は，有価証券の種類，内容等を考慮して，保証として認めるか否かを判断するが，銀行等の自己宛小切手，送金小切手等の例外を除き，券面額で換価することは困難なものが多いので，保証として認める場合には，この市場価額に基づいて[(4)]提出すべき有価証券の額をも判断し，指定しなければならない。

執行裁判所の前記判断（裁判）は，差押債権者が有価証券を特定して保証とし得ることの裁判を求めたときにのみすれば足りる。

⑵　支払保証委託契約（３号）

金銭又は有価証券の提出に代わる第３の方法として本条１項３号に規定された支払保証委託契約の締結は，保証提供者に現実の出捐を伴わない点[(5)]で，金銭又は有価証券の提出に比し，保証提供者に有利な提供方法ということができよう。また，執行裁判所にとっても，換価の必要が生じたときに確実かつ容易に換価できるものであれば，不都合はないし，むしろ，金銭や有価証券を預かるより安全な方法があれば，その方がより好都合である。本条１項３号は，これらの点を考慮して，支払保証委託契約の締結及びその証明文書の提出という方法を規定したものである。同じ趣旨で，この規則においては，法15条の担保（10条），買受けの申出の保証（40条）及び船舶執行の手続取消しのための保証（78条）について，支払保証委託契約の締結による方法を認めている。支払保証委託契約については，以下に述べるほか，10条の解説を参照されたい。

支払保証委託契約とは，保証を提供しようとする差押債権者が，銀行等との間で締結する契約で，銀行等が，差押債権者のために，保証の額に相当する金銭を執行裁判所の催告（58条参照）があれば納付することを内容とするものである。もっとも，他の提供方法と併用することも許されるので，その場合には，保証の額の一部に相当する金銭を納付することを内容とするもので足りる。差押債権者は，この契約を締結した上，契約締結を証する文書を執行裁判所に提出することにより，保証を提供する[(6)]。契約締結を証する文書としては，当該銀行等が発行する文書[(7)]が適当である[(8)]。

支払保証委託契約は，「期限の定めのない」ものであることを要する。執行裁判所が納付の催告をするまでに契約が終了するようなものでは，保証となし得ないことは当然である。期限は終期[(9)]でも始期でも，定めることは認められないが，ただ，契約締結の証明文書を提出するまでは債権が発生しない旨を約款等で定めても，保証が提供された時点では債権が発生していることとなるので，本条１項３号の保証として適すると解される。

支払保証委託契約は，第三者のためにする契約（民法537条以下参照）の性質を有すると解されるので，第三者が受益の意思表示をした時に，第三者の権利が発生し，以後は権利を変更又は消滅させることはできない。ところが，本条の支払保証委託契約は，執行裁判所（国）が第三者であるので，この規則において支払保証委託契約の締結及びその証明文書の提出による保証の提供を想定した以上，その契約の利益を享受する意思を包括的に表示しているものというべきである。したがって，契約締結の証明文書が提出された時点において，常に受益の意思表示がされたものと解することができ，以後は，執行裁判所の債権を変更又は消滅させることはできないものと解すべきである。この点は，10条の支払保証委託契約と異なっている。

⑶　保証の保管及び換価

本条１項の規定により提出された金銭は「保管金」に，有価証券は「保管有価証券」に当たる。支払保証委託契約締結の証明文書は，単なる証拠証券であって有価証券ではないが，差押債権者が買受人にならなかったときや，本条２項により保証の変換がされたときは，差押債権者が希望すればこれを返還することになるので，「民事保管物」に準ずるものと考えるべきであろう[(10)]。

本条１項の保証が金銭を提出する方法により提供された場合は，①差押債権者が買受人になったとき（法63条２項１号の場合）には，代金に当然充当され（法78条２項），②差押債権者が買受人になれない場合で買受けの申出があったとき（法63条２項２号の場合）には，差押債権者の申出額と買受人の支払う代金との差額があれば，それに相当する部分が売却代金（配当財団）に組み込まれ（法86条１項２号），残額は差押債権者に返還される。保証が銀行等の自己宛小切手，送金小切手のように金銭に準ずべきもので提供された場合も，これと同様である[11]。保証が本条１項２号（自己宛小切手，送金小切手を除く。）又は３号のものを提出する方法で提供された場合は，前記①のときには，買受人たる差押債権者は，代金納付期限までに代金を納付しなければならず（法78条１項），代金の支払がないときには，保証を換価し，換価費用を控除して，代金に充当し（同条３項），もし余りが出れば，差押債権者に返還する。前記②のときには，保証を換価し，換価費用を控除して，売却代金に充当し（法86条３項，法78条３項），残額は差押債権者に返還する[12]。換価については57条及び58条に規定されている。

3　保証の変換（２項）

本条２項は，無剰余の場合の保証の変換について，民訴法80条本文を準用することにより規定している。即ち，執行裁判所は，保証を提供した差押債権者の申立てにより，保証の変換決定をすることができる。保証の変換は，本条１項のいずれの方法で提供されている場合でも可能である。

なお，保証の変換決定を得ないで保証を変換すること（民訴法80条ただし書参照）はできない。

注⑴　法も，金銭の提出が規定されることを予定している（法78条３項参照）。金銭の提出方法については，不動産手引（上）130頁参照。平成６年１月25日から従前の現金納付以外にも，裁判所の指定する金融機関の預金口座に振り込む方法が認められるようになった（平５．12．27最高裁経監第122号事務総長通達「保管金の預金口座による受入等に関する事務の取扱いについて」）。

⑵　法は，金銭の提出以外の方法の規定されることを予定している（法78条３項参照）。

裁判所に高額の金銭が持ち込まれることは，警備上の問題もあり，計算の手間も掛かるので，できる限り避けるのが望ましい。他方，保証提供者としても，高額の現金を用意することは，容易でない場合がある。そこで，金銭の提出以外の方法は，できる限り広く認め，運用上，なるべく金銭による保証提供を減少させることができるように，本条では，金銭の提出以外の方法もかなり広く規定されている。

⑶　本条１項と40条１項とで，認められる有価証券に違いがあることについては，同条の解説の注⑷を参照

⑷　市場価額の大きく変動する有価証券はもともと本条の保証に適さないが，変動が少ないとして保証することが認められたものについても，提供時の市場価額より換価時の市場価額が下落していることも予想されるので，提出すべき額は，このこと及び換価費用が控除される（法78条３項）ことを考慮して，不足の生じないようにすべきである。

⑸　若干の契約手数料等を要することはもちろんである。

⑹　10条では，支払保証委託契約の締結自体が担保を立てる方法にあたり，その証明書の提出は，証明手段にすぎないのに対し，本条では，支払保証委託契約締結の証明文書の提出が，保証提供の方法にあたる。

⑺　保険会社は，保証証券を発行し，これを執行裁判所に提出する取扱いをしている。

⑻　平９．12．12最高裁民二第591号民事局長，家庭局長通知「民事執行等における担保又は保証に係る支払保証委託契約の契約書のひな型等について」参照

⑼　ただし，一定の期間ごとに終期を定め，終期の到来したときには，自動的に期間が延長される旨の定めは，実質的には期限の定めがないのに等しいので，有害的約定とはいえないであろう。

また，差押債権者が買受人にならなかったときや，本条２項により保証の変換がされたときには，契約の効力が失われる旨の定めも，保証としての性質上当然のことを定めたにすぎず，有害的約定ではない。

⑽　不動産手引（上）136頁，執行官協議要録279頁〔484〕

⑾　これらの換価については，40条の解説の２⑶イ及びウを参照されたい。

⑿　もっとも，本条１項３号の方法の場合は，申出額と代金との差額のみを納付するよう催告するので，残額を返還する必要はない。

（買受けの申出をすることができる者の制限）

第33条　執行裁判所は，法令の規定によりその取得が制限されている不動産については，買受けの申出をすることができる者を所定の資格を有する者に限ることができる。

〔解　説〕

１　本条の趣旨

本条は，執行裁判所が買受けの申出をすることができる者を制限する場合について規定している。

法は，買受けの申出をすることができない者として，債務者のみを規定し（法68条），その他は，売却場の秩序維持のため執行官が，談合等の不正行為に関与した者に買受けの申出をさせない処分をすることができる[(1)]としている（法65条）ほかは，買受けの申出の制限規定を置いていない。これは，その他の場合には，買受けの申出は一応許して，買受けの許否を執行官の判断に委ねず，執行裁判所が売却の許否を決定するのを原則と考えるからである。

しかし，売却不許可事由が，客観的，定形的に容易に判断し得るものであるときにまで買受けの申出を許すと，売却不許可決定がされて，新しく競売に付されなければならないことが確実である[(2)]のに，いったん売却の実施を終了し，売却決定期日を経なければ，手続を進められないこととなり，著しく不都合な事態が生じることが予想される。特に，法令の規定により不動産の取得が制限されている場合には，当該法令で認められた買受人の資格の有無を一定の書面で証明させれば，容易にその不動産の買受け資格を有するか否か（法71条２号参照）を判別することができることがある。

そこで，本条において，法令の規定により不動産の取得が制限されていたときは，執行裁判所が，買受けの申出をすることができる者をあらかじめ制限することができることが規定された。

2　農地法上の制限

農地又は採草放牧地（以下「農地等」という。）について所有権を移転する場合は，農業委員会の許可等が必要であり（農地法３条１項），当該農地等について耕作又は養畜の事業を行うと認められない者や農業所有適格法人以外の法人等に対しては，原則として許可をしてはならないし（同条２項），許可を受けないでした所有権移転は無効である（同条６項）。農地等を農地等以外のものとするための所有権移転については，都道府県知事の許可等を得なければならず（同法５条１項，同法４条１項），この許可を受けないでした所有権移転も無効となる（同法５条３項，同法３条６項）。ただし，農地等を農地等以外のものにするため所有権を移転する場合でも，市街化区域内では農業委員会にあらかじめ届け出れば，前記許可は不要となる（同法５条１項７号）。

この農地法上の制限については，本条により，これら農地法上の制限がある農地等について売却を実施する場合，執行裁判所は，買受けの申出をできる者を権限ある行政庁の交付した「買受適格証明書」を有する者に限り買受けの申出をすることができるよう定めるのが適当である(3)。

3　外国人の土地取得の制限

法令上の取得制限についての例としては，他に，外国人土地法（大正14年法律第42号）によるものがある。すなわち，同法１条及び２条により，日本国民及び日本法人に対し土地の取得等を制限する国に属する外国人又は外国法人等について，日本における土地の取得等を，同法４条により，国防地区について外国人又は外国法人の土地の取得等を，勅令で制限し得るとされている。しかし，これを受けた勅令は，現存しないので，同法について本条を適用する余地はない(4)。

4　所定の資格

執行裁判所は，「所定の資格」を有する者に限ることができるとされているが，「所定の」とは，当該法令の定めるという趣旨であり，執行裁判所がさらに厳格な制限をすることは，許されない。

5　資格制限の公告

本条の裁判[(5)]がされると，裁判所書記官は，買受けの申出をすることができる者の資格制限を売却の公告中に明示しなければならない（36条１項６号）。

執行官は，本条の制限がされた場合には，売却の実施において，所定の資格を有する者以外の者に買受けの申出をさせてはならない。農地の売却の場合には，買受適格証明書を提示した者に対してだけ，買受けの申出を許し，それ以外の者が買受けの申出をしても，有効な申出と認めることはできない。

注⑴　法65条は「できる」としているが，同条各号に該当する者が買受けの申出をしても，必ず売却不許可事由がある（法71条４号イ又はハ）ことになるから，常に買受けの申出をさせるべきではないであろう（大橋寛明・注釈民執法⑶461頁以下）。

⑵　法71条４号ロのうち，その強制競売の手続において，代金の納付をしなかった者も，執行官限りで容易に判断し得ることは，債務者（法68条）と同様であると考えられるので，法は，これを買受け申出の制限として規定していないが，執行官に明らかなときは，買受け申出の濫用として，これを許さないこともできるのではなかろうか（近藤崇晴・注釈民執法⑷50頁，坂本倫城・注解民執法（上）747頁参照）。法の解釈として，売却の適正な実施を妨げる行為（法65条１号）にあたると解する余地もあるのではなかろうか。

⑶　平28．３．25最高裁民三第160号民事局長通知「民事執行法による農地等の売却の処理方法について」参照

⑷　なお，本文記載のもののほか，本条の規定が準用されるものに，鉱業権（鉱業法12条，同法17条参照）等がある。本条の適用のない例として，国土利用計画法14条，同法施行令６条10号参照

⑸　この裁判は，決定によって行う。実務上は，記録の表紙裏面の所定欄を用いて簡易

な決定書を作成する（不動産手引（上）148頁)。この決定は，２条１項各号に該当しないので，同条２項により，告知はされない（ただし，公告される。)。これに対しては，法11条１項により，執行異議を申し立てることが許される（近藤崇晴・注解民執法⑵360頁参照)。

（入札の種類）

第34条　不動産を売却するための入札は，入札期日に入札をさせた後開札を行う期日入札及び入札期間内に入札をさせて開札期日に開札を行う期間入札とする。

〔解　説〕

1　本条の趣旨

法は，不動産の売却の方法につき，わずか１か条をおき（法64条)，売却の方法は，入札，競り売り又は最高裁判所規則で定める方法とし（同条２項)，具体的方法は，その中から裁判所書記官が定め（同条１項)，入札又は競り売りの場合には，売却の日時，場所を裁判所書記官が定めた上，裁判所書記官がその公告をし，執行官がその実施をする（同条３項，５項）と規定するのみで，その他の売却手続の細目については，一切規則に委ねることとされている[(1)]。本条から51条までは，これを受けて，売却手続の細目を定めるものである。

まず，この規則では，本条から49条までにおいて，法の規定する売却方法である入札について規定をしている。旧法は，競り売りを原則的売却方法とし，入札払を例外的方法として規定をしていたが，法64条２項は，これらを同列のものとした上，入札を先に掲げている。また，売却の実施がいわゆる競売ブローカーが多数参加して行われる場合には，これに，一般人が加わって買受けの申出をするには，競り売りより入札が適当であると考えられる。そこで，この規則においては，入札を原則的売却方法として[(2)]規定が置かれたものである。

2　期日入札・期間入札の意義

本条は，法の規定する売却方法である「入札」について，さらに，「期日入札」と「期間入札」の２種類の区別を設けることを規定している。

「期日入札」は，入札期日に入札をさせた上，引き続いて開札を行い，最高価買受申出人及び次順位買受申出人をその場で決める方法で，他の法令に基づいて行われる入札は，ほとんどこの方法でされているものと思われる。この方法による場合には，その性質上，入札をしようとする者は，期日に出頭をして入札をしなければならない。

これに対して，「期間入札」は，入札期間を設けて，その期間内ならいつでも入札が行えるものとした上で，別に開札期日を設けて開札を行い，最高価買受申出人等を決める方法である。この方法による場合には，入札期間内に裁判所書記官の定めた場所（法64条３項参照）に出頭して入札をするほか，郵便その他の方法により入札書を執行官に宛てて送付することも，規定をおけば可能になる。期日入札が，所定の期日に出頭できる者のみを売却の相手方とし得るのに対し，期間入札では，出頭につき期日限りとの拘束がない上，出頭すら要しないこととし得るのであるから，売却の方法がより複雑化し，時間もかかる難点はあるが，広く買い手を募ることができ，売却場内外における談合等の不正行為のおそれもなく，一般人も安心して参加ができる点においては，期日入札に勝るといえよう。そこで，本条において，期間入札の方法が導入されることとされたものである。

3　期日入札・期間入札の選択

本条は，期日入札及び期間入札のいずれを原則とするとも規定していないので，裁判所書記官の裁量により，いずれを売却方法として定めてもよい（法64条１項)。執行手続の簡易かつ迅速な処理の観点からは，期日入札も優れているといえるが，期日入札の場合には，他者の買受けの申出の有無及び申出額は分からないものの，入札期日に買受希望者が売却の場所に出頭しなければならないので，売却の場所に参集する一般人に対して悪質な専門業者が威迫・欺罔等の行動に出る危険性もあろう。

そこで，一般人の買受希望者が売却の場所の独特の雰囲気に気後れすることなく，安心して，容易に入札することができる期間入札の方法を積極的に採用することが望ましく，現在では，全庁が期間入札を選択している。

4　期日入札・期間入札についての細則

期日入札についての細則は，次条から45条までに，期間入札についての細則は，46条から49条までに，それぞれ規定されているので，これらの条文及び解説を参照されたい。期間入札においては，前述した郵便その他の送付方法による入札を認める規定（47条）が置かれている。

注⑴　平成16年改正前の法64条は，売却の方法を定めて執行官に売却を実施させること並びにその日時及び場所を指定命令することにつき，執行裁判所の権限としていたが，平成16年改正法により，これらが裁判所書記官の権限とされた。あわせて，執行官に入札又は競り売りの方法により売却を実施させるときは，裁判所書記官は，売却を実施させる処分と同時に，売却決定期日を指定しなければならないこととされた（法64条４項）。

⑵　昭和49年９月に公表された強制執行法案要綱案（第２次試案）では，入札払を原則とすることが明記されていた。

（入札期日の指定等）

第35条　裁判所書記官は，期日入札の方法により不動産を売却するときは，入札期日を定めなければならない。

2　裁判書記官は，法第64条第４項の規定により売却決定期日を指定するときは，やむを得ない事由がある場合を除き，入札期日から３週間以内の日を指定しなければならない。

〔解　説〕

1　本条の趣旨

本条以下45条までは，期日入札について規定している。そのうち，本条は，入札期日及び裁判所書記官が法64条４項の規定により入札又は競り売りの方法により売却を実施させる旨の処分と同時にする[(1)]売却決定期日の指定について規定している。

2　入札期日の指定（1項）

裁判所書記官は，入札の方法により売却を行うと定めたとき（法64条1項参照）は，売却の日時及び場所を定める（同条3項）が，期日入札においては，本条により，入札期日を定めるものとされた。この入札期日は，執行官が主宰する期日である。

入札期日は，公告事項である（法64条5項）ので，公告前には指定されていなければならない。

裁判所書記官は，入札期日を指定したときは，執行官に対し，売却の実施を命ずる（法64条3項）。

「期日」を定めることには，日時のほか場所を定めることが含まれる。入札の場所については，入札期日には裁判所法の制限はなく，法64条3項でも特に制限を置かずに裁判所書記官が定め得ることとされているので，裁判所内に限らず，裁判所外で開くことも許される[(2)]。

3　売却決定期日の指定（2項）

本条2項は，裁判所書記官が，法64条4項の規定により執行官に売却を実施させる処分をすると同時に売却決定期日を指定する場合，原則として，入札期日から3週間以内の日としなければならないことを規定している。令和元年改正規則による改正前は1週間以内とされていたが，同改正により3週間以内と伸長された。これは，令和元年改正法により，入札期日の後，売却決定期日までの間に最高価買受申出人が暴力団員等に該当するか否かについて，都道府県警察に対する調査の嘱託をしなければならないとされたことから（法68条の4），これに要する期間を考慮したためである[(3)]。

執行裁判所は，売却決定期日を開かなければならず（法69条），その前提として売却決定期日の指定をする必要があるところ，法の原則としては，手続を主宰する執行裁判所の裁判長が期日を指定することとなる（法20条，民訴法93条１項）。しかし，平成16年改正法において，裁判所書記官が執行官に売却を実施させる権限を有することとされる（法64条１項，３項）とともに，裁判所書記官が入札又は競り売りにより売却を実施させるときは，法20条，民訴法93条１項の規定にかかわらず，裁判所書記官は，売却を実施させる処分と同時に，売却期日を指定することとされた[4]。

これを受けて，本条２項は，裁判所書記官が売却決定期日を指定する場合における入札期日と売却決定期日との間の期間の制限を定めたものであり，その趣旨は，執行手続の迅速処理を目的とするとともに，売却実施の終了後，売却許否の決定までの間の事情の変更を最小限にとどめて，手続の安定を図る（法75条１項参照）ものである。

本条２項では，「やむを得ない事由がある場合」には，３週間を超えてもよいとされている。やむを得ない事由の例としては，農地の売却において，所有権の移転についての農業委員会又は都道府県知事等の許可等に時間を要することがあげられる。農地の売却においては，買受けの申出をすることができる者を農業委員会又は都道府県知事等の交付した買受適格証明書を有する者に制限するのが通例である（33条の解説の２参照）が，これらの者のうちから定められた最高価買受申出人については，売却許否決定の前に，都道府県知事等の許可を受けた上，その許可を証する書面を提出させ，提出があれば許可決定をし，最終的に提出がなければ不許可決定をすることとなる[5]。この許可には期間を要するのが通例である[6]ので，本条２項に規定するやむを得ない事由があることとなろう。やむを得ない事由がある場合に，売却決定期日をどのように指定するかは，裁判所書記官の裁量に委ねられるが，本条の趣旨から，入札期日から可及的に短期間の日とすべきである[6]。

注⑴　前条の解説の注⑴を参照

⑵　大橋寛明・注釈民執法⑶395頁

⑶　なお，都道府県警察に対して調査の嘱託をする場合には，入札期日から３週間以内の日に指定した売却決定期日に間に合うよう回答を求めることになるが，警察からの回答が遅れるなどして暴力団員等該当性の判断に時間を要することが判明した場合には，売却決定期日を変更することなどが考えられる（その方法については注⑷参照）。この場合，変更後の期日が入札期日から３週間を過ぎた日となることはやむを得ないと考えられる。

⑷　裁判所書記官が，入札又は競り売り以外の方法により売却することを定めた場合，及び執行官に売却を実施させる旨の処分と同時に売却決定期日の指定を行わない場合，原則どおり，執行裁判所の裁判長が，売却決定期日を指定することとなる。また，法64条４項の規定により裁判所書記官が売却決定期日を定めた場合でも，その取消し及び変更は，法20条，民訴法93条３項，４項により，執行裁判所が行うこととなる。

本条２項は，上記のように，執行裁判所の裁判長が売却決定期日を指定したり，執行裁判所が売却決定期日を変更する場合について定めたものではない。しかし，本文に述べた同項の趣旨に照らすと，このような場合でも，やむを得ない事由がない限り，売却決定期日を入札期日から３週間以内に指定するのが相当である。このやむを得ない事由としては，農地の所有権移転の許可を証する書面が期日までに提出されない場合，執行官が入札調書を速やかに提出しないため，執行裁判所が入札の結果を知り得ない場合などが考えられる。

⑸　平28．３．25最高裁民三第160号民事局長通知「民事執行法による農地等の売却の処理方法について」，瀧川叡一・注解⑶317頁等参照

⑹　理論と実務（下）728頁参照

（期日入札の公告等）

第36条　裁判所書記官は，入札期日及び売却決定期日（次条において「入札期日等」という。）を定めたときは，入札期日の２週間前までに，法第64条第５項に規定する事項のほか，次に掲げる事項を公告しなければならない。

一　事件の表示

二　売却決定期日を開く日時及び場所

三　買受可能価額（法第60条第３項に規定する買受可能価額をいう。）

四　買受けの申出の保証の額及び提供の方法

五　法第61条の規定により不動産を一括して売却することを定めたときは，その旨

六　第33条の規定により買受けの申出をすることができる者の資格を制限したときは，その制限の内容

七　不動産に対して課される租税その他の公課の額

八　物件明細書，現況調査報告書及び評価書の内容が入札期日の１週間前までに公開される旨及び公開の方法

2　裁判所書記官は，不動産所在地の市町村に対し，公告事項を記載した書面を当該市町村の掲示場に掲示するよう入札期日の２週間前までに嘱託しなければならない。ただし，公告事項の要旨及び不動産の買受けの申出の参考となるべき事項を公示したときは，この限りでない。

〔解　説〕

1　本条の趣旨

入札の方法により売却をするときには，裁判所書記官は公告をしなければならない（法64条５項）が，本条は，期日入札についての公告につき，その期限，公告事項を規定するほか，補充的公示方法について規定している[(1)]。

2　公告すべき時期（１項）

本条１項は，まず，期日入札の公告は，入札期日の２週間前までにすべきことを規定している。入札期日までに相当の期間をおいて，手続の迅速性を失わない範囲で，できる限り多くの者に公告を見る機会を与え，より適正な入札が実施されることを目的とするものである。

この期間の定めは，訓示規定ではないので，定められた入札期日の２週間前までに公告がされなかったときは，執行裁判所は入札期日を変更しなければならない。前記期間を置かないまま入札が実施されたときは，売却不許可事由になり得る（法71条参照）。

売却の公告は，入札期日の度ごとにしなければならないので，この期間の制限は，最初の入札期日のみならず，変更後の期日，買受けの申出がなかった場合，売却不許可決定が確定した場合又は買受人が代金を支払わなかった場合の新期日についても，その２週間前までに公告をしなければならない。

本項で２週間前までにしなければならないとされるのは，４条１項に規定する公告で，同条３項の公示や本条２項の公示を含まない。

3　補充的公告事項（１項）

本条１項は，次に，公告事項を各号列記している。公告事項については，法64条５項が「売却すべき不動産の表示」，「売却基準価額」並びに「売却の日時及び場所」を規定しているので，本条１項は，補充的に公告事項を追加するものである。

⑴　事件の表示（１号）

第１は，「事件の表示」で，裁判所名及び事件番号を記載する。これは，当然の規定である。

⑵　売却決定期日の日時及び場所（２号）

第２は，「売却決定期日を開く日時及び場所」で，公告に先立って指定された日時及び場所を記載する。売却決定期日の指定については，前条及びその解説を参照されたい。買受けの申出をした者は，売却の許可又は不許可に関し利害関係を有するので，売却決定期日に出頭して意見を陳述することができる（法70条）。したがって，買受希望者にあらかじめ売却決定期日を周知させておくのが適当である。また，売却決定期日の通知がされない者（37条参照）のうちにも，利害関係を有する者がいることがあり得るので，これらの者に対しても，公告により，期日を知らせる機能を果たすことになる[(2)]。

⑶　買受可能価額（３号）

第３は，「買受可能価額」である。買受可能価額は，売却基準価額からその10分の２に相当する額を控除した金額である（法60条３項）から，売却基準価額が公告されている限り（法64条５項），買受希望者において自ら計算すれば算出できるものではあるが，買受けの申出をすることができる最低額として，買受希望者の便宜のため，一義的に明らかにされていることが相当である。そこで，本条１項３号において，買受可能価額を公告事項として定めることとしたのである[(3)]。

⑷　保証の額及び提供方法（４号）

第４は，「買受けの申出の保証の額及び提供の方法」である。買受けの申出をしようとする者は，最高裁判所規則で定めるところにより，執行裁判所が定める額及び方法による保証を提供しなければならない（法66条）ところ，保証の額については，39条において，原則として売却基準価額の10分の２とし，場合によってはこれを増額することができることとされ，保証の提供方法については，40条において，金銭のほか，銀行又は執行裁判所が定める金融機関の振出しに係る自己宛小切手又は送金小切手若しくは銀行等との間に支払保証委託契約を締結したことの証明書を執行官に提出する方法によることを原則とし，場合により，金銭を提出する方法は許さないこともできることとされた（これらの点については，39条及び40条の解説を参照されたい。）。

法では，保証の額は前述のとおり定額とされているので，事前の公告に適するし，同じく公告事項である売却基準価額（法64条５項参照）のみでは，公告を見る者がその10分の２を算出しなければならない不便さがある上，10分の２とは限らないのであるから，公告により買受希望者に周知させておくのが適当である。また，保証の提供方法は，前述のとおり４種類の方法が採用されているので，これらの方法を一般人に広く周知させることが望ましい上，小切手にあっては，執行裁判所に振出人となりうる金融機関の指定権があること，現金による提供を禁ずることもできることから，これらの定め及び執行裁判所の預金口座の銀行名及び口座番号を公告により，あらかじめ買受けの申出の希望者に周知させておくのが適当である。そこで，本条１項４号は，これらの点を公告事項としているものである。

保証の額は，「金○○円」と表示すべきで，「売却基準価額の10分の２」とすべきではない。保証の提供方法は，40条１項各号に掲げるものをそれぞれ表示すべきであるが，そのうち，同項２号，３号の小切手にあっては，振出人となり得る金融機関の指定をも明らかにしなければならない[(4)]。また，同条２項の定めをしたときは，これを明記しなければならない。

⑸　一括売却の定め（５号）

第５は，一括売却の定めである。法61条により，執行裁判所は，相互の利用上不動産を他の不動産と一括して同一の買受人に買い受けさせることが相当であると認めるときは，これらの不動産を一括して売却することを定めることができるが，この定めがされたときは，個々の不動産のみについては，買受けの申出をすることができなくなる。したがって，これを公告して事前に買受けの申出の希望者に周知せしめることが必要である。なお，この定めがされなかったときに，その旨を公告することは不要である。

一括売却の定めをした旨を記載するには，当然，一括して売却される不動産を特定しなければならない。特に，一括して売却し得る不動産には，別事件の不動産も含まれる（法61条）ので，その場合には，当該別事件の表示，不動産の表示及びその売却基準価額をも併せて明らかにしなければならない[(5)]。

⑹　買受けの申出をすることができる者の制限（６号）

第６は，買受けの申出をすることができる者の制限の内容である。33条により，執行裁判所は，買受けの申出をすることができる者の資格を制限することができる（この点については，同条の解説を参照）が，この制限がされたときは，資格のない者は買受けの申出をすることができないし，資格のある者も，一定の証明手段を事前に用意する必要があることがあるので，この制限の内容を，あらかじめ買受けの申出の希望者に周知させておく必要がある。なお，この制限がされなかったときに，制限がない旨を公告する必要はない。

⑺　公課の額（７号）

第７は，「不動産に対して課される租税その他の公課の額」である。買受人が負担することとなる公課額を明らかにして，買受申出のための参考資料に供する趣旨である。したがって，公告をする当時の年度の公課を表示すべきである。

公課の額は，差押債権者が強制競売申立書に添付する公課証明書（23条５号参照）により判明する。差押債権者が公課証明書を提出しない場合又は不完全な証明書を提出した場合(6)に，執行裁判所が公課所管官庁に公課証明書の交付を請求して（法18条２項参照），公課を明らかにして公告する必要はない(7)。差押債権者に適正な公課証明書の提出をさせれば足りる。

表示すべき公課の額は，通常は１年分とすべきであろうが，規定上は制限はないので，運用にゆだねられている。本条１項７号の公課に当たるのは，通常の場合には，固定資産税（地方税法341条以下）及び都市計画税（同法702条以下）であるが，その他に，特別土地保有税（同法585条以下），水利地益税（同法703条）などがある。

⑻　物件明細書等の内容の公開及び公開方法（８号）

最後は，物件明細書等の内容の公開及び公開方法である。

平成15年改正前の本条１項７号は，入札期日等が定められたときは，裁判所書記官は，物件明細書等の写しが入札期日の１週間前までに執行裁判所に備え置かれる旨を公告することを定めていた。平成15年改正規則により，物件明細書等の内容の公開の方法として，その写しの備置きに代えて，インターネットを利用して公開する措置（31条１項，３項）が規定されたことに伴い，公開の方法についても公告事項とされたものである。

物件明細書等の内容の公開は，入札期日の１週間前までに裁判所書記官において行われる（法62条，31条）が，この制度により買受けの申出の希望者に目的不動産についての適正な予備知識を与えるには，これらの文書の内容が公開される旨及び公開の方法を周知させ，実際に活用し得るものとすることが，是非必要であると思われる。そこで，これが公告すべき事項とされたのである。物件明細書等の写しを備え置く場合には，「一般の閲覧に供するため，物件明細書・現況調査報告書・評価書の各写しを○○年○○月○○日から当庁物件明細書等閲覧室に備え置きます」と記載することとなろう。

⑼　本条１項には，売却の方法が期日入札の方法によることは掲げられていないが，これは，当然，公告の標題が「期日入札の公告」として，売却の日時及び場所が「入札期日を開く日時及び場所」として記載されるからである。

4　市町村の掲示場における掲示（２項）

⑴　本条２項本文は，執行裁判所内において掲示して行う公告のほかに，補充的な公示方法として，市町村の掲示場における掲示を規定している。売却の公告をより実効あらしめるための規定である。

法64条５項で義務付けられている公告は，４条１項による公告のみであって，本条２項本文で規定されている方法は，公告の方法ではない。したがって，本項の嘱託がされなかったときは，本条２項には違反するが，法64条５項には違反しない。

本条２項本文は，裁判所書記官が，入札期日の２週間前までに，市町村に対し掲示を嘱託すべきことを義務付けている。したがって，この「嘱託」が，２週間前までにされれば，市町村が「掲示」するのが，２週間前まででなくても(8)，本条２項に違反しない。

嘱託の相手方は，「市町村」である。市町村の処理すべき事務については，地方自治法２条２項，３項及び９項並びに別表第１及び第２に規定があるが，これらは，市町村の処理事務の例示にすぎず，本条２項本文の嘱託に基づき公告事項を記載した書面を掲示することも，市町村の処理すべき事務である。本条２項本文の嘱託を受けた市町村は，行政機関相互の共助として，掲示をすべきこととなる。嘱託の相手方は，「不動産所在地」の市町村である。不動産の買受けを希望する者は，通常の場合，地元の者が最も多いと思われるからである。この場合，東京都においては，特別区が，この市町村に当たる（同法281条２項）。また，区が設置されている政令指定都市や，市町村役場に支所が設置されている市町村にあっては，区役所又は支所の掲示板に掲示するよう嘱託することも差し支えない(9)。

本条２項本文で掲示を嘱託すべきなのは，「公告事項を記載した書面」である。実務的には，公告の写しを送付することとなろう。公告事項の要旨では足りない（４条３項参照）。

(2) 本条２項本文の嘱託に基づく掲示も，顕在的買受希望者を対象に公告事項を知らせる機能を有するにすぎない場合も少なくなく，公示の目的を達するには十分ではないこともある。そうすると，別途公示をする場合には，更に本条２項本文の掲示嘱託までする必要性は乏しいといえる。また，裁判所書記官の事務処理能力も有限であることから，より有益と考えられる事務にその能力を振り分け，事務処理の効率化が図られるべきである。そうすると，公示することが相当と認められないときは格別，公示をするのであれば，より有益と考えられる「公告事項の要旨」及び「不動産の買受の申出の参考となるべき事項」を公示事項としてこれを行うべきであり，これがされたときには，地域にもよるが，一般に必要性が高くないものとなっていると考えられる本条２項本文の掲示嘱託を省略するのが相当である。そこで，４条３項１号から３号までの公示をしたときは，裁判所書記官は，本条２項本文の掲示嘱託を要しないこととされた（本条２項ただし書）。

期日入札についての公告事項が，法64条５項及び本条１項が「売却すべき不動産の表示」，「売却基準価額」，「売却の日時及び場所」，「買受可能価額」，「買受けの申出の保証の額及び提供の方法」等の売却される不動産の特定，売却手続に係る事項等を規定している。したがって，本条２項のただし書きの「公告事項の要旨」とは，これらの事項の要旨を指すこととなる。

また，公示の目的が，一般人である潜在的買受希望者を含め，広範囲の者を対象に，売却の実施を知らせ，より多くの買受希望者を募ることにあることからすると，本条２項ただし書の「不動産の買受けの申出の参考となるべき事項」とは，直ちに当該不動産の買受けの申出をするには至らないまでも，買受希望者が一定の不動産を選別するに足りる事項をいい，具体的には，不動産の見取図，間取図，築造年月日，不動産の所在地に至るまでの通常の交通手段（最寄りの駅やバス停等を含む。），債務者以外の占有者の存在及びその権原の内容，外観写真等がこれに当たる。

注⑴　平成14年改正規則により，４条３項所定の公示の対象が拡大されたことに伴い，36条の２が削られ，新たに，本条２項にただし書きが加えられて，公示の対象に関する規定が整備された。これは，従来，平成14年改正前の36条の２第１項において，公示の対象として，「公告事項の要旨」のほか「不動産の買受けの申出の参考となるべき事項」が定められていたが，この事項は，４条３項１号から３号までに包含され，独自の意味がなくなったことによるものである。

また，平成15年改正規則により，物件明細書等の内容をインターネットを利用して公開する措置が創設されたことに伴い，本条１項７号（現８号）について，所要の整備がされた。

さらに，平成16年改正法により，最低売却価額が売却基準価額とされ（法60条１項），売却の日時及び場所の指定を裁判所書記官が行うこととされ（法64条３項），法64条４項が５項に改められたことから，平成16年改正規則により，必要な整備がされた。

⑵　なお，売却の実施の終了後に売却決定期日が変更されても，所定の者に新期日を通

知するだけで足り（53条），公告は必要ない（近藤崇晴・注解民執法⑵366頁，裁決平22・8・25民集64巻5号1482頁[金築裁判官補足意見]）。

⑶　法68条の2の規定に基づき，買受けの申出をした差押債権者のための保全処分の執行がされた不動産については，差押債権者の申出額が実質的に買受可能価額の役割を果たすことになるから（申出額を下回る買受申出は意味をなさない。），売却基準価額及び買受可能価額のほか，法68条の2による保全処分に伴うものである旨を明示した上，差押債権者の申出額を公告事項とする必要があろう。

なお，無剰余通知を受けた差押債権者が買受けの申出をした場合にこれと同様の取扱いをする例として，理論と実務㊤349頁参照。

⑷　これらを1枚の公告用紙にすべて記載するのには困難をきたすことも考えられる。その場合には，保証の提供方法は，多くの事件において同一の定めがされるであろうと思われるので，公告用紙自体には，「保証の提供方法は，別紙記載のとおり」とだけ記載して，公告を掲示した場所に，別に，保証の提供方法を記載した全事件共通の書面を掲示する方法をとることも許されよう。ただし，40条2項の定めがされる事件も相当数あり得るので，これについては逆に，この共通の書面に，同項の定めがあり得ること，それについては各事件の公告中に表示されることを注記した上，各事件の公告中に同項の定めがされたことを明記する取扱いが適当であろう。

⑸　複数の事件の目的不動産を一括売却に付するときに，売却の公告は，各事件ごとに独立したものとして行うべきか，1つの公告で行えば足りるかは，法の解釈，運用の問題ということになろう。前者と解すれば，本条1項5号において，別事件についての事件の表示，不動産の表示，売却基準価額等を記載することとなり，後者とすれば，法64条5項の「不動産の表示」，「売却基準価額」，本条1項1号の「事件の表示」等は，いずれも各事件についてのこれらの事項を併記することを意味することとなろう。不動産上の公課の額（本条1項7号）についても，同じことがいえる。

⑹　この場合に，強制競売の申立てを却下すべきか否かについては，23条の解説の注⒀を参照

⑺　強制競売申立て後，売却の実施までに相当の期間が経過して，申立書添付の公課証明書では最新の公課を表示するに不都合であるに至った場合は，差押債権者に再度の提出を促すのが適当であろうが，差押債権者がこれに応じないときは，申立時の公課を表示することで足りると解される。もっとも，執行裁判所が公課所管官庁に証明書の交付を請求することもできる（法18条２項）（大橋寛明・注釈民執法⑶405頁）。

⑻　何らかの事情により，掲示が全くなされなかったとしても，同様である。

⑼　昭33．６．29最高裁民事甲第185号民事局長回答「不動産競売期日の公告掲示箇所について」参照

（入札期日等の通知）

第37条　裁判所書記官は，入札期日等を定めたときは，次に掲げる者に対し，入札期日等を開く日時及び場所を通知しなければならない。

一　差押債権者及び債務者

二　配当要求をしている債権者

三　当該不動産について差押えの登記前に登記がされた権利を有する者

四　知れている抵当証券の所持人及び裏書人

五　その他執行裁判所が相当と認める者

〔解　説〕

1　本条の趣旨

本条は，入札期日及び売却決定期日を開く日時及び場所を通知すべき者を規定している(1)。

入札期日の通知をする意味は，主として，配当を受け得る債権者は，目的不動産が高額で売却されることが自己の利益に合致することが多いので，これらの者に自ら買い受ける機会を与えると同時に，これらの者を通じて広く買受けの申出の希望者を募ることができる点にある。また，債務者については，目的不動産がより高額に売却されることが自己の利益に合致するし，自らは買い受けることはできない（法68条）が，売却後も不動産の利用を継続するのに有利

な買受人に買い受けさせる機会を与えるのが適当であり，不動産の用益権者も，売却後の不動産の利用のため，自ら又は自己に有利な者が買い受ける機会を与えるのが適当である。

また，売却決定期日を通知する意味は，売却の許可又は不許可に関し利害関係を有することがあり得る者(2)に，売却決定期日において意見を陳述する（法70条）機会を与えること及び売却許否の決定は，売却決定期日において言い渡される（法69条）のみで，改めて告知の手続はとられない（54条参照）のであるから，売却許否決定の抗告権者になり得るこれらの者に，売却決定期日に出頭して言渡しを聞き，又は，売却許否決定書の閲覧等をする（法17条）機会を与えておくことが必要である(3)ことにある。

2　入札期日等の通知

入札期日等を通知すべき者は，本条各号に列記されている。

⑴　差押債権者及び債務者（１号）

法では複数の差押債権者があり得る（法47条参照)。これらの者に両期日を通知すべきことは，前述したところから，当然であろう。

⑵　配当要求債権者（２号）

本条２号では，すべての配当要求債権者とされている。もっとも，無名義で配当要求ができる者が差押えの登記後の仮差押債権者及び一般の先取特権者のみとされた（法51条１項）ので，これらの者を有名義の者と区別すべきでないのは，当然のことというべきであろう。配当要求債権者に両期日の通知をすべき理由も，前述したとおりである。

⑶　差押えの登記前の登記上の権利者（３号）

登記を有する用益権者，担保権者，仮登記権利者，仮差押債権者，買戻権者等がこれにあたる。不動産の共有持分が強制競売の目的物である場合の他の共有者，地上権，永小作権が強制競売の目的物である場合の所有権者(4)等は，これに当たらない。これらの場合には，本条３号にいう「当該不動産」

とは，共有持分，地上権又は永小作権であるからで，これらについての登記上の権利者でなければ，同号が適用にならないからである。もっとも，これらの共有者等は，買受けの希望を有することが予想されるので，本条５号により通知をすることはあり得よう（後述⑸参照）。

登記上の権利者には，担保権者，仮差押債権者，仮登記担保権者のように，売却により権利が消滅する（法59条）代わりに，配当等を受け得る（法87条，仮登記担保契約に関する法律13条）者，売却により権利の消滅する用益権者，仮登記権利者，買戻権者，売却により権利の消滅しないこれらの権利者及び担保権者（いずれも法59条参照）などいろいろの立場の者がいるが，前述のいずれかの理由により，これらの者にも入札期日等の通知をすべきことになる[(5)]。

なお，本条３号に形式的には該当するが，本条の通知の対象とならない者に，処分禁止の仮処分債権者がある。処分禁止の仮処分がされており，その登記に先立つ担保権や仮差押えの登記がない場合は，差押えはするが，以後の手続が停止されるのが実務の取扱い[(6)]であるので，入札期日等を通知することはあり得ないこととなるからである。

⑷　知れている抵当証券の所持人及び裏書人（４号）

抵当証券の所持人は，配当等を受けるべき債権者であり（法87条１項４号），裏書人は所持人から不足分につき償還請求を受ける者である（抵当証券法31条）から，前述した理由により，入札期日等を通知する必要がある。なお，執行裁判所に知れていない所持人等について，通知の必要がないのは，当然である。

⑸　執行裁判所が相当と認める者（５号）

本条１号から４号まで掲記の者以外の者に通知するか否かは，執行裁判所の裁量に委ねられている。抽象的に言えば，入札期日の通知は自ら買受けの申出をし，又は他人に買受けの申出をするよう勧めることが予想される者に対し，売却決定期日の通知は利害関係を有すると思われる者に対し，することが考えられる。例を挙げれば，差押えの登記前の登記を有しない用益権者，建物又は立木の売却の場合の地主，建物を売却する場合の敷地の所有者，土地を売却する場合の地上建物の所有者，未登記又は差押後に登記をした第三取得者などがあろう。また，前述したように，不動産の共有持分が目的物の場合の他の共有者や，地上権，永小作権が目的物の場合の地主も，適例といえよう(7)。

不動産上の権利者としてその権利を証明して届け出た者は，通知を必要とする者とはされていない。これは，その必要性がないと考えられたからであり，場合によっては，本条５号により，執行裁判所が通知をすることと定めれば足りるからである。この利害関係人に含まれる者として，どのような者があるかは，見解の分かれるところであるが，そのうち，留置権者は売却により権利を失わない（法59条４項）し，一般の先取特権者は配当要求をしない限り問題とする必要がない。また，差押えの登記後に登記をした第三取得者，用益権者又は担保権者，これらの仮登記権利者若しくは未登記の権利者は，もともと売却により権利を失う運命にある者で，必ず通知することを義務付けてまで保護する必要のない者である。

通知の方法として，相当と認める方法で足りる（３条１項，民訴規４条１項）。実務上は，普通郵便で通知書を送付している（不動産手引（上）162頁，東京高決昭56．６．29判タ450−95）。

また，本条１号から４号までに規定する者に対する入札期日等の通知を怠った場合には，売却手続の重大な誤りとして（法71条７号），売却不許可事由になる場合があろう。しかし，これら以外の者に通知するかどうかは執行裁判所の裁量に属することから，その通知をしなかったことは，売却不許可事由にはならない。

注(1)　平成16年改正法により，売却の日時及び場所の指定について，裁判所書記官が行う

こととされた（法64条３項）ことから，本条中，入札期日等を指定する者について規定している部分が裁判所書記官に改められた。

⑵　法70条では，利害関係人についての規定はなく，売却の許可又は不許可に関し「利害関係を有する者」という表現が用いられている。本条１号から４号までに掲げる者は，いずれも，利害関係を有する者になり得る立場にある者である。各債権者が売却の不許可につき，債務者が売却の許可につき，利害関係を有することは，明らかである。それ以外の場合について，利害関係を有する者の範囲には種々の問題がある。

⑶　期日入札の公告（36条１項２号）が，売却決定期日の通知の役割を果たしているが，その実際上の機能を考慮すると，本条掲記の者には，通知をするのが適当であろう。

⑷　他の共有持分についての担保権者や，地上権，永小作権が目的物である場合の所有権に設定された担保権の権利者等も，もちろん本条３号にあたらない。

⑸　用益権者及び売却により権利の消滅しない権利者については，売却の許否につき利害関係を有する者とはなり得ないであろうから，売却決定期日の通知が欠けても実質上は差し支えなかろう。

⑹　処分禁止の仮処分が先取特権，使用・収益をしない旨の定めのある質権又は抵当権の保存，設定又は変更についての登記請求権を保全するためのものである場合，その仮処分が民保法施行後であるときは，手続は停止されない（理論と実務（上）122頁参照）。

⑺　協議要録209頁参照。なお，これらの場合にも，通知をするか否かは，全く執行裁判所の自由に決しうるところであるのは，もちろんである。

（期日入札における入札）

第38条　**期日入札における入札は，入札書を執行官に差し出す方法により行う。**

２　**入札書には，次に掲げる事項を記載しなければならない。**

一　**入札人の氏名又は名称及び住所**

二　**代理人によつて入札をするときは，代理人の氏名及び住所**

三　**事件の表示その他の不動産を特定するために必要な事項**

四　入札価額

3　法人である入札人は，代表者の資格を証する文書を執行官に提出しなければならない。

4　入札人の代理人は，代理権を証する文書を執行官に提出しなければならない。

5　共同して入札をしようとする者は，あらかじめ，これらの者の関係及び持分を明らかにして執行官の許可を受けなければならない。

6　入札は，変更し，又は取り消すことができない。

7　第31条の２の規定は，期日入札における入札について準用する。この場合において，同条中「差押債権者」とあるのは「入札人」と，「執行裁判所」とあるのは「執行官」と，同条第１項中「法第63条第２項第１号の申出をするときは，次に掲げる書類」とあるのは「次に掲げる書類」と読み替えるものとする。

〔解　説〕

1　本条の趣旨

本条は，期日入札により不動産を売却する場合の入札の方法について規定している。

2　入札書の差出し（１項）

本条１項は，期日入札における入札は，入札書を執行官に差し出す方法により行うことを規定している。したがって，入札をしようとする者は，必ず入札期日に本人又は代理人（本条４項参照）が出頭して，入札書を執行官に差し出さなければならず，入札書を郵送その他の方法により送付したり（期間入札についての47条参照），事前に執行官等に届けることはできない。また，入札は，必ず入札書により行わなければならない。入札書の記載事項については，本条２項に規定されているが，その様式については，規定がないので，適宜の用紙に適宜の方法で記載すれば足りるが，実務上は，手続の適正，迅速を図るため，同一の様式であることが望ましく，執行官が入札をしようとする者に定型の用紙を交付して記載させている[(1)]。

入札書を差し出す方法は，具体的には，所定の入札箱に投入する[(2)]方法によることとなる。なお，入札書を差し出す際には，買受申出の保証の提供もしなければならない（40条１項）。

3　入札書の記載事項（２項）

⑴　入札人の氏名又は名称及び住所（１号）

入札人とは，買受けを申し出る本人のことであり，代理人，代表者は，具体的入札行為の主体とはなり得る（41条２項の「入札をした者」とは，この具体的行為者を指す。）が，入札人ではない。共同入札の場合（本条５項参照）は，共同入札人全員の氏名又は名称及び住所を記載しなければならない。

⑵　代理人の氏名及び住所（２号）

代理人によって入札をする場合，入札人と同様に，氏名及び住所を記載する。代理人には，任意代理人のほか，法定代理人を含む。

⑶　事件の表示その他の不動産を特定するために必要な事項（３号）

入札は，同一日時場所において多数の事件及び物件の入札及び開札を行うのが一般的である[(3)]ことを考慮すると，事件番号，物件番号等により不動産を特定するのが，開札手続の簡易・迅速化を図る方法として合理的であり，かつ，それで十分であると思われる。本条２項３号は，これを明文化したものである。

本条２項３号が例示している記載事項は，「事件の表示」であり，開札の手間を考えると，事件番号は，必ず記載させるようにすべきであろう。

その他の事項は，当該事件につき売却される不動産が１つしかないときは，事件番号だけで不動産が特定されるから，記載する必要はない。不動産が複数ある場合には，あらかじめ各不動産を番号又は符号により特定できるように売却場に掲示した上，その番号又は符号を記載させれば足りるであろう[(4)]。もちろん，その他の方法により不動産を特定しても本条２項３号に違反するわけではないが，このような取扱いが，最も簡明で，記載も開札も容易であろう。

複数の不動産を一括して売却するときは，一括された全不動産を表示しなければならない。この場合には，一括された全不動産につき１個の番号又は符号を付せば足りよう。

⑷　入札価額（４号）

最も重要な記載事項であるので，特にまぎれのないよう明瞭に記載されるべきである[(5)]。開札後に変更されたものでないことを明らかにする（本条６項参照）趣旨も含めて，書き損じた場合又は入札前に額を変更する場合には，いったん記載した金額を書き替えることをせず，新たな用紙に書き直させるべきであろう。

以上⑴から⑷までが，入札書の必要的記載事項であるが，運用上その他の事項をも記載させることは，差し支えない。実際に各庁で利用されている入札書では，入札人の氏名下に押印させることとしていたり，保証の額及び提出方法の記載欄並びに保証金返還の領収欄を設けている。買受けの申出の保証は，最高価買受申出人及び次順位買受申出人以外の入札人には，返還すべきこととなり（45条１項），その場合には，受領証を徴して期日入札調書に添付しなければならない（同条２項）ので，入札書を受領証として利用するために，買受申出の保証の額及び提供方法の記載欄並びに保証金返還の領収欄を設けておくのが便利である[(6)]。この場合には，入札書を調書に添付すれば（44条３項），受領証も調書に添付したことになる。これらの付加的事項は，記載されなくても，入札書としての効力には影響がないのは，当然のことである。

４　法人である入札人（３項）

本条３項は，入札人が法人である場合には，代表者の資格証明書を提出すべきことを規定している。具体的には，商業登記簿又は各種の法人登記簿に係る登記事項証明書を提出させる[(7)]。

5　代理人による入札（４項）

本条４項は，代理人によって入札がされる場合には，代理権を証する文書を提出すべきことを規定している。具体的には，任意代理人の場合には委任状を，法定代理人の場合には戸籍謄（抄）本を提出させる[(8)]。代理人の資格には制限がない[(9)]。

なお，一般的には，入札に際し提出すべきものは，これらの文書，買受けの申出の保証及び暴力団員等に該当しない旨の陳述書等（後述８参照）であるが，33条により買受けの申出をすることができる者が制限されたときは，所定の資格を有することを証する文書を提出しなければ，買受けの申出をすることができない。

6　共同入札（５項）

本条５項は，共同入札の許可について規定している。

強制競売も売買である以上，複数の者が共同して買受人になり得ることは否定できない。しかし，入札は買受けの申出の希望者間の公正な競争によりその適正が保障されているのであるから，この競争を妨げるようなことは許されるべきではない。ところが，共同入札は，例えば，親族関係にある者が共同の目的に供するために共同して買い受けるような場合には，これを制限する理由はないが，売却価額が高額になることを避けるために複数の者が協議をした上，入札価額を決め，共同入札の形式を利用して落札し，後に，そのうちの１人で他の者に対価を支払って単独所有とすることが行われると，入札の適正を妨げることは明らかである。このような事情が判明した場合には，執行官は買受けの申出をさせないことができる（法65条１号）が，行為の外形だけからでは，このような不正行為と正当な共同入札を区別することは，困難である。他方，共同入札をしなければならない正当な必要性があることは，それほど多いこととは思われない。特に，互いに一定の身分関係や生活関係を有しない者が共同入札をする場合には，このような不正行為が行われている危険性があると考えられる。いわゆる悪質競売ブローカーや暴力団が競売場に出入りしていた旧法下の実情を考慮すれば，一層のことである。したがって，これらの事情を考慮すれば，共同入札に一定の制約を設けることは，合理的かつ必要であると思われる。これが，本条５項の設けられた理由である。

共同して入札しようとする者は，あらかじめ，執行官の許可を受けなければならない。「あらかじめ」とは，具体的入札行為をする前にという意味で，入札期日開始前でも，開始後でもよい。また，前記許可は物件ごとに受けなければならない。

前記許可の申立ては，共同入札人の関係及び取得すべき持分割合を明らかにして，しなければならない。前者については，前述したように，共同入札の許否の判断は，共同入札人間の関係が基準となるからであり，後者については，買受人のための移転登記の嘱託（法82条１項１号）において，持分を明らかにする必要があるからである。「関係」としては，身分関係，目的不動産に関する利用関係等を具体的に記載すべきである。

許可するか否かは，執行官の裁量に委ねられているが，前述した本条５項の趣旨から考えて，合理的なものでなければならない。許可すべき共同入札人の例としては，夫婦，親子のような親族関係にある者，売却の目的物が私道である場合のその利用者，共同借地人，共同借家人等がある(10)。その他，どのような関係があれば許可するかは，各庁の実情に応じて健全な裁量を働かせるほかはない(11)。

なお，共同入札人については，一括して売却の許否を決すべきで，そのうちの１人について売却不許可事由があれば，全員につき不許可とされることとなり，また，代金支払義務は全員が全額につき負担することとなる(12)。

7　入札の変更又は取消の禁止（６項）

本条６項は，入札の変更，取消しの禁止を規定している。これを認めると手続が混乱し，ひいては入札人間の紛争をも生じかねないからであり，他の買受申出に応じて買受申出の額を逐次変更していく競り売りと異なり，入札の場合には，秘密を保って行われた買受けの申出の額の相互の高低により最高価買受申出人が決定するのであるから，その性質上も，変更，取消しを許すべきではない。

「変更」とは，入札書の記載の訂正，追加のほか，入札書自体の引換えを含む（国徴法101条２項は，引換，変更としている。）。買受申出の内容の実質的な変更を許さないのはもちろんであるが，単なる書き落とし，誤記についても，変更は許されない。したがって，その結果，入札書自体の記載が不完全であったり，判読又は物件の特定が不可能であったりする場合には，無効な入札とするほかはない。いわゆる表示の錯誤があって，物件の表示，入札価額の表示を誤ったときも，それにより売却不許可決定がされることはあっても(13)，入札自体の変更，取消しは許されない。執行官は，入札書の記載のみに従って，最高価及び次順位の買受申出人を定めるべきである。

変更，取消しが許されないのは，入札書を執行官に差し出した後のことであって，差出し前に，入札書の記載を訂正したり（金額を訂正するときは，新たな用紙に書き直すべきことは前述したとおりである。），入札をやめることは，当然許される。どの時点で差出しがされたこととなるかは，実際上の取扱いにもよるが，遅くとも，入札箱に投入された後は，変更，取消しはできない。

本条７項は，既に行った入札を変更し，又は取り消すことを禁止しているが，既に行った入札はそのままにした上，同一人が更に別の入札を行うことも許されない。同一人が，２つの異なる買受けの申出をしたことになり，これが，第２の入札のみを有効なものとする趣旨なら実質的に本項に違反するし，そうでないなら２つの矛盾する意思表示をしたことになるからである。

以上のことから，入札書の記入は十分慎重にすべきであり，執行官は，本項の趣旨を入札希望者に十分理解させるよう，事前に注意をする運用(14)が望まれる。

8　暴力団員等に該当しない旨の陳述書等の提出（７項）

期日入札における入札も買受けの申出であることから，入札人が入札書を提出する際には，法65条の２の陳述が必要である。そこで，本条７項は，31条の２の規定を必要な読替えをした上で期日入札における入札に準用することとしている（陳述の方式等や添付書類については同条の解説参照）。同条の規定と異なるのは，陳述の主体が入札人となること，陳述書の提出先が執行官となること等である[15][16]。

注⑴　不動産手引(上)167頁参照

⑵　投入は，入札人が行う方法と，執行官が受け取って投入する方法とがあろう。前者の場合でも，執行官が立ち会っている必要がある。

⑶　入札人が，どの事件のどの物件につき入札したのか外部的に分からないようにして，入札の適正を保つのに役立っている。

⑷　この番号又は符号は，期日入札の公告において売却すべき不動産を表示する際にも，期日入札調書において不動産を表示する際にも，付しておくのが便利な取扱いであろう。

⑸　最決平15．11．11民集57－10－1524は，不動産競売の入札の手続において，入札書の入札価額欄の記載に不備があり，同欄の記載内容からみて，入札価額が一義的に明確であると認められないときは，その入札書による入札は無効であるとして，位ごとに区切られた入札価額欄の枠内に各位の数字を記載するものとされた入札書が用いられ，その１の位には何も記載がされていないときは，当該入札書による入札は，無効であるとする。

⑹　不動産手引(上)167頁参照

⑺　民事執行に関する申立てについては，民訴規が準用される（15条の２）結果，法人の代表者の資格証明書は，申立ての際に提出すべきこととなる（民訴規18条・民訴規15条）から，明文の規定を置く必要はない（例えば，21条参照）が，買受けの申出についても，この民訴規の規定が準用されるかどうかは疑問であろう。

⑻　注⑺と同様に，民訴規15条又は民訴規23条が準用されるかどうかは疑問である。

⑼　ただし，同一物件につき同一人が複数の入札人の代理人となることは，許されないであろう。入札人が他の入札人の代理人となることも同様である（同旨，三宅弘人・注解⑶623頁，近藤崇晴・注解民執法⑵380頁）。

⑽　三宅弘人・注解⑶623頁，近藤崇晴・注解民執法⑵383頁参照

⑾　執行官協議要録312頁〔554〕，313頁〔555〕参照

⑿　瀧川叡一・注解⑶318頁，近藤崇晴・注解民執法⑵384頁，大橋寛明・注釈民執法⑶418頁参照

⒀　法71条が限定列挙している（田中・解説187頁参照）売却不許可事由のいずれにも該当しないが，売却である以上，民法の規定が適用になり，実体法上無効な買受申出しかなかったというべきであるので，売却は不許可とするほかないと思われる（同旨，中野「換価としての競売の法的性質」研究161頁）。

⒁　執行官による口頭の注意事項の告知のほか，売却場における注意事項の掲示，入札書用紙の裏面等への注意事項の印刷等の方策が併用されるべきであろう。

⒂　なお，令和元年改正規則による改正前の本条６項は，入札人は，住民票の写しその他その住所を証するに足りる文書を提出するものとする旨を定めていたが，同改正により，本条７項によって31条の２第１項２号の規定が準用され，個人である入札人は，住民票の写し等の提出が義務付けられることとなった。これにより，同改正前の本条６項は削られ，同項以下の項番号が繰り上がった。

⒃　無剰余回避のための差押債権者による買受けの申出の場合と異なり，執行官に対する入札の場合には，複数の買受けの申出の有効性について迅速かつ一律の判断が求められることから，一度提出した陳述書の補正や添付資料の追完は認められないと考えられる。

（期日入札における買受けの申出の保証の額）

第39条　期日入札における買受けの申出の保証の額は，売却基準価額の10分の２とする。

2　執行裁判所は，相当と認めるときは，前項の額を超える保証の額を定めることができる。

〔解　説〕

1　本条の趣旨

本条は，期日入札における買受けの申出の保証の額について規定している。本条が準用される結果，期間入札及び競り売りについても同一の定めがされていることとなる（49条，50条４項）。特別売却（51条３項）のときは，本条が準用されないが，実務上は，同様の保証の額で特別売却に付されているのが通常である。

法は，買受けの申出をしようとする者は執行裁判所が定める額の保証を提供しなければならないとし，これについては，最高裁判所規則で定めることとしている（法66条）。本条は，この規定の個別委任によるものである。

2　買受けの申出の保証額（１項）

本条１項は，買受けの申出の保証の額は，売却基準価額(1)の10分の２とすることを規定している。ただし，これには，本条２項の例外がある。

売却基準価額の10分の２であるから，買受けの申出の額の高低に関わりなく，同一不動産については同一額ということになる。買受け申出の額の高低により，保証の額も増減することとすると，保証金を用意する買受申出人にとっても，これを受領する執行官にとっても，不便である(2)とともに，保証の額により入札金額が分かってしまうので，本条１項では，これを定額としたものである。

法では，次順位買受け申出の制度が創設され，最高価買受申出人の申出の額から買受けの申出の保証の額を控除した額を超える買受けの申出をした者があるときは，次順位の者は，次順位買受けの申出ができることとなった（法67条）が，保証の額が定額とされたことにより，次順位買受けの申出ができる場合か否かの計算が容易にできるメリットもある。また，保証提供の方法として，銀行等の自己宛小切手，送金小切手，支払保証委託契約が認められた（次条１

項２号から４号まで）が，これらの方法を利用するには，保証の額は，定額である方が便利である。これらの点を考慮すれば，現行法においては，買受けの申出の保証の額を定額とするのが望ましいと思われる。

買受けの申出の保証の額の算出基準となるのは，売却基準価額である。売却基準価額は，適正な現況調査及び評価の手続を経た上で，評価人の評価に基づいて定められる（法60条）のであるから，法の売却基準価額は，不動産の客観的価値を表象していると言って差し支えなかろう。したがって，これを保証額決定の基準とするのが合理的である。

買受けの申出の保証の額は，売却基準価額の10分の２である(3)。法では，専ら買受けの申出の保証の没取（法80条１項後段，法86条１項３号）によってのみ，代金支払を担保させようとしている(4)。

3　売却基準価額の10分の２を超える保証額（２項）

本条２項は，執行裁判所は，相当と認めるときは，売却基準価額の10分の２を超える保証の額を定めることができることを規定している。

執行裁判所は，売却基準価額の10分の２を超える額のみを定めることができ，これを下回る額を定めることは，許されない。買受けの申出の保証の制度は，誠実な買受けの意思を有しない者の買受申出を排除するのが目的であり，売却の適正確保には欠くことのできないものであるから，保証の額を低減することは相当でないと考えられるからである。増額するについては，上限の定めがないが，代金不払の場合に没取されることを考慮すれば，おのずと限界があろう。

本条１項について前述したところによれば，本条２項で執行裁判所が定める額も，定額であるべきであり，例えば，買受けの申出の額の10分の３などと定めることは妥当でない。

保証の増額には，特段の要件はなく，執行裁判所が相当と認めれば足りる。しかし，本条２項により，これを増額すべき場合は，多くないと思われる。実際には，買受人が代金を支払わないため更に売却する場合等(5)に限られることとなろう。抽象的には，売却基準価額の10分の２の保証でも，真実買い受ける意思のない者が買受けを申し出る危険性が予想される場合が，増額に適するといえよう。

執行裁判所が本条２項により増額された保証の額を定めないときは，当然に，本条１項により，売却基準価額の10分の２と定められたこととなる（法66条参照）。

4　保証の額の公告等

買受けの申出の保証の額は，増額された場合はもちろん，売却基準価額の10分の２の場合にも，期日入札の公告において明らかにしなければならない（36条１項４号）。

なお，本条により定められた保証の額を超える額の保証が提供された場合の問題については，次条の解説の２を参照されたい。

注⑴　平成16年改正法により，最低売却価額が売却基準価額とされたこと（法60条１項）から，平成16年改正規則により，本条１項中，最低売却価額が売却基準価額に改められた。

⑵　特に，買受け申出の額が競り上げられる競り売りの場合には，理論上はそのたびに保証金を追加していかなければならないこととなり，極めて煩わしいものである。

⑶　買受申出保証額に不足がある場合の裁判例として，仙台高決平２．１．10判時1361－61（有効），大阪高決平２．７．12判時1361－61（不適法）がある。

⑷　田中・解説181頁参照。

⑸　そのほか，計算を容易にするため，売却基準価額の10分の２に若干の上積みをして，数額を整えることも可能であろう（大橋寛明・注釈民執法⑶471頁参照）。

（期日入札における買受けの申出の保証の提供方法）

第40条　前条の買受けの申出の保証は，入札書を差し出す際に次に掲げるもの（以下「保証金等」という。）を執行官に提出する方法により提供しなければならない。

一　金銭

二　銀行又は執行裁判所の定める金融機関が自己を支払人として振り出した持参人払式の一般線引小切手で，提示期間の満了までに５日以上の期間のあるもの

三　銀行又は執行裁判所の定める金融機関が執行裁判所の預金口座のある銀行を支払人として振り出した持参人払式の一般線引小切手で，提示期間の満了までに５日以上の期間のあるもの

四　銀行等が買受けの申出をしようとする者のために一定の額の金銭を執行裁判所の催告により納付する旨の期限の定めのない支払保証委託契約が買受けの申出をしようとする者と銀行等との間において締結されたことを証する文書

2　執行裁判所は，相当と認めるときは，金銭を提出する方法により買受けの申出の保証を提供することができない旨を定めることができる。

〔解　説〕

1　本条の趣旨

本条は，期日入札における買受けの申出の保証の提供方法について規定している。本条は，競り売りには準用されている（50条４項）が，期間入札（48条）及び特別売却（51条４項）については，別途規定されている。

法は，買受けの申出をしようとする者は執行裁判所が定める方法による保証を提供しなければならないとし，これについては最高裁判所規則で定めることとしている（法66条）。本条は，この規定の個別委任によるものである。

2　買受けの申出の保証の提供方法（１項）

本条１項は，買受けの申出の保証の提供方法として，４種類の方法を定めている。ただし，これには，本条２項の例外がある。

⑴　保証の提供の相手方

買受けの申出の保証は，その性質上，執行裁判所に対して提供するものであると解されるが，その提供の方法としては，本条１項各号に掲げるものを売却の実施者である執行官に提供するものとされている。執行裁判所に直接提供する方法等は認められていない（48条参照)。これは，最高価買受申出人又は次順位買受申出人となった者以外の買受申出人には保証を即日返還すべきところ，そのためには，執行官が受領したものをその場で返還する（45条１項参照）のが簡便であり，執行裁判所に直接提供する方法はもちろん，執行裁判所の預金口座に金銭を振り込んだ上，その旨の金融機関の証明書を執行官に提出する方法（48条参照）も，その証明書を返還するだけでは保証を返還したことにならず，返還手続が複雑になる（この点については同条の解説の２を参照）からである。執行官に提出された保証金等（本条１項各号掲記のもの）は，買受申出人に即日返還されるものを除き，執行官から執行裁判所に提出される（45条３項。この提出の手続については，同条の解説の４を参照)。

⑵　保証の提供の時期

保証の提供は，入札書を差し出す際にしなければならない。したがって，入札期日外に提供することができないのはもちろん，入札書の差出し前や差出し後に提供することも許されない。保証を提供しないで入札書を差し出しても，執行官はこれを受領すべきではないので，具体的には，入札書差出しの直前に保証を提供させ，これを確認した上で差し出させる取扱いが一般的であろう。

⑶　保証として提出すべきもの

執行官に提出すべきものは，①金銭（１号)，②銀行等の振り出した自己宛小切手（２号)，③銀行等の送金小切手（３号)，④支払保証委託契約の締結を証する文書（４号）であり，これらのいずれか１つの提出で足りるが，本条が特に排斥していないので，これらを併用することも許される。執行裁判所は，これらのうち金銭を提出する方法については本条２項により禁止することができるが，それ以上に提供方法を制限することはできないと解すべきであろう[(1)]。本条では，執行裁判所に前記の裁量権があるだけで，執行官には裁量権がないものとされている。

ア　金　銭

第１の方法として金銭の提出が規定されていることは，当然のことであろう[(2)]。なお，ここでいう金銭の提出は，「入札書を差し出す際に……執行官に提出する」との文言上，及び48条との対比上，金銭の振込送金を認めない趣旨であることは明白であろう。

問題は，金銭の提出以外にいかなる方法を認めるか[(3)]であるが，有価証券のうち，換価が確実かつ容易であり，評価を要しないもの，有価証券以外で，同様の要件を満たすものが，金銭に準ずるものとして，保証とするに適すると考えられる。この要件に適合するものとして，本条は，前記の３つの方法を新たに認めたものである。当然のことながら，本条掲記のもの以外は，保証とすることができない[(4)]。

イ　銀行等の自己宛小切手

第２の方法は，銀行等の自己宛小切手の提出である。この小切手の要件は，

①　銀行又は執行裁判所の定める金融機関が振り出したものであること

②　支払人が振出人たる金融機関自身（自己宛）であること

③　持参人払式であること

④　一般線引小切手であること

⑤　提示期間の満了までに５日以上の期間のあるものであること

の５点である。

自己宛小切手は，実務上利用度が高く，振出人兼支払人が信用力の高い者である場合には支払が確実である。したがって，銀行[(5)]以外に執行裁判所が定める[(6)]金融機関は，銀行と同等の信用を有するもの，例えば，信用

金庫，農林中央金庫，株式会社商工組合中央金庫などに限られるべきである。

小切手の提示期間は，10日と法定されている（小切手法29条1項）ので，そのうち5日以上を残すものしか認めない本条の規定は，買受申出人にとってやや窮屈な感があるかもしれないが，裁判所が換価するのに要する手続上の時間を考慮すると，本条の制限はやむを得ないといえよう。

銀行等の自己宛小切手は，買受申出人が当該銀行等の取引先である場合には，振出しについては手数料が掛からないのが普通であるが，換価の際に取立手数料が掛かる場合がある。すなわち，執行官に提出された自己宛小切手は，買受申出人に即日返還されるものを除き，執行裁判所に提出され（45条），執行裁判所の預金口座のある銀行を通じて交換に付されるが，その際に，当該銀行の加盟する手形交換所に加盟している金融機関が振り出した自己宛小切手は，当該手形交換所において交換決済ができる（いわゆる同地決済）ので，交換手数料は不要であるのに対し，それ以外の金融機関が振り出した自己宛小切手は，振出人の加盟する手形交換所において交換決済をする（いわゆる隔地決済）ため，その手形交換所に加盟している自行の支店又はその他の金融機関に交換委託(7)をしなければならず，そのためには所定の(8)手数料が必要であるのが現状である。したがって，後者については，手数料を誰がどのような方法で負担するかの問題がある。この点については，保証提供の際に買受申出人に手数料相当の金銭を別途提出させることが考えられるが，この方法では，執行官が，当該小切手が同地決済し得るものか否かの判断をしなければならないこととなり，極めて煩さである。むしろ，手数料の要否に関わりなく自己宛小切手による保証提供を認め，その交換に要する手数料は支払金から控除する方法で支払われる(9)ので，保証を返還しなければならない場合には，手数料の控除された残額のみを返還すればよいし，買受人については，代金納付の際に，残代金に手数料分を含めて納付させれば足りよう。買受人が代金納付をしない場合には，保証が没取されるが，その場合の没取されるのは，小切手の額面額から手数料を差し引いた額のみとなる(10)。

自己宛小切手（次の送金小切手についても同じ。）により保証を提供する場合には，所定の保証の額を超える額面のものが提出されることが考えられる。これは，所定の額を超える部分については，買受申出人が提供義務のないものを提出したにすぎないのであって，前条の要件は満たしているものと考えられるから，有効な保証の提供というべきものであろう。この場合には，当該買受申出人が最高価又は次順位買受申出人にならなかったときは，そのまま返還すれば足りるが，これらになったときには，全部について返還しないこととなる。小切手の換価前は物理的に返還不能であるし，換価後も，買受申出人は，返還請求権を放棄しているものと考えられるからである。これらの者が買受人になった場合には，提供された全額が代金に充てられ（法78条２項），買受人は残金のみを支払えば足りる。次順位買受申出人が買受人にならないことが確定すれば，全額を返還する。買受人が残代金を支払わないときは，所定の保証の額に相当する部分は，売却代金になり（法86条１項３号），これを超える部分は，返還することとなる。買受人の返還請求権の放棄も，ここまでは及んでいないと解される(11)。

ウ　送金小切手

第３の保証の提供方法は，送金小切手を提出する方法である。この小切手の要件は，支払人が執行裁判所の預金口座のある銀行であることを除けば，自己宛小切手と全く同じである。したがって，提示期間，所定の保証の額を超える額面のものが提出された場合について前述したところは，送金小切手の場合にもあてはまる。

送金小切手とは，その名が示すように，本条１項３号には明記されていないが，振出人たる金融機関が小切手に表示された額の金銭を支払人たる金融機関に送金するとともに，小切手を振り出すものであるから，送金が確実にされる限り，支払は確実である。したがって，執行裁判所の金融機関の指定も，この観点からされるべきである。

送金小切手の換価は，執行裁判所の預金口座のある銀行自身が支払人であるので，小切手を提示さえすれば，直ちに換金され，手数料も不要であるので，自己宛小切手より便利である。ただ，買受申出人にとっては，送金小切手振出しに手数料が掛かるので，自己宛小切手より不便といえよう。

執行裁判所の預金口座とは，官署としての裁判所歳入歳出外現金出納官吏の預金口座のことで，従前はこのような預金口座を日本銀行以外の銀行には原則として持ち得なかったが，特例として持ち得ることとされたものである。各庁において，利用上最も適当な銀行を選んで口座を設けている。

エ　支払保証委託契約

第４の保証の提供方法は，支払保証委託契約を締結し，これを証する文書を提出する方法である。この方法による場合には，保証提供者は，若干の手数料を除き，現実の出捐を要しない。執行裁判所は，換価の必要が生じたときに確実かつ容易に換価できれば，不都合な点はないし，金銭や有価証券を預かるより安全な方法があれば，その方がより好都合ともいえる。これらの点を考慮して，この第４の方法が創設されたものである。本条の支払保証委託契約は，32条のそれと同じ性質のものであるので，同条の解説を参照されたい。

支払保証委託契約締結の証明文書を提出する方法で保証が提供されたときは，この保証は，買受申出人が最高価買受申出人又は次順位買受申出人になった場合でも，直ちに換価されず，証明文書が保管される。そして，買受人になった者の保証は，他の方法による場合には代金に充当される（法78条２項(12)）のに対し，この方法による場合には，代金には充当されず，買受人は代金全額を納付しなければならない。代金全額の納付があれば，証明文書を返還する方法で保証が返還される。したがって，この方法により提供された保証の換価は，買受人が代金を納付しなかったため保証を没取して売却代金に組み込むときにのみされる（法86条３項，法78条３項参照）。換価の方法については，58条に規定がある。

この方法による場合にも，提供義務のある額を超える額の金銭の支払を約する内容のものが提出されることがあり得ようが，その場合も，当然有効で，換価の際に提供義務のある額のみの納付をさせれば足りる。

⑷　保証の変換

買受けの申出の保証については，無剰余の場合の保証と異なり，保証の変換は認められない（32条２項参照）。買受けの申出の保証は，最高価買受申出人及び次順位買受申出人以外の者には，売却実施後すぐに返還されるし，最高価買受申出人等についても，売却決定期日には保証が返還されるか代金充当になるか等が明らかになるので，それまでのわずか３週間以内（35条参照）の期間に保証の変換をしなければならないことまで考慮する必要はないと考えられるからである。

3　金銭による保証の提供の禁止（２項）

本条２項は，買受けの申出の保証の提供方法のうち，金銭を提出する方法を，執行裁判所の裁量により禁止することができる旨を規定している。

不動産の売却における買受けの申出の保証は，相当高額なものとなるのが通常であるが，時には数千万円にも達することがあり得る。買受申出人が各自数千万円もの金銭を裁判所に持参すると，１物件の売却だけで数億円の金銭が売却場内に持ち込まれる事態も予想される。これは，裁判所の警備上，好ましい事態とはいえない。また，金銭を受領する執行官の計算上の手数もばかにならない。ところが，金銭以外のものを提出する方法による場合には，このような問題が少ない[13]。他方，買受申出人は，金銭を現実に用意できるならば，小切手作成や支払保証委託契約の締結は容易になし得る。そこで，本条２項は，金銭の提出による方法を禁ずることを認めたものである。

執行裁判所が本項の裁判をするについて，規定上の要件は，「相当と認めるとき」ということだけで，裁量に委ねられている。前記のような場合のほか，売却物件の数が多いため，全体として１期日の保証の額が大きくなる場合も，本条２項の裁判に適する。その判断の基準は，各庁の実情に応じて異なろう。金銭以外のものの提出による方法の利用が定着してくれば，本条２項による裁判をすることが次第に原則化する運用もあり得よう。

本条２項の裁判をしたときは，公告にその旨明記されることとなる（36条１項４号）。

注(1)　その意味では，保証の提供方法を執行裁判所が定めることとされている（法66条）が，その裁量の余地は著しく小さい結果となっている。

(2)　法自身，金銭による保証提供を予定している（法78条２項参照）。

なお，金銭の提出による場合には，受領するときに全部について金額を確認することに相当の手数がかかり，計算違いによるトラブルも生じかねないことを考慮して，保証金を封筒に入れて提出させ，中の金額を確認しないまま，いわば特定物として預かり，最高価の買受申出をした者の封筒のみを開封して金額を確認し，他はそのまま返還する取扱いが旧法下の一般的運用であった（債権不動産275頁参照）。このような事情は，現行法下でも同じであるので，他の保証提供方法が認められたり，本条２項が新設されたといっても，金銭による提供の場合には，前記取扱いが維持されるのではなかろうか。

(3)　法は，金銭以外のものも規定されることを予定している（法86条３項参照）。その必要性については，32条の解説の注(2)を参照

(4)　32条の無剰余の場合の保証と本条の保証とでは，許容される有価証券の範囲が違っている。これは，前者に比し，後者は事件数がはるかに多いので，換価がより容易でなければならないこと，後者は，提供者が複数であるので，その間の公平をはからね

ばならず，評価をしなければならない有価証券（株券など）は適当ではないこと，提供しなければならない保証の額は，前者の方がはるかに大きいので，提供方法もより広く認めるのが相当であること，などの理由により，後者では，有価証券を２種類に限定したものである。

(5) 10条の解説の注(1)を参照

(6) 実務上は，各庁ごとに振出人となり得る金融機関のリストを作成し，これにより画一的に指定がされることとなろう。

(7) 昭和54年２月13日から実施された新全国銀行データ通信システムサービスにより，全国の銀行はもとより，信用金庫，農林中央金庫，株式会社商工組合中央金庫等の金融機関に対し，交換委託をすることが可能となった。

(8) 手数料の額は，各金融機関ごとに定められているので，各庁が預金口座を設ける銀行により異なる。

(9) 執行裁判所の預金口座には，手数料を控除した額のみが振込入金になる。

(10) このように解しても，法86条１項３号には抵触しないであろう。このような解釈を採る場合は，結局，保証として提供されたのは，手数料分を控除した額のみであったと考えればよいからである。保証を返還する場合や，代金納付させる場合の本文の説明も，このように考えれば，理由があるといえよう。ただ，前条に反するとする考え方もあり得るが，買受申出人が提出した自己宛小切手自体は，売却基準価額の10分の２の価値があったのであるから，同条には適合すると解される。

(11) 大橋寛明・注釈民執法(3)475頁

(12) 銀行等の自己宛小切手及び送金小切手は，有価証券ではあるが，実質的には金銭に準ずべき価値と機能を有するものであるので，法78条２項の解釈上は，金銭に含ましめてよいと思われる。したがって，これら小切手も，換価の上，代金に当然充当される。

(13) 支払保証委託契約締結を証する文書の場合は，盗難による危険性は全くないし，小切手の場合も，一般線引小切手に限られているので，危険性は少ない。

（入札期日の手続）

第41条　執行官は，入札の催告をした後20分を経過しなければ，入札を締め切つてはならない。

2　執行官は，開札に際しては，入札をした者を立ち会わせなければならない。この場合において，入札をした者が立ち会わないときは，適当と認められる者を立ち会わせなければならない。

3　開札が終わつたときは，執行官は，最高価買受申出人を定め，その氏名又は名称及び入札価額を告げ，かつ，次順位買受けの申出（法第67条に規定する次順位買受けの申出をいう。以下同じ。）をすることができる入札人がある場合にあつては，その氏名又は名称及び入札価額を告げて次順位買受けの申出を催告した後，入札期日の終了を宣しなければならない。

〔解　説〕

1　本条の趣旨

本条は，入札期日において執行官が行うべき手続について規定している。入札人の行うべき入札行為については，38条に規定がある。

入札期日の手続は，執行官の入札期日の開始の宣言により開始される。これに引き続いて，入札をするについての注意事項の告知が口頭で行われ(1)，当該期日において売却に付される物件が呼び上げられる(2)。そして，これらの物件について，入札の催告がされる。注意事項の告知は，入札の催告後に行う取扱いも考えられる。事件が多い場合には，同一時刻に複数の事件の期日を指定し，入札の催告もまとめて行う取扱いが一般的である。以上の手続は，本条には明記されていないが，入札を行う以上当然にこれに伴うもので，本条は，これを予定した上でその後の手続について規定したものである。

2　入札の締切り（1項）

本条1項は，入札の催告から入札の締切りまでは20分以上なければならないことを規定している。入札行為の性質上，これに一定の時間が掛かることは言うまでもないことで，いたずらに短時間で締め切ることを認めると，買受希望者の買受申出の機会を奪うことになりかねず，ひいては，入札の適正をも損なうことになる。そこで，少なくとも20分の時間的余裕を設けることとしたのが本条１項である[(3)(4)]。

規定上は催告から20分を経過しても，締め切らなければならないわけではないが，20分以上後の適当な時刻を決めてあらかじめこれを参集者に告知しておき，定刻の経過により機械的に締め切る取扱いが，公平公正の観点から適当であろう。締め切る際にはその旨を宣言すべきである。

３　開札の立会人（２項）

本条２項は，開札に立ち会わせるべき者について規定している。

入札を締め切ると，直ちに開札に移ることとなるが，開札の公正を担保するには，入札をした者に立ち会わせることが最も適当であると思われるので，本条２項は，第一次的な立会人を入札をした者と規定している。入札をした者とは，入札名義人ではなく，入札行為をした者のことで，代表者又は代理人により入札がされたときは，その代表者又は代理人をいう。入札をした者のうち開札の時には売却場を退場してしまっているものは，立ち会わせる必要がないが，売却場にいるものは，その全員を立ち会わせるべきである。

入札をした者が１人でも残っていて開札に立ち会う限り，他の者を立ち会わせる必要はないが，その全員が退場してしまっているときは，執行官は，「適当と認められる者」を立ち会わせなければならない[(5)]。誰を立会人とするかは，執行官の裁量に委ねられている。入札をした者とは，当該物件について入札をした者の意であるから，複数の物件を同時に入札に付した場合には，特定の物件について入札をした者の全員が退場していても，その物件については，本項後段が適用になる。しかし，他の物件について入札をした者が立ち会っているときは，その者を「適当と認められる者」として開札をすれば足りよう。当該期日において入札をした者の全員が退場した場合には，売却場に臨場している執行官の監督官，監督補佐官，裁判所書記官等に立会いを求めるのが適当であろう。本条２項後段により入札をした者以外の者を立ち会わせたときは，期日入札調書にその旨の表示を記載しなければならない（44条１項６号)。

なお，開札の方法として，本項では入札書の朗読は義務付けられていない。ただし，立会人が開札が公正に行われていることを確認できるようにしなければならない。

4　開札後の手続（３項)

本条３項は，開札後の手続を規定している。

まず，執行官は，最高価買受申出人を定めなければならない。買受可能価額以上の最高の価額を申し出た入札人が適正な入札をしていれば，自動的に最高価買受申出人となるが，入札書の必要的記載事項に不足があったり，保証の額に不足があることが発見されたり，買受けの申出をすることができない者であることが他の入札人の指摘等により判明したときなどには，適法な買受けの申出とはいえないので，第２位の買受可能価額以上の価額を申し出た者が，最高価買受申出人と定められる。最高価の者が２人以上あるときは，次条の規定により最高価買受申出人を決定しなければならない。

執行官は，最高価買受申出人を定めたときは，その者の氏名又は名称及び入札価額を告げなければならない。最高価買受申出人がないときには，その旨を告げるのが相当である。この告知は，最高価買受申出人の確定を外部的に明らかにすることのほか，最高価買受申出人となった者に対する通知の機能も果たしている(6)。

次に，執行官は，次順位買受けの申出をすることができる者がいるかどうかを判断して，これがいる場合には，その者の氏名又は名称及び入札価額を告げて，次順位買受けの申出を催告しなければならない。最高価買受申出人の申出の額から買受けの申出の保証の額を控除した額を超える入札が複数あるときは，そのうち，最高価買受申出人に次いで高額の申出をした者（第２位の者)

のみが次順位買受けの申出ができ，第３位以下の者は，第２位の者が次順位買受けの申出をしないときでも，次順位買受け申出をすることはできない（法67条参照）。第２位の者が複数いるときは，その全員が次順位買受けの申出をすることができる。なお，第２位の者と次順位買受申出人とは同義ではなく，前者のうち，法67条の次順位買受けの申出をした者（この者が複数いるときは，次条３項により定められた者）のみが，次順位買受申出人であることに注意すべきである。

次順位買受けの申出がされれば[(7)]，執行官は，直ちに入札期日の終了を宣言する[(8)]。次順位買受けの申出をすることができる者が，その申出をしない旨を表明したとき，又は不在のときも同様である。その者が，合理的考慮時間を経過しても，態度を決しないときも，入札期日を終了させて差し支えない。入札期日の終了後は，次順位買受けの申出をすることはできない（法67条）。

注(1)　入札についての詳細な注意事項は，売却場に掲示したり，入札書用紙に印刷しておくのが適当である。告知すべき事項としては，次のようなものが考えられる。

①　入札は催告後○○分（20分以上で各庁の実情に応じて適宜定めた時間）を経過すると締め切られること。

②　入札書は所定の用紙に所要の事項を所定の場所（記入台）で記入すること。

③　入札書に記載した事項を訂正するときは，新しい用紙に書き替えること。

④　共同して入札をしようとする者は，執行官の許可が必要であること。

⑤　入札書を差し出す際に，所定の保証を提供すること。保証は，期日が終了するまで返還しないこと。

⑥　一度差し出した入札書の訂正や引換えはできないこと。

⑦　入札の締切り後直ちに開札すること。入札をした者は開札に立ち会うべきこと。

⑧　開札終了後，最高価買受申出人を定めること。次順位買受けの申出をすることができる者がいるときは，その者の名前を告げるので，直ちに申出をするか否かを決め，期日終了の宣言までに申し出ること。

⑨　最高価買受申出人及び次順位買受申出人は，期日入札調書に署名押印すること。

⑩　最高価買受申出人及び次順位買受申出人以外の入札人には，期日の終了後保証を返還すること。その際に返還を申し出なかった者は，後日執行裁判所に返還を申し出るべきこと。

⑵　物件の呼び上げは，事件番号，当事者，買受可能価額，保証の額を明らかにしてすべきである。一括売却の定め（法61条），買受けの申出をすることができる者の制限（33条）がされている物件については，その旨も明らかにすべきである。

⑶　競り売りについては時間制限を設けていないことについて，50条４項及び解説４を参照されたい。

⑷　入札催告から締め切りまで41条１項の時間を置かないことが売却不許可事由になるとしたものとして東京高決昭56．12．４判時1031－129がある。

⑸　入札人が１人も立ち会わないことは，期日入札では通常あり得ないが，期間入札ではこのような事態が起こり得よう。

⑹　ただし，最高価買受申出人となった者が既に退場している場合には，これに改めて通知することは必要ではない。

⑺　次順位買受申出は，何も規定がないので，当然口頭ですることができる。なお，入札書にあらかじめ，次順位買受けの申出ができる者になった場合には，その申出をする旨を記載させることも考えられないではないが，これを次順位買受けの申出と認めると，その撤回を許すか否かなど，やっかいな問題が派生することとなる。本条はこれを否定する趣旨である。

⑻　次順位買受申出人が確定したときに，改めてその者の氏名等を告げる必要はない。

（期日入札における最高価買受申出人等の決定）

第42条　最高の価額で買受けの申出をした入札人が２人以上あるときは，執行官は，これらの者に更に入札をさせて最高価買受申出人を定める。この場合においては，入札人は，先の入札価額に満たない価額による入札をすることができない。

2　前項の入札人の全員が入札をしないときは，くじで最高価買受申出人を定める。同項の入札において最高の価額で買受けの申出をした入札人が２人以上あるときも，同様とする。

3　次順位買受けの申出をした入札人が２人以上あるときは，くじで次順位買受申出人を定める。

〔解　説〕

1　本条の趣旨

入札は競り売りと異なり同一額の買受けの申出が２つ以上出されることがあり得る。それが最高価又は次順位のものである場合には，いずれか１つに決める必要がある。そこで，本条において，このような場合の最高価買受申出人又は次順位買受申出人の決定方法を規定したものである。

2　最高価買受申出人の決定（1，２項）

本条１項は，最高の価額で買受けの申出をした入札人が２人以上あるときは，追加入札をして最高価買受申出人を決定することを規定している。

この追加入札も入札であるので，性質に反しない限り，入札の規定が適用される。ただし，買受けの申出の保証は，既に提供してあるので，改めて提供することを要しない。執行官は，追加入札の催告をする義務はあるが，全員に実際に入札をさせる義務はない。全員が入札すれば直ちに，入札しない者があるときは，20分を経過した後に入札を締め切り，開札を行う。

追加入札においては，入札人は，先にした入札の際の入札価額に満たない価額による入札はできない（本項後段)。追加入札の性質上，当然のことである。先の入札価額と同額の入札をすることも可能である。

追加入札の結果，最高価の者が１名決まった場合は，その者が最高価買受申出人となるわけであるが，再度，最高価の者が複数出た場合や，全員が追加入札に応じなかった場合（全員が退場していた場合などが考えられる。）には，依然として，最高価買受申出人が決まらない。このような場合には，くじで最高価買受申出人を決定することとした。再度の追加入札をしても，無意味なことが多いと思われるからである。なお，滞納処分による公売の手続について，同趣旨の規定がある（国徴法104条２項）。

くじの具体的方法については規定がないので，運用に委ねられている。入札人が入札場にいる場合には，入札人自身に引かせるのが原則であろうが，入札人がこれに応じない場合には，執行官が引くことも許容される。また，入札人が不在の場合（期間入札の場合（49条）にはこのような事態が多いと考えられる。）には，執行官がくじを引くことによらざるを得ない。

追加入札の入札価額が先の入札価額と同額である場合において，追加入札をしなかった者がいるときは，その者はくじに加わることはできない[(1)]。追加入札をしないことは，権利放棄と解されるからである。

3　次順位買受申出人の決定（３項）

本条３項は，次順位買受けの申出をした者が２人以上あるときの次順位買受申出人の決定は，追加入札を経ることなく，直ちにくじにより決することと規定している。追加入札の方法では，その結果最高価の買受申出の額を上回ってしまうこともあるからである。くじの方法については，前述したとおりである。

本条３項が適用されるのは，「次順位買受けの申出」（法67条参照）をした者が２人以上ある場合であって，第２番目に高額の買受けの申出をした者が２人以上あっても，次順位買受けの申出をしたのがそのうちの１人にすぎない場合は，当然その者が次順位買受申出人になることに注意を要する。

4　期日入札調書の記載

本条の方法により最高価買受申出人又は次順位買受申出人を定めたときは，執行官は，その旨を期日入札調書に記載しなければならない（44条１項７号）。

注(1)　追加入札をしなかった者は，全員が追加入札をしなかったときに限り，くじに加わることができる（大橋寛明・注釈民執法(3)423頁）。

（入札期日を開く場所における秩序維持）

第43条　執行官は，入札期日を開く場所における秩序を維持するため必要があると認めるときは，その場所に参集した者に対し身分に関する証明を求め，及び執行裁判所に対し援助を求めることができる。

〔解　説〕

1　本条の趣旨

旧法下における競売場の実態をみるに，いわゆる悪質ブローカーや暴力団関係者が頻繁に出入りし，談合，強迫その他の不正行為が行われる例が少なくなかったと推察される。しかるに，執行官がこれに対処するのに適当な根拠となる規定がなかった。法は，売却の場所の秩序を維持するための執行官の権限を明記し，一定の者に対し，売却の場所に入ることを制限し，若しくはその場所から退場させ，又は買受けの申出をさせないことができるものとした（法65条）。この執行官の秩序維持のための処分を実効あらしめるための直接の規定は法にはなく，ただ，執行官は抵抗を受けるときは，その抵抗を排除するために，威力を用い，又は警察上の援助を求めることができるとされている（法６条１項）にとどまる(1)。

本条は，この法の規定を受けて，秩序維持のために執行官が採り得る方策を規定している。

2　身分証明

執行官は，入札期日を開く場所（以下「売却場」という。）における秩序を維持するため必要があると認めるときは，その場に参集した者に対し身分に関する証明を求めることができる。

法65条は，売却場において不正行為を行った者（同条１号）のほか，他の民事執行の手続(2)において不正行為を行った者とその事件の売却不許可決定中で認定された者（同条２号）及び他の民事執行の手続における売却に関し(3)刑法95条（公務執行妨害及び職務強要），同法96条（封印等破棄），同法96条の２（強制執行妨害目的財産損壊等），同法96条の３（強制執行行為妨害等），同法96条の4（強制執行関係売却妨害），同法96条の5（加重封印等破棄等），同法197条から197条の4まで（収賄）若しくは同法198条（贈賄），組織的な犯罪の処罰及び犯罪の収益の規制等に関する法律（平成11年法律第136号）3条1項1号から4号まで若しくは2項（同条1項1号から4号までに係る部分に限る。）（組織的な殺人等）又は公職にある者等のあっせん行為による利得等の処罰に関する法律（平成12年法律第130号）1条1項（公職者あっせん利得），同法2条1項（議員秘書あっせん利得）若しくは同法4条（利益供与）の規定により刑に処せられた者で，これらの裁判の確定の日から2年を経過していない者（法65条3号）に対し，売却場に入ることを制限するなどの措置を採り得ることとしている。そして，これらの者が最高価買受申出人になっても，売却不許可決定がされることとなる（法71条4号ハ）ので，できる限り売却場においてこれらの者を識別して，買受けの申出をさせないことが必要である。そのための方策として，売却を主宰する執行官は，手元にこれらの者のリストを用意しておいて，該当者とおぼしき者がこれらの裁判を受けた者であるか否かを確認できるようにしておくべきである。ところが，この確認をするについては，氏名の確認が最も有効な手段であるところ，偽名を用いられることも予想されるので，本条は，身分証明を求めることができる旨を規定したものである(4)。

身分証明としては，最も一般的な方法は運転免許証の提示であり，その他各種の身分証明書，名刺複数枚等の提示もあり得よう(5)。

3　執行裁判所の援助

執行官は，売却場の秩序を維持するため必要があると認めるときは，執行裁判所に対し援助を求めることができる。

執行官は，売却場の秩序維持のために一定の者に退場を命ずるなどの措置を採り得るが，これに従わない者を売却場から退去させるための方法としては，法は，執行官自らが威力を用いるか，警察上の援助を求めるかのいずれかしか規定していないことは，前述したとおりである。しかし，執行官自身の威力の行使には限界があり，また，執行官が直接警察上の援助を求めて，裁判所構内に警察官を導入することは好ましくないと思われる。そこで，これらに加えて，本条は，執行官が執行裁判所に援助を求めることができることとしたものである。

不動産執行においては，売却場において売却の実施を主宰しているのは執行官であるが，売却の主体は裁判所書記官であり，執行官はその命を受けて売却の実施を担当しているにすぎない（法64条３項参照)。したがって，売却場の秩序維持については，裁判所書記官が所属する執行裁判所も一定の責務を負うものと解しても差し支えなかろう[(6)]。そして，以下に述べる諸措置を採るか否かの判断は，執行官よりも執行裁判所の判断に係らしめる方が，より適当な場合が多いであろうと考えられる。これが，本条の援助が規定された理由である。

本条の援助を求められた執行裁判所の採り得る措置としては，次のようなものが考えられる。

第１は，法の規定による他の官庁又は公署，とりわけ警察に対する援助請求である（法18条１項)。これは，裁判長の法廷警察権の行使としての警察官の派出要求（裁判所法71条の２）に類似する。ただし，警察上の援助請求は，裁判所内部では対応策がない場合にのみ用いられるべきであり，また，庁舎管理権との衝突など困難な問題も生ずる。

第２の措置は，裁判所の警備員その他の裁判所職員の出動である。地方裁判所の所長は，その裁判所の職員又は庁舎その他の施設の安全を保持するため必要があると認めるときは，その裁判所の裁判官以外の職員に警備を命ずることができる（法廷の秩序維持等にあたる裁判所職員に関する規則２条１項)。したがって，執行裁判所は，所長の職権発動を促して，売却場及びその周辺の警備命令を発することを求めることができる。また，裁判所の庁舎を管理する者（地方裁判所にあっては，所長）は，執行官の職務執行の妨害となる行為をし，又はこれをしようとする者に対し，庁舎からの退去を命ずることができる（裁判所の庁舎等の管理に関する規程12条１項11号)。そして，この退去命令は，警備を命じられた職員に執行させることができると解される[(7)]（同規程３条参照)。したがって，執行裁判所は，庁舎管理権者に対し，その職権を発動して，執行官の退場命令等に従わない者に対し退去命令を発し，かつ，その執行を警備員等に命ずることを求めることができる[(8)]。

執行裁判所が，裁判所書記官等を売却場に派遣して，執行官の補助をさせることは，法令上の根拠がないので，できないと解される[(9)]。

本条は，前述した執行官固有の警察上の援助請求権を否定するものではないし，警備命令や退去命令の発動を促すことは，執行裁判所に限らず，執行官もなし得ると解されるが，本条が設けられた趣旨に照らせば，執行官は，本条の援助請求によるべきであろう。

注⑴　平成16年改正法により，執行官が独自に，官庁又は公署に対する援助請求をすることができるようになった（法18条１項）が，執行官の秩序維持のための処分を実効あらしめるためには，警察上の援助以外に，援助請求を活用する事態は想定し難いと考えられる。

⑵　不動産執行事件に限られない。

⑶　売却手続のみならず，差押え等その準備行為を妨害した者も含まれるが，配当等の売却後の手続を妨害した者は，含まれない（座談会250頁参照)。

⑷　同旨の規定は，国徴法108条４項に存する。

⑸　大橋寛明・注釈民執法⑶457頁参照。なお，身分に関する証明書の提示を拒んだ場合に退場等を命ずることができるかについては，拒んだだけでは退場を命ずることはできないと考えられるが，挑戦的な態度で拒否するなどした場合には，「売却の適正な実施を妨げる行為」(法65条１号)に該当する場合もあろう(執行官協議要録89頁〔156〕)。

⑹　ただし，本条にこのような規定を置かなければ，本文で述べるような措置を採る権限が執行裁判所にあると解することは，困難であると考えられる。

⑺　東京高判昭51．２．24高刑集29－１－27参照

なお，警備員に執行官の退場命令自体を執行させることはできないと解される。

⑻　なお，庁舎管理事務は，その一部を当該裁判所の職員に委任し，又は代理させることができる（裁判所の庁舎等の管理に関する規程２条４項）ので，入札期日等における売却場の秩序維持に関する事務に限って，執行裁判所の裁判官に委任する運用がされれば，執行裁判所が所長に職権発動を促さなくとも，より機敏な対応をすることが可能となろう。

⑼　なお，本条とは関係ないが，執行官の監督官及び監督補佐官（執行官規則４条）も，売却場に臨場して執行官の職務の執行を監察することができる（同規則５条２項２号）ので，監督補佐官の資格で例えば首席書記官や執行事件担当の主任書記官が自ら売却場に臨場し，又は他の書記官等を補助者として臨場させることはできるし，また，そのような運用が妥当である。

（期日入札調書）

第44条　執行官は，期日入札を実施したときは，速やかに，次に掲げる事項を記載した期日入札調書を作成し，執行裁判所に提出しなければならない。

一　不動産の表示

二　入札の催告をした日時及び入札を締め切つた日時

三　最高価買受申出人及び次順位買受申出人の氏名又は名称及び住所並びに代理人の氏名及び住所

四　最高価買受申出人及び次順位買受申出人の入札価額及び買受けの申出の保証の提供方法

五　適法な入札がなかつたときは，その旨

六　第41条第２項後段の規定により入札をした者以外の者を開札に立ち会わせたときは，その者の表示

七　第42条の規定により最高価買受申出人又は次順位買受申出人を定めたときは，その旨

八　法第65条に規定する措置を採つたときは，その理由及び採つた措置

2　執行官は，最高価買受申出人及び次順位買受申出人又はこれらの代表者若しくは代理人に，期日入札調書に署名押印させなければならない。この場合においては，第13条第２項後段の規定を準用する。

3　期日入札調書には，入札書を添付しなければならない。

〔解　説〕

1　本条の趣旨

本条は，期日入札を実施したときに作成すべき調書について規定している。執行官の作成すべき調書については，13条に規定があるが，同条は，執行官が執行機関として民事執行を実施したときに適用があるにすぎず，執行裁判所が執行機関であって，執行官がその補助機関として職務を行ったときには，その適用はない(1)。売却の実施は，後者に当たるので，同条による調書作成義務はなく，本条（これを準用する49条，50条４項）により調書が作成される。

2　調書の作成提出義務（１項）

本条１項は，執行官の調書作成，提出義務及びその記載事項を規定している。

執行官は，期日入札を実施したときは，速やかに，期日入札調書を作成しなければならない。調書は，期日入札の実施の際に記入していき，入札期日が終了した時には完成していることが最も望ましいが，それではかえって入札期日における手続の円滑を欠くことにもなりかねない。そこで，調書は期日の終了後，速やかに作成することとされた。作成された調書は，速やかに，執行裁判所に提出されなければならない。執行裁判所が売却の許可又は不許可の決定をするために必要な資料だからである。

どの程度の時間内に作成，提出すれば，速やかにしたことになるのかは，解釈問題であるが，売却決定期日は通常入札期日から３週間以内に開かれ（35条２項。なお，46条２項，50条４項），その間に原則として最高価買受申出人が暴力団員等に該当するか否かについて都道府県警察に対して調査の嘱託がされる（法68条の４）のであるから，２，３日中には提出すべきものといえよう。

3　調書の記載事項（1項）

期日入札調書に記載すべき事項は，1項各号に列記されている。なお，調書の一般的記載事項については執行官規則中に規定がおかれている（同規則17条）。

第1の記載事項は，不動産の表示である（1号）。売却する物件を明らかにするのは，当然の要請であろう。不動産を特定すれば足りるので，開始決定に記載される程度で足り，現況を併記することは，必ずしも必要ではない。なお，入札書を添付することとしている（本条3項）関係上，物件が複数あるため，記号又は符号により物件を特定して入札書に記載させた場合（38条2項3号及び同条の解説の3を参照）には，その記号又は符号をも不動産の表示をする際に記載しておくことが適当であろう。

第2の記載事項は，入札の催告及び締切りの日時である（2号）。41条1項の要件を満たしたことを明らかにさせる趣旨である。

第3の記載事項は，最高価買受申出人及び次順位買受申出人の氏名又は名称及び住所並びにこれらの代理人の氏名及び住所である（3号）（住所は，法人の場合は主たる事務所，本店の所在地を記載する(2)。）。買受けの申出をした者全員の氏名，住所については，入札書の添付で賄う（本条3項）こととして，記載事項とはされていない(3)。

第4の記載事項は，最高価買受申出人及び次順位買受申出人の入札価額及び買受けの申出の保証の提供方法である（4号）。全員の入札価額についても，入札書の添付で賄われる。保証の提供方法は4種の方法が設けられたが，その方法の如何により後日納付すべき代金の額や保証の返還の要否及び額に差異がある（40条の解説の2を参照）し，支払保証委託契約による場合には，保証を没取する際に，銀行等に対して納付の催告をしなければならず（58条），また，適法な保証が提供されたことも明らかにしなければならない。ところが，保証として提出されたものは，保管金又は民事保管物に準ずるものとして会計に提出されてしまい，執行記録には残らないので，これを調書に記載しておく必要がある。したがって，この記載の程度は，保証提供のため提出されたものを特定できる程度でなければならない(4)。

第５の記載事項は，適法な入札がなかったことである（５号）。この場合には，当然，本条１項３号，４号及び７号は記載されない。入札行為はあったが，それが不適法である場合も，適法な入札がなかった場合に当たる。この場合には，その旨も付記する取扱いが相当である(5)。

第６の記載事項は，入札をした者以外の者を開札に立ち会わせたとき（41条２項後段）のその者の表示である（６号）。裁判所職員のときは，その氏名及び職名を，それ以外の者のときは，その氏名及び住所を記載する。

第７の記載事項は，最高価買受申出人を追加入札若しくはくじで定めたこと又は次順位買受申出人をくじで定めたこと（42条）である（７号）。追加入札については，入札の催告及び締切りの時刻（本項２号参照）を記載すべきである。

記載事項の最後は，売却の場所の秩序維持のために執行官が，特定の者に対し，入場制限，退場又は買受申出の禁止の措置を採ったとき（法65条）における当該措置及びその理由である（８号）。採った措置は，この３つのいずれの措置かを明らかにすれば足りる。その措置を採るため具体的にどのような手段を講じたかまでは記載することを要しない。もっとも，法６条１項の規定により抵抗を排除したときは，そのことも記載するのが相当であろう（13条１項６号参照)。理由の記載は，法65条各号に該当する事実を明らかにしてすべきであり，特に１号の場合は，不正行為を具体的に摘示すべきである。

4　最高価・次順位買受申出人の署名押印（２項）

本条２項は，最高価買受申出人及び次順位買受申出人の期日入札調書への署名押印について規定している。

執行官は，入札期日の終了後，最高価買受申出人及び次順位買受申出人に，調書に署名押印させなければならない。これらの者が代表者又は代理人により入札したときは，その者に署名押印させれば足りる。通常は，期日終了まで残らせて，署名押印を求める。署名押印を求める時点で，調書が完成していることが望ましいが，それでは現実には，日を改めて出頭することを求めねばならないことにもなりかねない。本条２項で調書としているのは，作成中の未完成のものを含む趣旨である(6)。

本条２項では，利害関係人の署名押印は不要とされた。執行官の地位と資質の向上から考えて，現行法下では無用の手続と思われるからである。

最高価買受申出人等が署名押印しなかったときは，執行官は，その事由を調書に記載しなければならない（本項後段による13条２項後段の準用)。署名押印を拒絶した場合のみならず，署名押印を求める前に退場してしまった場合も含まれる。後者の場合に，改めて呼び出してまで署名押印させる必要はない。

5　添付書類（３項)

本条３項は，期日入札調書には入札書を添付すべきことを規定している。調書の記載を補うと同時に，入札手続が適正に行われたことを明らかにする趣旨である(7)。42条１項の規定により追加入札を行ったときは，その入札書も調書に添付しなければならない。

なお，期日入札調書には，入札書のほか，期日終了後執行官が返還した買受け申出の保証の受取証も添付しなければならない(8)（次条２項)。

6　売却実施命令に基づく職務の完了

執行官が，本条１項の規定により期日入札調書を，次条３項の規定により保証金等を，執行裁判所に提出すると，裁判所書記官の売却実施を命ずる処分（法64条３項参照）に基づく職務は完了する。

注⑴　この点については，13条の解説の２を参照

⑵　実務では，入札書に通し番号を付した上，その記載（38条２項）を引用する方法によっている（不動産手引（上）184頁参照)。

⑶ 競り売り調書では，添付すべきものもないので，調書には全く表われない（50条４項参照）。

⑷ 実務では，入札書の記載を引用する方法によっている（注⑵参照）。

⑸ 例えば，入札人は債務者である（法68条参照）とか，入札価額が買受可能価額を下回っているとか，物件の特定が不十分であるということを記載すれば，便利であろう。

⑹ 大橋寛明・注釈民執法⑶427頁参照

⑺ 入札人から提出された入札人等が暴力団員等に該当しない旨の陳述書や住民票の写し等（38条７項，31条の２）についても当然に添付されることになろう。

⑻ 45条の解説の３を参照

（期日入札における買受けの申出の保証の返還等）

第45条　最高価買受申出人及び次順位買受申出人以外の入札人から入札期日の終了後直ちに申出があつたときは，執行官は，速やかに，保証金等を返還しなければならない。

２　保証金等の返還に係る受取証は，期日入札調書に添付しなければならない。

３　第１項の規定により入札人に返還した保証金等以外の保証金等については，執行官は，速やかに，これを執行裁判所に提出しなければならない。

〔解　説〕

１　本条の趣旨

買受けの申出の保証は，買受けの申出をしている間は返還を請求することができないが，最高価買受申出人又は次順位買受申出人(1)にならなかった者は，目的不到達が確定することにより買受けの申出が失効するので，保証の返還を請求することができる(2)。保証は，執行機関（売却の主体）である執行裁判所に対して提供されるものであるから，その返還請求は，本来は執行裁判所に対しすべきものである。しかし，保証の提供は，40条１項各号に掲げるもの（保証金等）を執行官に提出する方法により行うのであるから，この保証金等が執行官の手元にある間は，執行官から直接返還する便法を認めるのが適当である。

これが本条の設けられた趣旨である。

2　保証金等の返還（１項）

本条１項は，最高価買受申出人及び次順位買受申出人以外の入札人から入札期日の終了後直ちに返還の申出があったときは，執行官は，速やかに，保証金等を返還しなければならないことを規定している。

第１に，返還の申出は，入札期日の終了後にされなければならない。それまでは，返還を申し出ても返還を受けることはできない。期日の終了は，執行官のその旨の宣言により行われる（41条３項）。

第２に，返還の申出は，期日終了直後にされなければならない。執行官は，期日終了後間もなく，保証金等を執行裁判所に提出してしまう（本条３項）からで，期日終了直後に申し出なかった者は，原則どおり執行裁判所に返還を請求すべきであるからである。執行官は，期日終了の宣言後，売却場において保証金等の返還の申出を受け付けなければならない。

返還の申出があると，執行官は，速やかに返還しなければならない。通常は，売却場において，直ちに返還する。返還の申出をしない者に対しては，執行官は返還義務を負わない。

3　受取証の添付（２項）

本条２項は，保証金等を返還した場合に徴する受取証を期日入札調書に添付すべきであることを規定している。

執行官は，保証金等を返還したときは，受取証を徴さなければならない(3)が，この受取証(4)を調書に添付することにより，保証金等が返還されたことが，調書上明らかとなり，執行裁判所が，執行官から提出された保証金等（本条３項参照）と期日入札調書（前条１項柱書参照）とから保証金等の有無を確知し得るからである。

4　保証金等の執行裁判所への提出（３項）

本条３項は，執行官が返還しなかった保証金等を速やかに執行裁判所に提出すべきことを規定している。提出すべき保証金等は，最高価・次順位買受申出人の提出したもののように，法律上返還することができないものと，返還の申出がなかったため返還しなかったものとを含む。

執行官は，保証金等を，速やかに提出しなければならない。文言上は期日入札調書の提出と同一である（前条１項柱書参照）が，調書は作成に時間を要するのに対し，保証金等は提出の手続に必要な書類を作成する程度であり，かつ，執行官が多額の保証金等を長時間保管していることは望ましい状態ではないので，調書以上にできる限り迅速に提出すべきである。したがって，原則として，入札期日の終了後，保証金等の返還の手続に引き続いて，返還しなかった保証金等の提出の手続にかかることが適当であろう。

執行官が期日入札調書及び保証金等を提出すると，裁判所書記官の売却実施を命ずる処分（法64条３項参照）に基づく職務は完了する。

注(1)　最高価買受申出人が代金を納付すると，次順位買受申出人の買受けの申出も，目的不到達が確定するので失効する。

(2)　法はこのことを当然のこととして（法80条１項後段参照），明文では規定していない。

(3)　平９．３．13最高裁民三第127号民事局長通達「執行官の事件の記録の表紙及び帳簿等の記載要領並びに事件の処理について」記第３の９

(4)　受取証を入札書と同一用紙上に作成する取扱いについて，38条の解説の３を参照

（入札期間及び開札期日の指定等）

第46条　裁判所書記官は，期間入札の方法により不動産を売却するときは，入札期間及び開札期日を定めなければならない。この場合において，入札期間は，１週間以上１月以内の範囲内で定め，開札期日は，入札期間の満了後１週間以内の日としなければならない。

２　裁判所書記官は，法第64条第４項の規定により売却決定期日を指定するときは，やむを得ない事由がある場合を除き，開札期日から３週間以内の日を指定

しなければならない。

〔解　説〕

1　本条の趣旨

前条までが期日入札の規定であり，本条から49条までの４か条が「期間入札」の規定である。

期間入札とは，一定の入札期間を設け，その入札期間内に入札をさせ，別に設けた開札期日に開札を行う売却方法で，期日入札と共に，法の規定する売却方法である入札（法64条２項参照）に当たる（34条参照）。期日入札のほかに期間入札を設けることとした理由その他期間入札一般については，34条の解説を参照されたい。

このうち，本条は，裁判所書記官による入札期間及び開札期日の指定並びに法64条４項に基づき裁判所書記官が売却決定期日を指定する場合について規定している[(1)]。

2　入札期間及び開札期日の指定

裁判所書記官は，不動産の売却の方法を決定する（法64条１項）が，入札の方法により売却する旨を定めたときは，売却の日時及び場所を定め，執行官に売却を実施させる（同条３項）。売却の方法を期間入札と定めたときは，入札期間及び開札期日の指定が，前記売却の日時及び場所の定めに当たる。そこで，本条１項前段は，入札期間及び開札期日を定めるべきことを規定している。入札期間及び開札期日は，公告され（法64条５項），差押債権者，債務者，配当要求債権者等一定の者に通知される（49条，37条）。

3　入札期間及び開札期日の要件

本条１項後段は，裁判所書記官による入札期間及び開札期日の定めにつき一定の要件を規定している。

第１に，入札期間は，１週間以上１月以内の範囲内で定めなければならない。次条に規定するとおり，郵送その他の方法による送付による入札を認める関係上，郵便事情を考慮すれば，入札期間は少なくとも１週間はなければ不都合であると考えられる一方，手続の迅速処理の観点からは，どのような特殊な物件であっても，１月も入札期間をおけば十分であると考えられるからである。この範囲内であれば，入札期間をどのように定めるかは，裁判所書記官の裁量に委ねられる。

第２に，開札期日は，入札期間の満了後１週間以内の日としなければならない。入札期間の長短に関わりはない。開札期日が１週間を超えてはならない理由は，手続の迅速処理である。入札期間の満了と開札期日の間に日をおかなければならない理由は，買受けの申出の保証について執行裁判所の預金口座への振込みを認めた（48条）関係上，現実に口座に入金されているか否かの確認を開札前にしなければならないこと，及び郵送その他の方法による送付による入札を認めた（47条）関係上，入札書の封入された封筒が執行官の勤務裁判所の総務課等を経由して執行官の手元に届くのは入札期間満了後のことがあり得ることによる。したがって，これらの点を考慮して，各庁の実状に応じて入札期間の満了の日と開札期日との間におくべき日数を決定すべきこととなる。

前記第１，第２の要件には，後記４と異なり，例外は認められていないので，これに反する定めをすることはできない。

4　裁判所書記官が売却決定期日を指定するときの要件

本条２項は，裁判所書記官が，法64条４項の規定により，入札期間及び開札期日を定めて執行官に売却を実施させるのと同時に売却決定期日を定める場合において，売却決定期日は，原則として，開札期日から３週間以内の日としなければならないと定める。期日入札の場合と同じであり（35条２項参照），迅速処理及び事情変更の防止を目的とする。ただし，やむを得ない事由がある場合には，３週間を超えることも許容される。

なお，本条については，35条の解説も併せて参照されたい。

注⑴　平成16年改正法により，売却の日時及び場所の指定については，裁判所書記官が行うこととされ（法64条３項），執行官に売却を実施させる旨の処分と同時に行う売却決定期日の指定についても，裁判所書記官が行うこととされたこと（法64条４項）から，平成16年改正規則により，本条中，入札期間及び開札期日を指定する者について規定している部分を裁判所書記官に改めるとともに，売却決定期日を指定すべきことを削除し，新たに本条２項として，執行官に売却を実施させる旨の処分を行うと同時に行う売却決定期日の指定における開札期日と売却決定期日との間の期間の制限を定めた。その後，令和元年改正規則により上記の期間を１週間から３週間と改めた（35条の解釈の３参照）。

（期間入札における入札の方法）

第47条　期間入札における入札は，入札書を入れて封をし，開札期日を記載した封筒を執行官に差し出す方法又はその封筒を他の封筒に入れて郵便若しくは民間事業者による信書の送達に関する法律（平成14年法律第99号）第２条第６項に規定する一般信書便事業者若しくは同条第９項に規定する特定信書便事業者による同条第２項に規定する信書便により執行官に送付する方法により行う。

〔解　説〕

1　本条の趣旨

本条は，期間入札における入札の方法を規定している。期日入札においては，入札期日に入札書を執行官に差し出す方法のみである（38条１項）が，期間入札においては，１週間以上の入札期間（前条参照）内に入札がされればよいので，入札書を直接執行官に差し出す方法のほか，郵便又は信書便法２条６項に規定する一般信書便事業者若しくは同条９項に規定する特定信書便事業者による同条２項に規定する信書便（以下「郵便等」と総称する。）により入札書を執行官に宛てて送付する方法も可能となるので，これを取り入れることとしたものである(1)。

2　執行官に差し出す方法

第1の入札の方法は，入札書を執行官に差し出す方法であるが，期日入札の場合（38条1項参照）と異なり，入札書を封筒に入れて封をし，その封筒に開札期日を記載した上，入札書の封入された封筒を執行官に差し出さなければならない。期間入札においては，開札期日の異なる事件について，同一の日に入札がされることがあり得るし，長期間保管されるので，秘密保持のため，及び開札の便宜のため，封筒に封入されていることが望ましく，また，郵送又は信書便による（以下「郵送等」という。）入札では封入がより必要であることは後述のとおりであるので，これと同一の取扱いをするためである。封筒に入札書を封入する以上，封筒上に開札期日を記載する必要があることは，開札期日を異にする事件があり得ることから，当然というべきであろう。また，開札期日さえ記載されていれば，事件や物件が表示されていなくとも，開封後に入札書により判明するので，開札には支障はない(2)。

この封筒を執行官に差し出す方法は，入札をしようとする者が所定の場所（裁判所書記官の定める場所，前条の解説の2を参照。通常の場合は執行官室であろう。）に出頭して，差し出す方法による。期間入札の性質上，当該期間中常に執行官がその場所に待機していることは不可能であるので，執行官が不在の場合には，その補助をする者（例えば，執行官の使用する事務員）に対し提出すれば，本条により執行官に対し差し出したこととなろう(3)。また，執行官には執務時間があり，それ以外の時間は，入札を受け付ける義務はないと解されるので，入札書の差出しは，執務時間中にされるべきである。

「入札書を入れて封をし」とは，開封しなければ入札書が取り出せないよう封がされていることを要する趣旨であり，入札書の封入された封筒は，開札期日に立会人の面前で初めて開封され，入札書が取り出されることとなる(4)。

執行官に対する差出しは，入札期間内にしなければならない（34条)。入札期間開始の日の前に差し出されても，これを受領すべきではない。

3　執行官に郵送等する方法

第２の入札の方法は，入札書を執行官に郵送等する方法である。この場合は，入札書を封筒（内封筒）に封入し，開札期日を記載した上，更に別の封筒（外封筒）に封入して，郵便等に付さなければならない。郵便等に付するため，更に第３の封筒に入れる趣旨ではなく，封筒は二重の状態で執行官に届けばよい。二重封筒とする理由は，前述した秘密保持，開札の便宜のほか，保証の提供のため振込証明書又は支払保証委託契約の締結の証明文書を同時に封入しなければならない（次条参照）からである。また，入札人等が暴力団員等に該当しない旨の陳述書等は入札と同時に提出しなければならないから（法65条の２，49条，38条７項，31条の２），これらの書類は内封筒又は外封筒に同封されている必要がある。郵便等の宛先は執行官であり，執行裁判所ではない(5)。執行官は，郵便等を受領したときは，外封筒を開封し，内封筒及び保証提供のため提出された文書を確認した上，内封筒は，執行官に差し出されたものと共に，開札期日まで保管する。

郵送等による入札の場合も，入札は入札期間内にされるべきである（34条）。したがって，郵便等の事情により遅配された結果，入札期間満了後に到達したものは，無効とせざるを得ないであろう。しかし，遅配の危険性を見込んで早目に発送したために，入札期間の開始前に到達したものについては，無効とすることは酷であろう。なお，執行官に宛てた郵便物又は信書便物も，執行官の勤務する裁判所の総務課等を経由して執行官に到達することとなるが，裁判所に配達された時が入札期間内であれば，執行官の手に渡ったのが入札期間満了後でも，有効とすべきことは当然であろう。

郵便は，書留郵便であることを要せず，速達，引受時刻証明，配達証明等による取扱いでもよく，もとよりこのような措置を採ることなく，普通郵便によって送付しても差し支えない(6)。

入札書の送付は，郵便によるほか，一般信書便事業者又は特定信書便事業者による信書便によってもすることができる。これら以外の宅配便事業者による入札書の送付は許されず（郵便法４条２項，信書便法３条参照），送付された入札書を有効とみることはできないと解される。

4　入札書を入れる封筒及び郵送等入札の場合の外封筒

いずれも，特に規定がないので，適宜のものを使用してもよい。しかし，手続の画一的処理の必要上，特に内封筒については同一の様式のものであることが望ましいので，実務上は，執行官が定型の封筒を交付して，これを使用させる取扱いとなっている。その入札書を入れる封筒には，事件番号，物件番号及び開札期日を記載する欄が設けられている(7)。入札書の用紙についても，適宜のものでよいが，実務上は執行官が定型のものを交付する取扱いをしている。

5　期日入札の準用

入札をする方法について，本条に規定されている点以外は，期日入札の規定（38条２項から７項まで）が準用される（49条(8)）。

注(1)　本条は，制定当初，期間入札における入札の方法について，入札書を直接執行官に差し出す方法又は書留郵便により入札書を執行官に送付する方法のいずれかにより行うものと定めていたが，期間入札における入札の利便を図るため，入札書を執行官に送付する方法について，信書便法の規定による信書便の役務を利用することができるようにするとともに，書留以外の取扱いによる郵便にも付することができるよう改正された。

(2)　封筒に開札期日の記載がないものは原則として無効であるが，事件番号等の記載により開札期日を特定し得る場合には有効と解されよう（執行官協議要録322頁〔577〕，大橋寛明・注釈民執法(3)433頁）。

(3)　執行官室に期間入札用の入札箱を設置して，入札をしようとする者に自ら投入させる取扱いも考えられるが，その場合でも，入札期間を遵守しているか否かを確認し，保証の提供を受ける（次条参照）必要上，執行官不在中には補助者を在室させておくべきこととなろう。ただし，期間入札の入札書の封入された封筒及び買受けの申出の保証の受領の職務を行う裁判所書記官が指定されている場合（執行官規則６条参照）

には，執行官の所在・不在にかかわらず，又は不在の時に限り，前記指定を受けた裁判所書記官が受領し得ることになる。

なお，入札書が封筒に封入されているため，記載事項の遺脱等につき執行官が指摘することは不可能であるので，受領に際して，又は事前に，口頭又は掲示等により十分入札人の注意を喚起しておく取扱いが望まれる。

(4) 封のされていない入札書は無効であると解される（近藤崇晴・注解民執法(2)400頁)。

(5) 執行裁判所に宛てたもので，入札書が在中していることを明記していないようなものは，無効と解すべきであろう（大橋寛明・注釈民執法(3)435頁参照)。

(6) 注(1)に係る改正前の本条において，郵送による入札が，書留郵便に限定されていた趣旨は，書留は，郵便物の引受けから配達に至るまでが記録されるため，万一執行官に到達しなかった場合には，これが記録上明らかとなり，紛争を防止することができたからである（郵便法45条１項参照)。しかし，郵便の役務については，普通郵便であっても，これが配達されないような事態は極めてまれである。また，信書便の役務については，信書便事業者が総務大臣の許可を受けた者に限定されている（信書便法６条，同法29条）から，一定程度到達の確実性が担保されているといえる。このような状況に照らすと，書留郵便による送付を要求しなくても，紛争は相当程度防止されると考えられるから，上記改正により，入札書の送付方法を書留郵便に限定しないこととしたものである。

(7) 民事執行手続書式集（民事裁判資料第131号）257頁

(8) 38条７項の準用により，期間入札においても，入札人等が暴力団員等に該当しない旨の陳述に係る31条の２の規定が準用される。

（期間入札における買受けの申出の保証の提供方法）

第48条　期間入札における買受けの申出の保証は，執行裁判所の預金口座に一定の額の金銭を振り込んだ旨の金融機関の証明書又は第40条第１項第４号の文書を，入札書を入れて封をし，開札期日を記載した封筒と共に執行官に提出する方法により提供しなければならない。

〔解　説〕

1　本条の趣旨

本条は，期間入札における買受けの申出の保証の提供方法について規定しており，期日入札及び競り売りにおける保証の提供方法とは異なる内容とされている（40条，50条４項参照）。すなわち，期間入札においては，金銭（40条１項１号），銀行等の自己宛小切手（同項２号），送金小切手（同項３号）を提出する方法を認めず，代わりに，執行裁判所の預金口座への振込みを認め，支払保証委託契約の締結については，期日入札同様（同項４号）これを認めたものである。本条は，法の個別委任に基づく規定である（法66条参照）。

本条の２つの方法以外に40条１項１号から３号までの方法を認めなかったのには，２つの理由がある。第１は，振込送金を認めたことにより，誰でも簡単に最寄りの金融機関を利用して保証を提供することができるので，その他の方法を認める必要性があまりなくなったこと，第２は，郵送等による送付入札を認める（47条）関係上，保証の提供方法も，裁判所へ出頭しないで一定のものを郵便等で送付し得るようにしなければならないが，金銭，有価証券のように，それ自体が価値を有するものを郵送等により送付させるのは，危険防止の観点から好ましくないことである。本条に規定する２種の文書は，いずれも証明文書にすぎず，郵送に適するものである。

2　入札保証金振込証明書を提出する方法

期間入札における第１の保証の提供方法は，執行裁判所の預金口座に一定の額の金銭を振込送金した上，その旨の金融機関の証明書を執行官に提出する方法である。

この方法により保証を提供する場合には，入札をしようとする者は，入札に先立って，最寄りの金融機関から執行裁判所の預金口座に宛てて，保証額に相当する金銭を振り込み，当該金融機関からその旨の証明書の交付を受けた上，これを執行官に提出しなければならない。金融機関については，特に制限は設けられていない（40条１項２号，３号参照）。本条は，証明書の提出だけを規定しているが，その前提として，振込みがされることが必要であるのは当然で，万一，執行裁判所の預金口座に入金されなければ，証明書の提出があっても，保証を提供したことにはならない(1)。したがって，現実の入金の有無を確認する必要があろう。

この方法は，振込みという手段を用いたにせよ，金銭による提供であるので，入金された金銭は，入札人が買受人となれば，代金に充てられる（法78条２項）。入札人が最高価買受申出人又は次順位買受申出人にならなかった場合には，入札人に保証を返還することとなるが，この方法による場合には，執行官から返還するには，いったん口座に入金された金銭を現金化した上，開札期日に持参するほかはなく，到底適当な返還方法とはいえないので，執行裁判所が直接返還するものとされている（49条の解釈２⑼参照）。

振込証明書を執行官に提出するには，「入札書を入れて封をし，開札期日を記載した封筒」（47条参照）と共に提出しなければならない。したがって，前記封筒を執行官に差し出す方法により入札をするときは，振込証明書も同時に差し出すこととなるし，郵送等による送付入札をするときは，振込証明書を前記封筒と共に外封筒に入れて郵送することとなる(2)。振込証明書は，それ自体に価値があるわけではないので，郵送に伴う危険もないといえる。

3　支払保証委託契約締結証明書の提出

期間入札における第２の保証の提供方法は，期日入札の場合と同じく，銀行等との間で支払保証委託契約を締結した上，これを証する文書を執行官に提出する方法である。この方法については，40条１項４号についての解説を参照されたい。この文書の提出方法も，振込証明書について前述したとおりである。

この方法による場合の保証の返還は，執行官が開札期日終了直後にこの文書を返還する方法により行う（49条における45条の準用）。

4　両者の併用等

本条の規定による２つの保証提供方法は，特に排斥されていないので併用することができる。また，無剰余の場合の保証と異なり，保証の変換は認められない（32条２項参照）。これらについても期日入札の保証と同じである。

注⑴　この点は，支払保証委託契約の締結とその旨の証明文書の提出についても，同様の問題があり得るが，この場合は，この証明文書が偽造された場合を除き，確実に換価し得ると思われるので，契約締結の有無を確認する必要はないであろう。

⑵　振込証明書が，内封筒の中に封入してある場合は，保証の確認が開札までできないので無効と解されよう（大橋寛明・注釈民執法⑶478頁）。

（期日入札の規定の準用）

第49条　第36条，第37条，第38条第２項から第７項まで，第39条，第41条第２項及び第３項並びに第42条から第44条（第１項第２号を除く。）までの規定は期間入札について，第45条の規定は期間入札における買受けの申出の保証として第40条第１項第４号の文書が提出された場合について準用する。この場合において，第36条中「入札期日の」とあるのは，「入札期間の開始の日の」と読み替えるものとする。

〔解　説〕

1　本条の趣旨

本条は，期間入札について，期日入札の所要の規定を準用している。期日入札の規定中，本条で準用されないのは，35条，38条１項，40条，41条１項，44条１項２号であり，これらは，前３条において期間入札独自の規定をしたため不要のもの（前３者）と，期間入札には入札期日がないため準用すべきでないもの（後２者）とがある。その余の規定は，ほぼ全面的に準用されている。

本条により準用される条文についての詳細は，各条文の解説を参照されたい。

2　準用される規定

⑴　期間入札の公告等

期間入札の公告及び公示について，36条が準用される。したがって，裁判所書記官は，入札期間，開札期日及び売却決定期日を定めたときは，法64条5項に規定する事項（売却すべき不動産の表示，売却基準価額並びに売却の日時及び場所(1)）のほか，36条1項各号に掲げる事項(2)を，入札期間の開始の日の2週間前までに，公告しなければならない（同条1項)。

また，不動産所在地の市町村に対し，公告事項を記載した書面の掲示を入札期間の開始の日の2週間前までに嘱託しなければならない（同条2項本文)。

さらに，裁判所書記官又は執行官は，相当と認めるときは，公告事項の要旨のほか，法又は規則により執行裁判所に備え置かれた文書に記録されている情報の全部又は一部その他公示することが民事執行の円滑な進行に資することとなる事項すなわち不動産の買受けの申出の参考となるべき事項を公示することができ（4条3項)，このような公示をしたときは上記の掲示の嘱託は，これをすることを要しない（36条2項ただし書き)。

(2) 入札期間等の通知

入札期間等の通知について，37条が準用される。したがって，入札期間等が定められたときは，裁判所書記官は，同条各号に掲げる者に対し，入札期間等を通知しなければならない。

(3) 期間入札における入札

入札の方法については，38条2項から7項までが準用される。したがって，入札書の記載事項（同条2項)，法人の入札（同条3項)，代理人による入札（同条4項)，共同入札（同条5項)，入札の変更等の禁止（同条6項)，入札人等が暴力団員等に該当しない旨の陳述書等の提出（同条7項による31条の2の準用）については，期日入札と同じである。共同入札の許可の申出は，入札までにすればよく，入札期間開始後でもよい。入札の変更等の禁止は，特に郵送等による送付入札の場合に問題となろう。入札書の封入された郵便等が執行官（その勤務する裁判所の郵便受付窓口）に配達された時以降は，変更，取消しは許されない。発送後配達前に封筒を取り戻せば（郵便法43条参照）入札したことにならないので，この禁止に触れないが，単に，配達前に，入札を撤回する旨申し出たり，別の入札書を提出したりすることは，この禁止に触れると解する[(3)]。

⑷　期間入札における買受けの申出の保証の額

期間入札における買受けの申出の保証の額については，39条が準用される。したがって，原則として売却基準価額の10分の２が保証の額で（同条１項），執行裁判所が相当と認めるときは，増額され得る（同条２項）。

⑸　開札期日の手続

開札期日の手続については，41条２項及び３項が準用される。したがって，開札には入札をした者を立ち会わせなければならず，その立会いがないときは，適当と認められる者を立ち会わせなければならない（同条２項）。期間入札においては，入札をした者が開札期日に出頭しないことが，しばしばあるので，同項後段の適用が多くなろう。開札が終わったときは，執行官は，最高価買受申出人を定め，その氏名又は名称及び入札価額を告げ，次順位買受けの申出をすることができる入札人がある場合には，その催告をした後，開札期日の終了を宣言する（同条３項）。次順位買受けの申出をすることができる入札人が不出頭の場合は，その申出をすることは事実上できない[(4)]が，出頭しなかった以上，やむを得ない。開札期日の終了により売却の実施が終了するので，以後は，次順位買受けの申出をすることはできない（法67条）。

⑹　最高価買受申出人等の決定

最高価の買受申出人又は次順位買受けの申出をした者が２人以上あるときの，最高価・次順位買受申出人の決定については，42条が準用される。したがって，前者については追加入札を行い（同条１項），それでも決まらないときはくじで決め（同条２項），後者についてはくじで決める（同条３項）。追加入札は，開札期日に該当者が１人でも出頭すれば行う。追加入札は，期間入札の方法によらず，期日入札の方法で行う。くじで定める場合には，入札人の出頭の有無に関わりなく，くじの対象者となる。不出頭の者のくじを引く必要があるときは，執行官自ら引くことができる。

⑺　開札期日を開く場所における秩序維持

開札期日を開く場所の秩序維持については，43条が準用される。開札期日においては，既に入札が締め切られてしまっているので，談合等の不正行為の余地はほとんどないが，法65条２号及び３号については，開札期日においても適用される場面が考えられる。したがって，執行官は，必要があると認めるときは，身分証を求めたり，執行裁判所の援助を求めたりすることができる。

⑻　期間入札調書

期間入札調書については，44条が準用される。したがって，執行官は，期間入札を実施したときは，同条１項各号（２号を除く。）に掲げる事項を記載した期間入札調書を作成して，執行裁判所に提出しなければならない（同条１項）。同項２号の入札の催告及び締切りの日時は，入札期日がなく，催告と締切り間の20分の時間制限もない期間入札では，記載する必要はない（ただし，執行官規則17条により，入札期間の開始の日及び終了の日並びに開札期日の日時及び場所は，調書に記載しなければならない。）。また，調書には，最高価・次順位買受申出人又はこれらの代表者若しくは代理人に，署名押印させなければならず，これらが得られなかったときは，その旨及びその事由を調書に記載しなければならない（44条２項）。調書には，入札書を添付しなければならない[(5)]（同条３項）。

⑼　買受けの申出の保証の返還等

買受けの申出の保証の提供方法として，支払保証委託契約締結の証明文書が提出された場合の保証の返還等については，45条が準用される。したがって，開札期日の終了後直ちに申出があったときは，執行官は，最高価・次順位買受申出人以外の入札人には，前記文書を返還し（同条１項），受取証を期間入札調書に添付しなければならない（同条２項）。執行官は，開札期日までは前記文書を自ら保管しておき，開札期日終了後返還しなかったもののみを執行裁判所に提出しなければならない（同条３項）。保証が振込送金の方法で提供されたときは，同条の準用はなく，執行官が返還することはしない。

注⑴　売却の日時及び場所は，期間入札においては，入札期間及び入札期間に入札をすべき場所並びに開札期日を開く日時及び場所を意味する。

⑵　36条１項８号の物件明細書等の内容の公開は，入札期間の開始の日の１週間前までにされる旨読み替えられる（本条後段）。

⑶　同一人から二重に入札書が提出された場合について，その先後が明らかな場合は第１の入札のみが有効であるが，その先後が不明の場合には２通の入札書とも無効と解される（大橋寛明・注釈民執法⑶435頁，近藤崇晴・注解民執法⑵408頁）。

⑷　入札書等に，あらかじめ，次順位買受けの申出をすることができる者になった場合は，その申出をする旨記載して，その申出をすることは，認めるべきでない（41条の解説の注⑺参照）。

⑸　入札人から提出された入札人等が暴力団員等に該当しない旨の陳述書や住民票の写し等（38条７項，31条の２）についても添付が必要であることは期日入札の調書と同様である（44条の解説の注⑺参照）。

（競り売り）

第50条　不動産を売却するための競り売りは，競り売り期日に買受けの申出の額を競り上げさせる方法により行う。

２　買受けの申出をした者は，より高額の買受けの申出があるまで，申出の額に拘束される。

３　執行官は，買受けの申出の額のうち最高のものを３回呼び上げた後，その申出をした者を最高価買受申出人と定め，その氏名又は名称及び買受けの申出の

額を告げなければならない。

4　第31条の２，第35条から第37条まで，第38条第３項から第５項まで，第39条，第40条，第41条第３項，第43条，第44条第１項（第２号，第６号及び第７号を除く。）及び第２項並びに第45条の規定は，競り売りについて準用する。この場合において，第31条の２中「差押債権者」とあり、並びに第38条第３項及び第４項中「入札人」とあるのは「買受けの申出をしようとする者」と，第31条の２中「執行裁判所」とあるのは「執行官」と，同条第１項中「法第63条第２項第１号の申出をするときは，次に掲げる書類」とあるのは「次に掲げる書類」と，第38条第５項中「入札」とあるのは「買受けの申出」と，第41条第３項中「開札が終わつたときは，執行官は，最高価買受申出人を定め，その氏名又は名称及び入札価額を告げ，かつ」とあるのは，「執行官は」と読み替えるものとする。

〔解　説〕

1　本条の趣旨

本条は，競り売りについて規定している。競り売りについての規定は，本条１か条である。競り売りは，入札と並ぶ売却方法として法で規定されている（法64条２項）が，この規則においては，入札を不動産の売却の原則的方法としてまず規定し，競り売りについては，それらの規定を準用することをもって大半を賄い，競り売りに特有の若干の点についてのみ別途規定する方法を採った(1)。

2　競り売りの方法（１項）

本条１項は，競り売りの方法を規定している。入札には期日入札と期間入札の２種類の方法が設けられた（34条）が，競り売りは，競り売り期日に買受けの申出の額を競り上げさせる方法である。競り売り期日を開き，その日に競りを行い，最高価・次順位買受申出人を決定する点で，期日入札に類似する。

競り方には，競り上げの方法と競り下げ(2)の方法とがあるが，本条１項は，前者を採用することを規定している。

3　申出額の拘束（2項）

本条2項は，買受けの申出をした者が，より高額の買受けの申出(3)があるまで，申出の額に拘束されることを規定している。期日入札についての38条6項と同趣旨であるが，競り売りにおいては，より高額の申出があれば，この拘束は解ける。より高額の申出は適法なものでなければならないので，例えば，債務者（法68条）や法65条各号に掲げる者の申出であるため買受けの申出をすることが許されなかった場合には，この拘束は解けない。

4　最高価買受申出人の決定方法（3項）

本条3項は，最高価買受申出人の決定の方法について規定している。

買受けの申出が次々にされている間は，執行官は，適宜買受けの申出の額のうち最高のものを呼び上げながら，更に買受けの申出を催告すればよいが，買受けの申出が途絶えたときは，最高のものを3回呼び上げた後，その申出をした者を最高価買受申出人と定めなければならない。3回呼び上げる前に更に高額の買受けの申出があれば，その申出が「最高のもの」になるので改めてその額を3回呼び上げる。3回呼び上げても，より高額の申出がなければ，その者を最高価買受申出人と定めるが，これを定める前により高額の申出があれば，3回呼上げ後でも，有効な申出と認めるべきである。逆に，これを定めた後の買受けの申出は無効である。

執行官は，最高価買受申出人を定めたときは，その氏名又は名称及び買受けの申出の額を告げなければならない。入札の場合と同様である（41条3項参照）。その後の手続は，入札の場合と全く同一である（本条4項，41条3項）。

本条3項に規定する方法により最高価買受申出人を定めた以上，催告後の時間の長短を問うべき理由はないと考えられるので，期日入札と異なり，時間制限は規定されないこととされている（本条4項は，41条1項を準用していない。）。

5　期日入札の規定の準用（4項）

本条４項は，期日入札の規定のうち必要なものを競り売りに準用している。その多くは，期日入札の場合と全く異なるところがないので，以下に述べる点以外は，準用される条文の解説を参照されたい。

本条４項において準用される38条５項の共同入札の許可の申立ては，競り売りの性質上，買受けの申出の催告前にすべきであり，競りが始まってしまった以上，自己が買受けの申出をする前に申し立てても「あらかじめ」したものとは認められない。

また，買受けの申出の保証は，期日入札においては入札書を差し出す際に保証金等を提出する方法により提供することとされている（40条１項柱書）が，競り売りにおいては，競りを始める前に買受申出を希望する者全員に所定の保証金等を提出させる方法によることとなる。買受けの申出をしようとする者等が暴力団員等に該当しない旨の陳述書等の提出（31条の２）も，競りを始める前にさせることになろう。

なお，競り売りにおいては，既にされた買受けの申出の額より高額の買受けの申出しか許されないので，同額の買受けの申出はないと考えられる(4)。したがって，そのような申出があった場合の最高価・次順位買受申出人の決定に関する42条は，本項において準用されていない。

注(1)　競り売りは，談合等の不正行為がされる危険性が高く，かつ，駆け引きを要するので，いわゆる競売ブローカー等が多数参加する場合には，一般人が参加することが入札より事実上困難であるから，法では，入札が原則的方法となっているが，このような点が改善され，理想的な状況下で行われれば，逆に，入札より競り売りの方が高額で売却できる可能性もあろう。しかし，不動産執行に限っていえば，競り売りは全く利用されていない状況である。

(2)　売り手が相当の価額を告げて催告し，買受申出があるまでその価額を低減し，最初に買受申出をした者に売却する方法

(3)　当然のことながら，同一の額の申出をすることはできない。

⑷　万一，全く同時に２つ以上の買受けの申出がされた場合には，42条を類推適用することとなろう。

（入札又は競り売り以外の方法による売却）

第51条　裁判所書記官は，入札又は競り売りの方法により売却を実施させても適法な買受けの申出がなかつたとき（買受人が代金を納付しなかつたときを含む。）は，執行官に対し，やむを得ない事由がある場合を除き，３月以内の期間を定め，他の方法により不動産の売却を実施すべき旨を命ずることができる。この場合においては，売却の実施の方法その他の条件を付することができる。

２　裁判所書記官は，前項の規定により売却の実施を命じようとするときは，あらかじめ，差押債権者の意見を聴かなければならない。ただし，その者が，強制競売の申立てに際し，当該売却の実施について意見を述べたときは，この限りでない。

３　前項本文に規定する場合には，執行裁判所は，買受けの申出の保証の額を定めなければならない。

４　前項の買受けの申出の保証は，買受けの申出の際に金銭又は執行裁判所が相当と認める有価証券を執行官に提出する方法により提供しなければならない。

５　裁判所書記官は，第１項の規定により売却の実施を命じたときは，各債権者及び債務者に対し，その旨を通知しなければならない。

６　執行官は，第１項の規定による裁判所書記官の処分に基づいて不動産の売却を実施した場合において，買受けの申出があつたときは，速やかに，不動産の表示，買受けの申出をした者の氏名又は名称及び住所並びに買受けの申出の額及び年月日を記載した調書を作成し，保証として提出された金銭又は有価証券と共にこれを執行裁判所に提出しなければならない。

７　前項の調書が提出されたときは，執行裁判所は，遅滞なく，売却決定期日を定めなければならない。

８　前項の規定により売却決定期日が定められたときは，裁判所書記官は，第37

条各号に掲げる者及び買受けの申出をした者に対し，その期日を開く日時及び場所を通知しなければならない。

9　第31条の２の規定は執行官が第１項の規定による裁判所書記官の処分に基づいて不動産の売却を実施した場合について，第44条第２項の規定は第６項の調書について準用する。この場合において、第31条の２中「差押債権者」とあるのは「買受けの申出をしようとする者」と，「執行裁判所」とあるのは「執行官」と，同条第１項中「法第63条第２項第１号の申出をするときは，次に掲げる書類」とあるのは「次に掲げる書類」と読み替えるものとする。

〔解　説〕

1　本条の趣旨

法は，不動産の売却の方法として入札及び競り売りを規定しているが，そのほか，最高裁判所規則で入札又は競り売り以外の売却方法を定めることとしている（法64条２項）。本条は，これを受けて，入札又は競り売り以外の特別の売却方法（以下，本条の規定による売却方法を，入札，競り売りに対し，「特別売却」と称する。）について定めたものである(1)。

本条の規定する特別売却は，その実施の方法が裁判所書記官の付する条件により定まる（本条１項後段）点において，入札及び競り売りとは異なり，それ自体が１つの典型的売却方法とはいい難いが，法が債権の換価につき，譲渡命令，売却命令及び管理命令と並べて「その他相当な方法による換価を命ずる命令」を規定している（法161条１項）のと同様，なお一種の売却方法の定めといい得るであろう。なお，類似の制度としては，国徴法109条の随意契約による売却がある。

2　特別売却の実施命令（１項）

⑴　特別売却の要件

特別売却は，入札又は競り売りの方法により売却を実施させても適法な買受けの申出がなかった場合にのみ行い得る（本条１項前段）。売却の方法としては，公の競争による売却方法である入札又は競り売りが，一般論としては最も適正な方法であると考えられ，特別売却は，これらの方法により少なくとも１回は売却を実施してみたが，売却できなかった場合にのみ実施し得ることとするのが相当である[(2)]。法が入札，競り売りを規定した上で，この規則に他の方法を委任したのも，これを補充的な売却方法とする趣旨と考えられる[(3)]。

入札又は競り売りが適正な売却方法であるとしても，これらの方法では，買受希望者が期日に出頭して買受けの申出をするなど，積極的に行動する必要があるところ，これらの方法による売却が功を奏さなかったといっても，逆に執行官の側から積極的に勧誘すれば買受けを申し出るに至る消極的な買受希望者もいると考えられる。これらの者に対する働き掛けを可能にするのが，本条である。

「適法な買受けの申出がなかつた」とは，買受けの申出が全くなかった場合はもちろん，買受けの申出はあったがこれが不適法であるとして執行官により買受けの申出として認められなかったり（法65条，法68条参照），執行裁判所により不適法な買受申出であるとして売却不許可決定がされた（法71条２号から４号まで参照）場合（他に適法な買受申出人がいた場合を除く。）のほか，買受人が代金を納付しなかったために売却許可決定が効力を失った場合（この場合については，本条１項の趣旨から，他に適法な買受申出人がいた場合を除くものと解するのが相当であろう[(4)]。）を含み，前記以外の理由で売却不許可となった場合を含まない。この場合には，まだ入札又は競り売りの方法による売却の見込みも比較的高いので，再度公の競争による売却方法である入札又は競り売りを実施することがより適切であるからである。

⑵　売却実施機関

本条１項前段は，また，特別売却は，入札及び競り売りと同様，裁判所書記官の執行官に対する売却実施を命ずる処分に基づき執行官が実施することを明らかにしている。したがって，不動産の売却については，執行裁判所が直接売却をしたり（96条２項参照），執行官以外の者が売却を実施したり（122条参照）することは認められない[(5)]。売却の実施を命ぜられた執行官が更に他の者に売却の実施を委託することもできない。

⑶　実施期間

さらに，本条１項前段は，裁判所書記官が特別売却の実施を命ずる処分において，やむを得ない事由がある場合を除き，３か月以内の期限を定めることを規定している。この上限は，１回の期間入札の方法による売却を行うのに必要な期間が３か月程度であり，売却条件の見直しをする必要性がある場合もあることを勘案し，売却の実を挙げるためには，特別売却においても，これと同様の期間を基本とすることが相当であることから定められた[(6)]。しかし，特別売却の内容や地方の実情によっては，この上限を超える期間を設定することが必要な場合もあろう。そこで,「やむを得ない事由がある場合」に限り，３か月を超える期間を定めた特別売却も認められている。

⑷　その他の条件の付加

本条１項後段は，特別売却の実施を命ずる処分において，裁判所書記官が条件を付することができることを規定している。前段においては，特別売却の内容について，単に「他の方法」による売却とするのみであるので，実際上は何も条件を付さずに特別売却の実施を命ずることは考えられない。条件としては，売却の実施の方法が例示されているが，これは通常の場合には定められるものであり[(7)]，この条件の内容により，具体的な売却方法が明らかとなる。例えば，特定の者又は不特定の者と個別折衝して売買契約を締結する方法とか不動産に定価を付して広告した上最初の申込者に売却する方法などが考えられる[(8)]。売却の実施の方法は，今後の運用及び社会の実情により，広がり得るものである。

本条の特別売却に適する不動産の典型としては，例えば農地，私道等の売却の見込みのない場合の措置（法68条の３）の対象となる可能性を有するものが挙げられよう。もちろん，これらに限られず，一般の不動産でも差し支えない。入札又は競り売りを繰り返すか特別売却に切り換えるかは，裁判所書記官の裁量に委ねられている（法64条１項参照)。

３　差押債権者の意見聴取（２項）

本条２項は，特別売却の実施を命ずる処分をする際は，事前に差押債権者の意見を聴かなければならないことを規定している。一般的には入札又は競り売りの方がより適正な方法といい得るのは前述したとおりであるので，特別売却の方法を選ぶことは差押債権者に不利になるおそれがあるためである。裁判所書記官は差押債権者の意見に拘束されないことは，いうまでもないことであるが，実務的には，差押債権者の反対を押し切ってまで特別売却に付することは，まれであろう。意見聴取の方法については制限がないので，出頭を求めてもよいし，書面で意見を提出することを求めてもよい。また，意見聴取の対象は，当該特別売却の方法による売却実施の適否ではなく，包括的に当該不動産の売却について一定の場合（本条１項参照）に特別売却の方法を採用することの適否であり，意見聴取の時期は，当該不動産に対する強制競売申立時（もっともこの時点では，申立債権者であって差押債権者ではない。）以降，特別売却実施前である（本条２項ただし書[(9)]）。

４　買受けの申出の保証（３項及び４項）

本条３項は，特別売却における買受けの申出の保証の額及びその提供方法について規定している。特別売却にも法66条の適用があるので，保証を全く免除することはできないが，その額及び方法は，最高裁判所規則に委ねられており，本条３項及び４項は，法66条の個別委任に基づく規定である。

まず，特別売却においては，保証の額は執行裁判所の裁量により自由に定め得る（本条３項[(10)]）。買受けの意思及び代金納付の確実性，物件の価額等を考慮して適宜の額を定めれば足りる。保証の額の多寡に関わらず，代金不納付の場合は買受人は保証の返還を請求できず（法80条１項），保証は売却代金に充てられる（法86条１項３号）。

次に，特別売却における保証の提供方法は，金銭又は執行裁判所が相当と認める有価証券を執行官に提出する方法に限られる[11]。「執行裁判所が相当と認める有価証券」については，32条の解説の２を参照されたい。特別売却においては，支払保証委託契約の締結による保証の提供は認められていない。提出された有価証券の換価については，57条に規定がされている。

5　特別売却の通知（５項）

本条５項は，特別売却の実施を命ずる処分がされた旨を各債権者及び債務者に通知すべきことを規定している。特別売却に付することは，入札又は競り売りが一般的にはより適正な売却方法であるとすると，重要な執行処分といい得るので，これを利害関係を有する者に通知をして，執行裁判所に対する異議の申立て（法64条６項）の機会を与えるのが適当である。そこで，前記の者に通知をすることとされている[12]。

なお，各債権者とは，配当等を受けるべき債権者（法87条１項各号）と同義である。

6　特別売却調書（６項，９項）

本条６項は，特別売却調書の作成及び提出について規定している。

特別売却について調書を作るのは，その実施をしたときの全てではなく，買受けの申出があったときに限られる。例えば，裁判所書記官の指定した者と個別交渉を行った結果，功を奏さなかったときは，その旨を適宜裁判所書記官に申し出れば足り[13]，調書を作成する必要はない。入札，競り売りと異なる。

調書の記載事項は，①不動産の表示，②買受けの申出をした者の氏名又は名称及び住所，③買受けの申出の額及び年月日である。このほか，一般的記載事項については，執行官規則17条に規定がある。

調書には，買受申出人[14]又はその代表者若しくは代理人に署名押印させなければならない（本条９項，44条２項前段）。何らかの事情で，買受申出人等が署名押印しなかったときは，執行官は，その事由を調書に記載しなければならない（本条９項，44条２項後段，13条２項後段）。公衆の面前で売却を実施する入札等の場合に比し，特別売却の方が，買受申出人に調書に署名押印させる意味は大きい(15)。

執行官は，買受けの申出があったときは，速やかに調書を作成して執行裁判所に提出しなければならない。特別売却においては，あらかじめ売却決定期日が定められているわけではない（本条７項参照）ので，そのための時間的制約はない（期日入札調書について，44条の解説の２を参照）が，期日入札調書より記載事項も簡略であるし，多数の事件を同日に処理する必要性もないので，より迅速に作成して提出し得るし，そうすべきである。

執行官は，調書と共に，保証として提出された金銭又は有価証券を執行裁判所に提出しなければならない。特別売却においては，保証を執行官から直接返還することが必要な場合はないので，全ての保証について執行裁判所への提出が義務付けられる。保証の提出は，できる限り迅速にされるべきであるので，この点からも，特別売却調書の作成は迅速にされなければならないこととなる。また，買受申出人から提出された買受申出人等が暴力団員等に該当しない旨の陳述書や住民票の写し等（38条７項，31条の２）についても当然に添付されることになろう。

7　売却決定期日の指定（７項）

本条７項は，売却決定期日の指定につき規定している。特別売却調書が執行裁判所に提出されたときは，執行裁判所は，遅滞なく売却決定期日を定めなければならない。遅滞なくすべきであるのは期日指定であり，定められる期日と調書提出の間に置くべき期間については，直接の規定はない。しかし，手続の迅速処理，事情変更の防止等の観点から，できる限り短期間とすべきであろう。本条８項の通知が到達するのに要する期間等を考慮して決定すべきこととなる。

8　売却決定期日の通知（8項）

本条8項は，売却決定期日の通知を規定している。特別売却の実施後売却決定期日が指定されたときは，裁判所書記官は，37条各号に掲げる者及び買受けの申出をした者に対し，その日時及び場所を通知しなければならない。入札，競り売りの場合と同趣旨である。本条8項についての詳細は，37条の解説を参照されたい。

9　暴力団員等に該当しない旨の陳述書等の提出（9項）

特別売却においても，買受申出人による買受けの申出の際には，法65条の2の陳述が必要である。そこで，本条9項は，31条の2の規定を必要な読替えをした上で特別売却に準用することとしている（陳述の方式等や添付書類については同条の解説参照）。

注(1)　平成16年改正法により，売却の方法等を定めて執行官に売却を実施させる旨の処分については，裁判所書記官が行うとされた（法64条1項，3項）ことから，平成16年改正規則により，特別売却を実施させる旨の処分をする者を裁判所書記官に改めるとともに，特別売却における買受けの申出の保証の提供方法について，期間入札における場合（48条）と同様に，規則の規定により定めるよう改めた。また，令和元年改正法により，暴力団員の買受け防止の方策が新設されたことを受けて，令和元年改正規則により，本条の項が追加された。

(2)　このことは，売却価額が総じて高額になる不動産，船舶及び航空機の売却について，特に強くいえる。これに対し，売却価額も比較的低く，市場価格もある自動車，建設機械及び小型船舶の売却においては，いきなり特別売却を行うことも相当な場合があろうし，更に売却価額が総じて低い動産についても，同様であろう。したがって，この規則は，自動車（96条），建設機械（98条，96条），小型船舶（98条の2，96条）及び動産（121条）の特別売却については，入札又は競り売りの実施を要件としないこととしている。

⑶ 田中・解説176頁参照

⑷ 唯一の適法な買受申出人に対して売却許可決定がされたものの，代金不納付によりこれが失効した場合は，結果的には有効かつ適法な買受けの申出がなかったことになり，実質的にはその他の場合と同様に入札又は競り売りの方法による売却の見込みがないといえる。

⑸ 自動車の売却について前者が，動産の売却について後者が，認められている理由については，それぞれの条文の解説を参照されたい。

⑹ 実施期間は，平成10年改正規則により追加されたものであるが，これ以前には，１年を超えるような期限を定めて特別売却の実施を命じていた例もあったようである。しかし，このような期限の設定により必ずしも売却率が向上するわけではないであろうし，地価等が長期下落傾向にある時期には，売却基準価額が適切なものではなくなるおそれもある。

⑺ 特別売却においても法で定められた手続及び売却条件は適用になるので，例えば，売却基準価額（法60条），物件明細書等の内容の公開（法62条，31条），暴力団員等に該当しない旨の陳述（法65条の２），買受けの申出の保証の提供（法66条），債務者の買受けの申出の禁止（法68条）等は，特別売却についての条件として裁判所書記官が定めなくても，当然に守るべきこととなる。これに対し，例えば，売却の公告（法64条５項）等は，執行裁判所が特に条件として付さない限り，する必要がない。

⑻ 実務では一定の売却期間を設け，その期間内に買受けの申出をした者に対して売却している。また，期間入札の売却実施を命ずる処分と同時に期間入札において適法な買受申出のないときは，特別売却を実施するという条件付きの特別売却実施を命ずる処分に基づき特別売却を実施している（いわゆる条件付特別売却）のが通例である（理論と実務（下）425頁以下，不動産執行実務（下）78頁以下参照）。

⑼ 本条２項ただし書は，平成10年改正規則により追加されたものであるが，これ以前にも，強制競売申立時に特別売却実施に関する同意書（意見書）を徴しておき，これを前提に注⑻の条件付特別売却を実施する庁も増えつつあった。

⑽　条件付特別売却の実施を命ずるに際し，直前の期間入札の買受申出保証と同様とする実務について理論と実務（下）423頁，不動産執行実務（下）80頁を参照。

⑾　平成16年改正前の本条３項は，執行裁判所が買受けの申出の保証の提供方法を定めるべきことについて定めていたところ，特別売却における買受けの申出の保証の提供方法についても，期間入札における場合（48条）と同様に，規則の規定により定まるようにすることが事務処理上便宜である。そこで，平成16年改正規則において，本条３項の上記の部分を本条４項として，特別売却における買受けの申出の保証の提供の方法について，規則の規定により定まるように改めている。

平成16年改正前の実務上は，期間入札による売却を実施させる処分及び条件付特別売却を実施させる処分とともに，特別売却における買受けの申出の保証の提供方法が定められていた。この実務上の取扱いについては，平成16年改正後も，これらの処分をする者を裁判所書記官とする以外は，格別に変更する必要はないと考えられる。なお，特別売却における買受申出の保証の提供方法については，規則の規定により定まるように改められたことから，(特別) 売却を実施させる旨の処分の書面上に記載されることがあるとしても，それは注意的に記載されているにすぎないものと考えられる。

⑿　特別売却を命ずる処分の名宛人である執行官に通知されるのは，性質上当然である。

⒀　売却実施の職務命令を受けた以上，その結果を裁判所書記官に報告すべきことは当然であろう。

⒁　特別売却の具体的方法によっては次順位買受申出人がないとはいえないので，そのような場合には，当然その者の署名押印をも求めるべきである。

⒂　調書が売買契約書類似の機能を有すると考えられるので，署名押印を求める時には，調書は完成しているべきである。

（内覧実施命令）

第51条の２　法第64条の２第１項の申立ては，次に掲げる事項を記載した書面でしなければならない。

一　申立人の氏名又は名称及び住所並びに代理人の氏名及び住所

二　事件の表示

三　不動産の表示

四　不動産の占有者を特定するに足りる事項であつて，申立人に知れているもの（占有者がいないときは，その旨）

2　前項の申立ては，各回の売却の実施につき，売却を実施させる旨の裁判所書記官の処分の時までにしなければならない。

3　執行裁判所は，不動産の一部について内覧を実施すべきときは，法第64条の2第1項の命令において，内覧を実施する部分を特定しなければならない。

4　裁判所書記官は，法第64条の2第1項の命令があつたときは，知れている占有者に対し，当該命令の内容を通知しなければならない。法第64条の2第4項の規定により同条第1項の命令を取り消す旨の決定があつたときについても，同様とする。

〔解　説〕

1　本条の趣旨

本条は，差押債権者による内覧の実施の申立て等，内覧実施命令に関する細目的な事項について規定している。

内覧は，平成15年改正法により創設された制度であり，買受希望者を不動産に立ち入らせて見学させることをいう（法64条の2）。この制度は，不動産は一般に極めて高価であるから，より多くの買受希望者が現れるようにして不動産競売の円滑化を図るために，不動産競売においても，買受希望者ができる限り任意売買の場合と同様の情報を得られるようにする趣旨のものと解される(1)。

内覧の手続の概要は，次のとおりである。

(1)　差押債権者は，売却を実施させる旨の裁判所書記官の処分の時までに，執行裁判所に対し，内覧の実施の申立て(2)をすることができる（法64条の2第1項，2項）。

(2)　(1)の申立てを受けた執行裁判所は，不動産の占有者が差押債権者等に対抗することができる占有権原（以下「対抗権原」という。）を有する場合でその同意がないときを除き[3]，執行官に対し，内覧の実施を命じなければならない（法64条の2第1項）。

⑶ 内覧実施命令を受けた執行官は，内覧への参加の申出をした買受希望者のために，売却の実施までの間に内覧を実施する（法64条の2第3項）。

その際，対抗権原を有しない不動産の占有者が，正当な理由なく，不動産の立入りを拒み，又は妨げたときには，罰金に処せられる（法213条2項）。

2 差押債権者の申立ての方式（1項）

本条1項は，法64条の2第2項の委任を受けて，差押債権者による内覧の実施の申立ての書面性及び申立書の記載事項について規定している。

⑴ 申立ての書面性

法64条の2第1項は，内覧の実施には差押債権者（配当要求の終期後に強制競売又は競売の申立てをした差押債権者を除く。）の申立てがあることが必要である旨を規定している。このように，差押債権者の申立てが必要とされているのは，内覧の実施が，より高値での売却を実現するために有益である反面，現場でトラブルが発生して売却価格を低下させる要因となる危険性があり，また，これを実施するのに一定の費用を要する[4]ことを考慮して，これを実施するかどうかを，高値での売却に最も利害関係を有する差押債権者の意思に委ねたものと解される[5]。

内覧の実施の申立ては，民事執行手続の付随的申立てであるから，民事執行の基本申立ての書面性について規定した1条は適用されない。しかし，上記の法の趣旨に照らせば，差押債権者の意思を明らかにして手続の明確性を確保する必要があることは基本申立ての場合と変わらないので，本条1項は，この申立てを書面ですべきこととしたものである。

⑵ 申立書の記載事項

申立書の記載事項は，次のとおりである。

ア　申立人の氏名又は名称及び住所並びに代理人の氏名及び住所（１号）

内覧の実施の申立てをする差押債権者及びその代理人を特定するものである。

イ　事件の表示（２号）

基本事件を特定するものである。

事件の表示としては，係属裁判所及び事件番号を記載すれば足り，そのほかに事件名をも記載する必要はない。

ウ　不動産の表示（３号）

１個の強制競売事件であっても，複数の不動産が対象とされていることも少なくないところ，その全てについて内覧の実施を申し立てる必要がなかったり，一部の不動産を対抗権原を有する者が占有しており，その同意が得られない場合もないわけではない。

そこで，強制競売事件の対象となっている不動産のうち，いずれについて内覧の実施を求めるかを明らかにするものである。

エ　不動産の占有者を特定するに足りる事項であって，申立人に知れているもの（占有者がいないときは，その旨）（４号）

内覧の実施に当たっては，不動産の占有者に対し，内覧実施命令の内容や内覧の実施日時を通知しなければならない（本条４項，51条の３第１項）ことから，占有者を特定するものである。なお，「占有者がいないとき」の例としては，執行官保管の保全処分が執行された場合が挙げられる[(6)]。

執行裁判所は，通常，現況調査の結果によって占有者を把握することができるが，現況調査において占有者が不明であった場合，現況調査後に占有状況の変更が生じた場合等には，差押債権者から占有者に関する情報の提供を受けることが有益である。

もっとも，申立人は強制的な調査権限を有していないので，申立ての時点で知れている占有者について記載すれば足りることとされた。

オ　その他の記載事項

その他民訴規２条所定の形式的な事項を記載すべきことは当然である（15条の２，民訴規２条）。

3　差押債権者の申立ての時期（２項）

本条２項は，法64条の２第２項の委任を受けて，差押債権者が内覧の実施の申立てをすべき終期について規定している。

法64条の２第２項所定の「売却を実施させる旨の裁判所書記官の処分」とは，裁判所書記官の執行官に対する売却実施を命ずる処分（法64条３項）をいうものと解される[(7)]。

執行官が売却を実施しても適法な買受けの申出がなかったために，更に売却を実施すべき場合もあるところ，この場合における内覧の実施の取扱いについては，最高裁判所規則に委ねられた（法64条の２第２項）。これを受けて，改めて内覧を実施するかどうかについて差押債権者の意思に委ねるため，内覧の申立ては各回の売却の実施ごとにしなければならないこととしたものである。

実務上，期間入札において適法な買受けの申出がないときは特別売却（51条１項）を実施するものとして，期間入札の売却実施を命ずる処分と同時に条件付特別売却の実施を命ずる処分をする取扱いもされている[(8)]が，この場合には，期間入札と特別売却との売却実施を命ずる処分が同時にされ，前者の方法による売却を実施しても適法な買受けの申出がなければ，何らの手続を経ずに同一の売却条件で後者の方法による売却が実施されるから，両者の方法による売却の実施を全体として１回の売却の実施と解することが相当である。したがって，当該条件付特別売却の実施を命ずる処分の前に内覧の申立てがされた場合には，期間入札による売却の実施前に内覧を実施すれば足りるものと考えられよう[(9)]。

なお，差押債権者の申立ての始期については，法又はこの規則において規定されていないが，不動産の占有者が対抗権原を有する場合には，当該占有者の同意がなければ内覧実施命令を発することができないと解されることに照らすと，円滑な発令という観点から，現況調査報告書等の閲覧が可能となった後に申立てをするよう促す取扱いも考えられよう。

4　内覧実施命令の範囲（3項）

本条3項は，内覧実施命令において，内覧を実施する不動産の部分を明確にすべきことを規定している。

不動産の占有者が対抗権原を有する場合には，当該占有者の同意がなければ内覧実施命令を発することができないと解されること等に鑑みると，内覧実施命令の発せられる不動産は，必ずしも基本事件における不動産や内覧の実施の申立てがされた不動産とは一致しない。

そこで，本条3項は，内覧実施命令において，内覧を実施する不動産の部分を特定すべきこととしたものである。

なお，内覧実施命令において内覧を実施する部分が特定された場合には，これをあらかじめ買受希望者に周知させるため，執行官が行う内覧の公告においても当該部分を明らかにしなければならない（51条の3第1項）。

5　不動産の占有者に対する通知（4項）

⑴　本条4項前段は，内覧実施命令が発せられたときは，知れている占有者[(10)]に対して通知をすべき旨を規定している。

執行裁判所は，不動産の占有者が対抗権原を有する場合には，当該占有者の同意がなければ，内覧実施命令を発することができないものと解される（法64条の2第1項ただし書）。当該占有者の同意なく内覧実施命令が発せられた場合には，当該占有者は，内覧実施命令に対する執行異議によって争うことが考えられる。

そこで，本条4項前段は，不動産の占有者に対し，内覧実施命令の内容を知らしめて，その不意打ちを避けるとともに，不服申立ての機会を保障するため，内覧実施命令が発せられたときは，裁判所書記官が知れている占有者に当該命令の内容を通知すべきこととしたものである。

通知の方法は，入札期間の開始の日等の通知（49条，37条）の取扱いに準じて，普通郵便で送付する取扱いをすることが考えられる。

なお，内覧の実施を申し立てた差押債権者に対しては，内覧実施命令を告知しなければならない（２条２項）。

⑵　本条４項後段は，内覧実施命令の取消決定（法64条の２第４項）が発せられたときは，本条４項前段と同様に，知れている占有者に対して通知をすべき旨を規定している。

執行裁判所は，内覧の円滑な実施が困難であることが明らかであるときは，内覧実施命令を取り消すことができる(11)（法64条の２第４項）。この場合には，手続の明確性を図るため，既に内覧実施命令が通知されている占有者に対しては，当該命令が取り消されたことについても，通知をすべきこととしたものである(12)。

なお，内覧の実施を申し立てた差押債権者に対しては，内覧実施命令の取消決定を告知しなければならない（２条２項）。

注⑴　内覧制度に関する平成15年改正法の趣旨及び概要については，谷口外・解説89頁以下参照

⑵　内覧の実施の申立ては，民事執行雑事件㋠として立件される。

なお，民訴費用法において，申立手数料は定められていないので，申立手数料は要しない。

⑶　対抗権原を有する占有者が存在する場合には，当該占有者の同意は内覧実施命令の発令要件になるものと解される（谷口外・解説90頁参照）。

したがって，差押債権者は，申立てに際し，一件記録を踏まえて必要な主張立証をすることとなろう。

⑷　執行官による内覧実施の基本手数料の額は２万2000円であり（手数料規19条の２第１項），これに長時間加算（同規則32条），休日加算（同規則33条）及びその他の加算

（同規則33条の２）がされる場合がある。また，執行官が補助者を使用した場合には，その費用は申立債権者が支払い，又は償還することとなる（執行官法10条１項４号，同法12条)。

これらの費用は，内覧の実施を申し立てる差押債権者が予納し（民訴費用法２条３号，同法11条，同法12条)，債務者が負担すべき執行費用となる（法42条１項)。

内覧の実施に要する費用は，売却の実施に要する費用の一部であると考えられることから，明文の規定はないが，共益費用になるものと解される（谷口外・解説91頁注欄参照)。

⑸　谷口外・解説90頁参照

⑹　占有者がいない場合であっても，執行官保管の保全処分が執行されている不動産については，執行官が自らの権限でこれを保管しているから，調整の手続を採ることなく当該不動産について内覧を実施することができる。それ以外の場合には，閉鎖した戸を開けること等ができないので，当該不動産に立ち入ることができず，内覧を実施することができないこととならざるを得ない。

⑺　谷口外・解説90頁参照

⑻　理論と実務（下）422頁，不動産執行実務（下）78頁参照

⑼　差押債権者による買受希望者がいることを理由とする上申書の提出に基づいて実施する特別売却（51条１項。いわゆる上申特売。理論と実務（下）423頁，不動産執行実務（下）79頁参照）等，条件付特別売却以外の特別売却を実施する場合には，期間入札による売却とは別個の売却と解されよう。

⑽　この通知は，通知をする時点で執行裁判所に知れている者に対してすれば足り，いったん通知をした後に占有者の変更等があっても，再度の通知をする必要はないものと考えられる。

⑾　どのような事由が取消事由になるかは，今後の具体的事例の集積を待つこととなろう。例えば，病人や重度の障害者等が居住しており，内覧の実施によってこれらの者の健康に悪影響を与えたり，プライバシー等が侵害されるおそれが高いこと，不動産

に危険物が存在すること，不動産で談合が行われるおそれが高いこと，不動産の広さ，用途，近隣の状況等に照らし著しく多数の者が内覧を希望したこと等は，内覧実施命令の取消事由となり得るものと考えられる。執行官は，これらの事情を把握した場合には，直ちに執行裁判所に報告すべきである。

他方，占有者が内覧の実施を拒否することが明らかな場合であっても，それが正当な理由に基づかない場合には，それだけの事情で直ちに内覧実施命令を取り消すと，平成15年改正法の趣旨に沿わないおそれがあるものと考えられる。

⑿　差押債権者が内覧の実施の申立てを取り下げた場合にも，同様に，占有者に対して通知をする取扱いが考えられよう。

（執行官による内覧の実施）

第51条の３　執行官は，法第64条の２第１項の命令があつたときは，遅滞なく，内覧への参加の申出をすべき期間及び内覧を実施する日時を定め，これらの事項及び不動産の表示（前条第３項の場合においては，内覧を実施する部分の表示を含む。）を公告し，かつ，不動産の占有者に対して内覧を実施する日時を通知しなければならない。

２　執行官は，前項の規定により内覧への参加の申出をすべき期間を定めるに当たつては，その終期が物件明細書，現況調査報告書及び評価書の内容が公開されてから相当の期間が経過した後となるよう配慮しなければならない。

３　内覧への参加の申出は，内覧の対象となる不動産を特定するに足りる事項並びに当該不動産に立ち入る者の氏名，住所及び電話番号（ファクシミリの番号を含む。）を記載した書面により，第１項の期間内に，執行官に対してしなければならない。

４　法第64条の２第３項の最高裁判所規則で定める事由は，次に掲げるものとする。

一　法第71条第４号イからハまでに掲げる者のいずれかに該当すること。

二　前項の書面に記載した当該不動産に立ち入る者が法第71条第４号イから

ハまでのいずれかに該当すること。

５　執行官は，内覧を実施する場所における秩序を維持するため必要があると認めるときは，その場所に参集した者に対し，身分に関する証明を求めることができる。

６　法第64条の２第１項の申立てをした差押債権者は，執行官から資料又は情報の提供その他の内覧の円滑な実施のために必要な協力を求められたときは，できる限りこれに応じるよう努めなければならない。

〔解　説〕

１　本条の趣旨

本条は，買受希望者による内覧への参加の申出等，内覧の実施に関する細目的な事項について規定している。

内覧への参加を希望する者は，内覧への参加の申出をすることを要し，そのうち，一定の事由がある者を除いた者が内覧参加者とされる（法64条の２第３項）。執行官は，内覧の実施に際し，自ら不動産に立ち入り，かつ，内覧参加者を不動産に立ち入らせることができる（同条５項）。

このような内覧の実施に当たっては，不動産の占有者のプライバシーの侵害等に対して配慮するため(1)，法において，次のように規定されている。

⑴　執行官は，占有者が内覧の実施を拒んでも，現況調査の場合とは異なり，威力等を用いて占有者の抵抗を排除することはできない(2)（法６条１項ただし書）。

⑵　占有者が内覧を拒んだことにつき正当な理由がある場合(3)には，罰則（法213条２項）は科されない。

⑶　執行官は，内覧の円滑な実施を妨げる行為をする者に対し，不動産への立入りを制限し，又は不動産から退去させることができる（法64条の２第６項）。

２　内覧の実施日時の指定（１項）

本条１項は，執行官が，買受希望者が内覧への参加の申出をすべき期間（以下「申出期間」という。）及び内覧の実施日時を指定するとともに，公告や占有者に対する通知をすべき旨を規定している。

⑴　内覧の実施日時の指定

内覧は，申出の期間の満了日の翌日から売却の実施の日（期間入札の場合は入札期間の開始の日。49条参照。以下同じ。）の前日までに実施する[(4)]が，買受希望者が内覧への参加の申出をするに当たっては，申出の時点で実施日時が明らかであるのが便宜であること等から，執行官は，内覧の申出に先立ち，申出をすべき期間及び内覧の実施日時を定めなければならないこととした。

執行官は，内覧の円滑な実施のため，占有者のいる不動産について内覧の実施日時を定めるに当たっては，できる限り占有者との間で調整を行うことが考えられる。調整の方法としては，照会書を普通郵便で送付したり，電話を架けるなどの方法によることとなろう。

もっとも，占有者との任意の調整が困難な事案においては，執行官は内覧の実施日時を適宜決めざるを得ない。このような場合には，内覧実施日当日，占有者の対応によって混乱を生じたり，占有者の拒絶により内覧の実施ができないなど，むしろその後の入札等に悪影響が生ずる事態となることも考えられる。申立債権者は，内覧の実施には，制度上このようなリスクが含まれていることを十分認識しておくべきであるし，また，執行官も，執行裁判所や申立債権者と必要な連絡を取り合い，状況の認識を共通にするよう努めることが重要であろう。

⑵　公告

執行官は，買受希望者に，あらかじめ申出期間，内覧の実施日時及び場所を周知させるため，これらの事項を公告すべきこととした。

これは，物件明細書等の内容が公開され（法62条２項，31条），その旨が公告事項とされている（36条１項８号）ことに照らすと，同じく買受希望者に対する情報提供の方法である内覧についても，その申出期間や実施日時・場所を周知させることが相当であることによるものである。

なお，内覧の手続の性質上，差押債権者が内覧の実施の申立てを取り下げた場合や，内覧実施命令が取り消された場合はもとより，内覧実施日に占有者が実施を拒んだ場合には，内覧を実施することはできない。したがって，運用上，買受希望者に対し，内覧を実施できない場合もあり得ること等について周知を図り，無用な混乱が生じないように配慮すべきである。

(3) 不動産の占有者に対する通知

占有者がいる不動産について内覧を実施する場合には，占有者に対し，あらかじめ内覧を実施する日時を知らせなければ，その生活の平穏を害するばかりか，占有者の協力が得られず，内覧を円滑に実施することができないおそれがある。

そこで，執行官は，占有者への不意打ちを避けるとともに，内覧の円滑な実施を確保するため，占有者に対し，内覧の実施日時を通知すべきこととしたものである[(5)]。

3　内覧への参加の申出期間（2項）

本条2項は，買受希望者による申出の機会を保障する見地から，内覧への参加の申出期間を，物件明細書等の内容を公開した日から相当の期間とすべき旨を規定している。

買受希望者は，物件明細書等の内容が公開され，その内容を吟味してからでなければ，内覧への参加の申出をするか否かを適切に判断することが困難であり，公開前の申出を認めると，買受けの意思を有するわけではない無責任な申出を誘発することにもなりかねない。したがって，申出期間は，物件明細書等の内容を公開した日以後に開始することが相当である。

ところで，競売不動産の売却スケジュールは，各庁において，それぞれの事務手続の実情等に応じて策定されているが，その策定に当たっては，迅速な事件処理という要請を踏まえつつ，内覧を円滑に実施することができるような配慮が必要となる。もっとも，この規則においては，入札期日の２週間前までに売却決定期日を開く日時及び場所等の公告をし（36条１項），当該期日の１週間前までに物件明細書等の内容を公開する（31条２項，３項）旨が規定されており，物件明細書等の内容の公開から入札期日までの期間が１，２週間程度に限られ，その間に，執行官が必要な準備を行った上で内覧を実施しなければならないことを考慮すると，申出期間は合理的な期間に制限せざるを得ない。本条２項の「相当の期間」とは，このような売却スケジュールを前提にして解されるべきであろう[(6)]。

4　内覧への参加の申出の方式（３項）

本条３項は，法64条の２第３項の委任を受けて，内覧への参加の申出の書面性及び申出書の記載事項について規定している。

⑴　申出の書面性

内覧への参加の申出は，民事執行手続の付随的申立てであるから，民事執行の基本申立ての書面性について規定した１条は適用されない。

しかし，内覧は，買受希望者が不動産に立ち入るという重要な手続であることから，内覧への参加の意思を明確にするため，その申出は書面ですべきこととしたものである。

⑵　申出書の記載事項

申出書の記載事項は，次のとおりである。

ア　内覧の対象となる不動産を特定するに足りる事項

内覧への参加の申出をする不動産については，必ずしも不動産自体の表示をしないで，事件番号，物件番号等により特定すれば足りる[(7)]。執行官が，同一の申出期間において，多数の事件及び物件の内覧の申出を受けるのが一般的であることを考慮すると，事務処理の合理化の観点からも，基本事件における物件番号等との結び付きを明らかにするのが望ましい。

イ　不動産に立ち入る者の氏名，住所及び電話番号（ファクシミリの番号を含む。）

執行官は，内覧への参加の申出をした者に対し内覧を実施できるかどうかを事前に審査することとなるが，後記５のとおり，一定の事由がある者を不動産に立ち入る者として申出をした者は内覧参加者から除かれる（51条の３第４項２号）ことに照らし，申出書において，不動産に立ち入る者を特定すべきこととしたものである。例えば，法人が不動産の買受けを希望する場合には，申出人である法人が，従業員等の関係者を不動産に立ち入る者(8)として記載した申出書を提出すべきこととなる。

また，例えば，内覧実施命令が取り消された場合等に，執行官が，速やかに不動産に立ち入る者に連絡をしなければならないことがあることも想定されるので，その連絡先を明らかにするため，電話番号（ファクシミリの番号を含む。）を記載事項とした。

ウ　その他の記載事項

内覧への参加の申出書である以上，申出人の氏名又は名称及び住所も当然に記載することを要する。その他，民訴規２条所定の形式的な事項を記載すべきことは当然である（15条の２，民訴規２条）。

なお，添付書類に関する規定は設けられていない。この点，入札においては，入札人が住民票の写しその他その住所を証するに足りる文書を執行官に提出しなければならないものとされている（38条７項，31条の２第１項３号）が，これは，入札人が最高価買受申出人となった場合には，原則として，暴力団員等に該当するか否かについての調査嘱託をしなければならないことから（法68条の４），入札人の表示の正確性を担保する必要があることによるものである。これに対し，内覧の申出においては，このような正確性を担保する要請があるわけではないから，通常は，住民票等の提出を求める必要があるとまではいえないものと解される。

５　内覧参加者の資格（４項）

本条４項は，法64条の２第３項の委任を受けて，内覧への参加の申出をした者のうち，一定の者を内覧参加者から除くための事由について規定している。

⑴　法71条４号イからハまでに掲げる者のいずれかに該当すること（１号）

内覧が買受希望者に対して不動産に関する情報を提供する手続であることに照らすと，売却不許可事由がある者に不動産の内覧を認める必要はないものと考えられる。法64条の２第３項が，「不動産を買い受ける資格又は能力を有しない者」，すなわち法71条２号に掲げる売却不許可事由がある者を内覧参加者から除いているのも，このような理由によるものと解される。

そこで，次のいずれかに該当する申出人を，内覧参加者から除くこととした。

ア　その強制競売の手続において法65条１号に規定する行為をした者（法71条４号イ）

法65条１号に規定する行為とは，売却の適正な実施を妨げる行為をいい，例えば，暴行，強迫，偽計等により他の者の買受けの申出を妨げたり，談合等により不当に価額を引き下げる目的をもって連合する行為等が挙げられる。

このような悪質な行為をした者には，買受人となる資格が認められないため，内覧参加者からも除くものである。

イ　その強制競売の手続において代金の納付をしなかった者又は自己の計算においてその者に買受けの申出をさせたことがある者（法71条４号ロ）

無資力等のために代金を納付することができなかった前買受人や，故意に代金の納付をしなかった不誠実な前買受人又はその黒幕には，買受人となる資格が認められないから，内覧参加者からも除くものである。

ウ　法65条２号又は３号に掲げる者（法71条４号ハ）

法65条２号に掲げる者とは，他の民事執行手続の売却不許可決定において，同条１号に該当する者と認定され，その売却不許可決定の確定の日から２年を経過しない者をいう。

法65条３号に掲げる者とは，民事執行手続における売却に関し刑法95条（公務執行妨害及び職務強要），同法96条（封印等破棄），同法96条の２（強制執行妨害目的財産損壊等），同法96条の３（強制執行行為妨害等），同法96条の４（強制執行関係売却妨害），同法96条の５（加重封印等破棄等），同法197条から197条の４まで（収賄）若しくは同法198条（贈賄），組織的な犯罪の処罰及び犯罪の収益の規制等に関する法律３条１項１号から４号まで若しくは２項（組織的な殺人等）又は公職にある者等のあっせん行為による利得等の処罰に関する法律１条１項（公職者あっせん利得），同法２条１項（議員秘書あっせん利得）若しくは同法４条（利益供与）の規定により刑に処せられた者で，これらの裁判の確定の日から２年を経過しない者をいう。

このような悪質な競売ブローカー等には，買受人となる資格が認められないため，内覧参加者からも除くものである。

⑵　申出書に記載した不動産に立ち入る者が，法71条４号イからハまでのいずれかに該当すること（２号）

法人が内覧への参加の申出をする場合のように，申出人の関係者が不動産に立ち入る場合においては，たとえ申出人に法71条４号イからハまでに掲げる売却不許可事由がなくても，不動産に立ち入る者にかかる事由があれば，類型的に内覧の円滑な実施が妨げられるおそれがあるものというべきである。

そこで，このような者の立入りを認めないようにするため，申出書に同号イからハまでのいずれかに該当する者を不動産に立ち入る者と記載した申出人を，内覧参加者から除くこととした。

6　身分に関する証明（５項）

本条５項は，執行官が秩序維持のために採り得る権限について規定している。

内覧は，競売不動産の買受け希望者が同一日時に同一場所へ参集する機会となるものであり，談合，入札妨害等を企てる者に濫用されるおそれがあることが指摘されている。そこで，平成15年改正法により，内覧手続の主宰者である執行官には，現場の秩序維持のための権限が付与され[9]，内覧の円滑な実施を妨げる行為をする者に対して不動産に立ち入ることを制限し，又は不動産から退去させることができるものとされた（法64条の２第６項）。例えば，執行官は，参集者に対し，みだりに会話をしない，大声を発しない，不動産の内部を捜索したり，物品に触れたりしない等の指示[10]をすることができるものと解され，これらの指示に従わなかった者を不動産から退去させることができる[11]。また，執行官がこれらの権限を行使する際に抵抗を受けるときは，抵抗を排除するために威力を用い，又は警察上の援助を求めることができる（法６条１項本文）。秩序維持に反する行為がされる可能性が高いと考えられる場合には，あらかじめ他の執行官や警察上の援助を求めたり，警備員等を補助者として活用するなど，適切な対処を採っておくことが必要となろう。

本条５項は，執行官が，このような秩序維持のための権限を適切に行使するため，参集者に対し，身分証の呈示等，身分に関する証明を求めることができることとしたものである。例えば，法65条各号に該当する者とおぼしき人物がいるがそれとは断定できない場合，内覧の申出に当たって偽名を使用している疑いがある場合等には，その者の氏名を確認し，不動産へ立ち入らせないようにする必要があるからである。

身分証明の方法としては，会社，団体等の発行した身分証明書や運転免許証を呈示させることが最も一般的であろうが，定期乗車券，名刺複数枚等の呈示もあり得よう[12]。不動産に立ち入る者に身分証明の方法をあらかじめ準備させるため，内覧の公告等の機会に，内覧実施日には身分証明を求められることがあるので，その用意をすべき旨を周知しておくことが効果的であろう。

７　差押債権者の協力（６項）

本条６項は，内覧の実施を申し立てた差押債権者の協力について規定している。

内覧の実施に当たっては，買受希望者による談合，入札妨害のおそれ，占有者に対する事前の立退交渉や嫌がらせ，占有者による暴力行為，買受けを躊躇させる行為等のおそれが懸念されるところである。そのため，執行官が内覧を円滑に実施するためには，事前に占有者や占有状況に関する情報，占有者が内覧の実施に応ずる見込み等を適切に把握し，十分な情報を収集しておくことが不可欠となる。

ところで，差押債権者は，担保不動産について有益な情報を保有していることが少なくない上，内覧の実施について，そのリスクをも含めて最も強い利害関係を持つものである。

そこで，本条６項は，内覧の実施を申し立てた差押債権者は，執行官から資料又は情報の提供その他の内覧の円滑な実施のために必要な協力を求められたときは，できる限りこれに応じるよう努めなければならないこととしたものである。

執行官は，収集した情報を基に，あらかじめ対象不動産の規模，内覧参加者の人数，占有状況等に応じて，所要の準備を整える必要があろう。事案によっては，差押債権者に対し内覧への立会いを求めることが，円滑な実施に資することも考えられる。

注⑴　内覧制度の創設に当たっては，居住者のプライバシー侵害のおそれ等の問題点が指摘されたものであり，平成15年改正法の成立に係る参議院法務委員会においても，競売不動産の内覧の実施に当たり，居住者・家族等のプライバシーが不当に侵害されることのないよう，制度の趣旨について周知徹底を図ることという附帯決議がされている。

⑵　不動産に臨場したが，占有者が不在であった場合には，内覧を中止せざるを得ない。

空家であっても，強制開錠の措置を採ることはできない。

⑶　例えば，病人が占有していることは，「正当な理由」となり得るものと解される。

⑷　占有者の要望等により，日曜日その他の一般の休日における内覧を実施する場合には，執行裁判所の許可を受けなければならない（法８条）。

夜間に内覧を実施することは，近隣への影響，警備の関係等を考慮すると，円滑な実施が困難であることが多いと考えられるので，相当とは認め難いであろう。

⑸　同様に，調査等のための立入りに際し占有者に通知すべき旨を定める規定として，土地収用法11条４項，都市計画法25条２項，都市再開発法60条３項等がある。

⑹　このような売却スケジュールの下では，申出期間は５日程度あれば，「相当の期間」といえるものと考えられる。

⑺　入札書の記載事項（38条２項３号）についても，同様に解されている（38条の解説の３⑶参照）。

⑻　不動産に立ち入る者の人数については，内覧が占有者に一定の負担を掛ける手続である上，その円滑な実施を図るためには不必要な者の立入りをできるだけ除くことが必要であることに鑑みると，基本的には，内覧参加者１名につき１名ずつと考えることが相当である。もっとも，事案によっては，申出人の数等の諸般の事情を勘案しつつ，執行官の裁量によって複数名の立入りを認めることができる場合もないわけではないであろう。

⑼　内覧参加者が相当多数である場合には，運用上，例えば，不動産に同時に立ち入る者の人数を制限し，一定数の人数に分けて順次立ち入らせるなどの工夫も考えられよう。このような方法を円滑に実施するために，あらかじめ個々の内覧参加者に対し，当該不動産への集合時間を連絡することも考えられる。

⑽　その他，占有者の同意が得られない限り，対象不動産の写真・ビデオ撮影はできないものと考えられる。

⑾　房村精一法務省民事局長の参議院法務委員会における答弁（平成15年７月24日参議院法務委員会会議録25－５）参照

⑿　43条の解説の２，大橋寛明・注釈民執法⑶457頁参照

（買受けの申出をした差押債権者のための保全処分等の申立ての方式等）

第51条の４　法第68条の２第１項の申立ては，次に掲げる事項を記載した書面でしなければならない。

一　第27条の２第１項各号に掲げる事項

二　法第68条の２第２項の申出額

三　次の入札又は競り売りの方法による売却の実施において前号の申出額に達する買受けの申出がないときは自ら当該申出額で不動産を買い受ける旨の申出

２　執行裁判所は，法第68条の２第１項の規定により申立人に不動産を保管させるべきことを命じた場合において，必要があると認めるときは，当該申立人に対し，不動産の保管の状況について報告を求め，又は執行官に対し，その保管の状況の点検を命ずることができる。

３　執行官は，前項の点検をしたときは，不動産の損傷の有無及び程度その他の申立人の保管の状況を記載した点検調書を作成し，執行裁判所に提出しなければならない。

４　第27条の２第２項の規定は第１項の書面について，第27条の３の規定は法第68条の２第１項に規定する公示保全処分の執行について，第31条の２の規定は法第68条の２第２項の申出について，第32条の規定は法第68条の２第２項の保証の提供について準用する。この場合において，第31条の２第１項中「差押債権者は，法第63条第２項第１号」とあるのは，「差押債権者（配当要求の終期後に強制競売又は競売の申立てをした差押債権者を除く。以下この条において同じ。）は，法第68条の２第２項」と読み替えるものとする。

〔解　説〕

１　本条の趣旨

本条は，買受けの申出をした差押債権者のための保全処分等（法68条の２第

１項）の申立ての方式等を規定しているところ，平成15年改正規則により，１項及び４項について所要の整備がされ，令和元年改正規則により，４項について所要の整備がされたものである。

平成15年改正前の法68条の２第１項による買受けの申出をした差押債権者のための保全処分は，入札又は競り売りの方法により売却を実施させても買受けの申出がなかった場合において，不動産を占有する債務者又は買受人に占有権原を対抗することができない占有者[(1)]が，不動産の売却を困難にする行為[(2)]をし，又はその行為をするおそれがあるときに，差押債権者の申立てにより，これらの占有者に対し，不動産に対する占有を解いて執行官又は差押債権者に保管させることを認めるものである。この保全処分は，買受人に占有権原を対抗することができない占有者の妨害行為等により，買受後の明渡しに不安が残る結果，なかなか買受希望者が現れないことがあることから，こうした事態に対処するために，売却前の段階であっても執行官による保管にとどまらず，差押債権者による保管をできるようにするために，創設された[(3)]。

この保全処分は，売却前の段階で差押債権者による不動産の保管まで認める強力な保全処分[(4)]であることから，債務者の通常の用法による使用収益の利益を不当に害することがないような手当がされている。すなわち，差押債権者が申立てをするためには，買受可能価額[(5)]以上の額（以下「申出額」という。）を定めた上で，次の入札又は競り売りの方法による売却の実施において申出額に達する買受けの申出がないときは自ら申出額で不動産を買い受ける旨の申出をし，かつ，申出額に相当する保証の提供をしなければならないとされている（法68条の２第２項）。また，発令要件として，担保の提供が必要的とされている（同条１項）。

平成15年改正法により，この保全処分については，以下の改正が行われた[(6)]。

⑴　公示保全処分について明文の規定（法68条の２第１項）が設けられるとともに，公示書等を損壊した者に対して刑事罰を科することとされた（法212

条１号)。

⑵　保全処分の相手方である占有者を特定することを困難とする特別の事情がある場合には，相手方を特定しないで保全処分を発令することができることとされ，この保全処分については，執行官による執行によって不動産の占有を解かれた者が相手方となることとされた（法68条の２第４項，法55条の２第１項，３項)。

また，令和元年改正規則により，法68条の２第２項の規定による差押債権者による買受けの申出についても，暴力団員等に該当しない旨の陳述の方式等を定める改正がされた。

２　申立ての方式（１項)

本条１項は，買受けの申出をした差押債権者のための保全処分等の申立ての書面性及び申立書の記載事項について規定している。

⑴　申立ての書面性

この保全処分の申立ては，民事執行手続の付随的申立てであるから，民事執行の基本申立ての書面性について規定した１条は適用されない。

しかし，この保全処分の申立てにおいては，申出額を定め，次の入札又は競り売りの方法による売却の実施において買受希望者が現れなかったときは，自ら申出額で不動産を買い受ける旨の申出が必要とされているため，手続の明確性を確保する必要がある。

そこで，この保全処分の申立ては書面によらなければならないこととされた。

⑵　申立書の記載事項

本条１項各号所定の申立書の記載事項については，平成15年改正規則により，27条の２第１項の新設を踏まえた整備がされた。

申立書の記載事項は，次のとおりである。

ア　27条の２第１項各号に掲げる事項（１号)

(ア)　当事者の氏名又は名称及び住所（相手方を特定することができない場合にあっては，その旨）並びに代理人の氏名及び住所（27条の２第１項１号）

27条の２解説の２(2)アを参照されたい。

(イ)　申立ての趣旨及び理由（27条の２第１項２号）

「申立ての趣旨」は，申立人が求める保全処分の種類及び態様を明らかにするものである。

「申立ての理由」は，入札又は競り売りの方法により売却を実施させても買受けの申出がなかった場合において，債務者又は不動産の占有者が不動産の売却を困難にする行為をし，又はその行為をするおそれがあること（法68条の２第１項）を明らかにするものである。

(ウ)　強制競売の申立てに係る事件の表示（27条の２第１項３号）

買受けの申出をした差押債権者のための保全処分の基礎となった強制競売事件の特定の便宜のため，記載することとされた。

事件の表示とは，係属裁判所及び事件番号を意味し，そのほかに事件名をも記載する必要はない。

(エ)　不動産の表示（27条の２第１項４号）

１個の強制競売事件であっても，複数の不動産が対象とされていることも少なくないため，強制競売事件の対象となっている不動産のうち，いずれを対象として買受けの申出をした差押債権者のための保全処分の申立てを行うのかを明確にするため，記載することとされた。

不動産の表示とは，不動産を特定するに足りる事項のことであるが，通常は登記記録の表題部に記録された事項を記載すれば足りよう。

イ　差押債権者による買受けの申出額（２号）

法68条の２第２項所定の事項を明らかにするものである。

この申出額は，買受可能価額以上の金額でなければならない。

申立書には，申出額に相当する保証の提供を行った旨を記載し，これを証する文書を添付することが，当然に必要となる。

ウ　次の入札又は競り売りの方法による売却の実施において申出額に達する買受けの申出がないときは自ら申出額で不動産を買い受ける旨の申出（３号）

差押債権者による買受けの申出（法68条の２第２項）を明らかにするものである。

この申出は，買受けの申出をした差押債権者のための保全処分の申立要件となるだけでなく，条件付きの買受申出として，入札書等と同様に取り扱われる。したがって，この申出の記載は，次の売却の実施において差押債権者の申出額に達する買受けの申出がないときには，差押債権者自身が申出額で買い受ける旨の明確なものでなければならない(7)。

エ　その他の記載事項

その他民訴規２条所定の形式的な事項も記載すべきである（15条の２，民訴規２条）。

3　申立人保管を命じた場合の報告命令及び点検命令（２項）

本条２項は，買受けの申出をした差押債権者のための保全処分において申立人に保管させるべきことを命じた場合の申立人（差押債権者）に対する報告命令及び執行官に対する点検命令について規定している。

買受けの申出をした差押債権者のための保全処分においては，ほかの保全処分とは異なり，申立人による保管が認められている。そして，保管者となる申立人が，例えば，買受希望者に物件の内部を見せたり，物件の内外部を清掃することは許されるが，不動産を自ら使用したり，建物の内装工事をするなどといった行為は，保管の範囲を超え，許されないと解されている(8)。しかし，保管者となる申立人は，執行官のような公務員ではなく，しかも，不動産を適正に保管することを担保する法令上の義務付けがないことに加え，債務者とは利害が対立する立場にあることからすると，申立人が前記のような許されない行為をするおそれがないとはいえない。このため，執行裁判所には，職権による買受けの申出をした差押債権者のための保全処分の取消し又は変更権限が認められている（法68条の２第３項）。しかし，これを発令する前提として，執行裁判所は，不動産の保管の状況について把握することが必要になる。そこで，本条２項は，執行裁判所がこうした保管の状況を把握する方法として，保管者となる申立人に対する保管の状況についての報告命令，さらに，執行官に対する保管の状況の点検命令を認めた。

債務者の上申等により申立人による不動産の保管状況に疑念を抱いた場合，執行裁判所は，申立人に対して，不動産の保管の状況について報告を求めることができる。

申立人の保管の状況を把握する方法として，申立人自らの報告では足りないと判断する場合，具体的には，債務者の上申書から申立人が適切さを欠く保管をしている疑いが強く，申立人による十分な報告が期待できない場合等，また，報告がされない場合，報告の内容に疑問がある場合には，執行裁判所は，執行官に対し，不動産の保管の状況の点検を命ずることができる[(9)]。点検の対象は，不動産の損傷の有無及び程度その他の申立人の保管の状況である（本条３項参照）。

4　点検調書等（３項）

本条３項は，前項の点検をしたときにおいて執行官が作成すべき調書及びその執行裁判所に対する提出について規定している。

点検調書は，点検をした際には，申立人の保管の状況に全く異状がなくても作成しなければならない。

調書の記載事項は，不動産の損傷の有無及び程度その他申立人の保管の状況である。

執行官の作成に係る点検調書の提出を受け，不動産に損傷があるなど，申立人による保管が適切さを欠くものであることが判明した場合には，執行裁判所は，職権により事情変更による保全処分の取消し，又は変更を命ずることとなる（法68条の２第３項）。したがって，執行官は，点検実施後は速やかに点検調書を作成し，これを執行裁判所に提出しなければならない。

5　売却のための保全処分等の規定の準用（４項）

本条４項は，買受けの申出をした差押債権者のための保全処分等について，売却のための保全処分等の規定を準用している。このうち，⑴及び⑵は，平成15年改正規則により付加されたものである。

⑴　申立書の立証方法等の表示

執行裁判所が適切で迅速な審理を行うため，申立書について，27条の２第２項を準用している。同条の解説の３を参照されたい。

⑵　公示保全処分の執行方法

買受けの申出をした差押債権者のための保全処分等を実効あらしめるため，公示保全処分の執行方法について，27条の３を準用している。同条の解説を参照されたい。

⑶　保証の提供

この保全処分を申し立てる際の保証の提供が，剰余を生ずる見込みがない場合で差押債権者が不動産の買受人になることができるとき（法63条２項）の保証の提供と同様であることから，32条を準用している。同条の解説を参照されたい。

6　暴力団員等に該当しない旨の陳述書等の提出の規定の準用（４項）

法68条の２第２項の規定による差押債権者による買受けの申出についても，法65条の２の陳述が必要である。そこで，本条４項は，31条の２の規定を必要な読替えをした上で法68条の２第２項の規定による差押債権者による買受けの申出に準用することとしている。31条の２の解説を参照されたい。

注⑴　具体的には，①不法占有者及び使用貸借による借主（占有開始時期を問わない），②

抵当権設定後に占有を開始した賃借人，③不動産を占有する債務者が挙げられる。

⑵　具体的には，①正当な占有権原を有しないのに賃借権を有するかのように装ったり，②虚偽の留置権を主張するなどして，一般の買受希望者が買受けの申出をすることを躊躇させることにより，適正な売却の実施を妨げている場合である（Ｑ＆Ａ58頁参照）。

⑶　この保全処分が執行されていれば，買受人が確実に不動産の引渡しを受けられる上，差押債権者が保管している場合には，あらかじめ不動産の内部を見せることが可能となる（Ｑ＆Ａ48頁参照）。

⑷　この保全処分の執行がされた不動産については，その旨を物件明細書に明示することが相当であろう。売却に伴う公告の際の留意事項につき，36条の注⑶参照

⑸　平成16年改正法において，最低売却価額制度が見直されたことに伴い，法68条の２第２項の申出額の下限は，買受可能価額に改められた。

⑹　谷口外・解説84頁参照

⑺　保全処分は強制競売事件の付随事件であって，これらの記録は一体をなすものと解されているから，差押債権者としては，別途法68条の２第２項の申出書を提出する必要はない。執行裁判所は，売却実施時の過誤を避けるため，強制競売事件記録の表紙に「法68条の２第２項による買受けの申出がある」旨の付記をするといった取扱いをすることが考えられる。

⑻　Ｑ＆Ａ64頁参照

⑼　執行官による保管がされている場合の点検は，ほかの保全処分と同様に，108条に準じて行われる。

（買受けの申出がなかつた場合の調査）

第51条の５　執行裁判所は，裁判所書記官が売却を実施させても適法な買受けの申出がなかつた場合（買受人が代金を納付しなかつた場合を含む。）には，差押債権者に対し，その意見を聴いて，買受けの申出をしようとする者の有無，不動産の売却を困難にしている事情その他売却の円滑な実施に資する事項について，調査を求めることができる。

2　執行裁判所は，前項の調査を求めるときは，裁判所書記官に命じて行わせることができる。

〔解　説〕

1　本条の趣旨

本条は，差押債権者の執行裁判所に対する売却の奏効に向けた協力を具体化するものとして，売却を実施させても適法な買受けの申出がなかった場合において，執行裁判所が差押債権者に対して必要な調査を求めることができることを規定するほか(1)，当該調査の求めを，裁判所書記官に命じて行わせることができることを規定している。

2　買受けの申出がなかった場合の調査（1項）

(1)　執行裁判所が調査を求めるための要件

本条1項による調査は，売却を実施させても適法な買受の申出がなかった場合に求めることができる。「適法な買受の申出がなかつた」とは，51条1項のそれと同義であり，同条の解説の2(1)を参照されたい。これらの場合には，売却の見込みが低下し，売却の困難性がうかがわれる。

また，本条1項による調査は，差押債権者の意見を聴取した上で，これを求めることができる(2)。これは，売却の成否については，手続そのものの進行に関わる事項であり，差押債権者の意見次第では，調査までは不要となることもあり得ると考えられること，調査の内容によっては，差押債権者に困難を強いることも考えられないではないことによる。意見聴取の方法については制限がないので適宜の方法による。

(2)　調査事項

本条1項による調査の対象となる事項の代表的なものとしては，まず，買受希望者の有無，売却を困難にしている事情がある。買受希望者の有無の調査の過程では，差押債権者自らこれを探す努力をすることになろうし，売却を困難にしている事情が不法占有者による執行妨害である場合には，差押債権者において保全処分の申立てを検討してもらうことになろう。

また，同じく調査の対象となる「その他売却の円滑な実施に資する事項」とは，売却基準価額や，その他の売却条件の相当性に関する事項等が考えられる。

３　裁判所書記官による調査の求め（２項）

本条２項は，執行裁判所が本条１項の調査を求めるときは，これを裁判所書記官に命じて行わせることができることを規定している。これは，裁判所書記官が日常的に執行裁判所側の対外的な連絡等の窓口業務を担当しており，裁判所書記官が行った方が円滑な処理につながることが多いと考えられたことによる。調査の求めを裁判所書記官に命じて行わせることができる以上，その前提である意見の聴取についても同様である。

注⑴　売却の見込みのない場合の措置（法68条の３）により差押債権者は手続取消しという重大な不利益を受けることもあり得ることから，この措置が予想される場合には，本条を活用し，差押債権者の意向等が手続に反映する機会を設けることが強く要請されるといえる。

⑵　この点，送達できなかった場合の規定（10条の３）と異なる。

（買受けの申出をしようとする者があることを理由とする売却の実施の申出の方式）

第51条の６　法第68条の３第２項の規定による売却の実施の申出は，次に掲げる事項を記載した書面でしなければならない。

一　事件の表示

二　不動産の表示

三　買受けの申出をしようとする者の氏名又は名称及び住所

２　前項の書面には，買受けの申出をしようとする者の住民票の写しその他その住所等を証するに足りる文書を添付しなければならない。

〔解　説〕

１　本条の趣旨

本条は，売却の見込みのない場合の措置の規定（法68条の３）により，執行裁判所が不動産の売却の見込みがないと認めて強制競売の手続を停止した場合において（同条１項），差押債権者が執行裁判所に対して更に売却を実施させるべき旨の申出（同条２項）をする際の方式を規定している。

法68条の３は，執行裁判所が，裁判所書記官が入札又は競り売りの方法による売却を３回実施させても買受けの申出がなかった場合[(1)]において，不動産の形状，用途，法令による利用の規制その他の事情を考慮して，更に売却を実施させても売却の見込みがないと認めるときは，強制競売の手続を停止することができることとして（同条１項），差押債権者に買受希望者を探す努力を促すとともに，差押債権者が，停止の通知[(2)]を受けた日から３か月以内に，買受けの申出をしようとする者があることを理由として，売却を実施させるべき旨を申し出たときは，裁判所書記官は，売却[(3)]を実施させなければならないとする一方，差押債権者がこの期間内に売却実施の申出をしないとき又は裁判所書記官がその申出に基づいて売却を実施させたにもかかわらず買受けの申出がなかったときは，執行裁判所は，強制競売の手続を取り消すことができることとして，円滑な売却の実現を図るものである。

２　申立ての方式（１項）

本条１項は，売却実施の申出の書面性及び申出書の記載事項を規定している。

⑴　申出の書面性

売却実施の申出は，買受希望者が存在することを理由としてされるものであり，これを明確にする必要があること，申出があると裁判所書記官は売却を実施させなければならないこととなる効果を有するものであることから，売却実施の申出は，書面によらなければならないこととされた。

⑵　申出書の記載事項

売却実施の申出書の記載事項は，以下のとおりである。

ア　事件の表示（１号）

強制競売事件の特定の便宜のため，記載することとされた。

事件の表示とは，係属裁判所及び事件番号を意味し，そのほかに事件名をも記載する必要はない。

イ　不動産の表示（２号）

１個の強制競売事件であっても，複数の不動産が対象とされていることも少なくないため，強制競売事件の対象となっている不動産のうち，いずれについて買受希望者が存在し，売却を実施させなければならないのかを明確にするため，記載することとされた。

不動産の表示とは，不動産を特定するに足りる事項のことであるが，通常は登記記録の表題部に記録された事項を記載すれば足りよう。

ウ　買受けの申出をしようとする者の氏名又は名称及び住所（３号）

売却実施の申出は，買受けの申出をしようとする者があることを理由としてするものであることから（法第68条の３第２項），申出に際してその存在を明らかにすることは当然である。したがって，その氏名又は名称及び住所（法人である場合には，主たる事務所又は本店所在地）を記載することとされた(4)。

エ　その他の記載事項

その他民訴規２条所定の形式的な事項を記載すべきことは当然である（15条の２，民訴規２条）。

３　添付書類（２項）

本条２項は，売却実施の申出書の添付書類として，買受けの申出をしようとする者の住民票の写しその他その住所等を証するに足りる文書を規定している。これは，濫用的な申出を防止するため，買受けの申出をしようとする者が実在していることを証明する文書の添付を求めるものである。

「その他その住所等を証するに足りる文書」とは，買受希望者の実在性を明らかにする程度の文書であれば足り，買受希望者が自然人である場合には運転免許証の写し，保険証の写し等が，買受希望者が法人である場合には商業登記簿に係る登記事項証明書等がこれに当たる。本条２項が添付を求めるのは，「住所等」を証するに足りる文書であり，パスポートの写しのように，その住所を証明することはできないが，その身分等を証明することができる資料も含まれる。

注⑴　「買受けの申出がなかつた」とは，入札又は競り売りの方法により売却を実施させても適法な買受けの申出がなく売却できなかった場合をいう（Q＆A81頁)。

⑵　通知は，相当と認める方法によることができる（３条１項，民訴規４条１項）が，その前提となる停止は，執行処分であるから，執行異議の対象となるものであること，差押債権者がこの通知を受けた日は，法68条の３第２項及び第３項における３か月の期間の起算点となることから，送達の方法によることが相当であろう。

⑶　この売却については，規定上何ら限定がないのであるから，入札又は競り売りの方法によるものだけでなく，特別売却の方法によるものも含まれ，法68条の３の趣旨からすれば，むしろ特別売却を行うことが多くなると解される。

⑷　売却実施の申出をしなければ，強制競売の手続は取り消されることとなる可能性が高いことから，理由のない売却実施の申出がされる危険性は否定できない。このような申出を防止するため，執行裁判所が表示された者の買受申出の意思に疑念を生じた場合には，直ちにこれを確認できるように，電話番号等まで記載されることが望ましいと考えられる。

（最高価買受申出人が暴力団員等に該当しないと認めるべき事情がある場合）

第51条の７　法第68条の４第１項ただし書の最高裁判所規則で定める場合は，最高価買受申出人が，指定許認可等を受けて事業を行つている者である場合とする。

２　法第68条の４第２項ただし書の最高裁判所規則で定める場合は，自己の計算において最高価買受申出人に買受けの申出をさせた者が，指定許認可等を受け

て事業を行つている者である場合とする。

３　前２項の「指定許認可等」とは，許認可等（行政手続法（平成５年法律第88号）第２条第３号に規定する許認可等をいう。）であつて，当該許認可等を受けようとする者（その者が法人である場合にあつては，その役員）が暴力団員等に該当しないことが法令（同条第１号に規定する法令をいう。）において当該許認可等の要件とされているもののうち最高裁判所が指定するものをいう。

４　前項の規定による指定がされたときは，最高裁判所長官は，これを官報で告示しなければならない。

〔解　説〕

１　本条の趣旨

本条は，法68条の４第１項ただし書及び第２項ただし書の個別委任に基づいて，最高価買受申出人等が暴力団員等に該当するか否かについての都道府県警察に対する調査の嘱託を要しない場合を定めるものであり，令和元年改正規則で新設されたものである。

２　調査の嘱託を要しない場合（１項，２項，３項）

法令の規定により許認可等を受けて事業を営んでいる者については，当該法令において，その者（その者が法人であるときはその役員）が暴力団員等でないことを当該許認可等の基準として定めている場合がある。そのような許認可等を受けて事業を営んでいる者については，その者（その者が法人であるときはその役員）が暴力団員等でないことが担保されているといえる。

したがって，最高価買受申出人が当該許認可等を受けて事業を営んでいる者である場合には，その者について改めて警察に調査を嘱託する必要はないと考えられる（本条１項)。また，自己の計算において最高価買受申出人に買受けの申出をさせた者についても同様である（本条２項)。

もっとも，どのような許認可等で指定許認可等に当たるかについては，具体的には，行政庁が許認可等をする際の運用の実情を踏まえた機動的な指定が必要であると考えられることから，最高裁判所が指定することとしている[(1)]（本条３項）。

3　最高裁判所長官による告示（４項）

本条３項により，指定許認可等が指定された場合には，これを広く一般に周知する必要があることから，本条４項は，最高裁判所長官が，これを官報で告示することとしている。

注(1)　令和２年４月時点では，宅地建物取引業法３条１項の宅地建物取引業の免許及び債権管理回収業に関する特別措置法３条の債権管理回収業の許可が指定されている。

（売却決定期日を開くことができない場合等の通知）

第52条　法第72条第１項の規定により売却決定期日を開くことができないとき，又は法第73条第１項の規定により売却許可決定が留保されたときは，裁判所書記官は，最高価買受申出人及び次順位買受申出人に対し，その旨を通知しなければならない。

〔解　説〕

売却の実施の終了から売却決定期日の終了までの間に強制執行の一時の停止を命ずる旨を記載した裁判の正本の提出があった場合には，執行裁判所は，他の事由により売却不許可決定をするときを除き，売却決定期日を開くことができない。この場合においては，最高価買受申出人又は次順位買受申出人は，執行裁判所に対し，買受けの申出を取り消すことができる（法72条１項）。

また，数個の不動産を売却した場合において，あるものの買受けの申出の額で各債権者の債権及び執行費用の全部を弁済することができる見込みがあるときは，執行裁判所は，他の不動産についての売却許可決定を留保しなければならない（法73条１項）。この場合にも，売却許可決定が留保された不動産の最高価買受申出人又は次順位買受申出人は，執行裁判所に対し，買受けの申出を取り消すことができる（同条３項）。

前記の２つの場合には，いずれも，買受けの申出を取り消し得る最高価・次順位買受申出人は，取消事由が発生したことを当然には了知し得ないのに対し，執行裁判所にはこれらの事情が明らかである。そこで，本条は，これらの場合には，裁判所書記官が，最高価買受申出人及び次順位買受申出人に対し，これらの取消事由が生じた旨を通知しなければならないこととして，これらの者の取消権行使の機会を保障したものである。

（変更後の売却決定期日の通知）

第53条　売却の実施の終了後に売却決定期日が変更されたときは，裁判所書記官は，第37条各号に掲げる者並びに最高価買受申出人及び次順位買受申出人に対し，変更後の期日を通知しなければならない。

〔解　説〕

1　本条の趣旨

売却決定期日は，特別売却（51条）の場合を除き，売却の実施に先立って指定され（法64条４項，35条２項，46条２項，50条４項），あらかじめ利害関係人に通知される（37条，49条，50条４項）。特別売却の場合には，売却の実施の終了後に指定され，利害関係人に通知される（51条７項，８項）。

ところが，売却の実施が終了し，最高価買受申出人が確定した後に，種々の理由で，売却決定期日を予定どおり開けない場合があり得る。例えば，売却不許可事由（法71条）の判断に時間が掛かる場合，特に審尋（法５条）を要する場合や最高価買受申出人等が暴力団員等に該当するか否かについての都道府県警察への調査の嘱託に対する回答に時間を要する場合が代表的な場合であり，また，何らかの事情で売却実施手続の調書の提出が遅れた場合，法72条１項の規定により売却決定期日を開くことができない場合，法73条１項の規定により売却許可決定が留保された場合，農地の売却で農業委員会等の許可に予想以上に時間が掛かる場合などにも，売却決定期日を変更すべきこととなる。そこで，このような場合には，一定の利害関係人に新期日を通知することとしたのが，本条の規定である。

2　売却決定期日の変更等

本条にいう売却決定期日の変更とは，旧期日を取り消すと同時に新期日を指定する狭義の変更のほかに，旧期日を取り消した上後日別途新期日を指定する場合を含む。そして，後者については，旧期日を取り消した時点でその旨を通知することは必要でなく，新期日が指定された時点で新期日を通知すれば足りる。

通知をすべき相手方は，37条各号に掲げる者及び最高価・次順位買受申出人である。

（売却許可決定等の告知の効力の発生時期）

第54条　売却の許可又は不許可の決定は，言渡しの時に告知の効力を生ずる。

〔解　説〕

1　本条の趣旨

売却の許可又は不許可の決定に対しては，その決定により権利が害されることを主張する者が執行抗告をすることができ（法74条１項），その決定は，確定しなければ効力を生じない（同条５項）。そして，執行抗告は，裁判の告知を受けた日から１週間の不変期間内にしなければならない（法10条２項）のであるから，売却許可・不許可決定は，告知後１週間以内に執行抗告がされなければ，確定し，効力を生ずる。

本条は，売却許可・不許可決定の告知の効力の発生時期について規定したものである。

2　執行抗告権者に対する告知の必要性

民事執行の手続に関する裁判を告知すべき者の範囲については，２条に規定が置かれており，売却許可・不許可決定は，同条１項２号に該当する(1)。したがって，同条の規定によれば，民事執行の申立人（差押債権者）及び相手方（債務者）に告知をすることとなる。ところが，売却許可・不許可決定に対する執行抗告権者は，差押債権者及び債務者のみにとどまらず，差押債権者以外の債権者，最高価買受申出人，その他の買受申出人等広範囲にわたると解される。したがって，差押債権者及び債務者のみに告知して，その告知がされた日から残りの者についても執行抗告の提起期間が進行するとする（５条）のは，適当ではない。そこで，売却許可・不許可決定については，２条の例外を設けるべきこととなる。すなわち，売却許可又は不許可に関し利害関係を有する者（法70条参照）の全員に，売却許可・不許可決定を告知することとすべきである。

3　言渡しによる告知の効力

法69条は，売却の許可又は不許可は，売却決定期日において言い渡されることとしている。そもそも，決定は相当と認める方法により告知すれば足りる（法20条，民訴法119条）ところ，これは，判決においては言渡しをしなければならない（同法250条）のに対し，決定においてはより簡易な方法をとることを許容する趣旨である。したがって，言渡しは，当然相当と認める方法による告知の一方法として許容されるものである。そして，売却決定期日は，差押債権者，債務者，配当要求債権者，差押えの登記前の登記上の権利者，知れている抵当証券の所持人及び裏書人等にあらかじめ通知がされ（37条，49条，50条４項，51条８項），買受申出人は，入札又は競り売りの場合にはあらかじめ公告される（36条１項２号，49条，50条４項）ので当然知悉しており[(2)]，特別売却（51条）の場合には通知がされる（同条８項）。したがって，通常予想し得る執行抗告権者は，いずれも売却決定期日に出頭して売却許可・不許可決定の言渡しを聴くことができる立場にある。そこで，これらの者に対する売却許可・不許可決定の告知は，言渡しという方法により，これらの者が売却決定期日に出頭した場合はもちろん，不出頭の場合にも，されたことになると解される。

しかしながら，言渡しは期日に出頭した者に対しては告知の効力を有するが，不出頭の者に対しては告知の効力を有しないとする説もあり[(3)]，何も規定を置かなければ，法74条並びに２条及び５条の解釈に疑義を生ずるおそれがある。また，売却許可・不許可決定については，不動産の真実の所有者も執行抗告をすることができるとする説もあり得る[4]が，その者をあらかじめ覚知することは不可能であるので，その者に対して売却決定期日を通知することはできない。そこで，その者に対しても，公告により売却決定期日を知らしめた上，期日に言い渡すことをもって告知がされることを明らかにしておく必要がある。本条は，これらの観点から，売却許可・不許可決定が，言渡しの時に，全ての執行抗告権者[5]に対する関係で，告知の効力を生じ，執行抗告の提起期間が進行を開始することを明文で明らかにしたものである。

注(1) 売却許可・不許可決定は，買受けの申出についての裁判であり，前者が申出の認容，後者がその却下に擬せられるが，申立てについての裁判とはいえないであろう。したがって，後者も２条１項２号に該当する。

(2) 公告を見た者が買受けの申出をするものと考えて差し支えないであろう。

(3) 小室直人・注解民訴法(5)214頁

(4) ５条の解説の２参照

(5) 知れていない抵当証券の所持人もこの例である。

（売却許可決定の公告）

第55条　売却許可決定が言い渡されたときは，裁判所書記官は，その内容を公告しなければならない。

〔解　説〕

本条は，売却許可決定が言い渡されたときに，その内容を公告すべきことを規定している。不動産執行においては売却の公告がされることとなっており[1]（法64条５項），その公告により特定の不動産が売りに出された旨が一般に周知し得る状態に置かれた後，当該不動産の売却が許可されたのであるから，当該不動産が売れてしまったことを公告して，一般に周知せしめる趣旨であり，あわせて，売却決定期日に出頭しなかった利害関係人等に決定の内容を知る機会を与える意味をも有する。

公告すべきなのは，売却許可決定の内容である。決定があったことのみならず，その内容をも記載しなければならない。また，売却不許可決定については公告することを要しない。公告の方法については４条に規定がある。

注(1)　売却の公告は，入札及び競り売りについてのみされ，特別売却（51条）についてはされないこととなっているが，特別売却がされる場合はその前提として１回は入札又は競り売りがされている（同条１項参照）のであるから，結局特定の不動産の売却には常に売却の公告が最低１回はされることとなる。

（最高価買受申出人又は買受人のための保全処分等の申立ての方式等）

第55条の２　法第77条第１項の申立ては，第27条の２第１項各号に掲げる事項を記載した書面でしなければならない。

２　第27条の２第２項の規定は前項の書面について，第27条の３の規定は法第77条第１項に規定する公示保全処分の執行について準用する。

〔解　説〕

1　本条の趣旨

本条は，最高価買受申出人又は買受人のための保全処分等（法77条１項）の申立ての方式等について規定している。

平成15年改正前の法77条１項による最高価買受申出人又は買受人のための保全処分は，債務者又は不動産の占有者が，不動産の価格を減少させ，又は不動産の引渡しを困難にする行為をし，又はこれらの行為をするおそれがあるときは，最高価買受申出人又は買受人の申立てにより，債務者又は不動産の占有者に対し，一定の行為を禁止し又は一定の行為を命じ，あるいは不動産に対する占有を解いて執行官に保管させることを認めるものである。

平成15年改正法により，この保全処分については，以下の改正が行われた[(1)]。

(1)　占有移転禁止の保全処分に引渡命令との関係での当事者恒定効が付与され，この保全処分が執行された場合には，その後に占有の移転があったときであっても，保全処分の相手方に対して発せられた引渡命令に基づいて，現在の占有者に対する不動産の引渡し等の強制執行をすることができることとされた（法77条１項３号，法83条の２第１項）。

⑵　公示保全処分について明文の規定（法77条１項各号）が設けられるとともに，公示書等を損壊した者に対して刑事罰を科することとされた（法212条１号）。

⑶　保全処分の相手方である占有者を特定することを困難とする特別の事情がある場合には，相手方を特定しないで保全処分を発令することができることとされ，この保全処分については，執行官による執行によって不動産の占有を解かれた者が相手方となることとされた（法77条２項，法55条の２第１項，３項）。

2　申立ての方式（１項）

本条１項は，最高価買受申出人又は買受人のための保全処分等の申立ての書面性及び申立書の記載事項について規定している。

⑴　申立ての書面性

平成15年改正前の法77条１項による最高価買受申出人又は買受人のための保全処分の申立ては，口頭によることも許容されていた（15条の２，民訴規１条１項）。

しかし，最高価買受申出人又は買受人のための保全処分等の申立てについては，売却のための保全処分等の申立てと同様の理由から，平成15年改正規則により，書面によらなければならないこととされた。27条の２の解説の２⑴を参照されたい。

⑵　申立書の記載事項

申立書の記載事項は，売却のための保全処分等の申立書の記載事項（27条の２第１項）と同じである。同条の解説の２⑵を参照されたい。

なお，「申立ての理由」は，債務者又は不動産の占有者が，不動産の価格を減少させ若しくは不動産の引渡しを困難にする行為をし，又はこれらの行為をするおそれがあること（法77条１項）を明らかにするものである。

その他，民訴規２条所定の形式的な事項を記載すべきことは当然である（15条の２，民訴規２条）。

3　売却のための保全処分等の規定の準用（２項）

本条２項は，最高価買受申出人又は買受人のための保全処分等について，売却のための保全処分等の規定を準用している。

⑴　申立書の立証方法等の表示

執行裁判所が適切で迅速な審理を行うため，申立書について，27条の２第２項を準用している。同条の解説の３を参照されたい。

⑵　公示保全処分の執行方法

最高価買受申出人又は買受人のための保全処分等を実効あらしめるため，公示保全処分の執行方法について，27条の３を準用している。同条の解説を参照されたい。

注⑴　谷口外・解説85頁参照

（代金納付期限）

第56条　法第78条第１項の規定による代金納付の期限は，売却許可決定が確定した日から１月以内の日としなければならない。

２　裁判所書記官は，前項の期限を定めたときは，買受人に対し，これを通知しなければならない。法第78条第５項の規定により前項の期限を変更したときも，同様とする。

〔解　説〕

1　本条の趣旨

売却許可決定が確定したときは，買受人は，裁判所書記官の定める期限までに代金を執行裁判所に納付しなければならない(1)（法78条１項）。本条は，この代金納付期限の指定及び通知について規定している(2)。

2　代金納付期限の期間制限（１項）

本条１項は，代金納付期限は，売却許可決定が確定した日から１月以内の日(3)

としなければならないことを規定している。手続の迅速化を図るため，代金納付期限は売却許可決定の確定後なるべく短期間とされるべきであり，不動産の価額は数億円にも達することがあり得るので，金策のため相当の日時を与える必要がある場合があることを考慮しても，１月以内の日とするのが適当であると考えられたものである。

売却許可決定が抗告審において確定した場合には，執行事件の記録が抗告審に送付されているのが通常である（７条参照）が，この場合も本条１項の適用があるので，抗告裁判所の裁判所書記官は，速やかに，執行事件の記録を執行裁判所の裁判所書記官に返送すべきである。

本条１項では，代金納付期限を売却許可決定確定の日から１月以内としているのみで，裁判所書記官がいつまでにこの期限を定めるべきかについては，規定していない。しかし，買受人に代金支払の準備の期間を与えるこの制度の趣旨から考えて，裁判所書記官は可及的速やかにこの期限を定め，買受人が本条２項の通知を受けてから代金支払期限までに相当の準備期間があるようにすべきである。

3　代金納付期限の通知（２項）

本条２項は，裁判所書記官が，代金納付期限を定めたとき及び法78条５項の規定により代金納付期限を変更したときは，これを買受人に通知すべきことを規定している。買受人が共同買受人であるときは，本条２項の通知はその全員に対してしなければならない(4)。

通知の方法は，相当と認める方法でよい（３条１項，民訴規４条１項）が，買受人が代金納付期限を徒過すると売却許可決定の効力が失われる（法80条１項前段）のみならず，買受人は，その後の売却手続における買受申出の資格（法71条４号ロ）及び提供した買受けの申出の保証の返還請求権（法80条１項後段）を失うことになるので，送達の方法によるのが相当であろう(5)。

なお，通知については，原則としてこれを受けるべき者の所在が明らかでないとき又はその者が外国にあるときはすることを要しないとされている（３条１項，民訴規４条５項）が，本条２項の通知については，例外的にこれらの場合においてもしなければならないものとされている（３条２項）。この点については同条の解説の６を参照されたい。

注⑴　なお，買受人が売却代金から配当又は弁済を受けるべき債権者であるときは，売却許可決定が確定するまでに執行裁判所に申し出れば，配当又は弁済を受けるべき額を差し引いた差額分の代金を配当期日又は弁済金の交付の日に納付することができる（法78条４項。いわゆる差引納付）。この場合には，当然のことながら，代金納付期限を定める必要はなく，本条の適用もない（59条１項参照）。

⑵　平成16年改正法により，代金の納付の期限を定める処分について，裁判所書記官が行うこととされ，裁判所書記官による代金の納付の期限を変更する処分が新設されたこと（法78条１項，５項）から，平成16年改正規則により，本条中，代金納付期限を指定する者について規定している部分を裁判所書記官に改め，新たに，裁判所書記官が代金納付期限を変更した場合にも，買受人に対し，通知しなければならないこととされた。

⑶　１月以内という期限は，訓示規定であり，仮にこれを超えて代金納付期限が指定されても，指定の効力に影響はなく，手続は違法となることはないと解される（三輪和雄・注解民執法⑶140頁，協議要録108頁〔244〕）。

⑷　三輪和雄・注解民執法⑶140頁，配当研究11頁

⑸　三輪和雄・注解民執法⑶140頁，配当研究９頁

（保証として提供されたものの換価）

第57条　法第78条第３項（法第86条第３項において準用する場合を含む。次条において同じ。）の規定による有価証券の換価は，執行官にこれを売却させて行う。

２　有価証券の売却を命じられた執行官は，動産執行の手続によりこれを売却し，その売得金を執行裁判所に提出しなければならない。

〔解　説〕

1　本条の趣旨

本条及び次条は，共通見出しの下に，保証として提供されたものの換価について規定をしている。このうち，本条は有価証券の換価についての規定である。

保証というのは，いわゆる無剰余の場合の保証（法63条２項）及び買受けの申出の保証（法66条）のことである。保証が金銭の納付という方法により提供されている場合には，その換価が問題になることはないのは当然であるが，それ以外の方法で提供されている場合には，保証それ自体として機能している間は換価の必要はないが，これが配当財団に組み入れられるときには換価の必要が生じる。

法78条３項は，法63条２項１号の保証（いわゆる無剰余の場合の保証のうち，差押債権者が自ら買受人になることができる場合のもの）又は法68条の２第２項の保証（買受けの申出をした差押債権者のための保全処分等の発令要件として提供された保証）が金銭の納付以外の方法で提供されている場合において，差押債権者の申出額以上の買受けの申出がなかったために差押債権者が買受人となったときは，その保証を換価し，換価代金から換価費用を控除したものを代金に充てることとしている。そして，この換価の方法の定めは，最高裁判所規則に委任している。

また，法86条３項は，法63条２項２号の保証（いわゆる無剰余の場合の保証のうち，差押債権者が自ら買受人となることができない場合のもの）が金銭の納付以外の方法で提供されている場合において，差押債権者の申出額を下回る買受けの申出しかなかったため申出額と代金の額との差額相当分の保証を売却代金（配当財団）に組み入れるとき（法86条１項２号）は，法78条３項の規定を準用して，最高裁判所規則で定める方法で保証を換価し，換価代金から換価費用を控除したものを売却代金に充てることとしている。さらに，法86条３項は，買受けの申出の保証を代金不納付を理由に没取して売却代金に組み入れる場合（同条１項３号）について同様の定めをしている。本条及び次条は，法のこれらの規定の個別委任に基づいて設けられたものである。

2　有価証券の換価の方法（１項）

本条１項は，いわゆる無剰余の場合の保証，買受けの申出をした差押債権者による保全処分等の申立てにおける保証又は買受けの申出の保証が有価証券を提出する方法により提供されたときの換価は，執行裁判所が執行官に有価証券を売却させて行うことを規定している。

無剰余の場合に有価証券を提出する方法により保証を提供することができるのは，32条１項２号に規定するとおりである。買受けの申出をした差押債権者のための保全処分等の申立てに係る保証についても同条が準用されている（51条の４第４項）。買受けの申出の保証については，特別売却の方法により売却する場合にのみ有価証券を提出する方法が認められ（51条４項），入札，競り売りのときは，有価証券の提出はできない(1)（40条，48条，50条４項）ので，本条は，買受けの申出の保証については，特別売却の場合にのみ適用になる規定である。

3　有価証券の売却の手続（２項）

本条２項は，有価証券の売却を命じられた執行官の行うべき手続を規定している。

執行官は，動産執行の手続により有価証券を売却し，その売得金を執行裁判所に提出しなければならない。したがって，執行官は，競り売り，入札（法134条），特別売却（121条）又は委託売却（122条）のいずれかの方法で有価証券を売却し(2)，その売得金を執行裁判所に提出する。取引所の相場のある有価証券は，その日の相場以上の価額で売却しなければならない（123条）。売得金の提出の手続は，45条３項の場合と同一であるので，同条の解説の４を参照されたい。

注(1)　40条１項２号及び３号の小切手は，有価証券ではあるが，売却によらず直ちに額面

額の支払を受けられるものであるので，金銭に準ずるものというべく，法78条２項の金銭に当たり，本条の有価証券には含まれない。

(2) 保証として認められるような有価証券であれば，通常は業者に委託して売却することとなろう。

第58条　第32条第１項第３号又は第40条第１項第４号（第50条第４項において準用する場合を含む。）の文書に係る法第78条第３項の規定による換価は，執行裁判所の催告により所定の額の金銭を銀行等に納付させて行う。

〔解　説〕

1　本条の趣旨

本条は，前条とともに，いわゆる無剰余の場合の保証（法63条２項），買受けの申出をした差押債権者のための保全処分等に係る保証（法68条の２第２項）又は買受けの申出の保証（法66条）の換価について規定している。これらの保証を換価すべき場合及びこれに関する法の規定については，前条の解説の１において述べたところを参照されたい。本条は，この保証が支払保証委託契約締結の証明文書（32条１項３号又は40条１項４号(1)）を提出する方法により提供されている場合(2)の換価について規定している。

2　支払保証委託契約の場合の換価方法

支払保証委託契約の内容は，32条１項３号又は40条１項４号に規定されているとおりで，執行裁判所の催告により金銭を納付することがその内容となっている。したがって，換価の方法は，執行裁判所が支払保証委託契約により金銭支払義務を負担した銀行等に対し納付の催告をし，銀行等に所定の額を納付させる方法によることとなる。銀行等は，この催告があれば金銭を納付しなければならない。

ここで注意を要するのは，通常の場合には，支払保証委託契約において支払うものと定められている金銭の額の全額の納付を催告するのであるが，法63条２項２号の保証の場合だけは，提供された保証のうち一部だけの納付を催告することである。すなわち，同号の保証は，差押債権者が自らは不動産の買受人となることができない場合で，差押債権者の申出額に達する買受けの申出がないときに，差押債権者がその差額のみを負担する旨を申し出た場合の保証であり，提供の際の保証は，差押債権者の申出額と買受可能価額の差額に相当するもの(3)でなければならないのに対し，換価して売却代金に組み入れられるのは，申出額と代金額（買受けの申出の額）との差額である（法86条１項２号）。したがって，執行裁判所は，申出額と代金額との差額についてのみ，本条により納付の催告をすることとなる。

注⑴　51条の４第４項により準用する場合及び48条による場合を含む。

⑵　特別売却の場合には，この方法による保証の提供はできない（51条４項）。

⑶　支払保証委託契約の内容が，申出額と買受可能価額の差額を支払う旨のものであっても，その額を限度として申出額と代金との差額を支払う旨のものであっても，法63条２項２号の保証として有効であろう。

（法第82条第２項の最高裁判所規則で定める申出の方式等）

第58条の２　**法第82条第２項の申出は，次に掲げる事項を記載した書面でしなければならない。**

一　事件の表示

二　不動産の表示

三　申出人の氏名又は名称及び住所

四　代理人によつて申出をするときは，代理人の氏名及び住所

五　法第82条第２項の申出人の指定する者（以下この条において「被指定者」という。）の氏名，住所及び職業

２　前項の書面には，次に掲げる文書を添付しなければならない。

一　買受人から不動産の上に抵当権の設定を受けようとする者が法人であるときは，代表者の資格を証する文書

二　申出人間の抵当権設定契約書の写し

3　被指定者は，法第82条第２項の規定により嘱託書の交付を受けるに当たり，裁判所書記官に対し，指定を証する文書を提出しなければならない。この場合において，裁判所書記官は，被指定者に対し，その身分又は資格を証する文書の提示を求めることができる。

4　被指定者は，嘱託書を登記所に提出したときは，裁判所書記官に対し，速やかにその旨を書面で届け出なければならない。

〔解　説〕

1　本条の趣旨

本条は，買受人及び買受人から不動産の上に抵当権の設定を受けようとする者が，裁判所書記官が法82条２項の規定する方法により代金納付後の登記の嘱託をすることを希望する場合におけるその申出の方式等を規定している。

同項は，買受人が買い受けた不動産そのものに抵当権を設定して金融機関等から融資を受け，これにより当該不動産の代金を納付することを現実に可能とすることを目的として，買受人及び買受人から不動産の上に抵当権の設定を受けようとする者が，代金納付時までに共同してこの申出をしたときは，登記の嘱託について裁判所書記官は，登記の申請の代理を業とすることができる者（司法書士又は弁護士）で申出人の指定するもの（以下「被指定者」という。）に嘱託情報を提供して登記所に提供させる方法によってしなければならないとしている(1)。

本条は，法82条２項の個別委任に基づき，同項の申出の方式等を規定しており，本条の規定にかなった適式な申出がされた場合には，裁判所書記官は，法82条２項の規定する方法により登記の嘱託をしなければならないが，不適式な申出がされたにすぎない場合には，同項の申出がされたということはできず，裁判所書記官は，法82条１項の規定により通常の登記の嘱託をすることとなる。

2　申出の方式（１項）

本条１項は，法82条２項の申出の書面性及び申出書の記載事項を規定している。

⑴　申出の書面性

法82条２項の申出は，同項の規定する方法による登記の嘱託を裁判所書記官に義務付けるものであること，被指定者となる司法書士又は弁護士を明確にする必要があることから，その申出は，書面によらなければならないこととされた。

⑵　申出書の記載事項

法82条２項の申出書の記載事項は，以下のとおりである。

ア　事件の表示（１号）

強制競売事件の特定の便宜のため，記載することとされた。

事件の表示とは，係属裁判所及び事件番号を意味し，そのほかに事件名をも記載する必要はない。

イ　不動産の表示（２号）

１個の強制競売事件であっても，複数の不動産が対象とされていることも少なくないため，強制競売事件の対象となっている不動産のうち，いずれについて法82条２項に定められた方法により登記の嘱託をしなければならないのかを明確にするため，記載することとされた。

不動産の表示とは，不動産を特定するに足りる事項のことであるが，通常は登記事項証明書の表題部に記載された事項を記載すれば足りよう。

ウ　申出人の氏名又は名称及び住所（３号）

買受人及び買受人から不動産の上に抵当権の設定を受けようとする者の氏名又は名称及び住所（法人である場合には主たる事務所又は本店の所在地）の記載である。法82条２項の申出は，これらの者が共同してするものであるから（同項参照），いずれも申出人として記載されなければならない[(2)]。

エ　代理人の氏名及び住所（４号）

代理人によって法82条２項の申出をするときは，代理人の氏名及び住所の記載も必要である。この場合，本条には規定されていないが，委任状の添付も必要となる。

オ　被指定者の氏名，住所及び職業（５号）

申出人が，法82条２項の申出をするに際し，共同して指定する被指定者に関する記載であり，その氏名及び住所のみならず，職業の記載も必要である。これは，法82条２項が被指定者としての資格を登記の申請の代理を業とすることができる者，すなわち司法書士又は弁護士にのみ与えていることから，この点，裁判所書記官において確認する必要があることによる。

3　添付書類（２項）

本条２項は，法82条２項の申出書の添付書類を規定している。

⑴　資格証明書（１号）

買受人から不動産の上に，抵当権の設定を受けようとする者が法人であるときは，法82条２項の申出書には，その資格証明書を添付しなければならない(3)。38条３項と同趣旨の規定である。

⑵　抵当権設定契約書の写し（２号）

法82条２項の申出がされた場合には，同項の規定する方法により登記の嘱託がされなければならないが，登記の嘱託をする主体は，あくまで裁判所書記官であることから(4)，この場合においても，登記所に対する嘱託書提出の確実性が可及的に担保されることが必要である。他方，同項の申出は，買受人が金融機関等から融資を受け，これにより不動産の代金を納付することを目的としてされることが制度上予定されており，これがされる以前に，申出人間において，抵当権設定契約が締結されているのが通常であると考えられる(5)。そこで，裁判所書記官において，同項の申出が真にこの目的の下にされているものであることを外形上容易に確認することができ，かつ，申出人にも負担とならない方法として，同項の申出書には，申出人間における抵当権設定契約書の写しを添付しなければならないこととされた。

４　被指定者に対する嘱託書交付の際の方式（３項）

本条３項は，被指定者が嘱託書の交付を受けるに際し，裁判所書記官に提出すべき文書等を規定している(6)。

⑴　指定を証する文書の提出

法82条２項の申出がされ，代金の納付がされた場合には，裁判所書記官は，嘱託情報として嘱託書を作成し，被指定者は，裁判所に出頭し，裁判所書記官から嘱託書の交付を受けることにより嘱託情報の提供を受け，登記所にこれを提出することにより嘱託情報を提供することになるが，裁判所書記官には，被指定者と被指定者として出頭した者とが同一人物であるのか分からない場合も少なくないと考えられる。そこで，裁判所書記官において，被指定者と出頭者との同一性を確認することができるように，嘱託書の交付を受けるに際し，被指定者は，指定を証する文書（以下「指定書」という。）を持参し，裁判所書記官に対してこれを提出しなければならないこととされた(7)(8)。

⑵　身分又は資格を証する文書の提示の求め

指定書の提出を受ければ，裁判所書記官において，被指定者と出頭者の同一性を確認することができるのが通常であるが，場合によっては，なお同一性に疑念を抱いたり，被指定者として出頭した者の司法書士又は弁護士としての資格の有無を確認する必要が生じることも考えられる。そこで，裁判所書記官は，嘱託書の交付に際し，その身分又は資格を証する文書の提示を求めることができることとされた。

身分を証する文書とは，被指定者と被指定者として出頭した者との同一性を明らかにする文書であり，具体的には，運転免許証，保険証，パスポート等がこれに当たる。

資格を証する文書とは，被指定者が法82条２項の「登記の申請の代理を業とすることができる者」すなわち司法書士又は弁護士であることを明らかにする文書であり，司法書士又は弁護士の身分証明書が典型例である[(9)][(10)]。

5　嘱託書を提出した旨の届出（４項）

本条４項は，被指定者は，嘱託書を登記所に提出した場合には，裁判所書記官に対して速やかにその旨書面で届け出なければならないことを規定している。

嘱託書が登記所に提出され，登記がされた場合には，裁判所書記官は，登記所から登記完了証及び登記識別情報通知書又は登記済証（以下「登記完了証等」と総称する[(11)]。）の還付を受けることから[(12)]，嘱託書提出の事実を知ることができるが，登記完了証等の還付には，通常，登記嘱託書の提出から２，３週間の期間が必要となる。しかし，登記の嘱託をする主体である裁判所書記官としては，より早期にこの事実又は嘱託書の所在を把握し，その後の手続の進行を検討する必要があることから，嘱託書の提出をした被指定者にその旨の届出をさせることとされた[(13)]。

本項の届出は，嘱託書の提出後「速やかに」されなければならず，また，手続の明確性の見地から，書面によることが必要とされている。

注⑴　不登法の全面改正（平成16年法律第123号）により，いわゆるオンライン申請が許容されたことに伴い（同法18条１号。同法16条２項により，登記嘱託にも準用される。），「不動産登記法の施行に伴う関係法律の整備等に関する法律」（平成16年法律第124号）により，法82条２項及び同条３項の「嘱託書」が「嘱託情報」に，同条２項の「提出」が「提供」に改められる等の整備がされた。

しかし，不登法上，書面による嘱託に加えてオンライン嘱託が許容されるようになったとしても，裁判所がこれを利用するかどうかは，裁判所の判断に委ねられている事項であるところ，最高裁判所規則の各規定は，嘱託の具体的な方法を定めるものであるから，これらの規定については，裁判所において実際にオンラインによる嘱託の運用を開始する段階において整備することが相当であると考えられる。そのため，現時点では，本条３項及び４項の「嘱託書」を「嘱託情報」に改めるなどの整備はされていない（民保規47条，民再規８条１項，81条３項等参照）。

(2) 申出人名下の押印は，買受人及び買受人から不動産の上に抵当権の設定を受けようとする者が，真正に，共同して申出をし，かつ，共同して司法書士又は弁護士を指定したことを担保するため，買受人については，入札書で用いたもの，買受人から不動産の上に抵当権の設定を受けようとする者については，抵当権設定契約書で用いたものと同一の印鑑を用いてされるなどの必要があると考えられる。

(3) 法人である買受人については，入札等の段階で資格証明書が提出されているので（38条３項），改めてその提出を求める必要はない。

(4) 司法書士又は弁護士は，裁判所書記官の使者として，登記嘱託情報を登記所に提供するものと解される（Ｑ＆Ａ102頁参照）。

(5) この場合の抵当権設定契約は，代金納付により買受人が不動産の所有権を取得することを条件とするものと考えられる（大決大４．10．23（民録21輯1755頁）参照）。

(6) 本条には規定されていないが，手続の明確性の見地から，裁判所書記官は，嘱託書の交付をした場合には，被指定者から受領書を徴することも考えられる。

(7) 裁判所書記官は，司法書士又は弁護士である被指定者に嘱託情報の提供として嘱託書を交付しなければならないのであるから（法82条２項参照），被指定者本人が裁判所に出頭し，嘱託書の交付を受けることが原則である。

(8) 指定書は，通常申出人が連名で作成する１部の文書であることが多いと考えられるが，買受人及び買受人から不動産の上に抵当権の設定を受けようとする者が各別に作成する複数の文書であっても認められよう。

(9) 司法書士は身分証明書の交付を受けており，弁護士も希望によりその交付を受けることができる。

(10) 場合によっては，司法書士又は弁護士バッジと名刺等の提示により資格を証したと認められる場合も考えられる。

(11) 嘱託者である裁判所書記官に対し，登記完了証が交付されることにより，登記が完了した旨が通知される（不登規181条，同規則182条１項２号)。また，嘱託書に登記識別情報の通知を要しない旨を記載した場合を除き，嘱託者である裁判所書記官に対し，登記識別情報通知書の交付により登記識別情報が通知される（不登法117条１項，同法21条ただし書，同法16条２項，不登規63条１項２号，同規則64条１項１号)。

⑿　抵当権設定登記申請に係る登記完了証等は，申請代理人である司法書士又は弁護士に対して還付される（平成10年10月23日付け法務省民事局長通達参照)。

⒀　執行裁判所は，本項の届出がされなくとも，配当等を行うことができることはもちろん，嘱託書が登記所に提出されないときであっても，配当等を行うことができる。

（引渡命令の申立ての方式等）

第58条の３　法第83条第１項の申立ては，第27条の２第１項各号に掲げる事項を記載した書面でしなければならない。

２　第27条の２第２項の規定は，前項の書面について準用する。

〔解　説〕

１　本条の趣旨

本条は，引渡命令の申立ての方式等について規定している。

２　申立ての方式（１項)

本条１項は，引渡命令の申立ての書面性及び申立書の記載事項について規定している。

⑴　申立ての書面性

平成15年改正規則において，民事執行法上の保全処分の申立てを書面ですべきこととしたことに伴い，引渡命令の申立てについても，手続の明確性の見地から，書面ですべきこととした。

⑵　申立書の記載事項

申立書の記載事項は，売却のための保全処分等の申立書の記載事項（27条の２第１項）と同じである。同条の解説の２⑵を参照されたい。

なお，引渡命令については，相手方を不特定とする申立ては認められていないから，申立書において，相手方を特定すべきこととなる。

また，「申立ての理由」は，法83条1項所定の事由[(1)(2)]を明らかにするものである。

その他，民訴規2条所定の形式的な事項を記載すべきことは当然である（15条の2，民訴規2条）。

3　売却のための保全処分等の規定の準用（2項）

本条2項は，執行裁判所が適切で迅速な審理を行うため，引渡命令の申立書について，申立書の立証方法等の表示に関する27条の2第2項を準用している。同条の解説の3を参照されたい。

注⑴　平成15年改正法により，短期賃貸借保護の制度が廃止され，抵当権に後れる賃貸借は，その期間の長短にかかわらず，抵当権者に対抗することができないこととされる一方，抵当権者に対抗することができない賃貸借により建物を占有する者に対し，6か月の明渡猶予期間が与えられることとされた（民法395条）。

この明渡猶予に基づく占有者は，建物につき賃借権その他の占有権原を有しないが，その占有の継続を法律の規定により許容されているものであり，「事件の記録上買受人に対抗することができる権原により占有していると認められる者」を引渡命令の対象から除外している法83条1項ただし書の趣旨に照らし，引渡命令の対象とはならないものと解される（谷口外・解説37頁参照）。

なお，平成15年改正法により，明渡猶予を受ける者に対する引渡命令の申立期間は，代金納付から9か月に伸長された（法83条2項）。

⑵　建物の賃借人であっても，建物の競売による売却による所有権移転の時点において現実に建物の使用又は収益をしていない者は，明渡猶予の対象とはならない。また，無権原の占有者や，使用貸借に基づく占有者も，特別の保護を与える社会的必要性が低いことから，明渡猶予の対象とはされていない（谷口外・解説36頁参照）。

このほか，明渡猶予制度の適用に当たっても，権利濫用法理（民法1条3項）が妥当するから，執行妨害目的で建物を占有する者については，権利の濫用と認められる場合には，明渡猶予を受けることができないものと解される（谷口外・解説38頁参照）。

（配当期日等の指定）

第59条　不動産の代金が納付されたときは，執行裁判所は，配当期日又は弁済金の交付の日（以下「配当期日等」という。）を定めなければならない。法第78条第４項本文の規定による申出があつた場合において，売却許可決定が確定したときも，同様とする。

２　配当期日等は，特別の事情がある場合を除き，前項前段の場合にあつては代金が納付された日から，同項後段の場合にあつては売却許可決定が確定した日から１月以内の日としなければならない。

３　弁済金の交付の日が定められたときは，裁判所書記官は，各債権者及び債務者に対し，その日時及び場所を通知しなければならない。

〔解　説〕

１　本条の趣旨

執行裁判所は，代金の納付があった場合において，債権者が１人であるとき又は債権者が２人以上であって売却代金で各債権者の債権及び執行費用の全部を弁済することができるときは，売却代金の「交付計算書」を作成して，債権者に弁済金を交付し，剰余金を債務者に交付し（法84条２項），それ以外のときは，「配当表」に基づいて配当を実施する（同条１項）。そして，弁済金の交付及び剰余金の交付は「弁済金の交付の日」に，配当は「配当期日」に実施されることとされており（法78条４項，法85条参照），法は，この両手続を明白に区別して規定している。配当については，配当異議の規定（法89条，法90条）が適用になるが，弁済金の交付についてはその適用がない点が最大の相違といえよう。この結果，弁済金の交付手続において有名義債権者の債権額を争う債務者は，請求異議の訴えを提起し，執行処分の取消しの裁判を得て（法36条１項），執行裁判所に提出すれば，弁済金の交付自体を止めることができ（法84条３項，法39条１項６号参照），執行停止の裁判を得て（法36条１項），又は調停を申し立てて，執行停止の裁判を得て（民事調停規則６条１項），これを執行裁判所に提出すれば，弁済金の交付自体は止められない（法84条４項，法39条１項７号参照）が，弁済金は債権者に支払われず，供託され（法91条１項３号），請求異議訴訟等の帰すうに従うこととなる（法92条１項参照[(1)]）。

本条は，法の規定する配当期日又は弁済金の交付の日（以下「配当期日等」という。）の指定について規定するものである。

2　配当期日等の指定（１項）

本条１項は，配当期日等を指定すべき場合について規定している。

まず，不動産の代金が納付された場合は，法84条の規定に従い配当をすべきときは配当期日を，弁済金の交付及び剰余金の交付をすべきときは弁済金の交付の日を指定しなければならない（本項前段）。法は，代金納付期限を設けて先に代金を納付させることとし（法78条１項），前述のとおり，代金納付後に配当等を実施することとした（法84条１項，２項）が，配当期日等の指定は，あらかじめ代金納付期限終了後の適当な日を指定しておくことも考えられる。しかし，買受人が代金を納付しない場合には配当期日等の指定，通知は無駄なこととなるし，代金納付期限を待たず，売却許可決定確定直後に代金が納付された場合には，速やかに配当等の実施に移るべきであるから，本条１項では，代金が納付されたときに配当期日等を指定することとした。

買受人は，原則として現実に代金を納付しなければならないが，例外的に，買受人が配当又は弁済を受けるべき債権者であるときは，売却許可決定が確定するまでに執行裁判所に申し出て，配当又は弁済を受けるべき額を差し引いて代金を配当期日又は弁済金の交付の日に納付することができる（法78条４項本文）。したがって，この申出があったときは，売却許可決定が確定しても，裁判所書記官が代金納付期限を定める（法78条１項）代わりに，執行裁判所において配当期日等を定めなければならない（本条１項後段）。

3　配当期日等の期間制限（２項）

本条２項は，本条１項により配当期日等を定めるべきこととなった日から配当期日等までの期間制限につき規定している。すなわち，配当期日等は，特別の事情がある場合を除き，現実に代金が納付された場合には代金が納付された日から，差引納付の申出があった場合において売却許可決定が確定したときはその確定の日から，それぞれ１月以内の日としなければならない。手続の迅速化を図る目的の規定である。後者の場合において，売却許可決定が抗告審において確定したときは，抗告審の裁判所書記官は，速やかに，執行事件の記録を返送すべきである。

本条２項の１月の期間制限は，特別の事情がある場合には，適用されない。「特別の事情がある場合」とは，「やむを得ない事由がある場合(2)」より広く，執行裁判所の事情により１月以内に配当期日等を開くことが不可能ではなくとも困難である場合は，これに当たる。

配当期日等を１月以内に開くためには，配当期日等の指定は可及的速やかにして，呼出し又は通知をすべきである(3)。

4　弁済金交付の日の通知（３項）

本条３項は，弁済金の交付の日の通知について規定している。法は，配当期日は「期日」として位置づけ，配当を受けるべき債権者及び債務者を呼び出すこととしている（法85条３項）が，弁済金の交付の日については，期日とせず，呼出しについても規定していない。そこで，本条３項において，弁済金交付の日の通知を規定したものである。

通知の相手方は，各債権者及び債務者である。各債権者とは，法87条１項各号に掲げる債権者のことである。

通知の方法については，相当と認める方法によることができる（３条１項，民訴規４条１項）が，通常の通知は，これを受けるべき者の所在が明らかでないとき，又はその者が外国にあるときは，することを要しない（３条１項，民訴規４条５項）のに対し，本条３項の通知は，強制執行の最終目的である満足手続の通知であるので，その重要性に鑑み，代金納付期限の通知（56条２項）と共に，通知を省略することはできないものとされている（３条２項）。この点については，同条の解説の６⑶を参照されたい。

注⑴　なお，無名義債権者（抵当権者等）の債権については，債権諸問題316頁参照

⑵　例えば，35条参照

⑶　次条の規定により計算書の提出の催告を併せて行うので，配当期日等から１週間以上前に催告書及び本項の通知が到達している必要がある。執行裁判所の配当表又は交付計算書の作成期間を考慮すると，配当期日等の指定は，速やかにせざるを得ないであろう。

（計算書の提出の催告）

第60条　配当期日等が定められたときは，裁判所書記官は，各債権者に対し，その債権の元本及び配当期日等までの利息その他の附帯の債権の額並びに執行費用の額を記載した計算書を１週間以内に執行裁判所に提出するよう催告しなければならない。

〔解　説〕

１　本条の趣旨

本条は，配当又は弁済金の交付に先立ち，債権者に対し計算書を提出するよう催告することを規定している。

執行裁判所は，債権者が１人である場合又は債権者が２人以上であって売却代金で各債権者の債権及び執行費用の全部を弁済することができる場合は，配当を行わず弁済金の交付及び剰余金の交付をし（法84条２項），それ以外の場合には，配当を実施する[(1)]（同条１項）。そして，執行裁判所は，弁済金の交付等をするときは，「売却代金の交付計算書」を作成しなければならず（同条２項），裁判所書記官は，執行裁判所が配当期日において配当を受けるべき債権者についてその債権の元本及び利息その他の附帯の債権の額，執行費用の額並びに配当の順位及び額を定めたときは，配当期日において「配当表」を作成し

なければならない（法85条５項，１項)。配当表には，売却代金の額のほか，各債権者について，債権の元本，利息その他の附帯の債権，執行費用の額並びに配当の順位及び額を記載しなければならず（同条６項，１項本文)，交付計算書については規定がないが，これに準ずるような事項を記載すべきこととなる。配当表は，執行裁判所が，配当期日において，出頭した債権者及び債務者を審尋し，並びに即時に取り調べることができる書証の取調べをしたりして（同条４項)，定めた配当を基礎として，裁判所書記官が期日に作成する（同条５項，１項）ものであるが，その作成を容易ならしめるため事前に配当表の案を準備しておくことが必要であるし，交付計算書については，このような規定もないので，一層その必要がある。そのための資料としては，差押債権者については申立書，配当要求債権者については配当要求書（26条)，その他の債権者については債権の届出書（法50条１項）があるが，これらは手続の早い段階で出たものであるので，その後の弁済等の事情を明らかにし，利息等の計算をすることが必要となる。また，執行費用については記録を精査する必要があるし，精査しても判明しないものもあり得る[(2)]。そこで，本条において，各債権者に対し，計算書の提出を催告することとしたものである。

2　計算書の提出の催告

計算書の提出の催告は，配当期日等が定められたときに行う。

計算書に記載すべき事項は，債権の元本，配当期日までの利息その他の附帯の債権及び執行費用の額であり，いずれも配当表に記載すべき事項である（法85条６項，同条１項本文)。これらの事項についての疎明資料の添付は記載されていない[(3)]が，記録により判明しない執行費用の額等について疎明資料の添付を求める取扱いも許されよう。

催告を受けた債権者は，１週間以内に計算書を提出しなければならない。１週間以内というのは訓示的な規定であって，１週間を過ぎて提出された計算書も配当表等の作成に役立つことに変わりはないので，無効等の問題は起きない。

また，催告に全く応じなかった債権者がいた場合の効果については，本条は何も規定していないが，計算書の提出は配当表等の作成の準備行為にすぎず，その提出の有無によって，民法，商法その他の法律により定まっている債権者の権利を左右することはできないと解すべきである（法85条２項参照）。したがって，その場合には，前述した申立書等の資料のほか執行力のある債務名義の正本，登記事項証明書等記録に表れた資料に基づいて計算するほかない。仮差押債権者の債権のように，記録（登記事項証明書）上も明らかでないものについては，仮差押命令の発令裁判所に照会するなどして仮差押事件の記録等に基づき額を確定すべきであろう[(4)]。執行裁判所に最終的に明らかにならない執行費用等は，配当から除外されることとなろう。

催告の方法については，３条が民訴規４条を準用しているので，３条の解説を参照されたい。もっとも，本条の催告は，配当期日の呼出状と共に（又はこれに記載して）送達され（法85条３項），又は弁済金の交付の日の通知（59条３項，３条１項，民訴規４条５項により省略できない。）と共にされる取扱いである[(5)]。

3　計算書の提出により指定した期日が異なっていたことが判明した場合

本条の催告をするのは，配当期日等が定められた後であるので，執行裁判所は，本条の計算書が提出される前に，あらかじめ記録に基づいて売却代金で全債権及び執行費用を弁済し得るか否かを見極めて，配当手続を行うのか弁済金の交付を行えば足りるのかを判断しなければならない。その上で，配当期日等を定める。ところが，提出された計算書を検討した結果，その判断が誤りであったことが判明することもあり得る。この場合は，予定された配当期日等をそのまま実施することが許されるか否かを検討する必要がある。例えば，配当期日を指定したところ剰余金が生じた場合については，配当期日として実施する取扱い[(6)]と，これを弁済金の交付の日として，その指定及び通知からやり直す取扱い[(7)]が考えられる。逆に，弁済金の交付の日を指定したところ不足金が生ずることが判明した場合に，これを配当期日に変更して実施することは許されないであろう。この場合は，弁済金の交付の日を取り消した上で，改めて配当期日の指定及び呼出状の送達をすべきである[8]。

注(1)　この点については，前条の解説の１を参照

(2)　売却のための保全処分の費用(法55条10項)，代払された地代又は借賃(法56条２項)など

(3)　配当の場合には，本来これらは配当期日において取り調べるべきものである。

(4)　この点は解釈，運用にゆだねられている。

(5)　不動産手引（下）258頁以下参照

(6)　不動産手引（下）298頁，債権諸問題304頁以下参照

(7)　東京高判平３．２．13判時1386－103参照

(8)　不動産手引（下）307頁

（売却代金の交付等の手続）

第61条　各債権者及び債務者に対する売却代金の交付又は供託金の支払委託の手続は，裁判所書記官が行う。

〔解　説〕

1　本条の趣旨

本条は，売却代金の交付又は供託金の支払委託の手続を裁判所書記官が行うことを規定している。

法は，執行手続における裁判所書記官の権限を強化し，登記嘱託，供託，催告，公告等を裁判所書記官が行うこととしている[1]。これは，現在の裁判所書記官の能力・資質に鑑み，旧法時からその権限とされていた執行文の付与等の事務のほかにも，その固有の権限を広く認め得ると考えられ，かつ，そうすることにより手続の簡易化，迅速化を図ることができるからである。本条も，この観点から設けられた規定である。

2　売却代金の交付手続

売却代金の交付とは，法84条２項が規定する弁済金の交付及び剰余金の交付並びに配当金の交付を総称するものである。弁済金の交付及び剰余金の交付は，執行裁判所がすることとされ（同項），配当は，執行裁判所が実施することとされている（同条１項）から，売却代金の交付の主体は，執行裁判所である。したがって，本条は，これを変更する趣旨ではない。

本条が，売却代金の交付の「手続」を裁判所書記官が行うとしている趣旨は，弁済金，剰余金又は配当金という金銭を現実にこれを受けるべき者に交付する手続を裁判所書記官が行うことをいう。不動産の売却の主体は裁判所書記官であるが売却を実施するのは執行官である（法64条３項参照）のと類似している。したがって，売却代金の交付計算書を作成することは，執行裁判所が行うし，確定した配当表に基づいて配当を実施し，交付計算書に基づいて弁済金等を交付する主体は執行裁判所である(2)が，現実に債権者等の保管金請求書に支給印を押捺し，保管票と共に歳入歳出外現金出納官吏に送付し，又は保管金事務処理システムによる電子データの送信をするのは，裁判所書記官限りで行うことができる。配当表又は交付計算書さえ作成されれば，現実の金銭の交付手続を裁判所書記官限りで行い得るとすることは，当然であると思われるが，規定を置かないと執行裁判所の支給印を要すると解されるおそれがあったので，本条が特にこの点を明記したものである。

3　供託金の支払委託手続

本条は，また，供託金の支払委託の手続も，裁判所書記官が行うものとしている。配当等を受けるべき債権者の債権が，停止条件付又は不確定期限付であるとき，仮差押債権者の債権であるときなど一定の場合には，配当等の額に相当する金銭は供託され（法91条１項），供託の事由が消滅したときに，供託金について配当等を実施することとなる（法92条１項）。

法は，配当等の額に相当する金銭の供託をすべき場合の供託者を裁判所書記官としているので，その支払委託の手続も裁判所書記官が行うことは，当然のことであるとも考えられるが，法91条１項の供託金についての配当等の実施の主体は執行裁判所である（法92条１項）ので，売却代金の交付と同様，その「手続」は，裁判所書記官が行うものであることを明らかにしたものである。したがって，支払委託書の作成者は裁判所書記官であり，裁判官の押印は不要である[(3)]。

注⑴　例えば，法48条１項の差押えの登記の嘱託，法49条２項の債権届出の催告，法64条５項の売却の公告，法91条の供託などが，その例である。さらに，平成16年改正法により，裁判所内部の職務分担が見直され，費用の予納を命ずる処分（法14条１項），配当要求の終期を定め，又はこれを延期する処分（法47条３項，法49条１項，３項），物件明細書の作成及びその公開等（法62条１項，２項），売却の方法等を定めて執行官に売却を実施させる旨の処分及び売却決定期日を指定する処分（法64条１項，３項，４項），代金の納付の期限を定め，又は変更する処分（法78条１項，５項），配当表の作成（法85条５項）が新たに裁判所書記官の権限とされた。

⑵　平成16年改正法により，配当表は裁判所書記官が作成することとされた（法85条５項）が，配当期日において，執行裁判所が配当表に記載すべき事項を定めることは変わらない（一問一答平成16年改正98頁以下参照）。

⑶　供託規則32条１項の解釈上も裁判所書記官作成の支払委託書で足りると解して差し支えない。

（執行力のある債務名義の正本の交付）

第62条　差押債権者又は執行力のある債務名義の正本により配当要求をした債権者が債権の全額について配当等を受けたときは，債務者は，裁判所書記官に対し，当該債権者に係る執行力のある債務名義の正本の交付を求めることができる。

２　前項に規定する場合を除き，事件が終了したときは，同項の債権者は，裁判所書記官に対し，執行力のある債務名義の正本の交付を求めることができる。

３　前項の規定により執行力のある債務名義の正本の交付を求める債権者が債

権の一部について配当等を受けた者であるときは，裁判所書記官は，当該債務名義の正本に配当等を受けた額を記載して，これを交付しなければならない。

〔解　説〕

1　本条の趣旨

本条は，執行力のある債務名義の正本の交付を債務者又は債権者が一定の場合に求めることができることを規定している。本条で執行力のある債務名義の正本というのは，当然のことであるが，差押債権者が申立時に提出したもの（21条参照）又は配当要求債権者が配当要求時に提出したもの（法51条１項参照）を指し，本条の請求により裁判所書記官が新たに執行力のある債務名義の正本を作成して交付するのではない。

2　債務者に対する執行力のある債務名義の正本の交付（１項）

本条１項は，差押債権者又は執行力のある債務名義の正本による配当要求債権者が債権全額の弁済を受けたときは，債務者が，裁判所書記官に対し，その債権者が提出した執行力のある債務名義の正本の交付を求めることができる旨を規定している。この請求があったときは，裁判所書記官は，記録中にある執行力のある債務名義の正本を債務者に交付しなければならない。

本条１項は，既に提出されている執行力のある債務名義の正本を交付すれば足りるとしている。執行文が数通付与されている場合でも，それらを全部提出させて，債務者に交付する必要はない。債務者は，本来，執行力のある債務名義の正本に対する所有権等の権利を有する者ではなく，執行力のある債務名義の正本を債務者に交付する趣旨は，これによる二重執行の防止にあると考えられるところ，執行力のある債務名義の正本を債務者が１通でも所持していれば，執行が終了し，債権全額が弁済されたことの証拠として十分であるので，二重執行のおそれはまずないし，仮に二重執行に及ぶ債権者があっても，請求異議の訴えを提起して執行力のある債務名義の正本を提示すれば，容易に執行取消しの裁判を得ることができる（法36条１項）と思われるので，あえて残りの執行力のある債務名義の正本まで提出させる必要はないと考えられるからである。

本条1項では，債務者が積極的に交付を求めてこない限り，裁判所書記官には執行力のある債務名義の正本を交付すべき義務がないことが明らかにされている。債務者には本来的に執行力のある債務名義の正本の交付を求める権利があるわけではなく，ただ，二重執行の防止のため，いわばサービスとして債務者に執行力のある債務名義の正本を交付するにすぎないのであるから，債務者が積極的に求めてもいないときにこれを交付すべき必要性はないと考えられるからである(1)。したがって，債務者が受領のため出頭しないときは，後述するとおり債権者にも積極的に返還する必要がないのであるから，執行記録中に保存しておけば足り，その保存期間が経過すれば，記録と共に廃棄して差し支えない。

3　債権者に対する執行力のある債務名義の正本の交付（2項）

本条2項は，本条1項に規定する場合を除き事件が終了した場合には，逆に，執行力のある債務名義の正本を提出した債権者が，裁判所書記官に対し，執行力のある債務名義の正本の交付を求めることができることを規定している。

執行力のある債務名義の正本は，強制執行を求め，又は配当要求をし得ることを証明するために提出される文書（書証）ではなく，強制執行の実施又は配当の根拠となる文書であり（法25条参照），裁判所が留置（民訴法227条）しない限り当然に提出者に返還すべきものではなく，本来は，執行裁判所に提出された時点で債権者の手を離れ，執行記録に編綴されるべきものである。それゆえにこそ，本条1項のように，債権全額の満足を受けた場合には，執行力のある債務名義の正本は，相手方たる債務者に交付することも肯定し得るのである。ただ，債権全額の満足を受けられなかった場合には，債権者が再度の強制執行の申立て又は配当要求に及ぶため，提出した執行力のある債務名義の正本の再利用を許すのが相当であると考えられるため，本条2項により，その交付を求め得ることとしたものである[(2)]。

債権者が執行力のある債務名義の正本の交付を求め得るのは，債権全額の満足を受けて事件が終了した場合（債務者が執行力のある債務名義の正本の交付を求め得る場合）以外の場合で，事件が終了したときであり，終了原因を問わず，債権者が債権の一部の満足を受けたか否かも問わない。

債権者に執行力のある債務名義の正本を交付するのは，債権者が積極的に交付を求めたときのみであって，裁判所書記官の方から積極的にこれを交付するのではないことは，本条１項の場合と同様である。そして，債権者が交付を求めないまま執行記録の保存期間が経過したときは，記録と共に執行力のある債務名義の正本も廃棄されることとなる。

4　一部配当の場合の処置（３項）

本条３項は，本条２項の規定により執行力のある債務名義の正本の交付を求める債権者が，債権の一部の満足を得ているときは，裁判所書記官が執行力のある債務名義の正本に配当又は弁済金の交付を受けた額を記載した上で交付することを規定している。当該執行力のある債務名義の正本の執行力が配当等を受けた限度で消滅していることを公証し，その再利用の際に過剰執行をさせない趣旨である[(3)]。

注⑴　立法論としては，執行力のある債務名義の正本の交付も一切行わないとすることも考えられる。そのようにして，債権者にも返還しない限り二重執行の危険は少ないし，仮に二重執行があっても，債権全額が配当等により消滅したことは，裁判所書記官にその証明を求めれば容易にこれを得ることができる（法17条）ので，簡単に二重執行を阻止することができるからである。しかし，執行力のある債務名義の正本は，やはり，それ自体で強制執行を開始することができるものであり，しかるべき手段を採らないと止められない力を持ったものであるから，他の債権証書等とは性質が異なるので，債務者が積極的に求めてきた場合にだけは，無料で（前述の証明書であれば手数料が必要である。）交付することとしたものである。

⑵　したがって，本条２項では，債務者の場合と同じく，「交付」という言葉が用いられている。

なお，執行力のある債務名義の正本以外の文書（配当要求をした仮差押債権者の提出した登記事項証明書，一般の先取特権者の提出した法181条１項４号文書等）については，再利用の必要性は執行力のある債務名義の正本に比し低いと考えられるので，本条２項では規定されていない。もっとも，文書の性質に応じて債権者から請求があれば交付する取扱いをすることは，許容されよう。

⑶　数口の請求債権があるときは，配当を受けた債権を特定し，更に，利息，損害金，元本に分け，利息，損害金については充当された期間も明らかにする（協議要録220頁〔491〕）。

第２目　強制管理

（申立書の記載事項）

第63条　強制管理の申立書には，第21条各号に掲げる事項のほか，給付義務者（法第93条第１項に規定する給付義務者をいう。以下この目及び第170条第３項において同じ。）を特定するに足りる事項及び給付請求権（法第93条第１項に規定する給付請求権をいう。以下この目及び第170条第３項において同じ。）の内容であつて申立人に知れているものを記載しなければならない。

２　申立人は，給付義務者を特定するに足りる事項及び給付請求権の内容についての情報収集を行うよう努めなければならない。

〔解　説〕

1　本条の趣旨

本条は，不動産に対する強制管理の申立書に記載すべき事項及び申立人が給付義務者を把握する責務について規定している。

強制執行の申立書には，21条[(1)]により，当事者の氏名又は名称及び住所，代理人の氏名及び住所，債務名義の表示等を記載すべきこととされているが，本条１項は，これらに加えて，債務者が賃貸料の請求権その他の当該不動産の収益に係る給付を求める権利（給付請求権）を有する場合における当該給付をする義務を負う者（法93条１項の「給付義務者」）の特定に足りる事項及び給付請求権の内容であって，申立人に知れているものをも記載すべきこととしている。これは，執行裁判所は，強制管理の開始決定において，給付義務者があるときは，給付義務者に対し収益を管理人に給付すべき旨を命じなければならない（法93条１項）ところ，差押債権者の申立てがなければ，開始決定の時点では，給付義務者の存否や給付を命ずべき収益の内容が明らかではないことによるものである。もっとも，本条１項は，給付義務者の存否等が不明な場合には，給付義務者に関する記載を欠いた申立てであっても違法とはならず，申立人において知れている給付義務者及び給付請求権について記載すれば足りることをも明らかにしたものである(2)。

これと併せて，本条2項は，申立人に給付義務者を把握する責務があることを規定したものである。

2　申立書の記載事項（1項）

本条1項は，強制管理の申立書の記載事項について規定している。

執行裁判所は，強制管理の開始決定において，給付義務者があるときは，給付義務者に対し，その給付の目的物を管理人に交付すべき旨の命令（以下「給付命令」という。）を発し（法93条1項），開始決定を債務者及び給付義務者に送達しなければならない（同条3項）。

1で述べたとおり，給付義務者の存否等は，差押債権者の申立てがなければ，開始決定の時点で執行裁判所には明らかでないから，当該給付義務者の氏名又は名称及び住所並びに給付請求権の内容を申立書に記載させる必要がある。真実は給付義務者が存する場合であっても，申立書にその記載がない以上，執行裁判所は，給付義務者が存在しないものとして開始決定をするほかはない(3)。この場合には，給付義務者に対し，給付命令は発せられず，送達もされないので，開始決定の効力は給付義務者に対しては生じない（法93条4項）。

申立て時に，給付義務者が存在することは差押債権者に判明しているが，その詳細が不明のときは，申立書には，判明している限りの事項を記載すれば足りる。この場合も，開始決定中で給付を命ずることはできないので，上記の記載がない場合と同じ取扱いとなろう。この場合には，管理人が速やかに調査して，執行裁判所に報告すべきであろう。

3　申立人の責務（2項）

本条2項は，給付義務者を特定するに足りる事項及び給付請求権の内容についての情報収集を行うよう努めなければならない旨を規定している。

強制管理の開始決定後，管理人の調査等により給付義務者等が明らかになったときは，執行裁判所は，職権で，給付義務者に対し，給付命令を発しなければならない[4]ものと解される。しかし，管理人には，強制的な調査権限が認められているわけではなく，給付義務者等についての調査には限界があるといわざるを得ないので，申立人には，できる限り給付義務者等を把握した上で強制管理の申立てをすることが期待される。

そこで，本条２項は，申立人に対し，管理人に適切な情報を提供するため，上記のような情報収集についての努力義務を課したものである。

注⑴　21条は，強制執行の申立書の添付書類についても規定しているが，不動産に対する強制管理の申立書に特有の添付書類については，本条では規定せず，強制競売の規定（23条）を準用することで賄っている（73条）。

⑵　平成15年改正前の本条においては，「収益の給付義務を負う第三者がある場合にあつては，その第三者の表示及び給付義務の内容を記載しなければならない」とされていたが，給付義務者の存否等が不明な場合には，債権者は調査義務を負うわけではなく，給付義務者に関する記載を欠いた申立てであっても違法とはならないと解されていた（富越和厚・注解民執法⑶447頁参照）。

⑶　富越和厚・注解民執法⑶447頁，中野・執行法598頁参照

⑷　この裁判は，開始決定の内容を補充する裁判であるので，開始決定に関する規定のうち必要なもの（法93条３項，４項）は適用される。なお，この裁判が給付義務者に送達されるまでは，管理人は，給付義務者に対し，収益に係る給付を請求することはできない。

（開始決定の通知）

第64条　強制管理の開始決定がされたときは，裁判所書記官は，租税その他の公課を所管する官庁又は公署に対し，その旨を通知しなければならない。

〔解　説〕

１　本条の趣旨

本条は，強制管理の開始決定がされたときは，裁判所書記官が，公課所管官

庁に対しその旨を通知することを規定している。

法は，強制競売については，公課所管官庁に対し，債権の届出の催告をすることとしている（法49条２項３号）。しかし，この催告は，同項１号及び２号の催告と異なり，届出義務を伴わない（法50条１項参照）。これは，法49条２項１号及び２号に掲げられた者はいずれも当然に配当を受ける者であるから，その配当額をあらかじめ明らかにさせる趣旨で届出をさせるのに対し，公課所管官庁は，交付要求[(1)]をしない限り，当然には配当にあずかれない者であるから，届出をするだけでは意味がないとの理由に基づくものと解される。したがって，同項による催告は，公課所管官庁に対するものについては，交付要求の機会を与えるための通知の性質を有するものである。

これに対し，法は，強制管理については公課所管官庁に対する催告の規定を置いていない。これは，強制競売においては，配当要求の終期を定め，剰余を生ずる見込みがあるか否かを見定め，かつ，売却条件を確定して[(2)]売却をするために，仮差押債権者や担保権者に催告をするのに対し，強制管理では，担保権者は担保不動産収益執行の申立てをしない限り配当を受けられないし（法107条４項参照），債権額の多少により無剰余になることはなく（法106条２項参照），かつ，売却をしないので売却条件を確定する必要もないので，仮差押債権者に催告をする必要もないことから，公課所管官庁に対する催告も規定されなかったものと考えられる。

しかし，法49条２項３号が規定された趣旨が，一般の配当要求をし得る債権者と租税債権者等を区別して，特に後者に交付要求の機会を与えるべきものと考えたところにあるなら，強制管理においても，租税債権者等に交付要求の機会を与えるべきであると考えられる。そこで，本条は，強制管理の開始決定がされた旨を公課所管官庁に通知することとしたものである。これを催告とせず通知としたのは，前述のとおり，その実質に着目したものである。

2　通知の相手方

本条により通知をすべき相手方は，租税その他の公課を所管する官庁又は公署で，法49条２項３号と同一である[(3)]。通知を受けた公課所管官庁は，執行裁判所に対し交付要求をすることができる（国徴法82条１項等参照)。

注⑴　交付要求については，配当要求の規定が類推適用される。

⑵　田中・解説145頁

⑶　実務の取扱いについては，不動産手引（上）85頁参照

（給付義務者に対し陳述を催告すべき事項等）

第64条の２　法第93条の３前段の最高裁判所規則で定める事項は，次に掲げる事項とする。

一　給付請求権の存否及びこれが存在する場合にはその内容

二　弁済の意思の有無（期限の到来前の給付請求権にあつては，期限の到来後における弁済の意思の有無を含む。）及び弁済する範囲又は弁済しない理由

三　当該給付請求権について差押債権者に優先する権利を有する者があるときは，その者の氏名又は名称及び住所並びにその権利の内容及び優先する範囲

四　当該給付請求権に対する他の債権者の差押え又は仮差押えの執行の有無並びにこれらの執行がされているときは，当該差押命令，差押処分又は仮差押命令の事件の表示，債権者の氏名又は名称及び住所並びに送達の年月日並びにこれらの執行がされた範囲

五　当該給付請求権に対する滞納処分（その例による処分を含む。第135条第１項第５号及び第147条第１項第３号において同じ。）による差押えの有無並びに差押えがされているときは，当該差押えをした徴収職員，徴税吏員その他の滞納処分を執行する権限を有する者（第135条第１項第５号及び第147条第１項第３号において「徴収職員等」という。）の属する庁その他の事務所の名称及び所在，債権差押通知書の送達の年月日並びに差押えがされた範囲

２　法第93条の３前段の規定による催告に対する給付義務者の陳述は，書面でし

なければならない。

〔解　説〕

1　本条の趣旨

本条は，法93条の３の委任を受けて，裁判所書記官が給付義務者に対し陳述を催告すべき事項等について規定している。

2　陳述を催告すべき事項（１項）

本条１項は，陳述を催告すべき事項について規定している。

不動産の収益の給付請求権に対する差押命令，差押処分又は仮差押命令（以下「差押命令等」という。）が先行した後に，給付義務者に対して強制管理の開始決定の効力が生じたときは，前者の手続を吸収して後者の手続に一本化するため，先行する差押命令等の効力は当然に停止することとされ[(1)]（法93条の４第１項本文，２項），先行手続の債権者は，当然に，強制管理手続における配当受領資格を有することとされた（法93条の４第３項）。そして，このような規律に従った配当等を確実に実施するためには，両手続の執行裁判所が相互に手続の係属を認識し得るようにしておく必要があるため，裁判所書記官は，両手続の係属を知り得る立場にある給付義務者に対し，陳述を催告すべきこととされ，陳述を催告すべき事項が最高裁判所規則に委任された[(2)(3)]（法93条の３）。

これを受けて，本条１項は，陳述を催告すべき事項として，次に掲げる事項を規定したものである[(4)]。

⑴　給付請求権の存否等（１号）

１号は，給付請求権の存否及びこれが存在する場合にはその内容を掲げる。

給付請求権の内容としては，給付請求権が金銭債権であるときはその額を，金銭債権以外の債権であるときは債権の内容（例えば，不特定物の引渡請求権であるときは，引渡しの目的物の種類，材質及び数量等の請求権の具体的内容）を明らかにすることとなる。

⑵　弁済の意思の有無等（２号）

２号は，弁済（支払又は引渡し）の意思の有無（期限の到来前の給付請求権にあっては，期限の到来における弁済の意思の有無を含む。）及び弁済の意思があるときは弁済しようとする範囲を，弁済する意思がないときは弁済しない理由を掲げる。

弁済しない理由としては，例えば，「債務者に対する反対債権と相殺する。」などと記載することとなる。

⑶　先行する差押えの権利者及びその権利の内容等（３号）

３号は，給付請求権について，差押債権者に優先する権利を有する者があるときは，その者の氏名又は名称及び住所並びにその権利の内容及び優先する範囲（被担保債権の額）を掲げる。

⑷　先行する差押え，差押処分又は仮差押えの執行の有無等（４号）

４号は，給付請求権に対して他の債権者から差押え又は仮差押えの執行がされているかどうか，仮にこれらの執行がされているときは，①その差押命令等の事件の表示（裁判所名及び事件番号），②差押命令等の債権者の氏名又は名称及び住所，③差押命令等が給付義務者に送達された年月日及び④これらの執行がされた範囲（差し押さえられ，又は仮差押えの執行がされた債権の額又は目的物の数量）を掲げる。

⑸　先行する滞納処分による差押えの有無等（５号）

５号は，先行する滞納処分（その例による処分も含む[(5)]。）による差押えがされているかどうか，仮に差押えがされているときは，①その差押えをした徴収職員等の属する庁その他の事務所の名称及び所在場所，②その債権差押通知書の送達された年月日及び③その差押えがされた範囲を掲げる[(6)]。

3　陳述の方式（２項）

本条２項は，給付義務者の陳述は書面でしなければならない旨を規定している。

給付義務者の陳述の内容は，執行裁判所が先行する差押命令等の内容等を把握するための重要なものである上，詳細な事項に及ぶこともある。そこで，本条２項は，陳述の内容の正確性を期し，手続の確実性を図るため，給付義務者の陳述は書面ですべきこととしたものである。

なお，給付義務者に対する催告は，強制管理の開始決定を送達するに際してしなければならない（法93条の３）ので，通常は，送達文書（開始決定正本）と併せて催告書を送付する方法によることになろうが，裁判所で用意した陳述書（回答書）の用紙を同封するなど，所定の事項について，より効果的な陳述が確保されるような工夫を行うことが考えられる(7)。

注(1)　平成15年改正前の法の下では，給付請求権に対する債権執行手続と強制管理手続とを調整する規定は設けられておらず，先に差押えをした手続が優先するものと解されていた（富越和厚・注釈民執法(4)404頁参照）。

(2)　平成15年改正法で新設された。谷口外・解説64頁参照

(3)　給付義務者の陳述により，強制管理の執行裁判所は先行する差押命令等の存在を認識できるが，差押命令等の裁判所は，差押命令等の効力が停止されたことを認識できない。したがって，強制管理の執行裁判所において，債権差押手続等の係属が明らかになった場合には，差押命令等の裁判所に対し，その旨を通知することが相当であろう。

また，先行する差押命令等の効力が停止する場合には，差押債権者は取立て等を行うことができず，配当要求債権者は配当を受けられなくなる。したがって，差押命令等の裁判所は，これらの者に対し，差押命令等の効力が停止し，以後は強制管理の手続で配当を受ける旨を連絡することが相当であろう。

(4)　この規定は，第三債務者に対し陳述を催告すべき事項（135条１項）を参考としたものである。

(5)　国徴法に規定する滞納処分の例によるとされる処分としては，地方税の滞納処分（地方税法48条１項等），健康保険の保険料の徴収（健康保険法180条４項），行政代執行に

要した費用の徴収（行政代執行法６条１項）等多数存在する。

⑹　給付請求権に関する滞納処分と強制管理との関係は，先着手主義によって律すべきものと解される（富越和厚・注釈民執法⑷408頁参照）。

⑺　給付義務者の陳述書（回答書）の送付費用は執行費用と解されるから，催告書と共に債権者の予納した郵便切手を同封して送付する取扱いも考えられる。

（管理人の選任の通知等）

第65条　管理人が選任されたときは，裁判所書記官は，差押債権者，債務者及び給付義務者に対し，管理人の氏名又は名称を通知しなければならない。

２　裁判所書記官は，管理人に対し，その選任を証する文書を交付しなければならない。

３　管理人が解任されたときは，裁判所書記官は，差押債権者，債務者及び給付義務者に対し，その旨を通知しなければならない。

〔解　説〕

１　本条の趣旨

本条は，管理人の選任及び解任について規定したものである。

２　管理人の選任の通知（１項）

本条１項は，管理人が選任されたときの通知について規定している。

管理人は，強制管理手続における必要的補助機関であり，強制管理の開始決定と同時に，執行裁判所により選任される（法94条１項）。この管理人の選任決定は，その内容上当然に管理人に告知されるが，執行裁判所が職権で行う[(1)]ものであるから，管理人以外の者には告知されない（２条２項）。そこで，本条１項は，選任された管理人の氏名又は名称を，差押債権者，債務者及び給付義務者に通知することとしている。

管理人の選任は，開始決定と同時にされるのが原則であるが，管理人の解任（法102条）又は辞任（66条１項）があった場合には，後任者を補充するために選任決定がされることがある。また，管理人が数人の場合もある（法95条３

項）ので，後日追加的に管理人が選任されることもあり得る。本条１項は，そのいずれの場合にも適用がある。

管理人となるべき者の資格については，特に制限が設けられていない[(2)]。自然人のほか，銀行その他の法人を選任することもできる[(3)]（法94条２項)。

なお，開始決定と同時に管理人選任決定がされ，同一決定書で開始決定及び管理人選任がされている場合は，開始決定が債務者及び給付義務者に対して送達され（法93条３項)，差押債権者に対して告知される（２条１項２号）から，これとは別に通知をする必要はない[(4)]。

3　選任証の交付（２項）

管理人は，職務を執行する場合，資格を証する文書を携帯し，利害関係を有する者の請求があったときは，これを提示しなければならない（法９条)。そこで，本条２項は，管理人に対し，その選任を証する文書を交付しなければならない旨を規定している。

この選任証の交付は証明行為であるから，民事訴訟に関する事項の証明書の交付が裁判所書記官の権限とされていること（民訴法91条３項）にならって，裁判所書記官の権限とされた[(5)]。

4　管理人の解任の通知（３項）

本条３項は，管理人が解任されたときの通知について規定している。

執行裁判所は，重要な事由があるときは，利害関係を有する者の申立てにより，又は職権で，管理人を審尋した上で，管理人を解任することができる（法102条)。そこで，本条３項は，管理人の選任が通知された者に対し，その解任をも通知することとしたものである[(6)]。もっとも，通常の場合には，前任者が解任されれば直ちに後任者が選任されることとなるので，本条１項による後任者の選任通知中で，前任者が解任されたことを明らかにすれば足りる[(7)]。

注(1)　強制管理の申立ては，管理人選任決定の申立てではない。収益の給付命令が開始決定の一部とされている（法93条１項）のに対し，管理人選任決定は開始決定とは別個

の裁判であるとされている（法94条１項）ことからも明らかであろう。

⑵　実務上，執行官や弁護士が管理人に選任される例が多いようである。

⑶　清掃，設備の保守点検等を要する不動産については，不動産管理会社等を補助者として活用し，管理を委託することも考えられる。

⑷　富越和厚・注釈民執法⑷428頁参照

⑸　本条２項と同趣旨の規定として，破産規則23条３項（破産管財人の選任証の交付），民再規20条３項（監督委員の選任証の交付）及び会更規20条３項（管財人の選任証の交付）がある。

⑹　客観的には給付義務者が存在しても，その者が選任通知を受けていない場合には，解任通知は不要であると解される。

⑺　管理人が数人いて，そのうちの一部が解任されたが，後任者が補充されないときは，独立の通知が必要となる。

（管理人の辞任）

第66条　管理人は，正当な理由があるときは，執行裁判所の許可を得て辞任することができる。

２　前条第３項の規定は，管理人が辞任した場合について準用する。

〔解　説〕

１　本条の趣旨

本条は，管理人の辞任について規定している。

２　管理人の辞任の要件（１項）

本条１項は，管理人は正当な理由があるときは執行裁判所の許可を得て辞任することができることとしている。法は，管理人の解任については規定をおいた（法102条）が，その辞任については規定をしなかった。しかし，その理由のいかんを問わず辞任は許されないと解することは不合理であるので，これを許す趣旨であると解されるが，他方，管理人の裁判所の補助機関としての性格及び不動産を管理し，その収益を収取及び換価して配当等を実施するという管理人の職務内容に鑑み，自由に辞任ができるとするのも相当でない。そこで，本条１項は，正当な事由がある場合に限り辞任することができることとし，かつ，これを執行裁判所の許可にかからせることとしたものである[(1)]。

正当な理由の例としては，病気，公職への就任等が考えられる[(2)]。裁判所の許可は，正当な理由の有無の判断のため設けられた手続であるので，正当な理由があると判断する場合には，本条１項の許可をしなければならないと解すべきである。

3　管理人の辞任の通知（２項）

本条２項は，管理人が辞任したときの通知について規定している。管理人が選任されたときは，その氏名又は名称が，差押債権者，債務者及び給付義務者に通知される（前条１項）。そこで，管理人が辞任したときは，選任の通知を受けた者[(3)]に対し，その旨を通知することとし，前条３項の管理人の解任の規定を準用することとしたものである。もっとも，解任の通知と同様，通常の場合には，辞任後直ちに新たな管理人が選任されることとなるので，その選任の通知中で前任者が辞任したことを明らかにすれば足りる。なお，辞任した管理人は，法103条により，遅滞なく，執行裁判所に計算の報告をしなければならない。

注⑴　本条１項と同趣旨の規定としては，破産管財人に関する破産規則23条５項，民事再生手続の監督委員に関する民再規23条２項，管財人に関する会更規20条５項がある。

⑵　許可にかからしめた趣旨からみて，正当理由は，管理人の事情と事務遂行上の管理人の必要性とを総合して判断すべきであるとされている（富越和厚・注釈民執法⑷484頁）。

⑶　前条の解説の注⑹を参照

（強制管理の申立ての取下げ等の通知）

第67条　強制管理の申立てが取り下げられたとき，又は強制管理の手続を取り消す決定が効力を生じたときは，裁判所書記官は，管理人及び給付義務者に対し，

その旨を通知しなければならない。

2　法第39条第１項第７号又は第８号に掲げる文書が提出されたときは，裁判所書記官は，管理人に対し，その旨を通知しなければならない。

〔解　説〕

1　本条の趣旨

本条は，強制管理の取下げ，取消し，停止の場合の通知について規定している。

この規則は，14条において，民事執行全体の総則規定として，執行裁判所に対する民事執行の申立てが取り下げられたときの通知について規定をし，この場合には，その旨を民事執行を開始する決定の送達を受けた相手方（すなわち，強制管理にあっては，開始決定の送達を受けた債務者）に通知することとされている。民事執行の手続の取消しについては告知の規定はある（２条１項２号又は３号）が通知の規定はなく，手続の停止の通知については総則的規定がない。これらの点については，14条の解説を参照されたい。本条は，この総則規定に対する特則を規定したものである。

2　取下げ又は取消しの通知（１項）

本条１項は，強制管理が申立ての取下げ又は手続の取消しにより終了したときには，管理人及び給付義務者に対し，その旨を通知することとしている。

前述のとおり，強制管理の申立ての取下げは，債務者に通知される（14条）が，その職務が終了し不動産の管理を中止することとなった管理人及び給付命令（法93条１項）が効力を失うことになる給付義務者に対しても，これを通知する必要がある。そこで，本条１項は，これらの者に対し，取下げの通知をすることとしたものである。なお，給付義務者がいても，その給付義務者に開始決定が送達されていない場合には，取下げの通知をする必要はないと解される。

また，強制管理の手続を取り消す決定を通知する旨の規定が総則にはないことは前述のとおりであるが，この決定は，法39条１項１号から６号までの停止文書が提出されたためされた（法40条１項）場合は，２条１項３号により，その他の理由によりされた場合は，２条１項２号により（法12条１項前段参照），差押債権者及び債務者に告知される。しかし，この場合も，管理人及び給付義務者に対しても，事件の終了を知らせるべきであるので，本条１項は，これらの者に通知することとしたものである。通知をすべきなのは，手続を取り消す決定がされたときではなく，その決定が確定して効力が生じたとき（法12条２項参照[(1)]）である。

なお，強制管理の申立てが取り下げられたときには，取消決定を要しないものとされている[(2)]（法110条参照）ので，本条１項の通知も，取下げ及び取消しの両方について規定が必要となった。

3　停止の通知（２項）

本条２項は，法39条１項７号又は８号の停止書面が提出された場合の通知につき規定している。

執行手続の停止につき通知等をする規定は，総則には存しないので，本条２項に規定されている管理人以外の者には通知はされない[(3)]。執行停止文書を執行裁判所に提出し手続の停止を求めるのは債務者であるので，債務者に対する通知は不要である。また，法39条１項７号の強制執行の一時停止を命ずる裁判は，相手方たる差押債権者に告知されているし，同項８号の弁済受領書面又は弁済猶予書面は差押債権者の作成したものであるので，差押債権者に対する通知も不要である。しかも，これらの停止文書の提出があっても，強制管理においては，配当等の手続を除き，その時の態様で継続することができるとの特則がある（法104条１項前段）ため，給付義務者の立場には，これらの文書の提出により何らの変化も生じないので，給付義務者に対する通知も不要である。これに対し，管理人は，停止文書の提出により，その時の態様では管理を続行できるものの，新たな態様の管理行為はできなくなる[(4)]し，配当等を実施することも許されず[(5)]，配当等に充てるべき金銭を供託し，執行裁判所に事情届を提出すべきこととなる（同項後段，71条）ので，本条２項は，管理人に対し，停止の通知をすることとしたものである。

管理人に通知をするのは，法39条１項７号，８号文書の提出があったときだけとされているが，同項１号から６号までの文書が提出されたときは，強制管理の手続が取り消され（法40条１項），本条１項の通知がされることとなる。

なお，法39条１項７号又は８号の文書が提出されたときとは，債務者が同項７号又は８号の文書であるとして提出したときと同義ではなく，その提出に係る文書が，真実同項７号又は８号の文書に該当するか否かの執行裁判所の審査を経た上，これらに該当するとして，強制管理が停止されたときを意味する。したがって，裁判所書記官は，文書の提出があったからといって，直ちに管理人に通知をするのではなく，必ず執行裁判所の判断（特に８号文書が差押債権者の作成に係るものであるか否かの判断）を待って，通知をすべきである。

法39条１項７号の文書は，強制管理の停止を求めるためだけでなく，配当要求債権者（法105条１項）に対する配当等の実施を阻止し，これを供託させるためにも提出される（法108条前段，法91条１項３号）。その場合にも，管理人は，当該債権者に対する配当等の額に相当する金銭を供託し，事情届をしなければならないので，やはり，本条２項により，管理人に通知をしなければならない。

注⑴　法39条１項１号から６号までの停止文書の提出による取消しのときは，執行抗告ができないので，決定は直ちに効力を生じる（法40条２項参照）。なお，この場合において，法107条１項の期間の経過後であるときは，手続は取消しになっても，ほかに配当等を受けるべき債権者がいるときは，その債権者のために配当等を実施することとなる（法111条，法84条３項）。

⑵　浦野・条解477頁，田中・解説255頁

⑶　ただし，二重開始決定がされ，先の開始決定に係る強制管理の手続が停止されたときは，後の開始決定に係る差押債権者に対し，その旨を通知する（73条，25条２項）。

⑷ 具体的にどのような行為が許され，また許されないかは，法104条１項前段の解釈問題である。債務者の占有を解いて自ら占有すること（法96条１項）や，新たに第三者に使用を開始させることは許されず，アパートなどの従前の入居者との契約期間の単純な更新は許されるであろうが，契約内容の変更や賃借人の交替などについては，運用に待つべきこととなろう。なお，富越和厚・注釈民執法⑷498頁参照

⑸ ただし，法107条１項の期間の経過後に停止文書の提出があったときは，その期の配当等についてだけは，実施することとなる（法111条，法84条４項）。

（収取した収益等の報告義務）

第68条　管理人は，法第107条第１項の期間の満了後，速やかに，期間内に収取した収益又はその換価代金，法第98条第１項の規定に基づく決定により分与した金銭又は収益並びに法第106条第１項に規定する公課及び費用の明細を執行裁判所に報告しなければならない。

〔解　説〕

1　本条の趣旨

本条は，管理人が収取した収益等につき法107条１項の期間ごとに執行裁判所に報告すべきことを規定している。

管理人は，収益を収取し，これを換価する権限を有し（法95条１項），収益又はその換価代金から執行裁判所の命じた額を債務者に分与し（法98条１項），更に不動産に対して課される租税その他の公課及び管理人の報酬その他の必要な費用を控除して（法106条１項参照），執行裁判所の定める期間ごとに，配当等を実施する（法107条１項）。これらは，全て管理人固有の権限であり職務であるが，管理人は，善良な管理者の注意をもってその職務を行わなければならず（法100条１項），執行裁判所の監督に服する（法99条）。したがって，執行裁判所は，管理人が善良な管理者の注意をもって職務を行っているかどうかを一般的に監督すべき立場にあるので，必要に応じて管理人に職務執行について報告を求めることができると解される[(1)]。本条は，執行裁判所の監督権の具

体的発動の一場合として，配当等の実施にあたり，管理人は，執行裁判所が求めなくとも，必ず配当等に充てるべき金銭を算出する基礎となるものの明細を報告しなければならないこととしたものである。

2　収益等の報告時期

本条の報告は，法107条１項の期間の満了後，速やかにしなければならない。法107条１項の期間とは，当該期間ごとに管理人が配当等を実施すべきものと，執行裁判所が定めた期間をいう。管理人は，この期間の満了後，債権者が１人である場合又は債権者が２人以上であって配当等に充てるべき金銭で各債権者の債権及び執行費用の全部を弁済することができる場合には，債権者に弁済金を交付して剰余金を債務者に交付し（法107条２項），その他の場合には，債権者間に協議が調ったときは協議に従い配当等を実施し（同条３項），協議が調わないときはその事情を執行裁判所に届け出なければならない（同条５項）。そして，この弁済金の交付又は配当協議は，管理人が前記の期間の満了後２週間以内の日をもって定める弁済金の交付の日又は配当協議の日においてされる（次条）。そこで，本条は，これらの日に実施される配当等に先立ち，執行裁判所が配当等に充てるべき金銭の額の収支計算（法107条１項参照）が適正な費目及び額に基づき行われているかを審査し得るように，前記の期間満了後速やかに報告すべきこととしている。

3　執行裁判所に対する報告事項

報告すべき事項は，配当等に充てるべき金銭の額を計算する基礎となる諸事項――当該期間における①収取した収益又はその換価代金，②債務者に分与した金銭又は収益，③租税その他の公課及び管理人の報酬その他の必要な費用――の明細である(2)。明細とは，①から③までの各項目が更に細分化され得るときの内訳を意味する。

本条により報告を受けた執行裁判所は，その内容に疑問があれば，更に詳細な報告を求めたり，費用の一部の控除を禁じたり，収益の換価方法や換価額につき指示をすることができると解すべきであろう（法99条参照）。

注⑴　浦野・条解449頁，富越和厚・注解民執法⑶466頁参照

⑵　これらにより算出された配当等に充てるべき金銭の額も付記すべきであろう。

（配当協議の日又は弁済金の交付の日の指定）

第69条　管理人は，法第107条第１項の期間の満了後２週間以内の日を配当協議の日又は弁済金の交付の日と定め，各債権者及び債務者に対し，その日時及び場所を通知しなければならない。

〔解　説〕

1　本条の趣旨

強制管理の管理人は，執行裁判所の定める期間ごとに，配当等を実施しなければならない（法107条１項)。「配当等」とは配当又は弁済金の交付のことであり（法84条３項)，管理人は，債権者が１人である場合又は債権者が２人以上であって配当等に充てるべき金銭で各債権者の債権及び執行費用の全部を弁済することができる場合には，債権者に弁済金を交付して剰余金を債務者に交付し（法107条２項)，その他の場合には，配当について債権者間に協議が調ったときは，その協議に従い配当を実施する[(1)]（同条３項)。本条は，管理人がこれらの手続を実施するため，配当協議の日又は弁済金の交付の日を指定し，その日時及び場所を各債権者及び債務者に通知しなければならないこととしたものである。

2　配当協議の日の指定

管理人が配当を実施すべき場合には，法107条１項の執行裁判所の定める期間の満了（すなわち，配当を実施すべきこととなった時）後２週間以内の日を配当協議の日と定めて，各債権者及び債務者に対し，その日時及び場所を通知する。法は，配当の協議の方法についての規定がないことから，適宜の方法により協議をすればよいと解され，例えば，債権者間で任意に協議をした上，協議結果が書面により提出されたような場合には，協議が調ったものとして配当

をして差し支えない。しかし，債権者間に任意に協議が調うことを期待するのは困難であることが多く，かつ，執行裁判所に事情届をする事由となる「協議が調わないとき」（法107条５項）を確定するには，管理人が各債権者を一堂に集めて協議をさせる機会を設けることが適当であると考えられるので，配当協議の日を設けることとしたものである。

法107条１項の期間の満了と配当協議の日の間には，２週間以上をおくことはできない。手続の迅速処理が目的であるが，59条２項に比し，期間も短く，かつ例外も認めていない(2)のは，強制管理においては，配当を受けるべき債権者に抵当権者が含まれていない（法107条４項１号ハにより，担保不動産収益執行の申立てをしなければ，配当受領権を有しない。）ので，強制競売に比し，債権者数が必ずしも多くはならず，次条の規定による配当計算書を作成するのにそれほど時間を要しないと考えられるからである。期間は，前条の報告及び次条１項の配当計算書の作成に要する日時を考慮して決めればよいであろう。

3　配当協議の日の日時及び場所の通知

管理人は，各債権者及び債務者に対し，配当協議の日の日時及び場所を通知しなければならない。各債権者とは，配当等を受けるべき債権者（法107条４項参照）のことである。通知は，３条１項，民訴規４条１項により，相当と認める方法によることができる(3)。

なお，配当協議の日の指定及びその通知は，法107条１項の期間の満了前にあらかじめしておくことは，差し支えない。

本条の通知を受けた債権者は，配当協議の日に出頭して協議をすることが期待されるが，前述したとおり，協議の方法はこれに限られるわけではないので，債権者は，例えば，書面により配当に対する意見を述べることができる。また，債権者が１人でも出頭しないと協議不調で執行裁判所の配当に移行するのでは，執行裁判所にとっては煩わしいことになる。したがって，管理人は，あらかじめ，配当協議の日の通知と共に次条１項の規定により作成する配当計算書の写しを各債権者に送付し，配当協議の日に出頭しない場合にはこれに対する異議の有無を書面で申し出るべき旨を催告する取扱いをすることが可能であれば，そうするのが便宜であろう。

4　弁済金を交付すべき場合

管理人が弁済金の交付をすべき場合には，法107条１項の期間の満了（すなわち，弁済金の交付を実施すべきこととなった時）後２週間以内の日を弁済金の交付の日と定めて，各債権者及び債務者に対し，その日時及び場所を通知する。弁済金の交付も，法によれば，適宜の方法で行えばよいものと解されるが，本条は，不動産の強制競売において執行裁判所が行う弁済金の交付と同様（法78条４項参照），弁済金の交付の日を設けて行うこととしたものである。その指定，通知については，配当協議の日の場合と共通しているので，これについては前述したところを参照されたい。

注(1)　協議が調わないときは，管理人は，その事情を執行裁判所に届け（法107条５項），執行裁判所が配当の手続を実施する（法109条）。これらの配当等の実施の手続は，動産執行における執行官及び執行裁判所による配当等の実施の手続と同じである（法139条，法142条参照）。

(2)　もっとも，本条の期間制限は，訓示規定である。

(3)　管理人は，記録を作成するわけではないので，通知をした旨等を記録上明らかにする必要はない（３条１項，民訴規４条２項参照）。もっとも，管理人が有効適切な配当をしているかを監督するため，執行裁判所に通知書の写しを提出させるなどの運用は考えられる。

（配当計算書）

第70条　管理人は，配当協議の日までに配当計算書を作成しなければならない。

2　配当計算書には，配当に充てるべき金銭の額のほか，各債権者について，その債権の元本及び利息その他の附帯の債権の額，執行費用の額並びに配当の順位及び額を記載しなければならない。

3　債権者間に配当計算書による配当と異なる配当の協議が調つたときは，管理人は，その協議に従い配当計算書を改めなければならない。

〔解　説〕

1　本条の趣旨

本条は，管理人が配当を実施すべき場合に作成する配当計算書について規定している。

2　配当計算書の作成（1項）

配当表は，裁判所書記官が配当期日において作成することとされている（法85条5項）のに対し，配当計算書は，管理人が配当協議の日（前条参照）までに作成されねばならない（本条1項）。これは，配当表が，執行裁判所において債権者等の審尋及び書証の取調べを経て認定した事実に実体法を適用して，又は全債権者の合意により定めた配当の順位及びその額に基づき，裁判所書記官により作成される（法85条1項，2項，4項から6項まで）もので，配当実施の根拠となるもの（法84条1項）であるのに対し，配当計算書は，単に債権者が行う配当の協議（法107条3項参照）の資料として各債権者に示す案にすぎず，配当計算書の内容に不服があっても，配当異議の申出（法89条），配当異議の訴え（法90条）の制度がないことによる。実務上は，配当表の原案は，配当期日前に作成する取扱いである(1)ので，この配当表の原案と類似するのが本条1項の配当計算書といえるであろう。

配当計算書は，配当協議の日が開かれる時までに完成していればよいが，前条の解説の3で述べたように，もっと早い段階で完成させた上，その写しを配当協議の日の通知と共に各債権者にあらかじめ送付しておく取扱いをすることが可能であれば，そうするのが便宜であり，実務上広く行われている。

なお，弁済金の交付をするときには，本条のような計算書を作成する必要はない。

3　配当計算書の記載事項（2項）

本条２項は，配当計算書の記載事項として，配当に充てるべき金銭の額，各債権者について，その債権の元本及び利息その他の附帯の債権の額，執行費用の額並びに配当の順位及び額を記載しなければならないとしており，配当表の記載事項とほぼ同様である[(2)]。

4　配当計算書の修正（３項）

本条３項は，本条１項により作成した配当計算書の修正について規定している。

配当協議の日に出頭した（又は書面により意見を述べた）債権者間に，配当計算書に記載されている配当案のとおりの協議が調ったときは，管理人は，配当計算書のとおりに配当を実施する。しかし，これと異なる協議が調ったときは，配当はその協議に従って実施される（法107条３項)。この場合には，管理人は，配当計算書を協議に従って改めなければならない。配当計算書は，この段階までは，配当案にすぎなかったものであるが，この段階以降は，調った協議の内容を記録した文書としての性質を有することとなる。この段階以降の配当計算書も，配当表とは異なり，これに基づいて配当がされるべき性質のものではなく，その記載内容が協議の内容を証するものであるというにとどまる。

なお，前述のとおり，配当の協議は配当協議の日以外の機会にもすることができるので，本条３項は，配当協議の日以外の機会に協議が調った場合にも適用がある。

5　配当計算書の保存

本条の配当計算書は，管理人が作成し，管理人が保存する。管理人は記録を作成しないので，適宜の方法で保存されれば足りる。そして，法104条１項，法107条５項又は法108条の規定により執行裁判所に事情届をする場合には，配当計算書を添付しなければならず（次条２項，72条２項)，その場合には，執行裁判所の執行事件記録につづられる。その他の場合には，特に配当計算書の保存，提出について規定はないが，執行裁判所が監督権の行使として（法99条参照）その提出を求めたときは，これを提出しなければならず，また，執行裁判所が求めなくとも，管理人の任務が終了したときの計算の報告（法103条参照）の際に，計算報告書に配当計算書を添付して提出する取扱いが適当であろう。

注⑴　中野貞一郎・注解民執法⑶358頁参照

⑵　平成16年改正前の本条３項は，配当計算書の記載事項として，不動産執行における配当表の記載事項に関する規定であった平成16年改正前の法85条４項を準用していた。平成16年改正法により，執行裁判所が，配当期日において，配当の順位及び額を定め（法85条１項），これが定められたときは，裁判所書記官は，配当期日において配当表を作成し（同条５項），配当表には，上記の執行裁判所の定めの内容を記載することとされ（同条６項），裁判所内部の職務分担が明確にされた。このように，配当表には，執行裁判所の定めの内容を記載しなければならないこととされたことに伴い，執行裁判所の定めがない配当計算書においては，配当表に関する規定を準用することができなくなったことから，平成16年改正規則により，本条２項において配当計算書の記載事項が書き下ろされ，これに伴い，平成16年改正前の本条２項が３項とされた。

（事情届の方式）

第71条　法第104条第１項又は法第108条の規定による届出は，次に掲げる事項を記載した書面でしなければならない。

一　事件の表示

二　差押債権者及び債務者の氏名又は名称

三　供託の事由及び供託した金額

２　前項の書面には，供託書正本及び配当計算書が作成されている場合にあつては，配当計算書を添付しなければならない。

〔解　説〕

1　本条の趣旨

本条及び次条は，共通見出しの下に，強制管理の管理人が執行裁判所に対してするべき各種の事情届の方式について規定している。本条は，そのうち，法104条１項の強制管理が停止されたときの事情届及び法108条の配当等を受けるべき債権者に金銭の交付ができないとき(1)の事情届について規定している。これらの場合には，配当等に充てるべき金銭の全部又は一部を供託して，その事情を届け出る点で共通しているからである。

2　事情届の方式（１項）

本条１項は，法104条１項又は法108条の事情届は，書面ですべきこと，及びその記載事項について規定している。記載事項とされている事項は，いずれも当然のものばかりである。供託の事由としては，この法の条項に該当する事実を摘示して記載すべきである。なお，法39条１項７号又は８号の文書が提出されたことは，裁判所書記官により管理人に通知される（67条２項）。

3　配当計算書等の添付（２項）

本条２項は，この事情届に供託書正本及び配当計算書（前条参照）を添付すべきことを規定している。もっとも，配当計算書は，弁済金の交付をすべき場合（法107条２項参照）には作成されないし，配当をすべき場合（同条３項参照）でも，強制管理の停止による事情届（法104条１項）の場合には，停止書面の提出された時期により配当計算書が作られているときと作られていないときがあるので，本条２項で添付すべきなのは，配当計算書が作成されている場合に限られている。したがって，配当計算書がいまだ作成されていない場合に，これを作成してまで添付する必要はない。これを添付させる趣旨は，これを配当表又は売却代金の交付計算書の作成（法111条，法84条２項参照）の参考資料として，執行裁判所の実施すべき配当等の手続に活用するところにあるので，作成されていない場合にまでこれを要求する必要はないからである。

注(1)　具体的にいうと，①配当等を受けるべき債権者の債権について，法91条１項各号（７号を除く。）に掲げる事由があるとき，②債権者が配当等の受領のために出頭しなかったとき，である。

第72条　法第107条第５項の規定による届出は，次に掲げる事項を記載した書面でしなければならない。

一　前条第１項第１号及び第２号に掲げる事項

二　配当に充てるべき金銭の額

三　配当協議が調わない旨及びその事情の要旨

２　前項の書面には，配当計算書を添付しなければならない。

３　管理人は，第１項の届出をするときは，配当に充てるべき金銭を執行裁判所に提出しなければならない。

〔解　説〕

1　本条の趣旨

本条は，法107条５項の配当の協議が調わないときの事情届について規定している。この場合には，前条の場合と異なり，管理人は，配当に充てるべき金銭を供託することとはされていないので，前条とは異なる事情届となるので，本条が設けられたものである。

2　事情届の方式（１項）

本条１項は，法107条５項の事情届は，書面ですべきこと，及びその記載事項について規定している。

記載事項は，事件の表示，差押債権者及び債務者の氏名又は名称（１号）のほか，配当に充てるべき金銭の額（２号），配当協議が調わない旨及びその事情の要旨（３号）である。協議不調の事情の要旨としては，管理人の作成した配当計算書に対し異議を申し出た者の主張の要旨，債権者の不出頭等を記載すべきこととなろう。

3　配当計算書の添付（２項）

本条２項は，事情届には配当計算書を添付すべきことを規定している。前条の場合と異なり，本条の事情届は，配当協議の日を開いた後にされるものであるから，必ず配当計算書が作成されている（70条１項）ので，これを執行裁判所の実施すべき配当の参考に供するために提出させることとしたものである。

4　配当に充てるべき金銭の執行裁判所への提出（３項）

本条３項は，管理人が事情届をする際に配当に充てるべき金銭を執行裁判所に提出すべきことを規定している。

法は，配当協議不調による事情届があった場合には，執行裁判所が，直ちに配当手続を実施しなければならないものとした（法109条）ので，配当金は，執行裁判所（実際の事務の担当は裁判所書記官（73条，61条））が支払うこととなる。そこで，本条３項は，管理人が保管している金銭を，事情届をする際に，執行裁判所に提出すべきこととしたものである(1)。

注(1)　執行官が管理人に選任されている場合には，金銭を管理人が保管することにはならず，入金の都度所属の地方裁判所に保管金として提出される（執行官法６条）。したがって，本条３項により，配当等に充てるべき金銭を執行裁判所に提出するといっても，この場合には，現実に金銭が提出されるわけではなく，執行官が保管の主体であったものが，以後執行裁判所が保管の主体である保管金になるというにとどまる。その際の手続は，動産執行において配当協議が調わなかった場合と同様である（平４．９．25最高裁民三第270号民事局長，経理局長，総務局長通達「執行官の事件に関する保管金の取扱い等について」記第１の３の(2)参照)。

（強制競売の規定の準用）

第73条　第23条（第３号及び第４号を除く。），第23条の２（第４号を除く。），第25条から第27条まで及び第62条の規定は強制管理について，第59条から第61条までの規定は強制管理につき執行裁判所が実施する配当等の手続について準用する。この場合において，第25条第１項中「法第47条第１項」とあるのは「法第93条の２」と，「差押債権者」とあるのは「差押債権者及び管理人」と，同条第３項中「法第47条第６項」とあるのは「法第111条において準用する法第47条第６項本文」と，「債務者」とあるのは「債務者及び管理人」と，第27条中「及び債務者」とあるのは「，債務者及び管理人」と読み替えるものとする。

〔解　説〕

1　本条の趣旨

本条は，強制管理について所要の強制競売の規定を準用している。準用されているのは，申立書の添付書類，手続の進行に資する書類の提出，二重開始決定等の通知，配当要求の方式及び通知，執行裁判所の配当等の手続並びに執行終了後の執行力のある債務名義の正本の交付に関する各規定である。

2　申立書の添付書類

強制管理の申立書の添付書類については，23条が準用される。ただし，同条3号及び4号は，売却により法定地上権が生じ得ることにより必要とされる添付書類であるので，準用規定から除外されている。同条の準用により，強制管理の申立書には，登記された不動産で所有名義になっているものについては登記事項証明書を，登記記録の表題部に債務者以外の者が所有者として記録されているものについては登記事項証明書及び債務者の所有に属することを証する文書を（1号），未登記の土地又は建物については債務者の所有に属することを証する文書及び初めての所有権登記の申請に必要な図面等を（2号）それぞれ添付し，かつ，いずれの場合にも，不動産の公課証明書（5号）を添付しなければならない。これらの事項についての詳細は，同条の解説を参照されたい。ただし，公課証明書を添付する趣旨は，強制競売においては，公課額を売却の公告中に記載して（36条1項7号）買受希望者の参考に供するための資料を得る点にあるが，強制管理においては，管理人が不動産の収益又はその換価代金の中から支払うべき公課（法106条1項参照）の額を明らかにする点にある。

3　手続の進行に資する書類の提出

強制管理手続の進行に資する書類の提出については，23条の2が準用される。ただし，強制管理手続においては，現況調査及び評価は行われないため，同条4号は，準用から除外されている。同条の準用により，強制管理の申立債権者は，執行裁判所に対し，不登法14条１項の地図又は同条４項の地図に準ずる図面及び同条１項の建物所在図の写し（当該地図，地図に準ずる図面又は建物所在図が電磁的記録に記録されているときは，当該記録された情報の内容を証明した書面）（１号），債務者の住民票の写しその他その住所を証するに足りる文書（２号）及び現地案内図（３号）を提出するものとされる。詳細は，23条の２の解説を参照されたい。

4　二重開始決定等の通知

強制管理についても，法は，申立てが２つ以上あれば，後の申立てについても開始決定をすることとし，先の開始決定に係る強制管理の申立てが取り下げられたり，その手続が取り消されたときは，後の開始決定に基づいて手続は当然に続行され，先の開始決定に係る手続が停止されたときは，後の申立人の申立てにより続行の裁判をした上で手続を続行する[(1)]こととした（法93条の２，法111条，法47条２項及び６項本文）。そこで，25条の規定が準用され（本条後段の読替規定を参照），二重開始決定がされたときは，先の開始決定に係る差押債権者及び管理人に通知をし（１項），先の手続が停止されたときは，後の開始決定に係る差押債権者に通知をし（２項），停止後に続行の裁判がされたときは，債務者及び管理人に通知をする（３項）こととされた。当事者に対する通知の趣旨は，同条の解説を参照されたい。同条１項の通知を管理人[(2)]にもする趣旨は，配当に加えるべき差押債権者が加わったことを知らせることにあり，同条３項の通知を管理人にもする趣旨は，停止が解けたことを手続を進める役割を担っている管理人に知らせることにある。なお，同条２項の通知も管理人に対してされるべきであるが，この点は，67条２項で規定されているので，読替規定を置く必要がないものである。

5　配当要求の方式及び通知

配当要求の方式については，強制競売と異なるところがないので，26条が準用されている。

また，配当要求があったことは，差押債権者，債務者及び管理人に通知しなければならない（27条の準用及び読替規定）。管理人に対し通知するのは，管理人が配当等を実施するからである。

6　執行裁判所の実施する配当等の手続

強制管理においては，第１次的には管理人が配当等を実施する（法107条）が，強制管理の停止があった場合等一定の場合には，執行裁判所が配当等を実施する（109条）。後者の手続は，強制競売の場合と異ならないので，法も所要の規定（法84条１項及び２項，法85条，法89条から法92条まで）を準用している（法111条）が，本条も，59条から61条までを準用している。

執行裁判所は，法107条５項の規定による届出があったとき，又は法104条１項若しくは法108条の規定による届出があった場合において，供託の事由が消滅したときは，配当等の手続を実施しなければならない（法109条）。その場合，執行裁判所は，それぞれ１月以内の日を配当期日又は弁済金の交付の日と定めなければならず（59条１項及び２項の準用），裁判所書記官は，弁済金の交付の日の日時及び場所を各債権者及び債務者に通知しなければならない（同条３項の準用）。また，配当期日等が定められたときは，裁判所書記官は，計算書の提出の催告をしなければならない（60条の準用）。配当等に充てるべき金銭の交付又は供託金の支払委託の手続は，裁判所書記官が行う（61条の準用）。これらの規定については，それぞれその解説を参照されたい。

7　執行力のある債務名義の正本の交付

強制管理が終了したときの執行力のある債務名義の正本の交付について，62条が準用されている。これについても，同条の解説を参照されたい。なお，執行力のある債務名義の正本は，執行裁判所に提出されているので，配当等が管理人により実施された事件が終了したときでも，執行力のある債務名義の正本の交付を求める相手は裁判所書記官であることは，いうまでもない。

注(1)　ただし，強制管理においては，停止書面が提出されても，手続の全部が止まるので

はなく，配当等の手続及び新たな態様の管理行為ができなくなるだけで，停止前の態様において不動産の管理並びに収益の収取及び換価を継続することができる（法104条１項前段)。したがって，続行の裁判をして手続を続行する意味は，新たな態様の管理行為（例えば，新たな賃貸）及び配当等の実施を行い得るようにする点にある。

⑵　強制管理の開始決定をするときは，それと同時に，管理人を選任しなければならない（法94条１項)。実務上は，二重開始決定も開始決定である以上，この規定が適用されると解した上で，管理人に別人を選任することは考えられないので，選任決定を管理人に告知する一方，改めて二重開始決定の通知をすることは不要とする取扱いが多い。しかし，二重開始決定の制度は，先の開始決定に係る手続と後の開始決定に係る手続が別個の手続ではなく，全体として１個の手続のものとして構成されていると解されるので，先に選任された管理人は，当然に後の開始決定に関しても管理人たる地位を有する。したがって，改めて管理人を選任する必要はないと解される。

第２款　船舶に対する強制執行

（申立書の記載事項及び添付書類）

第74条　船舶執行の申立書には，第21条各号に掲げる事項のほか，船舶の所在する場所並びに船長の氏名及び現在する場所を記載し，執行力のある債務名義の正本のほか，次に掲げる書類を添付しなければならない。

一　登記がされた日本船舶については，登記事項証明書

二　登記がされていない日本船舶については，船舶登記令（平成17年政令第11号）第13条第１項第４号イからホまでに掲げる情報を記載した書面，同令別表１の７の項添付情報欄ロ及びハに掲げる情報を記載した書面及びその船舶が債務者の所有に属することを証する文書

三　日本船舶以外の船舶については，その船舶が法第112条に規定する船舶であることを証する文書及びその船舶が債務者の所有に属することを証する文書

〔解　説〕

1　本条の趣旨

本条は，21条に規定されている強制執行の申立書の記載事項及び添付書類に加えて，船舶執行の申立書に固有の記載事項及び添付書類を定めたものである。

2　申立書の記載事項

(1)　船舶の所在する場所

法は，船舶執行の管轄裁判所について，いわゆる所在地主義を採っている（法113条）ので，船舶執行の申立てを受けた裁判所が当該船舶執行について管轄権を有することを明らかにするため，船舶執行の申立書には船舶の所在地を記載すべきこととされたのである。執行裁判所は，船舶執行の開始決定をしたときは，執行官に対し，債務者から船舶国籍証書等を取り上げて執行裁判所に提出すべきことを命じなければならない（法114条１項）が，執行官がその取上命令を執行するためにも，申立書の船舶の所在する場所を記載させる必要がある。この場合，錨地，埠頭などできるだけ具体的に記載することが望ましい[(1)]。

⑵　船長の氏名及び現在する場所

船長は，船籍港外においては，一部の行為を除き，船舶所有者に代わって航海のために必要な一切の裁判上又は裁判外の行為をする権限を有する（商法708条１項）ので，船籍港外にある日本船舶については，債務者に対する船舶執行の開始決定の送達は，船長に対して行えば足りる。また，船舶が船籍港内にある場合においても，債務者から船長に対し委任があるときは，船長に開始決定を送達すれば足り，執行の目的物が外国船舶である場合であっても，旗国法たる当該外国の海商法等の規定により船長に受送達権限があるときは，船長に送達すれば足りる。そこで，船舶執行の申立書には，船長の氏名及び現在する場所をも記載させることとされたのである。もっとも，船長の氏名は，一般に公表されないので，申立ての際に船長の氏名が分からないこともあり得るが，そのような場合には，申立書に「船長の氏名及び現在する場所　不明」と記載すれば足りよう。なお，日本船舶の船長には在船義務が課されている（船員法11条）ので，通常の場合，「船長の現在する場所」は船内であろう[(2)]。その場合の船長の現在する場所の記載方法としては，「○○丸乗組み」と記載すれば足りよう[(3)]。

3　申立書の添付書類

⑴　船舶執行における一般的添付書類

船舶執行の申立書には，日本船舶及び日本船舶以外の船舶に対する強制執行に共通の添付書類として，①執行力のある債務名義の正本（23条），②船舶が執行裁判所の管轄区域内の地に所在していることを証する文書及び③強制執行の開始要件が満たされたことを証する文書を添付しなければならない[(4)(5)]。

「船舶が執行裁判所の管轄区域内の地に所在していることを証する文書」を添付すべきことは，明文上は規定されていないが，この文書は，船舶執行の申立てを受けた裁判所が当該船舶に対する強制執行について管轄権を有することを証明するために，申立書に添付することを要する。なお，船舶が管轄区域内に所在するとは，管轄区域内に停止，碇泊していることをいい，管轄区域内を航行している場合を含まない[(6)]。船舶の所在する場所を証する文書は，港則法４条所定の港長への届出書，出入港観測機関の証明書等の公文書又は客観的な第三者である私人の作成した文書（仲立業者，倉庫業者，海運代理店業者等船舶に関連した業務に携わっている者の証明書）であるのが望ましいが，実際上このような文書を得ることが困難な場合には，自己証明の文書（上申書）であってもやむを得ない[(7)]。

「強制執行の開始要件が満たされていることを証する文書」を添付すべきことについては，法29条から法31条までに規定されている。

⑵　日本船舶に対する強制執行の申立書の添付書類

ア　登記された日本船舶

執行の目的である船舶が登記された日本船舶[(8)]であるときは，登記事項証明書を添付しなければならない（本条１号)。この登記事項証明書は，債務者が所有者として記録されているものでなければならない。

イ　登記がされていない日本船舶

登記がされていない日本船舶については，船舶登記令13条１項４号イからホまでに規定する情報（①所有権の登記名義人となる者が自然人であるときは，その者が日本人であることを証する情報，②所有権の登記名義人となる者が会社であるときは，当該会社の会社法人番号（会社法人番号を有しない会社にあっては，全ての代表者その他の業務を執行する全ての役員の資格を証する情報）及び当該会社の全ての代表者及び業務を執行する役員の３分の２以上が日本人であることを証する情報，③所有権の登記名義人となる者が会社以外の法人であるときは，当該法人の全ての代表者の資格を証する情報及びこれらの者が日本人であることを証する情報）を記載した書面，同令別表１の７の項添付情報欄ロ及びハに掲げる情報（日本において製造した船舶について当該船舶の製造地を管轄する登記所以外の登記所に申請する場合にあっては，当該申請に係る船舶についてその製造地を管轄する登記所の登記簿に製造中の船舶の登記がないことを証する情報及び船舶法４条１項又は３項の規定による申請に基づき船舶の総トン数の測度を行った結果を明らかにした船舶件名書の内容を証する情報）を記載した書面並びにその船舶が債務者の所有に属することを証する文書を添付しなければならない（本条２号)。

法は，未登記の日本船舶について強制競売の開始決定がされた場合にも，裁判所書記官は，差押えの登記を嘱託しなければならないものとした（法121条，法48条１項)。差押えの登記の嘱託がされた場合には，嘱託を受けた登記官は，職権で，船舶の表示の登記をして所有権保存登記をした上で，嘱託に係る差押えの登記をしなければならないのである[(9)]（船舶登記令16条)。そこで，未登記の日本船舶に対する船舶執行の申立書には，船舶登記令13条１項４号イからホまでに掲げる情報を記載した書面並びに同令別表１の７の項添付情報欄ロ及びハに掲げる情報を記載した書面を添付しなければならないものとされたのである。また，船舶執行は，債務者所有の船舶に対して行うものであるため，初めてする所有権保存登記に必要な書類のほか，その船舶が債務者の所有に属することを証する文書を添付しなければならないものとした。

⑶　日本船舶以外の船舶に対する強制執行の申立書の添付書類

執行の目的である船舶が日本船舶以外の船舶であるときは，その船舶が船舶執行の対象となる船舶であること及びその船舶が債務者の所有に属することを証する文書を添付しなければならない（本条３号)。

注⑴　阿部士郎＝阪田裕一「船舶抵当権等の実行としての競売」担保法体系第３巻101頁

⑵　阿部士郎＝阪田裕一前掲101頁参照

⑶　園尾隆司・注釈民執法⑸14頁（注２）参照

⑷　船舶は，税法上償却資産とされていて（地方税法341条４号），航行区域等により課税標準を異にするので（同法349条の２，同法349条の３第６項），その公租公課は買受人が負担すべき公租公課を直接示すものではなく，また，船舶の買受けを希望する者は，船舶に対して課される公租公課の額について熟知しているのが通例であることなどを考慮して，法に基づく船舶執行の申立書には，公租公課の証明書の添付は要しないものとされている（23条５号参照）。

また，法は，債務者が船舶を占有している場合に限り船舶執行を行うことができるものと考えている（もっとも，第三者が占有していても，その者が任意に船舶国籍証書等を提出するときには，執行を行うことができる。）が，船舶執行の最初の段階で執行官が債務者から船舶国籍証書等を取り上げることとしたため，執行官が船舶国籍証書等の取上執行に赴いた際に，第三者が船舶を占有していれば，その者が船舶国籍証書等の任意の引渡しに応じない限り，その執行は不能となり，船舶執行の手続は取り消されることとなる（法120条）。そこで，申立書には債務者占有の証明書の添付を要しないものとされている。

⑸　商法及び国際海上物品運送法の一部を改正する法律（平成30年法律第29号）による改正前の商法689条は，発航の準備を終えた船舶に対しては，差押え及び仮差押えの執行は，原則としてすることができないとしており，これを受けて，船舶執行の申立書には，「船舶が発航の準備を終えていないことを証する文書」を添付することを要するものと解されていた。しかし，同改正後の商法689条は，発航の準備を終えたか否かを問わず，差押え等を許容することとしつつ，航海中の船舶に対しては，停泊中のものを除き，差押え等をすることができないとしていることから，②の「船舶が執行裁判所の管轄区域内の地に所在していることを証する文書」を添付すれば，同条の要件に該当していないことを証明することができる。したがって，同改正後においては，「船

船が発航の準備を終えていないことを証する文書」を添付する必要はない（同改正の趣旨については，大野晃宏ほか「「商法及び国際海上物品運送法の一部を改正する法律」の解説」金法2100号72頁参照）。

⑹　阿部士郎＝阪田裕一前掲93頁，園尾隆司・注釈民執法⑸16頁（注２）参照

⑺　園尾隆司・注釈民執法⑸16頁（注１）参照

⑻　総トン数20トン以上の日本船舶は，商船であるか非商船であるかを問わず，また，航海船であるか内水船であるかを問わず，登記することができる（商法686条１項，２項，船舶法35条１項本文）。ただし，端舟，ろかい船及び官公署所有船舶は，登記の対象とはならない（商法684条，船舶法35条１項ただし書）。

⑼　浦野雄幸・注解民執法⑷51頁参照

（船舶国籍証書等の取上げ等の通知）

第75条　執行官は，船舶国籍証書等（法第114条第１項に規定する船舶国籍証書等をいう。以下同じ。）を取り上げ，又はその引渡しを受けたときは，直ちに，債務者，船長及び船籍港を管轄する地方運輸局，運輸監理部又は地方運輸局若しくは運輸監理部の運輸支局の長に対し，その旨を通知しなければならない。

〔解　説〕

1　本条の趣旨

本条は，法114条１項の取上命令又は法115条１項の引渡命令に基づき執行官が船舶国籍証書等を取り上げた場合の通知について規定したものである。

2　債務者及び船長に対する通知

債務者に対して船舶国籍証書等を取り上げたことを通知するのは，当該船舶について強制執行が開始されることを知らせるためである。法114条１項の取上命令又は法115条１項の引渡命令に基づく船舶国籍証書等の取上げは，船舶執行の開始決定が債務者に送達されることにより債務者に知れると考えられるが，船舶国籍証書等の取上げは，開始決定の送達に先立って行われることがあるため[(1)]，船舶国籍証書等を取り上げた執行官にその旨を債務者に通知する

ことを義務付けたのである。もっとも，通常は，船長が債務者宛ての通知を受ける権限を有しており（前条の解説の２⑵参照），船長に船舶国籍証書等の取上げを通知すれば，債務者についても通知がされたことになるので，別途債務者に対し通知をする必要はない[(2)]。

船長に対して船舶国籍証書等を取り上げたことを通知するのは，船長が船舶国籍証書等を船内に備え置く義務を課せられていることから（船員法18条１項），これを取り上げたことを知らせるためである。もっとも，船舶国籍証書等は，船長から引渡しを受けるのが通例であり（船長の在船義務につき同法11条参照），その場合には，船舶国籍証書等の取上げが船長に知れていることは明白であるから，改めて船長に対し通知をすることを要しない[(3)]。

したがって，債務者に対する通知を受ける権限を有する船長から船舶国籍証書等の引渡しを受ける通常の執行形態においては，債務者及び船長に対する船舶国籍証書等取上げの通知は行う必要がないことになる。

３　船籍港を管轄する地方運輸局等の長に対する通知

船舶国籍証書が滅失したときは，船舶所有者は，再発行の申請をすることができる（船舶法12条参照）。したがって，執行官が船舶国籍証書を取り上げた船舶について，船舶所有者からの再発行申請により船舶国籍証書が再発行されることを未然に防止するため，船舶国籍証書の発行事務を取り扱う管海官庁に船舶国籍証書を取り上げたことを通知すべきものとしているのである[(4)]。再発行の規定は，日本船舶についてのみ適用されるので，外国船舶の船舶国籍証書等を取り上げた場合には，この通知は必要ない[(5)]。

船舶国籍証書の発行事務を取り扱う管海官庁（船舶法５条）とは，当該船舶の船籍港を管轄する国土交通省の地方支分局としての地方運輸局（兵庫県については運輸監理部）である[(6)]が，各地方運輸局及び運輸監理部の管轄区域の一部の事務については，運輸支局が分掌することとされている[(7)]。そこで，執行官は，船籍港の所在地に応じて，地方運輸局，運輸監理部又は地方運輸局若しくは運輸監理部の運輸支局の長あてに本条の通知をすべきことになる。なお，沖縄県においては，地方運輸局所掌の事務を沖縄総合事務局が分掌するものとされており[(8)]，さらに宮古運輸事務所及び八重山運輸事務所が分掌することとされている[(9)]ので，船籍港の所在地に応じて，所掌事務局又は運輸事務所の長に通知すべきである。

注(1)　開始決定に基づく船舶国籍証書等取上命令（法114条１項）は，執行官に対する職務命令であるので，これを執行するに際し，開始決定を債務者に送達しておく必要はない。

(2)　園尾隆司・注釈民執法(5)23頁，書式全書Ⅱ44頁，深沢・実務(中)36頁

(3)　園尾隆司・注釈民執法(5)23頁，浦野雄幸・注解民執法(4)56頁，書式全書Ⅱ44頁，深沢・実務(中)36頁

(4)　船舶国籍証書の再交付の防止に遺漏のないよう，法の施行に際し，執行官から通知を受けた管海官庁は，執行官からの通知書を船舶原簿附属書類（船舶法取扱手続（明治33年逓信省公達363号）35条の書類）に準じて取り扱い，船舶国籍証書交付簿の該当備考欄に執行官からの通知，取上年月日，執行裁判所名の記入を行うよう旧運輸省から通達が発出されている（昭55．10．20最高裁民三第1178号民事局長通知，昭55．９．30運輸省船監第726号船舶局長通達参照）。

(5)　浦野雄幸・注解民執法(4)56頁

(6)　水上千之「船舶の国籍と便宜置籍」88頁，国土交通省設置法35条１項，同法36条，国土交通省組織令215条

(7)　国土交通省設置法37条１項，３項，地方運輸局組織規則121条

(8)　内閣府設置法44条１項１号

(9)　沖縄総合事務局組織規則93条１項

（船舶国籍証書等の取上げができない場合の事情届）

第76条　執行官は，船舶国籍証書等を取り上げる職務の執行をした場合において，その目的を達することができなかつたときは，その事情を執行裁判所に届け出

なければならない。

〔解　説〕

1　本条の趣旨

本条は，執行官が法114条１項の船舶国籍証書等取上命令に基づき船舶国籍証書等を取り上げる職務の執行をした場合において，その目的を達することができなかったときの執行裁判所に対する事情届について規定したものである。執行官が法114条１項の船舶国籍証書等取上命令に基づき船舶国籍証書等を取り上げたときは，これを執行裁判所に提出することになる（法114条１項）が，本条において，船舶国籍証書等を取り上げることができなかった場合にも，その旨を執行裁判所に届け出るべき旨を規定し，執行裁判所が法120条に基づき速やかに船舶執行の手続を取り消すことができるようにされたのである。

2　取上命令の執行不能の場合の届出

法114条１項の取上命令を受けた執行官は，船舶の所在場所に赴き，相当な方法により船舶国籍証書等を取り上げるための職務を行ったにもかかわらず，船舶が既に出航した後であり，帰港の予定もない等の事情により，これを取り上げることができなかったときは，執行不能調書を作成した上（13条４項），本条の届出をしなければならない[(1)]。

3　届出を要しない場合

本条の届出は，執行裁判所が法120条により船舶執行の手続を取り消すために行うものであるから，法114条１項の取上命令の執行が不能であった場合にのみ行えば足り，法115条１項の引渡命令の執行が不能である場合には，行うことを要しない[(2)]。本条の届出は，執行裁判所が法120条により船舶執行の手続を速やかに取り消すことができるようにするために行うものであり，船舶執行の申立て前に発せられる法115条１項の引渡命令については，執行不能の事情を裁判所に届け出る[(3)]べきものとする執行手続上の実益はないので，法114条１項の取上命令についてのみ，執行不能の届出をすべきものとしたのである。

注(1)　法114条１項の取上命令を受けた執行官は，開始決定の発せられた日から２週間は船舶国籍証書等の取上げのため職務を行う義務があり，その間は本条の届出をすべきでないとの説もあり得るが，法115条１項の引渡命令又は81条の再取上命令については，法114条１項の取上命令のように画すべき期間がないので，相当な方法により探索したにもかかわらず船舶国籍証書等を取り上げることができないときは，執行不能として処理せざるを得ない。これとの対比からすれば，法114条１項の取上命令の執行についても，相当な方法により探索したにもかかわらず船舶国籍証書等を取り上げることができないときは，直ちに本条の届出をすべきである。

(2)　園尾隆司・注釈民執法(5)24頁

(3)　法115条１項の引渡命令は，船舶執行の申立て前に発せられるものであるため，船舶執行の執行裁判所は定まっておらず，執行官所属の裁判所が執行裁判所となる（法３条）が，執行官所属の裁判所が法115条１項の引渡命令の執行不能の事情を把握しておく執行手続上の実益はない。

（法第115条第１項の地の指定）

第77条　法第115条第１項の最高裁判所の指定する地は，室蘭市，仙台市，東京都千代田区，横浜市，新潟市，名古屋市，大阪市，神戸市，広島市，高松市，北九州市及び那覇市とする。

〔解　説〕

1　本条の趣旨

本条は船籍のない船舶について，法115条１項の船舶国籍証書等引渡命令の管轄裁判所を定めるため，都市を指定したものである。

2　船籍のない船舶の船舶国籍証書等引渡命令の管轄

船籍のない船舶は，外国船舶であるのが通例であるため，外国船舶に対する執行の便宜を考え，外国船舶の入港数，申立人が裁判所に出頭するについての交通の便等を考慮して複数の都市を指定することとされた。したがって，船籍のない船舶については，これらの地を管轄するどの地方裁判所に法115条１項の引渡命令を求めてもよいことになる。その意味で本条は，競合的専属管轄を認めた指定といえる[(1)]。本条において指定した都市の中には，地方裁判所の支部の管轄区域に属する都市もある[(2)]が，その場合には，当該支部が地方裁判所の事務を取り扱うことになる[(3)]（地方裁判所及び家庭裁判所支部設置規則１条）。

注⑴　競合的専属管轄を認めたその他の例としては，法44条２項，民保法12条１項等がある。

⑵　室蘭市は札幌地裁室蘭支部の管轄区域内に属し，北九州市は福岡地裁小倉支部の管轄区域内に属する。

⑶　各地方裁判所の事務分配の定めにより，支部が取り扱うこととされている事務を本庁で取り扱うものとすることは可能である。

（法第117条第５項において準用する法第15条第１項の最高裁判所規則で定める保証提供の方法）

第78条　法第117条第１項の保証は，債務者が，執行裁判所の許可を得て，銀行等，船主相互保険組合又は漁船保険組合との間において，これらの者が債務者のために一定の額の金銭を執行裁判所の催告により納付する旨の期限の定めのない支払保証委託契約を締結したことを証する文書を執行裁判所に提出する方法によつて提供することができる。

２　第58条の規定は，前項の文書に係る法第117条第５項において準用する法第78条第３項の規定による換価について準用する。

〔解　説〕

１　本条の趣旨

本条は，法117条５項において準用する法15条１項の規定により最高裁判所規則で定めることとされている保証提供の方法として，債務者が銀行[(1)]等，船主相互保険組合[(2)]又は漁船保険組合[(3)]との間で支払保証委託契約を締結したことを証する文書[(4)]を執行裁判所に提出する方法を認めることとしたものである。

２　支払保証委託契約の内容

⑴　金銭の支払請求権者

執行停止が効力を失ったときは，執行裁判所が，法117条１項の規定により提供された保証について配当等を実施する（同条２項）ので，本条の契約に基づき金銭の支払を受けることができる者は，国（裁判所）である[(5)]。

⑵　保証金額

本件契約における保証金額は，法117条１項に定める額，すなわち差押債権者及び保証の提供の時（配当要求の終期後にあっては，その終期）までに配当要求をした債権者の債権及び執行費用の総額である。もっとも，支払保証委託契約の締結と金銭又は有価証券の供託とを併用することもできるので，一部は金銭を供託する方法又は執行裁判所の許可を得て有価証券を供託する方法により提供し，残余はこの供託した額を差し引いた額を保証金額とする支払保証委託契約を締結する方法により提供することも可能である。

⑶　契約の効力の期限

本条１項の支払保証委託契約が締結されたことを証する文書の提出を受けた執行裁判所は，法39条１項７号又は８号の停止書面の提出による執行停止がその効力を失ったときは，保証に係る金銭を銀行等，船主相互保険組合又は漁船保険組合に納付させなければならないので，本条１項の支払保証委託契約は，一定の期間又は期日の経過によりその効力を失うような内容のものであってはならない。

3　支払の催告（２項）

本条１項の規定により保証が提供された後に法39条１項７号又は８号の停止書面の提出による執行停止がその効力を失ったときは，執行裁判所は，配当等を実施するため，支払保証をしている銀行等，船主相互保険組合又は漁船保険組合に対し，保証に係る金銭を納付すべき旨を催告することとなる[(6)]（本条２項，58条）。

注⑴　銀行の範囲については，10条の解説の注⑴を参照

⑵　船主相互保険組合は，船主相互保険組合法に基づいて設立された組合であり，金融庁の監督下にあること，経済基盤が確実であること，船舶所有者の利用度が高いこと等から，船舶執行に関する保証については，同組合の支払保証も認めることとされた。

⑶　漁船保険組合は，漁船損害等補償法に基づいて設立された組合であり，農林水産省の監督下にあること，経済基盤が確実であること，漁船所有者の利用度が高いこと等から，船舶執行に関する保証について，同組合との間の支払保証委託契約も認めることとされた。

⑷　この文書は，民事保管物に準ずるものとして，裁判所で保管することとなる（32条の解説の２⑶を参照）。

⑸　法15条１項の担保提供の方法としての支払保証委託契約においては，契約に基づき金銭の支払を受けることができる者は，担保を立てるべき相手方（担保権利者）である（10条）。

⑹　催告の方法等については，58条の解説の２を参照

（現況調査報告書）

第79条　執行官は，船舶の現況調査をしたときは，次に掲げる事項を記載した現況調査報告書を所定の日までに執行裁判所に提出しなければならない。

一　第29条第１項第１号，第３号及び第７号に掲げる事項

二　船舶の表示

三　船舶の所在する場所

四　占有者の表示及び占有の状況

五　当該船舶について，債務者の占有を解いて執行官に保管させる仮処分が執行されているときは，その旨及び執行官が保管を開始した年月日

２　現況調査報告書には，船舶の写真を添付しなければならない。

〔解　説〕

１　本条の趣旨

本条は，法121条において準用する法57条の規定により実施すべき船舶の現

況調査の報告書の記載事項及び添付書類について規定したものである。

2　報告書の記載事項（1項）

⑴　事件の表示（1号（29条1項1号））

⑵　船舶の表示（2号）

現況調査報告書の記載事項としての船舶の表示は，船舶を特定するためのものであるから，これを表示するには，船舶の登記記録中の船舶の表題部に記録されている事項を記載すれば足りよう。

⑶　船舶の所在する場所（3号）

船舶を売却する場合の公告には，船舶の所在する場所を記載しなければならないので（83条2項），これを現況調査報告書の記載事項としたものである。

⑷　調査の日時，場所及び方法（1号（29条1項3号））

調査の日時，場所及び方法を記載すべきこととした趣旨及び記載の仕方は，29条の解説の3⑶を参照されたい。

⑸　占有者の表示及び占有の状況（4号）

占有者とは，自己のためにする意思をもって船舶を所持する者をいい，船長などのような占有の補助者を含まない。ところで，船舶に対する強制執行においては，船舶国籍証書等取上（引渡）命令（法114条1項，法115条1項）は，債務者に対してしか執行することができないので[(1)]，賃借人等の第三者が船舶を占有しているときは，その者が任意に船舶国籍証書等を提出しない限り，船舶を停泊させることができず，船舶執行の手続は取り消されることになり，現況調査命令も発せられない（法120条）。したがって，船舶執行の現況調査命令の発せられた船舶の占有者は，債務者であるのが通例である。

債務者が占有者である通常の場合には，占有の状況は，船長の氏名，船長以外の乗組員，積荷の状況等を簡略に記載すれば足りる。しかし，債務者以外の者が船舶を占有している場合には，占有の状況を詳細に記載すべきである。すなわち，債務者以外の者が差押え前から権原に基づき船舶を占有しているときは，その権原が買受人に対抗することができる者であると認められる場合を除き[(2)]，引渡命令を発することができる（法121条，法83条１項）ので，債務者以外の者が船舶を占有している場合には，占有の状況として，これらの事項のほか，占有者の占有権原の有無及び内容並びに開始決定前から占有しているかどうかを記載する扱いとすべきである[(3)]。

⑹　当該船舶について，執行官保管の仮処分が執行されているときは，その旨及び執行官が保管を開始した年月日（５号）

船舶執行についても物件明細書が作成される（法121条，法62条）が，物件明細書には，船舶に係る仮処分の執行で売却によりその効力を失わないものを表示しなければならないので，当該船舶について執行官保管の仮処分の執行がされているときは，その旨及び執行の開始の日を現況調査報告書に記載すべきものとされたのである[(4)]。

⑺　その他執行裁判所が定めた事項（１号（29条１項７号））

執行裁判所は，執行官に現況調査を命ずるに際し，前記の事項のほか，船舶を売却するについて必要と認める事項[(5)]を定めて，その調査を執行官に命ずることができるものとされている。

3　現況調査報告書の添付書類（２項）

船舶の現況調査報告書には，船舶の写真を添付しなければならない。この写真は，船舶の外観その他船舶の状況の概略が分かる程度のもので足りる。

注⑴　船舶を目的とする担保権の実行としての競売においては，第三者が船舶を占有している場合であっても，その者が申立人に対抗する権原を有しないときは，船舶国籍証書等の引渡しを命ずることができる（174条２項)。

⑵　登記された賃借権又は留置権以外の占有権原は，船舶の買受人に対抗することができない（商法701条，同法849条，民法295条１項等参照)。

⑶　もっとも，船舶執行の現況調査において第三者が船舶を占有しているときは，その

者は任意に船舶国籍証書等を提出したものであるので，その者が買受人に対し，船舶を引き渡すことを拒むのはまれであろう。

⑷ 船舶について執行官保管の仮処分の執行がされている場合において，仮処分債権者の当該船舶に対して有する権利が買受人に対抗できるもの（差押えの登記前にされた賃借権等）であるときは，その仮処分の執行は，売却によりその効力を失わない。これに対して，仮処分債権者の当該船舶に対して有する権利が買受人に対抗できないものであるときは，その仮処分の執行は，売却によりその効力を失うものと解される。

⑸ 船舶の占有者が第三者であり，その者が船舶国籍証書等を任意に提出したことが執行裁判所に判明しているときは，本号により，執行官に対し，第三者の占有権原の有無及び内容をも調査すべき旨を予め指示するのが相当である（本文２⑸参照）。

（航行許可決定の告知）

第80条　法第118条第１項の規定による決定は，差押債権者以外の債権者並びに最高価買受申出人又は買受人及び次順位買受申出人にも告知しなければならない。

〔解　説〕

1　本条の趣旨

本条は，船舶の航行許可決定（法118条１項）を告知すべき者の範囲について，２条１項２号の特則を定めたものである。

2　告知すべき者の範囲等

裁判を告知すべき者の範囲についての一般規定である２条１項２号の規定によれば，船舶の航行許可決定は，申立人である債務者と相手方である差押債権者に告知されることになる。しかし，航行許可決定に対しては，同意の不存在又は無効等を理由として，差押債権者以外の債権者並びに最高価買受申出人又は買受人及び次順位買受申出人も執行抗告をすることができると解されるので，これらの者に対しても航行許可決定を告知することとされたのである（２条の解説の４⑶アを参照）。

航行許可決定に対する執行抗告の期間は，これらの者並びに差押債権者及び債務者のすべてにこの決定が告知された日から進行し（５条），１週間の経過により航行許可決定は，その効力を生ずることになる[(1)]。

注(1)　債務者は，抗告権者から，航行許可の同意書と共に，抗告権放棄書及び航行許可決定正本請書の交付を受け，これを執行裁判所に提出することにより，航行許可決定の受領と同時に船舶を航行させることができる（園尾隆司・注釈民執法(5)48頁（注３），民事執行モデル記録（下）（民事裁判資料第132号）541頁参照）。

（船舶国籍証書等の再取上命令）

第81条　法第118条第１項の規定による許可に係る船舶の航行が終了した場合において，執行裁判所に船舶国籍証書等が返還されないときは，執行裁判所は，差押債権者，最高価買受申出人若しくは買受人又は次順位買受申出人の申立てにより，執行官に対し，債務者から船舶国籍証書等を取り上げて執行裁判所に提出すべき旨を命ずることができる。

〔解　説〕

１　本条の趣旨

本条は，航行許可決定の確定により航行することとなった船舶が許可に係る航行を終了したにもかかわらず，船舶国籍証書等が執行裁判所に返還されない場合の処置として，執行裁判所が，申立てにより，船舶国籍証書等の再取上命令を発することを規定したものである。

航行の許可を受けた船舶が許可に係る航行を終了したにもかかわらず，船舶国籍証書等が返還されない場合の処置としては，法114条１項の規定を類推適用して再度船舶国籍証書等の取上命令を発し，又は法120条の規定を類推適用して船舶航行の手続を取り消す扱いをすることが考えられる。しかし，前者の方法は，法114条１項をそこまで拡張して解釈できるかどうかについて疑問があり，また，後者の方法は，いったん取り上げた船舶国籍証書等を航行許可決定により債務者に返還した後にまで法120条が適用されると解しなければならない点に解釈上の難点がある。

そこで，本条を設け，許可に係る船舶の航行が終了した場合において，執行裁判所に船舶国籍証書等が返還されないときは，執行裁判所は，差押債権者，最高価買受申出人若しくは買受人又は次順位買受申出人の申立てにより[(1)]，執行官に対し，船舶国籍証書等を取り上げて執行裁判所に提出すべき旨を命ずることができるものとしているのである。

2　取上命令の告知，届出等

本条の取上命令は，申立人に告知すれば足りる（２条２項）。本条の取上命令の執行をした執行官は，75条に規定する者に対し，船舶国籍証書等を取り上げた旨を通知しなければならない。本条の取上命令が執行不能[(2)]となったときは，執行官は，その事情を執行裁判所に届け出なければならない（76条）。

本条の取上命令は，船舶が執行裁判所の管轄区域内にある場合に限り発することとすべきであり，船舶が執行裁判所の管轄区域外にあるときは，執行裁判所は，船舶の所在地を管轄する地方裁判所に事件を移送し（法119条１項），移送を受けた裁判所が本条の取上命令を発するのが相当である[(3)]。

3　船舶執行の手続の取消し

本条は，再度船舶国籍証書等を取り上げる見込みがある場合の規定であり，航行を許可した船舶が外国にあって我が国に帰港する見込みがない場合あるいは債権者が相当な方法により探索しても船舶を発見することができない場合など，再度船舶国籍証書等を取り上げる見込みがないと認められるときは，執行裁判所は，法121条において準用する法53条の規定により，船舶執行の手続を取り消すことができる[(4)]。執行官から本条の取上命令の執行が不能である旨の届出を受けた場合において，更に本条の取上命令を発しても船舶国籍証書等を取り上げる見込みがないと認めるときも，同様である。

注(1)　差押債権者以外の債権者は，差押債権者の申立てによって進行している手続を利用しているにすぎないので，本条の取上命令の申立権を認めないこととされた。

(2)　執行不能の要件については，76条の解説の２を参照

(3)　地方裁判所が他の地方裁判所に所属する執行官に対し職務命令を発することや，他の地方裁判所に執行官に対する職務命令を発するよう嘱託することは，手続法規に規定がない限り，許されない。

(4)　園尾隆司・注釈民執法(5)53頁参照。なお，航行許可決定後も船舶執行の手続が進められ，代金の納付が終了したときは，船舶執行の手続を取り消す余地はない。もっとも，最高価買受申出人が定まる前に航行許可決定がされたときは，事実上船舶執行の手続は停止されるのが通例であり，航行許可期間中に代金の納付が終了することはないと考えられる。

（公告事項の掲示の嘱託）

第82条　執行裁判所が船籍の所在地を管轄する地方裁判所と異なるときは，執行裁判所の裁判所書記官は，その地方裁判所の裁判所書記官に対し，公告事項を記載した書面を当該地方裁判所の掲示場その他裁判所内の公衆の見やすい場所に掲示するよう入札期日，入札期間の開始の日又は競り売り期日の２週間前までに嘱託しなければならない。

〔解　説〕

1　本条の趣旨

本条は，船舶を売却するに際し，より多くの買受申出の希望者を募るため，執行裁判所の裁判所書記官が船籍の所在地の地方裁判所の裁判所書記官に対し，公告事項を記載した書面を掲示するよう嘱託することを義務付けたものである。

2　公告事項の掲示

船籍というのは，人の本籍に相当するものであり，日本船舶の所有者[(1)]は，船籍港を定め（船籍港として定められた地を「船籍の所在地」という。），この地において船舶の登記（船舶登記令４条１項）及び登録（船舶法５条１項）をし，船舶国籍証書の交付を受けるものとされている（同条２項）。この船籍の

所在地は，原則として船舶所有者の住所によって定まる[(2)]。したがって，船舶の存在は，船籍の所在地の周辺で知られるのが通例であるが，船舶の売却は，船舶の所在地を管轄する地方裁判所が執行裁判所として行うものである（法113条）ため，より多くの買受申出の希望者を募る方法として，執行裁判所が船籍の所在地を管轄する地方裁判所と異なるときは，船籍の所在地の地方裁判所に公告事項を記載した書面を掲示するものとしたのである[(3)]。

入札又は競り売り以外の方法により船舶を売却する場合には，通常は売却の相手方の範囲が特定されているので，多数の買受申出の希望者を募ることを目的とする本条の規定は適用されない[(4)]。

3　嘱託の時期及び相手方

本条の規定による嘱託は，入札期日，入札期間の開始の日又は競り売り期日の２週間前までにしなければならない。ただし，公告事項を記載した書面が嘱託を受けた裁判所に入札期日等の２週間前までに掲示されることまで要求するものではない[(5)]。

また，本条の規定による嘱託は，執行裁判所の裁判所書記官から他の地方裁判所の裁判所書記官に対して行われるものである。裁判所書記官相互の嘱託を規定した他の例としては，民訴規39条（送達に関する事務の取扱いの嘱託）がある。本条の規定により嘱託を受けた裁判所書記官は，嘱託に係る事務を行う義務を負う（裁判所法79条参照）。

注⑴　総トン数20トン以上の船舶を所有する者に限られる（船舶法20条）。

⑵　船舶法施行細則３条３項によれば，船籍港は，当該船舶所有者の住所が日本にないとき，又は船舶所有者の住所地が船舶の航行し得る水面に接しないときその他やむを得ない事由があるときを除き，船舶所有者の住所に定めなければならないものとされている。

⑶　本条の規定による嘱託は，４条３項の「公示」に当たる。本条は，公告事項を記載した書面の掲示を嘱託する方法による公示を義務付けた点に意義を有する。

⑷　園尾隆司・注釈民執法⑸57頁参照

⑸　36条の解説の４を参照

（不動産執行の規定の準用等）

第83条　前款第１目（第23条から第24条まで，第29条，第30条第１項第４号及び第５号並びに第２項，第31条の２（第38条第７項（第49条において準用する場合を含む。），第50条第４項，第51条第９項及び第51条の４第４項において準用する場合を含む。），第36条第１項第７号及び第２項（第49条及び第50条第４項において準用する場合を含む。），第51条の２，第51条の３並びに第51条の７を除く。）の規定は船舶執行について，第57条の規定は法第117条第５項において準用する法第78条第３項の規定による有価証券の換価について，第65条第２項及び第３項並びに第66条の規定は船舶執行の保管人について準用する。

２　前項において準用する第36条第１項の規定による公告には，船舶の所在する場所をも掲げなければならない。

３　第１項において準用する第34条に規定する入札における入札人及び同項において準用する第50条第１項に規定する競り売りにおいて買受けの申出をしようとする者は，住民票の写しその他のその住所を証するに足りる文書を執行官に提出するものとする。

〔解　説〕

１　本条の趣旨

本条は，船舶執行について，不動産執行に関するこの規則の規定のうち必要なものの準用，船舶の所在場所の公告等について規定したものである。

２　不動産執行の規定の準用（１項）

⑴　本条１項は，船舶執行について，法と同じく規則においても，原則として不動産の強制競売の規定を準用することとしたものである。すなわち，売却方法の選択，入札期日等の指定・公告・通知，売却の実施の手続並びに売却許否の決定及び配当等の手続については，公租公課の額を公告しないこと及

び公告事項を市町村の掲示場に掲示するよう嘱託しないこととしたほかは，不動産の強制競売の規定を全て準用することとし，売却実施を準備する手続についても，二重開始決定の通知，手続の停止又は続行の決定の通知，配当要求の方式，配当要求の通知，職務執行区域外における現況調査，評価書の記載事項（不動産の評価書の記載事項に比して，簡略なもので足りるとされている。），物件明細書等の内容の公開，無剰余の場合の保証提供の方法並びに買受けの申出をすることができる者の制限に関する規定を準用している。

⑵　不動産の強制競売の手続に関する規定のうち，船舶執行に準用されないものとして以下のものがある。

ア　申立書の添付書類（23条）

船舶執行の申立書の添付書類については，74条に規定が設けられているので，23条の規定は準用されていない。

イ　手続の進行に資する書類の提出（23条の２）

船舶執行については，船舶の性質及び必要性を考慮して，不動産に対する強制競売手続の進行に資する書類の提出に関する23条の２は準用されていない[(1)]。

ウ　開始決定の通知（24条）

船舶執行については，管理手続の方法になじまないことから，強制管理の方法が認められていない。したがって，強制管理と強制競売の手続の調整に関する規定である24条は準用されていない。

エ　現況調査報告書（29条）

船舶執行における現況調査報告書の記載事項及び添付書類については，79条に規定が設けられたので，29条の規定は準用されていない。

オ　評価書の記載事項及び添付書類（30条１項４号，５号及び２項）

船舶の評価においては準用の余地がない１項４号及び５号の規定は準用されていない。また，２項の添付書類は，船舶の評価書には必要がないので，準用されていない。

カ　租税その他の公課の額の公告（36条１項７号）

船舶の売却においては，船舶に対して課される租税その他の公課の額を公告して買受希望者に知らせる必要性が低いので（その理由については，74条の解説の注(4)を参照），これを公告事項から除外することとしている。

キ　市町村に対する掲示の嘱託（36条２項）

船舶所在地の市町村に対し売却に関する公告事項を記載した書面の掲示を嘱託することは，船舶について多くの買受希望者を募るための手段（前条の解説を参照）としてそれほど効果があるとは考えられないので，36条２項の規定は準用されていない。

ク　内覧（51条の２，51条の３）

法121条は，法64条の２の準用を除外しているため，船舶執行においては，内覧の手続は実施されない。したがって，内覧の手続に関する51条の２及び51条の３の各規定は準用されていない。

ケ　暴力団員の買受け防止の規定（31条の２（38条７項（49条において準用する場合を含む。），50条４項，51条９項及び51条の４第４項において準用する場合を含む。），51条の７）

法121条は，令和元年改正法で設けられた不動産競売における暴力団員の買受け防止に関する規定（法65条の２，法68条の４，法71条５号）の準用を除外しているため，船舶執行においては，買受申出人による暴力団員等に該当しないことの陳述や最高価買受申出人が暴力団員等に該当するか否かについての都道府県警察に対する調査の嘱託はされない。したがって，これらの手続に関する31条の２（各種の買受けの申出に準用する場合を含む。）及び51条の７の各規定は準用されていない。

(3)　本条１項は，前記(1)のほかに，船舶執行に固有の事項についても不動産執行の規定を準用している。

すなわち，法117条１項の保証が有価証券を供託する方法で提供されている場合（同条５項，法15条１項）における有価証券の換価（法117条５項，法78条３項）については，57条が準用されている。

また，船舶執行の保管人について，強制管理の管理人の選任，解任及び辞任に関する65条２項及び３項並びに66条が準用されている。65条１項（管理人の選任の通知）が準用されていないのは，保管人の選任決定に対しては執行抗告をすることができる（法116条３項）ので，差押債権者及び債務者に選任決定が告知される（２条１項２号）一方，強制管理は予定されておらず，収益の給付義務を負う第三者は存在しないからである。

3　船舶の所在する場所の公告（２項）

不動産は，その表示によって所在する場所も明らかになるが，船舶の表示は，船舶を特定させるものにすぎず，その所在する場所は，別途公告事項として掲げる必要がある。そこで，本条２項において，船舶の所在する場所も公告事項として掲げることとし[(2)]，買受けを希望する者が船舶を見分するための便宜を図ることとした。

4　住民票の写しその他のその住所を証するに足りる文書の提出（３項）

令和元年改正規則による改正前においては，本条１項が同改正前の38条６項（以下「旧38条６項」という。）を準用しており，期日入札における入札人は，住民票の写しその他その住所を証するに足りる文書を執行官に提出することとされていた。また，本条１項が旧38条６項を準用する49条及び50条１項を準用していることから，期間入札及び競り売りについても同様であった。しかしながら，同改正によって，旧38条６項は削除され，個人の入札人については，暴力団員等に該当しない旨の陳述書の添付資料として住民票等の写しの提出が義務付けられることとなった（31条の２第１項２号。38条の解説注⒂参照）。他方，本条の解説の２⑵ケのとおり，船舶執行においては，暴力団員の買受け防止の規定は準用されないことから，本条１項は，31条の２第１項２号を準用していない。そこで，令和元年改正規則によって，旧38条６項に相当する規定が本条３項として新たに設けられた。

なお，本条３項は，入札人が最高価買受申出人となり，売却許可決定がされる場合，入札書上の入札人の表示及び入札価額の記載に基づき売却許可決定書が作成されることから，この入札人の表示の正確性を担保し，後の売却許可決定の更正決定事務手続を可及的に減少させることを目的とするものであり，入札人に対して任意の協力を求めるものであるから，執行官は，入札人が住民票等を提出しないことをもって，その入札を不適法とすることはできない。

注⑴　同条２号の債務者の住民票の写しその他その住所を証するに足りる文書は，債務者に対する開始決定の送達の円滑な実施に有益なものであり，船舶執行においても債務者に対する開始決定の送達は必要であるが，船舶執行におけるこの送達は船長に対して行えば足りることが多い。この点については，74条の解説の２⑵を参照されたい。

⑵　船舶の所在する場所は，現況調査報告書に記載される（79条１項３号）ので，これに基づいて公告することになる。

第３款　航空機に対する強制執行

（航空機執行についての船舶執行の規定の準用）

第84条　航空法（昭和27年法律第231号）第５条に規定する新規登録がされた飛行機及び回転翼航空機（以下「航空機」という。）に対する強制執行については，法第２章第２節第２款（法第121条において準用する法第57条及び法第62条を除く。）及び前款（第77条，第79条並びに第83条において準用する第28条，第30条の２，第30条の４及び第31条を除く。）の規定を準用する。この場合において，法第114条第１項中「船舶の国籍を証する文書」とあるのは「航空機登録証明書」と，法第115条第１項及び第82条中「船籍の所在地」とあるのは「定置場の所在地」と，法第121条において準用する法第49条第１項中「物件明細書の作成までの手続」とあるのは「評価書の提出」と，第74条中「並びに船長の氏名及び現在する場所を記載し」とあるのは「を記載し」と，第75条中「，船長及び船籍港を管轄する地方運輸局，運輸監理部又は地方運輸局若しくは運輸監理部の海運支局の長」とあるのは「及び国土交通大臣」と，第83条第１項において準用する第36条第１項第８号中「物件明細書，現況調査報告書及び評価書」とあるのは「評価書」と読み替えるものとする。

〔解　説〕

1　本条の趣旨

航空法８条の４第２項は，新規登録を受けた飛行機又は回転翼航空機に対する強制執行及び仮差押えの執行について必要な事項は，最高裁判所規則で定めるものとしている。この規則の２章２節３款（本条及び85条）の規定は，航空法の委任規定に基づき，新規登録を受けた航空機に対する強制執行の手続を定めたものである[(1)]。

法１条は，民事執行については，他の法令に定めるもののほか，法の定めるところによるものとしており，航空法８条の４の規定は，法１条にいう「他の法令」に当たる。したがって，航空機は，法122条にいう動産に当たるが，新規登録を受けた航空機に対する強制執行については，航空法８条の４の規定及びこの款の規定が民事執行法中の動産執行の規定に優先して適用される(2)。しかし，航空法８条の４及びこの款の規定により規定することを予定しているのは，新規登録を受けた航空機に対する具体的な執行方法のみであり，執行機関の権限及び民事執行の基本手続について定めた法１章（総則），同２章１節（強制執行の総則），この規則１章（総則）及び同２章１節（強制執行の総則）の規定は，新規登録を受けた航空機に対する強制執行についても適用がある。

2　航空機執行の手続

航空機執行については，物件明細書及び現況調査報告書を作成しないまま売却手続を実施することとされた(3)ほかは，船舶執行と同じ手続で執行手続を進めることとされた。すなわち，航空機の所在地を管轄する地方裁判所が執行裁判所となり，強制競売の開始決定をするとともに，執行官に対し航空機登録証明書その他航空機の運航に必要な書類（航空法59条参照）を債務者から取り上げて執行裁判所に提出すべき旨を命じ，これによって航空機を一定の場所に停止させ，評価人を選任して評価させた上，評価書を一般の閲覧に供し，売却基準価額を定めて不動産の売却と同じ売却方法によりこれを売却するのである。なお，船舶執行において認められている申立て前の船舶国籍証書等引渡命令は，申立て前の航空機登録証明書等引渡命令として認められており(4)，保証の提供による強制競売の手続の取消し，航行許可（航空機の場合には「運航許可」と読み替えることになる。航空法６章参照），事件の移送，航行に必要な書類の取上げができない場合の強制競売の手続の取消し等の手続も，全て採り入れられている。

3　船舶執行の規定が準用された理由

航空機に対する強制執行の手続が船舶執行の手続にならって規定されたのは次の理由による。航空機は，航空法２章の規定により航空機登録原簿に登録を受け，国土交通大臣から交付を受けた航空機登録証明書を備え置かなければ，航空の用に供してはならないものとされており（航空法59条），かつ，登録を受けた航空機の所有権の得喪及び変更は，登録を受けなければ，第三者に対抗することができないものとされている（同法３条の３）。また，航空機は，高度の移動性を有するが，移動の方法は，港から港に移動する船舶に類似しており，運航及び保管に専門的な知識と技能を要する点においても，船舶に類似している。このような法律上及び事実上の船舶との類似性に着目して，その執行方法も原則として船舶執行の方法にならうこととされたのである(5)(6)。

注⑴　仮差押えの執行については，民保規34条に規定があり，また，航空法８条の４第３項の委任規定に基づく競売については，175条に規定が設けられている。

⑵　航空法８条の４の規定の対象外である新規登録を受けていない航空機に対する強制執行は，動産執行の方法により行うこととなる。したがって，我が国以外において登録又は登記がされている航空機に対する執行も，動産執行の方法により（外国船舶の場合と異なる。），執行官が航空機を占有して差し押さえることとなる（法123条，浦野雄幸・注解民執法⑷88頁，中野・執行法627頁参照）。

⑶　物件明細書及び現況調査報告書を作成しないこととした理由については，次条の解説を参照されたい。現況調査が実施されないことから，平成10年改正規則により新設された執行官及び評価人相互の協力に関する30条の２の規定は準用されていない。

⑷　新規登録を受けていない航空機に対する強制執行は，動産執行の方法により行うため，77条は準用する余地がない。

⑸　航空機には，船舶における船長のような包括的な代理権を有する乗組員をおくことは予定されていないので，船長に関する規定は準用されない（本条後段における74条及び75条の読替えを参照）。また，航空機の登録は，国土交通大臣が行い（航空法３条），船舶の登録のようにその事務が分掌されていないので，差押えの登録の嘱託（本条前段，法121条，法48条１項）は，国土交通大臣に対して行うことになる。航空機登録証明書の交付を行うのも国土交通大臣であるので（航空法６条），75条を準用する際に「船

籍港を管轄する地方運輸局，運輸監理部又は地方運輸局若しくは運輸監理部の海運支局の長」とあるのは「国土交通大臣」と読み替えることになる（本条後段）。

⑹　船舶執行の規定が準用される以上，不動産競売における暴力団員の買受け防止の規定は準用されないことになる。令和元年改正法による改正後の法121条は，船舶執行について，明示的に暴力団員の買受け防止の規定の準用を排除しているが，航空機執行については，その手続について最高裁判所規則に委任する航空法８条の４第２項の規定は特段の改正がされなかった。制度としては，航空機執行について法及び本規則の暴力団員の買受け防止の規定を準用することも考えられないではないが，同改正の趣旨の一つが，暴力団事務所等として使用されている建物等の中に不動産競売の経歴を有しているものがあるという実態に対処するものであることからすると（内野宗揮ほか「民事執行法等の改正の要点⑶」金法2122号36頁参照），航空機執行において暴力団員の買受け防止の規定を準用する必要はないと考えられる（他に法律からの委任を受けて本規則においてその手続が定められている自動車執行並びに建設機械及び小型船舶執行についても同様である。）。

（評価書の内容の公開等）

第85条　裁判所書記官は，航空機を入札又は競り売りの方法により売却するときは，一般の閲覧に供するための評価書の写しの執行裁判所における備置き又は当該評価書の内容に係る情報についての第31条第１項の措置に準ずる措置を，売却の実施の日の１週間前までに開始しなければならない。

２　第31条第４項の規定は，前項の規定により評価書の内容が公開された場合について準用する。

〔解　説〕

1　本条の趣旨

航空機執行については，物件明細書及び現況調査報告書を作成せず，評価書のみを一般の閲覧に供して売却を実施することとし，評価書の内容の公開等に関する規定が本条に設けられている[(1)]。

2　航空機執行における現況調査及び物件明細書

航空機には質権を設定することができず（航空機抵当法23条），また，航空機の賃貸借は，動産賃貸借の効力しかないので，航空機の買受人に対抗することができない。もっとも，航空機の留置権は，売却により消滅しないが，航空機について留置権者がある場合には，その者が任意提出に応じない限り航空機登録証明書等を取り上げることができず，航空機の強制競売の手続は取り消されることになる（前条前段，法120条）ので，航空機執行の手続により売却される航空機について留置権が成立することは，ほとんどないといって差し支えない(2)。

したがって，航空機執行においては，買受人に対抗することができる権利は存しないのが通例であるから，買受人に対抗することができる権利の調査を主な目的とする現況調査は実施しないこととし，また，買受希望者に売却により効力を失わない権利の存否を知らせることを主な目的とする物件明細書も作成しないこととされたのである。

3　評価書の内容の公開

航空機を売却するには，期日入札にあっては入札期日の１週間前までに，期間入札にあっては入札期間開始の日の１週間前までに，競り売りにあっては競り売り期日の１週間前までに，一般の閲覧に供するための評価書の写しを執行裁判所に備え置き，又は当該評価書の内容をインターネットを利用して公開すべきこととなる（本条１項）。裁判所書記官は，評価書の内容が公開された旨，公開の方法及び公開された年月日を記録上明らかにしなければならない（本条２項，31条４項）。

入札又は競り売り以外の方法により売却するときは，売却の相手方が定まっているのが通例であるので，不特定の買受希望者に評価書の内容を公開する手続は不要である。もっとも，この場合には，売却の相手方に評価書の写しの閲覧を許す等その内容を了知させる運用がされることとなろう。

注(1)　平成15年改正規則により，本条１項において，評価書の内容の公開の方法として，評価書の写しの備置きのほか，新たに，不特定多数の者がインターネットを利用して評価書の内容の提供を受けることができる措置が規定された。また，平成16年改正法により，不動産執行における物件明細書の内容の公開については裁判所書記官が行うこととされ（法62条２項），平成16年改正規則により，現況調査報告書及び評価書の内容の公開についても裁判所書記官が行うこととされた（31条）ことから，航空機執行においても，評価書の内容の公開をする者が，執行裁判所から裁判所書記官に改められた。

(2)　なお，留置権者が任意に航空機登録証明書等を提出したとしても，留置権は消滅するものではないが，留置権者が保管人に航空機を引き渡したときは，売却の実施により留置権は消滅するものと解される。この場合において，保管人に航空機を引き渡した留置権者が配当等にあずかるためには，配当要求の終期までに留置権実行の申立てをする必要があろう（園尾隆司・注釈民執法(5)75頁参照）。

第４款　自動車に対する強制執行

（自動車執行の方法）

第86条　道路運送車両法（昭和26年法律第185号）第13条第１項に規定する登録自動車（自動車抵当法（昭和26年法律第187号）第２条ただし書に規定する大型特殊自動車を除く。以下「自動車」という。）に対する強制執行（以下「自動車執行」という。）は，強制競売の方法により行う。

〔解　説〕

１　本条の趣旨

車両法97条２項は，登録自動車に対する強制執行及び仮差押えの執行に関し必要な事項は，最高裁判所規則で定めるものとしている。この規則の２章２節４款（本条から97条まで）の規定は，車両法の委任規定に基づき，登録自動車に対する強制執行の手続を定めたものである[(1)]。

なお，車両法97条２項は，登録自動車に対する具体的な執行手続について最高裁判所規則で規定することを委任したものであり，法１章（総則），法２章１節（強制執行の総則），この規則１章（総則）及び２章１節（強制執行の総則）の規定は，登録自動車に対する強制執行についても適用がある（84条の解説の１を参照）。

２　自動車執行の対象となる自動車及びその執行方法

自動車とは，原動機による陸上交通機関のうち，軌条又は架線を用いるもの及び原動機付自転車を除いたものである（車両法２条２項）。自動車のうち，軽自動車，小型特殊自動車及び二輪の小型自動車以外のものは，自動車登録ファイルに登録を受けたものでなければ，これを運行の用に供してはならず（同法４条），登録を受けた自動車（自動車抵当法２条ただし書に規定する大型特殊自動車を除く。）の所有権の得喪及び抵当権の得喪・変更は，登録を受けなければ第三者に対抗することができないものとされている[(2)]（車両法５条，自動車抵当法５条１項)。

このように登録された自動車は，自動車抵当法２条ただし書に規定する大型特殊自動車を除き，登録が権利の得喪の対抗要件とされているので，観念的な命令行為による差押えが可能であり，売却後に執行機関が抵当権の消滅及び所有権の移転の登録の嘱託の手続をしなければならないことなどを考慮して，登録自動車（登録が権利変動の対抗要件とされていない前記大型特殊自動車を除く。）に対する強制執行は，地方裁判所が執行裁判所として管轄するものとされ（車両法97条１項），その執行方法は強制競売の方法によるものとされたのである（本条)。

3　自動車執行の対象外の自動車及びその執行方法

自動車執行の対象外とされている自動車のうち，自動車抵当法２条ただし書に規定する大型特殊自動車（建設機械である自動車）で登記されたもの(3)に対する強制執行は，建設機械に対する強制執行の方法により行い，軽自動車，小型特殊自動車，二輪の小型自動車，登録することができる自動車で未登録のもの及び大型特殊自動車で登記されていないものに対する強制執行は，動産執行の方法により行う。

注(1)　不動産の引渡執行の目的建物内にある目的外の登録自動車を取り除き，これを執行官が保管した後も債務者に引き渡すことができない場合，その換価は，執行官が申立人となり，本条以下の規定に基づいて強制競売の方法で行われる（執行官協議要録224頁〔403〕〔404〕参照。なお同329頁〔593〕も参照。)。

(2)　登録の手続については，自動車登録令及び自動車登録規則にその細則が規定されている。

(3)　建設機械である自動車については，登記及び登録がされるが，権利変動の対抗要件は登記によって定まり，登録は，行政上の目的から行われるにすぎない。この登記と登録との間には格別の調整がされていないため，登記簿と登録ファイルの所有名義人が異なることもあり得るが，この自動車の権利変動の対抗要件は登記のみによって定まるので，強制執行の手続は，登記に着目して進めれば足りる。

（執行裁判所）

第87条　自動車執行については，その自動車の自動車登録ファイルに登録された使用の本拠の位置（以下「自動車の本拠」という。）を管轄する地方裁判所が，執行裁判所として管轄する。

2　前項の裁判所の管轄は，専属とする。

〔解　説〕

1　本条の趣旨

本条は，自動車執行の管轄について定めたものである。車両法97条１項は，登録自動車に対する強制執行については，地方裁判所が執行裁判所としてこれを管轄するものとしている。そこで，本条は，この職分管轄を前提として，自動車執行については，その自動車の自動車登録ファイルに登録された使用の本拠の位置を管轄する地方裁判所が，執行裁判所として管轄するものと定め（１項），土地管轄として本拠地主義[(1)]を採ることを明らかにするとともに，これを専属管轄と定めたのである[(2)]（２項）。

2　自動車執行の執行裁判所

自動車は，船舶・航空機と同じく高度の移動性を備えたものであるが，船舶・航空機が港から港へ，又は空港から空港へと，いわば点と点との間を移動するのに対し，自動車は，道路上を縦横に自在に移動することができ，しかも，その移動は，船舶・航空機とは比較にならないほど軽快である。したがって，自動車執行の管轄裁判所を船舶又は航空機に対する強制執行と同じく，目的物の所在地を基準として定めると，管轄の存否の確定が極めて困難であり，しかも，その管轄は，著しく偶然的，浮動的なものとなる。そこで，自動車については，自動車登録ファイルに記載された使用の本拠の位置を管轄する地方裁判所を管轄裁判所とする本拠地主義が採用されたのである。

船舶・航空機に対する強制執行において所在地主義が採用されたのは，船舶・航空機の移動性を考慮し，これを迅速に捕そくしようとしたためであるが，自動車執行については，本拠地主義を採ることとしたため，所在地主義を採用する場合に比して，目的物の迅速な捕そくにやや欠けるところがある。そこで，97条１項において法115条を準用し，迅速に自動車を捕そくしなければ自動車執行が著しく困難となるおそれがあるときは，債権者は，自動車執行の申立て前に自動車の所在地を管轄する地方裁判所に対し，自動車引渡命令を求めることができるものとして，自動車の所在地でとりあえず自動車を捕そくする方法を設け，本拠地主義の欠陥を補っている（詳細は，97条の解説の３を参照）。

注(1)　自動車の登録の事務（車両法２章）は，同法に規定する国土交通大臣の権限から自動車の使用の本拠の位置を管轄する地方運輸局長に委任され（車両法105条１項，同法施行令15条１項１号），さらに，地方運輸局長に委任された権限は，自動車の使用の本拠の位置を管轄する運輸監理部長又は運輸支局長に委任されている（車両法105条２項，同法施行令15条２項３号）ので，自動車の本拠を管轄する地方裁判所と自動車の登録地を管轄する地方裁判所は一致する。したがって，自動車執行の管轄については，登録地主義を採用したといってもよく，本拠地主義を採用したといっても差し支えないが，この解説では，便宜「本拠地主義」と呼ぶことにする。

(2)　法の総則の規定は，自動車執行にも適用される（前条の解説の１を参照）が，法19条の専属管轄の規定は，法に規定する裁判所の管轄について定めたものであり，車両法97条１項及びこの規則により定めた裁判所の管轄には適用されないので，本条２項を設けたのである。これに対し，航空機執行の管轄は，法113条の準用により規定されている（84条前段）ので，法19条が適用になる。

（申立書の記載事項及び添付書類）

第88条　自動車執行の申立書には，第21条各号に掲げる事項のほか，自動車の本拠を記載し，執行力のある債務名義の正本のほか，自動車登録ファイルに記録されている事項を証明した文書を添付しなければならない。

〔解　説〕

第89条

1　本条の趣旨

本条は，強制執行の申立書に共通の記載事項及び添付書類（21条）に加えて，自動車執行の申立書に記載すべき事項及びこれに添付すべき書類について規定したものである。

2　申立書の記載事項

自動車執行については，その自動車の自動車登録ファイルに登録された使用の本拠の位置（自動車の本拠）を管轄する地方裁判所が，執行裁判所として管轄するものとされている（87条1項）ので，自動車執行の申立てを受けた裁判所が当該自動車について管轄権を有することを明らかにするため，申立書に「自動車の本拠」を記載させることとしている。

3　申立書の添付書類

自動車執行の申立書には，執行力のある債務名義の正本のほか，自動車登録ファイルに記録されている事項を証明した文書[(1)]（登録事項等証明書）を添付しなければならない。この証明書は，管轄裁判所を定めるために必要であるとともに（自動車の本拠の証明），当該自動車の所有名義人が債務者であること及び抵当権の設定の有無を確認するためにも必要である。登録事項等証明書のほか，強制執行開始の要件が満たされたことを証する文書を添付しなければならないことは，いうまでもない[(2)]（法29条から法31条まで）。

注⑴　この文書（登録事項等証明書）の交付請求に係る事務（車両法22条1項）は，同法に規定する国土交通大臣の権限から最寄りの地方運輸局長に委任され（車両法105条1項，同法施行令15条1項2号），さらに，地方運輸局長から最寄りの運輸監理部長又は運輸支局長に委任されている（車両法105条2項，同法施行令15条2項1号）。

⑵　近時の自動車の普及の状況からみて，一般の買受申出の希望者は，当該自動車に対して課される公租公課の額を，地方税法の規定等により容易に知り得るものと考えられる。そこで，規則では，公租公課の証明書の添付は要しないものとしている。

（開始決定等）

第89条　執行裁判所は，強制競売の手続を開始するには，強制競売の開始決定をし，その開始決定において，債権者のために自動車を差し押さえる旨を宣言し，かつ，債務者に対し，自動車を執行官に引き渡すべき旨を命じなければならない。ただし，当該自動車について次条第１項の規定による届出がされているときは，債務者に対する命令は，要しない。

２　強制競売の開始決定の送達又は差押えの登録前に執行官が自動車の引渡しを受けたときは，差押えの効力は，その引渡しを受けた時に生ずる。

３　第１項の開始決定に対しては，執行抗告をすることができる。

４　第１項の開始決定による引渡しの執行は，当該開始決定が債務者に送達される前であつても，することができる。

〔解　説〕

1　本条の趣旨

本条は，自動車執行の開始の方法等について規定したものである。

2　開始決定の内容

自動車については，自動車登録ファイルによる権利公示の制度が採られているので，自動車執行は，執行裁判所が強制競売の開始決定をし，自動車登録ファイルに差押えの登録をすることを嘱託する方法によって開始される（車両法97条１項，本条１項，97条１項，法48条１項）が，自動車は，不動産と異なり移動性が高いので，不動産強制競売のように差押えの宣言及び登録により処分を禁止するだけでは不十分であり，また，船舶・航空機に比してはるかに軽快な移動性を有し，容積が小さく隠匿されやすい自動車については，船舶・航空機の強制競売のように運行に必要な文書を取り上げて運行を禁止するだけでは不十分である。そこで，自動車執行については，強制競売の開始決定をし，差押えの登録をするほか，債務者に対し，自動車を執行官に引き渡すべき旨を命じ，執行官に自動車を保管させた上で執行手続を進めることとしたのである（本条１項）。

3　開始決定の手続及び差押えの効力の発生時期

自動車執行の開始決定は，債権者及び債務者に告知しなければならない（本条３項，２条１項２号）。債務者に対する告知は，送達の方法によらなければならない（97条１項，法45条２項）。開始決定がされたときは，裁判所書記官は，直ちに，運輸監理部長又は運輸支局長に対し[(1)]，差押えの登録の嘱託をしなければならない（97条１項，法48条１項）。

自動車の差押えの効力は，開始決定が債務者に送達された時に生ずる。ただし，差押えの登録が開始決定の送達前にされたときは，登録の時に差押えの効力が生ずる（97条１項，法46条１項）。開始決定の送達又は差押えの登録前に執行官が自動車の引渡しを受けたときは，その引渡しを受けた時に差押えの効力が生ずる（本条２項）。船舶執行に関する法114条３項と同趣旨である。

4　引渡命令の発令

自動車執行の開始決定をするときは，その開始決定において，債務者に対し，自動車を執行官に引き渡すべき旨を命じなければならない。ただし，当該自動車について90条１項の規定による届出がされているときは，債務者に対する命令は要しない（本条１項ただし書）。90条１項の届出がされているときというのは，他の債権者の申立てにより，既に自動車執行の開始決定がされ，執行官が債務者から自動車の引渡しを受けた旨の届出が執行裁判所にされている場合のことである。この場合には，執行裁判所は，二重開始決定をし，差押えの登録の嘱託をした上（97条１項，法47条１項，法48条１項），先にされた開始決定に基づき，自動車執行を続行することとなる。

この引渡命令は，債務者に対してのみ発することができるものであり，自動車を占有する第三者に対して引渡命令を発することはできない。したがって，自動車を第三者が占有する場合には，その者が執行官に対し，自動車を任意に提出しない限り，強制競売の手続は取り消される（97条１項，法120条）。ただし，差押えの効力が生じた時に債務者が占有していた自動車を第三者が占有することとなったときは，その第三者に対して自動車の引渡命令を発することができる[(2)]（97条１項，法127条）。

この引渡命令を求めることができるのは，自動車執行の申立人のみである。執行力のある債務名義の正本に基づき配当要求をしている債権者は，他の配当要求債権者と同じく，差押債権者の申立てによって開始される執行手続を利用しているにすぎないので，法及びこの規則においては，手続の進行を求める利益を付与しないこととし[(3)]，97条１項，法127条の引渡命令の申立権も認めないこととしている。

5　引渡命令の執行

開始決定において債務者に命じられる自動車引渡命令は，債務名義に準じて取り扱われ（法22条３号），その執行方法は，執行官が執行の目的物を保管する方法により動産の引渡執行をする場合（法169条１項，２項，法168条６項前段）と同じである。ただし，債務名義に準じて取り扱われるとはいっても，自動車執行の手続の一環としてそのような取扱いがされるものであり，したがって，開始決定が債務者に送達される前であっても執行をすることができ（本条４項），執行文の付与を受けることも要しない[(4)]。

開始決定が発せられた日から１月を経過しても執行官が自動車を取り上げることができないときは，執行裁判所は，強制競売の手続を取り消さなければならない（97条１項，法120条（97条１項後段における読替えに注意））。

6　開始決定に対する執行抗告

自動車執行の開始決定に対しては，執行抗告をすることができる（本条３項）。不動産強制競売の開始決定に対しては，執行抗告をすることができないものとされている（法10条１項，法45条参照）が，これは，不動産の差押えが債務者の不動産についての使用，収益の権能を奪うものでないため，異議の申立てを許すだけで足り，執行抗告は，売却許可決定がされた段階（法74条１項）又は使用，収益の権能が奪われることとなった段階（法55条６項，法77条２項）で初めて認めれば足りるためである。しかし，自動車執行の開始決定は，債務者に対し，自動車を執行官に引き渡すべき旨の命令も含むものであり，債務者から自動車の使用，収益の権能を奪うものであるため，これに対して執行抗告をすることを認めたのである[(5)]。

なお，自動車執行の申立てを却下する裁判に対して執行抗告をすることができることは，不動産強制競売の場合と同じである（97条１項，法45条３項)。

注⑴　自動車の登録の事務は，運輸監理部長又は運輸支局長が行うので（87条の解説の注⑴を参照)，裁判所書記官の差押えの登録の嘱託は運輸監理部長又は運輸支局長宛てにしなければならない。

⑵　自動車の仮差押えの執行として登録による方法によったときでも，本執行移行前に占有者が変更した場合には，競売開始決定において，特段の事情がない限り，現在の占有者に対しても当該自動車の引渡しを命ずることができるとされた裁判例がある（東京高決平６．８．10判時1508－122，大阪高決平22．６．22判時2107-122参照)。

⑶　法は，執行力のある債務名義の正本により配当要求をしている債権者に対しては，手続の進行を図るための規定についての申立権を認めておらず（法55条，法56条，法116条，法127条等)，この規則においても，配当要求をしている債権者を裁判の告知（２条)，配当要求の通知（27条）等の対象としていない。

⑷　園尾隆司・注釈民執法⑸89頁参照。債務名義の事前又は同時送達及び執行文の付与を必要としない点は，保全処分の執行（民保法43条１項，３項）及び差押不動産の保全処分の執行（法55条９項，法77条２項）と同じであるが，執行期間の制限（民保法43条２項，法55条８項，法77条２項）がない点において，保全的債務名義の執行とは異なっている（なお，13条の解説の５及び174条の解説の３⑵オを参照)。もっとも，開始決定がされた日から１月を経過したときは，強制競売の手続は取り消されるので，その期間経過後は，自動車を取り上げても，これを債務者に返還することとなる。したがって，この期間が事実上の執行期間となる。

⑸　法も，債務者が不動産を使用，収益する権能を奪う強制管理の開始決定及び債権の

取立てを妨げられる債権差押命令については，執行抗告を認めている（法93条５項，法145条５項）。これに対して船舶執行については，開始決定により航行を差し止めるのみで，債務者の船舶に対する占有を奪うものではないので，執行抗告は認めていない（法114条，法121条，法45条３項参照）。

（自動車の引渡しを受けた場合等の届出）

第90条　執行官は，強制競売の開始決定により自動車の引渡しを受けたとき，第97条において準用する法第115条第１項の規定による決定により引渡しを受けた自動車について強制競売の開始決定がされたとき，又は第97条において準用する法第127条第１項の規定による決定を執行したときは，その旨並びに自動車の保管場所及び保管の方法を執行裁判所に届け出なければならない。

２　執行官は，前項の規定による届出をした後に自動車の保管場所又は保管の方法を変更したときは，変更後のこれらの事項を執行裁判所に届け出なければならない。

〔解　説〕

1　本条の趣旨

本条は，強制競売の開始決定等により自動車の引渡しを受けた執行官の執行裁判所に対する自動車の保管場所及び保管の方法の届出義務について規定したものである。

2　自動車の引渡しを受けた場合等の届出

自動車執行については，裁判所が執行機関となるが，執行の目的物は，執行の開始の段階から代金を納付した買受人がその引渡しを求めるまでの間執行官が保管することになる。ところで，執行裁判所は，評価人に自動車の評価を命じ，又は裁判所書記官において売却の公告をする等の際に，自動車の保管場所及び保管の方法を承知しておかなければならない。そこで，執行官が強制競売の開始決定により自動車の引渡しを受けたとき，自動車執行の申立て前の引渡命令（97条１項，法115条１項）により引渡しを受けた自動車について強制競売の開始決定がされたとき[1]，又は第三者に対する差押自動車の引渡命令（97条１項，法127条１項）により自動車の引渡しを受けたときは，執行官は，自動車の引渡しを受けた旨並びに自動車の保管場所及び保管の方法を強制競売の開始決定をした裁判所に届け出なければならないものとし（本条１項），保管場所又は保管の方法を変更したときは，変更後のこれらの事項を届け出なければならないものとしているのである（本条２項）。

本条１項の届出は，自動車執行の手続の取消決定との関係においても必要である。すなわち，執行官が自動車執行の開始決定が発せられた日から１月以内に自動車を取り上げることができないときは，執行裁判所は，強制競売の手続を取り消さなければならないものとされている（97条１項，法120条（97条１項後段の読替えに注意））。したがって，執行裁判所は，開始決定をした日から１月及び届出に要する相当期間を経過しても，執行官から本条１項の届出がないときは，自動車執行の手続を取り消すこととなる。

船舶執行においては，船舶国籍証書等を取り上げる職務の執行をした場合において，その目的を達することができなかったときは，その事情を執行裁判所に届け出なければならないものとしている（76条）が，自動車執行においては，自動車引渡命令の執行が不能であった場合の執行裁判所への事情届を義務付けていない。これは，船舶執行の開始決定の際に命じられる船舶国籍証書等の取上命令（法114条１項）は，執行官に対する職務命令であり，事務分配の定めにより，これを執行する執行官が特定され，その執行官の執行不能の届出があれば，強制競売の開始決定をした日から２週間を経過するとともに，直ちに強制競売の手続を取り消すこととなるのに対し，自動車の引渡命令（89条１項）は，債務名義に準じて取り扱われ，どの地方裁判所の執行官に対しても執行の申立てをすることができるものであるため，一執行官から執行不能の届出がされても，強制競売の開始決定をした日から１月を経過するとともに，直ちに強制競売の手続を取り消すことは困難であり，更に他の執行官から自動車の引渡しを受けた旨の届出がされる可能性のある期間の経過を待つ必要があり[(2)]，執行不能の届出をさせる実益に乏しいためである。

注(1)　自動車執行の申立て前の引渡命令の執行をした段階では，自動車執行の執行裁判所は確定していないので，本条の届出をする必要はなく，その後強制競売の開始決定がされて初めて本条の届出義務が生ずる。強制競売の開始決定がされたときというのは，債権者が執行官に強制競売の開始決定がされたことを届け出たときのことである。執行官には，強制競売の開始決定がされたかどうかを職権で調査する義務のないことは，いうまでもない。

(2)　債権者は，ある場所において自動車を取り上げることができなかったときは，執行官から強制競売の開始決定（引渡命令）の正本の返還を受け，他の場所において自動車を取り上げることを求めることができる。ただし，開始決定後１月を経過したときは，当該自動車執行の手続が取り消されることとなるため，自動車の取上げを求めることはできない。

（自動車の保管の方法）

第91条　執行官は，相当と認めるときは，引渡しを受けた自動車を差押債権者，債務者その他適当と認められる者に保管させることができる。この場合においては，公示書のちよう付その他の方法で当該自動車が執行官の占有に係る旨を明らかにし，かつ，次項の規定により自動車の運行を許す場合を除き，これを運行させないための適当な措置を採らなければならない。

２　執行官は，営業上の必要その他の相当の事由があると認めるときは，利害関係を有する者の申立てにより，その所属する地方裁判所の許可を受けて，自動車の運行を許すことができる。

〔解　説〕

１　本条の趣旨

本条は，執行官が引渡しを受けた自動車の保管の方法のうち，補助者の使用，公示，運行禁止の措置及び運行の許可について定めたものである。

2　補助者の使用

執行官は，相当と認めるときは，引渡しを受けた自動車を差押債権者，債務者その他適当と認められる者に保管させることができる（本条１項前段）。この場合の保管者は，執行官が自動車を占有するための補助者である。

執行官は，これらの者に自動車を保管させた場合には，動産執行において差押物を保管者に保管させる場合と同じく，保管に関する調書を作成し，保管者の署名押印を求めるのが相当である（105条参照）。もっとも，実務の運用においては，保管場所及び保管料の関係から，引渡しを受けた自動車の保管は，自動車引渡命令の執行の申立人（債権者）に委ねるのが通例であり，この場合には，引渡命令の執行調書に自動車の保管に関する事項を記載し，申立人に署名押印させれば足り，保管に関する調書を別途作成する必要はない。

3　公示

執行官は，自動車を保管者に保管させたときは，公示書の貼付その他の方法により執行官の占有に係る旨を表示しなければならない（本条１項後段）。これは，執行官の占有を確実にするための手段であり，この規定によってされた執行官の占有に係る旨の表示は，刑法96条にいう「差押えの表示」に当たり，これを損壊し，又はその他の方法で無効にする行為は，封印等破棄罪に当たると解される(1)。

4　運行禁止の措置

執行官は，自動車を保管者に保管させたときは，運行を許可する場合を除き，これを運行させないための適当な措置を採らなければならない（本条１項後段）。「適当な措置」としては，例えばハンドルに封印を施す等の方法が考えられよう(2)。原則として自動車の運行を禁止する措置を採るべきものとしたのは，自動車の軽快な移動性と運行による損傷，損耗のおそれを考慮したものである。

5　保管場所及び保管の方法

自動車の保管場所及び保管の方法は，執行官が裁量により定めるものであり，自動車の保管のため必要があるときは，執行官の裁量により，保管場所又は保管の方法を変更することができる（その場合の届出については，90条２項参照）。ただし，自動車の保管場所は，執行裁判所の管轄区域内でなければならない（執行官法４条。なお，動産執行については，104条５項において，職務執行区域外での保管を認めている。）。これは，執行裁判所の管轄区域内において，執行官が自動車の占有を取得した後でなければ，その売却を実施させることができないものとされた（95条）ため，職務執行区域外での保管を安易に認めると，更に，自動車の回送（93条）又は事件の移送（94条）の手続を要することとなり，適当でないと考えられるからである(3)。

6　運行の許可

執行官は，引渡しを受けた自動車について営業上の必要その他の相当の事由があると認めるときは，利害関係を有する者の申立てにより，所属の地方裁判所の許可を受けて，自動車の運行を許すことができる（本条２項）。

動産執行においては，執行官は，相当と認めるときは，債務者に差押物の使用を許可することができる（法123条４項）。しかし，自動車については，運行による損傷，損耗のおそれを考慮し，運行は，利害関係を有する者の申立てにより，かつ，所属の裁判所(4)の許可がある場合に限り，これを許すこととしたのである(5)。ここで「利害関係を有する者」というのは，原則として債務者又は自動車を任意に提出した賃借人等の用益権者に限られ，自動車の運行による利益を享受する権利を有しないものは含まれない。

運行の許可をした後必要が生じたときは，執行官は，いつでも運行の許可を取り消すことができるものと解される(6)。

注⑴　最決昭62．９．30刑集41－６－297，判時1255－36参照

⑵　執行官協議要録328頁〔591〕参照

⑶　執行官が引渡しを受けた自動車を所属の地方裁判所の管轄区域外で保管することは違法であるが，当然無効ではなく，法11条１項の執行異議の原因となるにすぎず，そ

の申立てがないまま執行手続が完結し，又は事務が完結したときは，もはやその違法を争う方法はない（執行官法概説169頁参照）。

⑷　自動車の引渡命令の執行は，債権者の申立てにより，動産の引渡執行と類似の執行方法により行うものであり，執行官の所属の裁判所が法３条の執行裁判所となるので，自動車の使用の許可も所属の裁判所においてなすべきものとしたのである。なお，引渡命令の執行方法又は自動車の保管方法に対する異議も，強制競売の開始決定をした裁判所ではなく，執行官の所属する裁判所が執行裁判所として管轄権を有するものと解される。

⑸　船舶執行の航行許可（法118条１項）と比べると，㋐申立権者が債務者に限られないこと，㋑許可は裁判ではなく，執行官の処分であること，㋒利害関係人の同意は許可の要件とされていないことの諸点において異なっている。

⑹　法123条５項のような明文の規定はないが，運行の許可は執行官の処分であること，運行をさせないことが自動車の保管の原則的形態であること，許可の申立てについて利害関係を有する者の同意は要件とされていないこと等からして，このように解するのが相当であろう（園尾隆司・注釈民執法⑸95頁参照）。

（回送命令）

第92条　執行裁判所は，必要があると認めるときは，執行官に対し，自動車を一定の場所に回送すべき旨を命ずることができる。

〔解　説〕

1　本条の趣旨

本条は，執行裁判所である地方裁判所に所属する執行官が自動車を占有している場合において，買受希望者に見分させる等の目的で自動車を他の場所に移動させる必要があるときの回送の手段について規定したものである。

2　執行裁判所の監督権

執行官の所属する裁判所が執行裁判所であるときは，執行裁判所は，執行官から保管場所及び保管の方法の届出を受ける（90条）ほか，自動車の運行許可

(91条２項）及び保管の方法等に関する執行異議の申立て（法11条１項）についての裁判をする等の間接の監督権を有するのであるが，本条は，自動車の保管場所について，執行裁判所に特に直接の命令権を付与したものである(1)。

本条に規定する命令により自動車を回送した執行官は，その保管場所及び保管の方法を執行裁判所に届け出なければならない（90条２項)。

注(1)　執行官は，本条の規定による命令がない場合でも，自動車の保管のため必要があるときは，保管の場所を変更することができる（前条の解説の５を参照)。

（回送命令の嘱託等）

第93条　執行裁判所以外の地方裁判所に所属する執行官が自動車を占有しているときは，執行裁判所は，次条第１項の規定により事件を移送する場合を除き，その地方裁判所に対し，当該自動車を執行裁判所の管轄区域内の一定の場所に回送してその所属の執行官に引き渡すよう命ずることを嘱託しなければならない。

２　第90条第１項の規定は，前項に規定する回送により執行官が自動車の引渡しを受けた場合について準用する。

〔解　説〕

1　本条の趣旨

開始決定に基づく自動車引渡命令は，自動車の所在地で執行することになるが，自動車執行の管轄については本拠地主義が採用されたことから，執行裁判所以外の地方裁判所に所属する執行官が自動車を占有していることがあり得る。そこで，本条１項は，このような場合に執行裁判所に所属する執行官に自動車の占有を得させる方法として，自動車を占有する執行官の所属する地方裁判所に対し，自動車の回送命令を発することを嘱託する方法及び自動車の引渡しを受けた執行官のその後の処理について規定したものである。

2　回送命令の嘱託（１項)

強制競売の開始決定をした裁判所は，開始決定により自動車の引渡しを受けた執行官から自動車の保管場所及び保管の方法について届出を受ける（90条1項）が，保管場所が執行裁判所の管轄区域外であるときは，自動車の運搬に困難を伴うのが通例であるから，原則として次条1項の規定により事件を自動車の所在地を管轄する地方裁判所に移送することになる。しかし，運搬に大きな困難を伴わないときは，自動車の回送を受けて売却を実施するのが適当なので，自動車の所在地を管轄する地方裁判所に対し，所属の執行官に自動車を回送して執行裁判所に所属する執行官に引き渡すべき旨を命ずるよう嘱託すべきものとしたのである[(1)(2)]。

受託裁判所から回送命令を受けた執行官は，執行裁判所の執行官に自動車を引き渡すためには，職務執行区域外に出なければならない。本条1項は，これを許容することを明示的に規定していないが，これを認める趣旨であり，その意味で，本条1項は，執行官法4条の職務執行区域に関する特則でもある。

3　自動車の引渡しを受けた場合の届出（2項）

他の地方裁判所に所属する執行官から自動車の引渡しを受けた執行官は，その旨並びに自動車の保管場所及び保管の方法を執行裁判所に届け出なければならない（本条2項，90条1項）。この場合には，執行官は，執行裁判所の管轄区域内で自動車を保管しなければならない（91条の解説の5を参照）。

注⑴　本条1項に規定する命令により自動車を回送する場合には，回送の際に交通事故が起きる危険があるので，回送命令の嘱託については，慎重な配慮が必要である。

⑵　本条1項は，裁判所法79条に規定する裁判所の共助の1つであり，嘱託を受けた裁判所は，これに応ずべき義務を負う。

（事件の移送）

第94条　執行裁判所は，他の地方裁判所に所属する執行官が自動車を占有している場合において，執行裁判所の管轄区域内への自動車の回送のために不相応な費用を要すると認めるときは，その地方裁判所に事件を移送することができる。

2　前項の規定による決定に対しては，不服を申し立てることができない。

〔解　説〕

1　本条の趣旨

本条は，土地管轄について所在地主義を採用しなかったことに関連し，手続の経済及び関係人の便宜を考慮して，自動車の所在地の裁判所に対する事件移送の特例を認めたものである。

自動車の売却を実施する場合には，自動車に対する事実上の支配があることが相当であるため，その管轄区域内において執行官が自動車の占有を取得した後でなければ，執行官に自動車の売却を実施させてはならないものとされている(1)（次条)。しかし，そのために必ず自動車を回送すべきものとすると（前条参照)，運搬に過分の費用を要することが多く，むしろ自動車の所在地の裁判所に事件を移送し，移送を受けた裁判所が売却を行うことが，手続の経済と関係人の便宜を図る上から望ましい場合が多い。そこで，本条において，事件の移送の規定が設けられたのである。

2　自動車の回送のために不相応な費用を要する場合

「自動車の回送のために不相応な費用を要する」ときとは，自動車の現状や交通事情等からその回送が事実上困難であり（事実上の困難を伴うにもかかわらず回送するとすれば，不相応な費用を要する。)，又はその所在地が遠隔の地にあって運搬に多額の費用を要するときのことである。不相応な費用であるかどうかは，事件を移送した場合に関係人が被る不利益（配当を受けるべき債権者が配当期日への出頭に要する旅費の多少等）と自動車の回送に要する費用を対比して判断すべきであろう。

3　移送の手続

本条の移送は，職権によってされるものであり，当事者の申立てを要しないのはもちろん，これらの者には申立権もない。上申書が提出される例もあるが，それは職権発動を促す意味しかなく，裁判所は，これに応答する必要はない。

本条1項の規定による決定は，差押債権者及び債務者に対して告知しなければならない（２条１項１号）。抵当権者及び配当要求をした債権者に対しては，告知することを要しない[(2)]。

本条１項の規定により移送を受けた裁判所は，当該自動車執行について専属管轄を有する（87条）。専属管轄について裁量移送を認めるのは，民訴法の一般原則に対する例外をなす（民訴法17条等参照）。専属管轄について事件の移送を認めた他の例としては，法44条３項，法119条１項，法144条３項，破産法７条，民再法７条，会更法７条，船主責任法10条等がある。

本条１項の規定による移送の決定に対しては，不服を申し立てることができない[(3)]（本条２項）。これは，執行手続を迅速に進めることを図ったものである。

移送の決定は，移送の事由について移送を受けた裁判所を拘束する（法20条，民訴法22条１項）。したがって，移送を受けた裁判所は，回送のために不相応な費用を要しないとして事件を移送裁判所に逆送することはできない。しかし，移送を受けた後に自動車が他の地方裁判所の管轄区域内に移動した場合において，本条１項の要件を満たすときは，事件を更に自動車の所在地を管轄する地方裁判所に移送することができると解される。

注⑴　差押債権者に対し，96条２項の規定により売却許可決定をする方法により売却するときは，執行裁判所の管轄区域内に自動車が所在しなくても差し支えないものと解される。

⑵　これらの者については，売却期日の通知（97条１項，37条）又は特別売却における売却決定期日の通知（96条１項後段，51条８項）若しくは96条２項の規定による売却許可決定の告知（同条３項）の段階で移送の事実が判明することになる。

⑶　本条１項の決定を争う方法としては，準再審（民訴法349条）があるのみであろう（最大決昭30．７．20民集９－９－1139参照）。

（執行官に売却を実施させる時期）

第95条　裁判所書記官は，その管轄区域内において執行官が自動車の占有を取得した後でなければ，その売却を実施させることができない。

〔解　説〕

本条は，自動車の動産としての特質上，売却を実施する段階においては，目的物に対する事実上の支配の裏付けがあることが相当であることから，裁判所書記官[(1)]は，執行裁判所に所属する執行官が自動車を占有した後でなければ，執行官に売却を実施させることができないとしたものである。執行裁判所に所属する執行官が自動車の占有を取得する前に自動車を売却することができるのは，次条２項の規定により差押債権者に売却許可決定をする方法による場合に限られる。

注(1)　平成16年改正規則により，自動車執行において執行官に売却を実施させる旨の処分について，裁判所書記官が行うこととされたこと（特別売却以外の方法について97条１項，法64条１項，３項，特別売却について96条１項）から，本条の適用を受ける主体が，執行裁判所から裁判所書記官に改められた。

（入札又は競り売り以外の方法による売却）

第96条　裁判所書記官は，相当と認めるときは，執行官に対し，入札又は競り売り以外の方法により自動車の売却を実施すべき旨を命ずることができる。この場合においては，第51条（第１項前段及び第９項（第31条の２の規定を準用する部分に限る。）を除く。）の規定を準用する。

２　第97条において準用する法第64条又は前項の規定にかかわらず，執行裁判所は，相当と認めるときは，買受けの申出をした差押債権者の申立てにより，その者に対する自動車の売却の許可をすることができる。

３　前項の規定による売却許可決定は，差押債権者以外の債権者にも告知しなければならない。

〔解　説〕

1　本条の趣旨

本条は，入札又は競り売り以外の売却方法として，執行官に入札又は競り売り以外の方法により売却を実施させる方法による売却（特別売却）及び差押債権者の買受けの申出によりその者に売却の許可をする方法による売却（自動車譲渡命令）を規定したものである。

2　特別売却（1項）

裁判所書記官は，相当と認めるときは，執行官に対し入札又は競り売り以外の方法により自動車の売却を実施すべき旨を命ずることができる（本条1項前段）[(1)]。執行官に対し入札又は競り売り以外の方法により売却の実施を命ずる手続及び執行官がこの方法により売却を実施する手続は，不動産を入札又は競り売り以外の方法により売却する場合（51条）と同じである。

不動産の特別売却と異なる点は，不動産を入札又は競り売り以外の方法により売却するのは，いったん入札又は競り売りの方法により売却を実施した後でなければならない（51条1項前段）のに対し，自動車については，そのような制限はなく，裁判所書記官が相当と認めるときは，この方法により売却することができる点及び暴力団員の買受け防止の規定が適用されない点[(2)]である。

それ以外の点は，全て不動産の特別売却と同じでよいので，51条の規定が1項前段及び9項（ただし，31条の2の規定を準用する部分に限る。）を除き全て準用されている（本条1項後段）。

3　自動車譲渡命令（2項，3項）

(1)　趣旨

自動車は，その権利関係が自動車登録ファイルに公示されることから，執行裁判所が執行機関となり，強制競売の開始決定と差押えの登録により執行手続が開始されるが，執行の対象となる自動車は，一般の動産と同程度に低廉なものが多く，また，製造年度，型式等によっておおよその相場が定まっており，しかも，日数の経過による価額の下落が著しいため，一般の動産と同程度に簡便な手続で迅速に売却する必要がある。そこで，自動車については，不動産，船舶又は航空機の強制競売とは異なり，執行官に売却の実施を命ずることなく，差押債権者の執行裁判所に対する買受けの申出について売却許可決定をする方法により売却することもできることとされた（差押債権者に目的財産を譲渡する点で債権執行における譲渡命令（法161条１項）と似通っているので，これを便宜「自動車譲渡命令」と呼ぶこととする。)。

⑵　申立て

自動車譲渡命令の申立ては，差押債権者が買受けの申出の額を定め，自己に売却許可決定をすべき旨を明らかにしてしなければならない。買受けの申出をするについて保証を提供することは要しない（97条１項（法66条の適用除外））。買受けの申出の額は，買受可能価額（97条１項，法60条３項）以上の価額でなければならない。差押債権者が２名以上あるとき（97条１項，法47条１項）は，先に申立てをした者が売却許可決定を受けることができる。もっとも，先に申立てをした差押債権者に売却許可決定がされる前に，その者の買受け申出の額を超える額で他の差押債権者が自動車譲渡命令の申立てをしたときは，執行裁判所は，高額の買受けの申出をした者に売却許可決定をすることができよう(3)。

自動車譲渡命令の申立ての時期については，特に制限はないが，買受可能価額以上の価額で買受けの申出をしなければならないことから，売却基準価額の決定後に申立てがされるのが通常であろう。しかし，売却基準価額の決定前(4)に「買受可能価額で買い受ける」旨の申出をすることも許されると解される(5)。

なお，売却許可決定を受けた差押債権者は，配当又は弁済を受けるべき額を差し引いて代金を納付する旨の申出（差引納付の申出）をすることができる（97条１項，法78条４項)。ただし，この申出は，売却許可決定が確定するまでにしなければならない。

⑶　決定手続

差押債権者に対する売却許可決定は，売却決定期日を開かないですることができる（97条１項（法69条の適用除外))。その時期は，自動車を評価し，売却基準価額を定めた後であることを要するほかは，特に制限はない。差押債権者の買受けの申出に対して売却許可決定をするかどうかは，執行裁判所の裁量により判断されるが，入札又は競り売りの方法により売却すれば，当該差押債権者の買受申出額より高額の買受けの申出があると予想されるときは，原則として売却許可決定をすべきではないであろう。

自動車が執行裁判所の管轄区域内に存しない場合にも，差押債権者に対する売却許可決定をすることができることは，既に述べたとおりである（95条の解説を参照）。

この売却許可決定は，各債権者及び債務者に対し告知しなければならない（２条１項２号，本条３項）が，言渡し又は公告をすることは要しない（97条１項（54条，55条の適用除外））。

⑷　不服申立て

差押債権者に対する売却許可決定も，一般の売却許可決定と異ならないので，その決定により自己の権利を害される者は，執行抗告をすることができる（97条１項，法74条１項）。執行抗告の手続も，一般の売却許可決定に対する執行抗告と同じである。

⑸　決定後の手続

売却許可決定が確定したときは，執行裁判所は，差押債権者に代金を納付させて，配当等を実施する（97条１項，法78条，法84条）。代金を納付した差押債権者は，執行裁判所からその旨の証明書の交付を受けて，これを執行官に提出し，自動車の引渡しを受ける（次条の解説の３参照）。これらの手続は，一般の自動車執行の手続と同じであるが，差押債権者は，常に配当等を受ける者であるため，代金が差引納付の方法（97条１項，法78条４項）により納付されることが多くなろう。

注⑴　平成16年改正法及び平成16年改正規則により，不動産競売において執行官に売却を実施させる旨の処分について，裁判所書記官が行うこととされたこと（特別売却以外の売却の方法について法64条１項及び３項，特別売却について51条）と併せて，自動車執行についても，特別売却を実施させる旨の処分をする者を裁判所書記官に改めた。一方，自動車譲渡命令は，執行裁判所が行うべき売却許可決定を含み，なお，執行裁判所が行うのが相当であると考えられることから，上記改正と併せて，本条１項を裁判所書記官による特別売却に関する規定，本条２項を自動車譲渡命令に関する規定と整理した。

⑵　自動車執行について暴力団員の買受け防止の規定が準用されない理由については，84条の解説の注⑹を参照。

⑶　このように自動車の買受けにつき複数の者の間で競争が生ずるときは，差押債権者に売却を許可する方法により売却するのは相当ではないことが多いであろう。

⑷　強制競売の申立てをする時でもよい。

⑸　園尾隆司・注釈民執法⑸108頁参照

（買受人に対する自動車の引渡し）

第96条の２　買受人が代金を納付したことを証する書面を提出したときは，執行官は，自動車を買受人に引き渡さなければならない。この場合において，その自動車が執行官以外の者の保管に係るものであるときは，執行官は，買受人の同意を得て，保管者に対し買受人にその自動車を引き渡すべき旨を通知する方法により引き渡すことができる。

２　執行官は，買受人に自動車の引渡しをしたときは，その旨及びその年月日を記録上明らかにしなければならない。

〔解　説〕

１　本条の趣旨

本条は，自動車執行において買受人に自動車を引き渡す時期及び方法並びに引渡しの記録について規定したものであり，動産執行に関する126条に相当する規定である。

２　自動車の引渡しの時期（１項前段）

自動車執行において売却許可決定が確定したときは，買受人は，執行裁判所の定める期限までに代金を執行裁判所に納付しなければならない[(1)]（97条１項，法78条１項）。買受人は，代金を納付した時に自動車を取得し（97条１項，法79条），その引渡しを求めることができることとなる。自動車執行にあっては，執行の目的物である自動車は執行官が保管している（89条１項）から，引渡しの請求は，執行官に対してすることとなる。

ところで，代金の納付は執行裁判所に対してされるから，執行官は，当然には買受人が代金を納付したか否かを知ることができない。そこで，本条１項前段は，執行官が買受人に対して自動車を引き渡すべき時期を買受人が代金を納付したことを証する書面を執行官に提出したときとした。買受人が執行裁判所の会計窓口に代金を納付したときは，買受人に対し保管金受領証書が交付されるから，買受人は，この保管金受領証書を執行裁判所の裁判所書記官に提示して，代金納付の証明書の交付を受け，これを執行官に提出することとなる。

３　自動車の引渡しの方法及び記録（１項後段，２項）

自動車の引渡しの方法並びに引渡しをしたときにその旨及びその年月日を記録上明らかにしなければならないことは，動産の引渡しの場合と同様[(2)]であるので，126条の解説を参照されたい。

注(1)　もっとも，買受人が売却代金から配当又は弁済を受けるべき債権者であるときは，差引納付の申出をすることができる（97条１項，法78条４項）。

(2)　ただし，動産執行の場合（126条１項参照）と異なり，買受人に対し売却の事実を証する文書を交付することは要件とされていない。買受人は，所有権移転登録（97条１項，法82条１項）がされた自動車登録ファイルに係る登録事項等証明書によってその買受けの事実を証することができるからである。

（執行停止中の売却）

第96条の３　法第39条第１項第７号又は第８号に掲げる文書が提出されたときは，裁判所書記官は，執行官に対し，その旨を通知しなければならない。

２　執行官が前項の規定による通知を受けた場合において，引渡しを受けた自動

車について著しい価額の減少を生ずるおそれがあるとき，又はその保管のために不相応な費用を要するときは，執行官は，差押債権者，債務者及び抵当権者に対し，その旨を通知しなければならない。

３　前項に規定する場合において，差押債権者又は債務者の申立てがあるときは，執行裁判所は，第97条において準用する法第64条又は第96条の定めるところにより自動車を売却する旨を定めることができる。ただし，その自動車に抵当権が設定されているときは，この限りでない。

４　前項の規定による決定がされたときは，裁判所書記官は，同項の申立てをしない差押債権者及び債務者に対し，その旨を通知しなければならない。

５　第３項の規定による決定に基づいて自動車が売却され，その代金が執行裁判所に納付されたときは，裁判所書記官は，売却代金を供託しなければならない。

〔解　説〕

１　本条の趣旨

本条は，執行官が引渡しを受けた自動車のいわゆる緊急換価について規定したものである。差押えの執行がされた動産については，著しい価額の減少を生ずるおそれがあるとき，又はその保管のために不相応の費用を要するときの緊急換価についての規定がある（法137条）が，自動車は，年々の価額の下落が著しいし，保管にかなりの費用を要するのが普通であるから，通常の動産以上に緊急換価の必要性が大きいことから，本条が設けられた。

２　裁判所書記官及び執行官による通知（１項，２項）

強制執行の一時の停止を命ずる旨を記載した裁判の正本（法39条１項７号）又は債権者が，債務名義の成立後に，弁済を受け，若しくは弁済の猶予を承諾した旨を記載した文書（同項８号）が提出されたときは，自動車執行の手続を停止しなければならない。この場合，執行官は，その停止の事由が消滅するまで引渡しを受けた自動車の保管を継続すべきであるが，著しい価額の減少を生ずるおそれがあるとき，又はその保管のために不相応な費用を要するときは，差押債権者又は債務者の申立てにより，緊急換価が行われる（本条３項本文）。しかし，差押債権者及び債務者は，このような緊急換価の要件が満たされていることを当然には知り得ない。そこで，本条２項は，これらの者に緊急換価の申立てをする機会を与えるために，執行官がこれらの者に緊急換価の要件たる事実が存在することを通知しなければならないとした。

また，抵当権が設定されている自動車は緊急換価をすることができない（本条３項ただし書）が，緊急換価の要件がある場合には，抵当権者が抵当権の実行としての自動車の競売（176条）を申し立てるのが，抵当権者だけでなく，差押債権者及び債務者のためにも相当であるから，本条２項は，競売の申立てを促すために，抵当権者に対しても，緊急換価の要件たる事実が存在することを通知しなければならないとした。

ところで，この執行停止文書は，執行裁判所に提出されるので，執行官は，当然には自動車執行の停止がされたことを知り得ない。そこで，本条１項は，これらの文書が提出されたときは，裁判所書記官は，執行官に対し，その旨を通知しなければならないこととした。

3　緊急換価の手続(1)（３項本文）

本条１項の規定による通知がされた後の緊急換価の手続は，自動車執行の手続による(2)(3)。ただし，本条の場合は，その前の手続で強制競売の開始決定（89条１項）がされているので，再度開始決定をする必要はなく，本条３項により緊急換価をする旨の決定をするだけで足りる。

4　抵当権が設定されている場合（３項ただし書）

自動車に抵当権が設定されているとき（自動車抵当法３条）は，緊急換価をすることはできない。抵当権が設定されている自動車を緊急換価することとすると，自動車を売却した場合には，買受人が抵当権を引き受けることとするか，それとも本執行の場合と同様に抵当権が消滅する（97条１項，法59条１項）こととするか問題となるが，前者では，通常は買受希望者が得られないであろうから緊急換価の目的を達することができず，後者では，売却代金を抵当権の被担保債権の弁済に充てる必要が出てくるが，抵当権の被担保債権の弁済を実現する形で自動車を売却するのであれば，売却を実施するかどうかの判断は，抵当権者に委ねるのが相当と考えられる。そこで，抵当権が設定されている自動車については，緊急換価の対象から外すこととしている。

本条３項ただし書にいう抵当権とは，差押えの登録前に登録された抵当権のことであり，差押えの登録後に登録された抵当権を含まない。

なお，自動車に抵当権が設定されているかどうかは，執行官には当然には分からないので，執行官は，執行裁判所に抵当権の設定の有無並びに抵当権者の氏名及び住所を照会する必要がある。

5　緊急換価の決定の通知（４項）

緊急換価の決定は，申立人に対して告知される（２条２項）が，緊急換価の申立人の相手方は，緊急換価の決定に対して執行異議を申し立てることができる（法11条１項）ので，その機会を与えるために，本条４項は，緊急換価の決定がされたときは，裁判所書記官は，申立てをしていない差押債権者及び債務者に対し，その旨を通知しなければならないとした。

6　売却代金の供託（５項）

緊急換価の決定に基づいて自動車を売却した場合の代金が執行裁判所に納付されたときは，裁判所書記官は，売却代金を供託しなければならない（本条５項）。

緊急換価した自動車の代金は，差し押さえられた自動車が変形したものであって，その供託は，執行裁判所の金銭保管の手段として行われる保管供託というべきものである。後日，自動車執行が続行されたときは，執行裁判所は供託金について配当等を実施することになり，取下げ又は取消しにより自動車執行が終了したときは，供託金を債務者に交付することになる。

注(1)　平成16年改正規則により，自動車執行において売却を行う場合としては，裁判所書

記官が執行官に売却を実施させる場合（特別売却以外の売却の方法について97条１項，法64条１項及び３項，特別売却について96条１項）と，執行裁判所が自動車譲渡命令を発令する場合との２通りとなったことから，本条３項において，緊急換価を行う場合にもこの２通りの方法がある旨を規定上明らかにする改正がされた。

⑵　本条３項は，「前項に規定する場合において」としており，執行官が本条１項の規定による裁判所書記官からの通知を受けたことも緊急換価の決定をするための要件としているように読める。しかし，この文言は，この通知及びそれに基づく同条２項の規定による執行官から差押債権者等への通知があった後に緊急換価の申立てがされるという通常の場合を想定したものであり，これらの通知がされる前に執行停止中の自動車について著しい価額の減少を生ずるおそれがあること等を知った差押債権者等から緊急換価の申立てがあった場合に，その決定をすることも妨げられない。

⑶　この場合において，差押債権者が自動車を保管するのに必要な費用を予納しないときは，自動車の強制競売の手続は取り消されることになり（法14条１項，４項），さらに執行官がその自動車を受け取る権利を有する者に対してその引渡しをすることができないときは，執行裁判所は，次条４項の規定により，その自動車を売却する旨を定めることができる。

（自動車執行の申立てが取り下げられた場合等の措置）

第96条の４　自動車執行の申立てが取り下げられたとき，又は強制競売の手続を取り消す決定が効力を生じたときは，裁判所書記官は，執行官に対し，その旨を通知しなければならない。

２　執行官が前項の規定による通知を受けた場合において，自動車を受け取る権利を有する者が債務者以外の者であるときは，執行官は，その者に対し，自動車執行の申立てが取り下げられ，又は強制競売の手続が取り消された旨を通知しなければならない。

３　執行官は，第１項の規定による通知を受けたときは，自動車を受け取る権利を有する者に対し，自動車の所在する場所においてこれを引き渡さなければな

らない。ただし，自動車を受け取る権利を有する者がこれを保管しているときは，この限りでない。

４　執行官が前項の規定による引渡しをすることができないときは，執行裁判所は，執行官の申立てにより，自動車執行の手続により自動車を売却する旨を定めることができる。

５　前項の規定による決定がされたときは，裁判所書記官は，債務者及び抵当権者に対し，その旨を通知しなければならない。

６　第４項の規定による決定に基づいて自動車が売却され，その代金が執行裁判所に納付されたときは，執行裁判所は，その売却代金から売却及び保管に要した費用を控除し，残余があるときは，売却代金の交付計算書を作成して，抵当権者に弁済金を交付し，剰余金を債務者に交付しなければならない。

７　法第88条，法第91条及び法第92条第１項並びに第59条から第61条までの規定は，前項の規定により弁済金及び剰余金を交付する場合について準用する。

〔解　説〕

１　本条の趣旨

本条は，自動車執行の申立てが取り下げられ，又は強制競売の手続を取り消す決定が効力を生じた場合において，執行官が自動車を受け取る権利を有する者に対しその引渡しをする手続及びその引渡しができないときの自動車の売却について定めたものであり，動産執行に関する127条に相当する規定である。

２　執行官に対する通知（１項）

自動車執行の申立てが取り下げられたとき，又は強制競売の手続を取り消す決定が効力を生じたときは，執行官は，強制競売開始決定に基づき引渡しを受けて保管中（自動車引渡命令（97条１項，法115条１項）に基づいて引渡しを受けて保管している場合等を含む。）の自動車を債務者その他の自動車を受け取る権利を有する者に引き渡さなければならないが，申立ての取下げは執行裁判所に対してされ，また強制競売の手続を取り消す決定も執行裁判所がするので，これらの事由が生じたことは，当然には執行官には分からない。

そこで，本条１項は，これらの事由が生じたときは，裁判所書記官は，執行官に対し，その旨を通知しなければならないこととした。

３　自動車を受け取る権利を有する者に対する通知（２項）

自動車執行の申立てが取り下げられたとき，又は強制競売の手続を取り消す決定が効力を生じたときは，債務者に対しては，申立ての取下げの通知（14条）又は取消決定の告知（２条１項２号，法12条１項）がされるが，それ以外の者に対しては，これらの事実は通知されない。そこで，本条２項は，執行官が，本条１項の規定による通知を受けた場合において，自動車を受け取る権利を有する者が債務者以外の者であるときは，執行官は，その者に対し，自動車執行の申立てが取り下げられ，又は強制競売の手続が取り消された旨を通知しなければならないものとした。

４　自動車の引渡し（３項）

執行官は，本条１項の規定による通知を受けたとき(1)は，自動車を受け取る権利を有する者に対し，原則として，自動車の所在する場所においてこれを引き渡さなければならない（本条３項本文)。ただし，自動車を受け取る権利を有する者が自動車を保管しているとき（91条１項により債務者等に保管させた場合等）は，引き渡す必要はない（本条３項ただし書)。

執行官は，自動車の引渡しをしたときは，その旨を記録上明らかにしておくのが相当である。

５　引渡しができないときの自動車の売却（４項から７項まで）

⑴　本条４項から７項までは，執行官が本条３項の規定による引渡しをすることができない場合の自動車の売却について規定したものである。

動産については，執行官が差押えを取り消した場合において，動産を債務者その他動産を受け取る権利を有する者に対し引き渡すことができないときは，執行官は，執行裁判所の許可を受けて，動産を売却することができる旨の規定（127条３項）がある。これは，動産の保管には，一般に費用がかかる上，事件が終了したにもかかわらず，いつまでも執行官に保管義務を負わせるのは適切ではないことによる。

このような事情は，執行官が自動車を保管している場合も同じであることから，本条４項から７項までの規定を設け，手続の円滑化を図ることとしたものである。

⑵　売却の要件

自動車を売却するには，自動車執行の申立てが取り下げられ，又は強制競売の手続を取り消す決定が効力を生じた場合において，執行官が自動車を債務者その他の自動車を受け取る権利を有する者に対し引き渡すことができないことが必要である。仮差押えの執行がされた自動車の緊急換価（民保規37条）や執行停止中の緊急換価（96条の３）のように，自動車について著しい価額の減少を生ずるおそれがあること，その保管のために不相応な費用を要することは必要ない。本条４項が設けられた趣旨は，事件が終了したにもかかわらず，自動車の引渡しができない場合において，執行官をその保管義務から解放することにあるからである。また，仮差押えの執行がされた自動車の緊急換価や執行停止中の緊急換価では，抵当権が設定されている場合は，売却できないこととされているが，本条では，抵当権が設定されている場合でも，売却できることとされた。緊急換価の場合には，事件が係属しているが，本条の場合は，事件が終了しているので，抵当権が設定されている場合に抵当権者の競売の申立てがない限り自動車を売却できないものとすると，前記のような本条の趣旨が達せられないことになるからである。

⑶　売却の申立て

本条４項による自動車の売却は，執行官の申立てにより行う[(2)]。執行官は，債務者その他の自動車を受け取る権利を有する者を相手方として，強制競売の申立てを行う。

⑷　売却の手続

執行官の申立てを受けた執行裁判所は，本条４項の売却をする旨の決定と強制競売の開始決定とをする。自動車は，執行官が既に保管しているから，開始決定において自動車を執行官に引き渡すべき旨を命ずる必要はない（89条１項参照）。

強制競売の開始決定がされたときは，裁判所書記官は，その開始決定に係る差押えの登録を嘱託しなければならない（97条１項，法48条）。また，裁判所書記官は，債務者及び抵当権者に対し，その旨を通知しなければならない（本条５項）。これらの者が売却手続に関与し得るように配慮したものである。

売却の手続は，通常の自動車執行の場合と同じである。自動車の売却に当たっては，執行裁判所は，評価人に評価を命じ，売却基準価額を定めなければならない（97条１項，法58条１項，法60条１項）が，取下げ又は取消しになった事件で評価がされていたときは，その評価書を利用することもできる。なお，本条の売却では，執行官が差押債権者となるので，自動車譲渡命令は通常考えられない。

⑸　売却代金の交付手続

本条４項の規定による決定に基づいて自動車が売却され，その代金が執行裁判所に納付されたときは，執行裁判所は，その売却代金から売却に要した費用（執行官が手続遂行のため支出した費用を含む。）及び自動車の保管に要した費用を控除し，残余があるときは，売却代金の交付計算書を作成して，抵当権者に弁済金を交付し，剰余金を債務者に交付しなければならない（本条６項）。

本条４項の規定による売却は，執行官を保管義務から解放することを前提とするものであるから，その売却代金について配当を行うことまでは予定していない。しかし，自動車が売却されると，その上に存する抵当権は，消滅する（97条１項，法59条１項）から，その抵当権者の保護を図る必要がある。そこで，本条６項は，売却代金から売却及び保管に要した費用を控除して，残余があるときは，まず抵当権者に対して交付することとしたのである(3)。

抵当権者及び債務者に対して弁済金及び剰余金を交付する場合には，弁済金の交付の日を定め，抵当権者及び債務者に対してその日時及び場所を通知しなければならない（本条７項，59条１項，３項）。裁判所書記官は，抵当権者に対して計算書の提出を催告し，それに基づいて弁済金及び剰余金の交付の手続を行う（本条７項，60条，61条）。抵当権者又は債務者が出頭しない場合には，弁済金又は剰余金は，供託しなければならない(4)。

注(1)　本条１項の通知は，相当と認める方法によることができる（３条１項，民訴規４条１項）。したがって，執行官に対して債権者から強制競売の申立てを取り下げた旨の申出がされたとき，あるいは自動車を受け取る権利を有する者が強制競売の申立てが取り下げられたとして執行官に対し自動車の引渡しを求めてきたときは，執行官は，執行裁判所に取下げとなったことの確認をし，それによって裁判所書記官からの通知があったものとして，債務者等に対し自動車を引き渡すことも許される。

(2)　仮差押えの執行がされた自動車の緊急換価や執行停止中の緊急換価では，（仮）差押債権者又は債務者が申立権者となっているが，本条４項の売却の場合には，自動車執行の手続が終了した後の問題であり，これらの者の積極的行動は期待できない。なお，立法論としては，執行官が自動車の引渡しをすることができない場合に，執行裁判所が職権で売却することも考えられるが，執行費用の国庫立替え等の問題があり，必ずしも執行官を自動車の保管義務から早期に解放するという同条項の趣旨に合致しないおそれもあるので，執行官の申立てに係らせることとした。

(3)　抵当権者は，自動車の売却代金の残余に対し，物上代位（自動車抵当法８条）により権利行使をすることもできるが，債務者が剰余金の交付を受けてしまえば，その行使ができなくなるので，抵当権者に対する保護として十分でない。

(4)　出頭しない抵当権者については，本条７項，法91条２項により供託し，出頭しない債務者については，民法494条により弁済供託することができる（平２．２．９最高裁民事局第三課長通知，平２．２．１法務省民四第320号民事局第四課長通知参照）。

（不動産の強制競売等の規定の準用）

第97条　法第２章第２節第１款第２目（法第45条第１項，法第46条第２項，法第55条から法第57条まで，法第59条第４項，法第61条，法第62条，法第64条の２，法第65条の２，法第66条（第96条第２項の買受けの申出に係る場合に限る。），法第68条の２，法第68条の４，法第69条（第96条第２項の規定による売却許可決定に係る場合に限る。），法第71条第５号，法第77条，法第81条，法第83条，法第83条の２及び法第86条第２項を除く。），法第115条（第１項後段を除く。），法第120条及び法第127条並びにこの節第１款第１目（第23条から第24条まで，第27条の２から第29条まで，第30条第１項第４号及び第５号並びに第２項，第30条の２，第30条の４，第31条，第31条の２（第38条第７項及び第50条第４項において準用する場合を含む。），第33条，第34条中期間入札に係る部分，第36条第１項第５号から第７号まで及び第２項（第50条第４項において準用する場合を含む。），第46条から第49条まで，第51条から第51条の４まで，第51条の７，第54条（第96条第２項の規定による売却許可決定に係る場合に限る。），第55条（第96条第２項の規定による売却許可決定に係る場合に限る。），第55条の２並びに第58条の３を除く。），第85条及び第109条の規定は，自動車執行について準用する。この場合において，法第49条第１項中「物件明細書の作成までの手続」とあるのは「評価書の提出」と，法第78条第４項中「売却許可決定が確定するまで」とあるのは「売却許可決定が確定するまで，又は民事執行規則第96条第２項の買受けの申出の際」と，法第115条第１項及び第４項中「船舶国籍証書等」とあり，及び「船舶の船籍」とあるのは「自動車」と，同項中「５日以内」とあるのは「10日以内」と，法第120条中「２週間以内に船舶国籍証書等」とあるのは「１月以内に自動車」と，法第127条第１項及び第２項中「差押物」とあるのは「差押えの効力が生じた時に債務者が占有していた自動車」

と，第36条第１項第８号中「物件明細書，現況調査報告書及び評価書」とあるのは「評価書」と，第109条中「差押物が差押えをした」とあるのは「執行官が占有を取得した自動車が」と読み替えるものとする。

２　前項において準用する第34条（期間入札に係る部分を除く。）に規定する入札における入札人及び同項において準用する第50条第１項に規定する競り売りにおいて買受けの申出をしようとする者は，住民票の写しその他のその住所を証するに足りる文書を執行官に提出するものとする。

〔解　説〕

1　本条の趣旨

１項は，自動車執行について，不動産の強制競売に関する法及びこの規則の規定のうち必要なもの並びに船舶執行の申立て前の船舶国籍証書等引渡命令，船舶国籍証書等の取上げができない場合の強制競売の手続の取消し，差押物の引渡命令及び航空機執行における評価書の内容の公開等の規定を準用し，所要の読替えをしたものである。また，２項は，自動車執行における買受けの申出の方法について，令和元年改正規則により，同規則で削除された38条６項と同じ内容を定めたものである。

2　不動産強制競売に関する規定のうち準用されないもの

不動産強制競売に関する法及びこの規則の規定は，次に掲げるものを除き，すべて自動車執行にも準用される。

⑴　開始決定及び債務者による不動産の使用収益（法45条１項，法46条２項）

自動車の特質上，強制競売を開始するに際し，強制競売の開始決定をするとともに，その開始決定において，債務者に対し自動車を執行官に引き渡すべき旨を命ずることとしたので（89条１項本文），不動産の強制競売の開始決定及び債務者に不動産の使用収益を許す旨の規定（法45条１項，法46条２項）は準用されていない。

⑵　差押不動産の保全処分及び引渡命令（法55条，法55条の２，法68条の２，

法77条，法83条及び法83条の２並びに27条の２，27条の３，27条の４，51条の４，55条の２及び58条の３）

自動車執行においては，執行の当初の段階から執行官が自動車の引渡しを受けてこれを保管するため，債務者に目的物の使用収益を許すことを前提とした差押不動産の保全処分及び引渡命令に関する規定（法55条，法55条の２，法68条の２，法77条，法83条及び法83条の２並びに27条の２，27条の３，27条の４，51条の４，55条の２及び58条の３）は，準用する余地がない。

⑶　地代等の代払の許可及び法定地上権（法56条，法81条）

地代等の代払の許可及び法定地上権の制度は，不動産強制競売に固有のものであり，法56条及び法81条の規定が自動車執行に準用されないことは多言を要しない。

⑷　現況調査の実施，執行官及び評価人相互の協力，物件明細書の作成，物件明細書の内容と売却基準価額の決定の内容との関係についての措置並びに現況調査報告書及び物件明細書の内容の公開等（法57条，法62条，28条，29条，30条の２，30条の４，31条）

自動車の所有権の取得は，自動車登録ファイルに登録しなければ第三者に対抗することができない（車両法５条１項）。また，自動車には質権を設定することができず（自動車抵当法20条），賃借権は動産賃借権であって，買受人に対抗することができないなど，自動車についての権利関係は，航空機についての権利関係と類似のものであるため（84条の解説を参照），自動車執行においても，航空機に対する強制執行と同じく現況調査の実施及び物件明細書の作成をせず，評価人に提出させた評価書の内容を公開するのみで売却を実施することとした（85条の準用）。そのため，現況調査の実施，執行官及び評価人相互の協力，物件明細書の作成，物件明細書の内容と売却基準価額の決定の内容との関係についての措置並びに現況調査報告書及び物件明細書の内容の公開等に関する規定（法57条，法62条，28条，29条，30条の

2，30条の4，31条）は，準用されていない。

⑸　留置権の扱い（法59条4項）

不動産の強制競売においては，留置権は不動産の売却によって消滅せず，買受人が引き受けるべきものとされている（法59条4項）。これに対して自動車執行においては，留置権者がいるときは，その者から自動車を強制的に取り上げることができないため，その者が任意に執行官に自動車を提出しない限り，強制執行をすることができない。留置権者が任意に自動車を提出したときは，その者は，留置的効力を主張して債権の弁済を受ける利益を放棄したものとみるのが相当であるから，以後の手続においては，留置権を顧慮することなく売却手続を進めるべきである。そこで，留置権が引受けとなる旨を規定した法59条4項は準用しないこととされた[(1)]。自動車を任意提出した留置権者は，配当要求の終期までに，執行力のある債務名義の正本を得て，又は仮差押えの登録を受けて配当要求をしなければ，配当等を受けることができない（法51条及び法87条の準用）。

なお，自動車については，質権を設定することが禁じられている（自動車抵当法20条）ので，法59条4項中質権の引受けに関する部分の準用がないことはいうまでもない。

⑹　一括売却（法61条，法86条2項）

自動車については，一括売却に適するものはないと考えられるので，一括売却に関する規定（法61条，法86条2項）は準用されていない。

⑺　内覧（法64条の2，51条の2，51条の3）

内覧は，もっぱら不動産執行について必要性が指摘されており，船舶の場合と同様に，自動車について内覧の手続を実施する必要はないものと考えられるので，内覧に関する規定（法64条の2，51条の2，51条の3）は準用されていない。

⑻　申立書の添付書類（23条）

自動車執行の申立書の添付書類については，88条に規定が設けられているので，不動産強制競売の申立書の添付書類に関する規定（23条）は準用されていない。

⑼　手続の進行に資する書面の提出（23条の２）

自動車執行については，自動車の性質及び必要性を考慮して，不動産に対する強制競売手続の進行に資する書面の提出に関する23条の２の規定は準用されていない。

⑽　開始決定の通知（24条）

自動車執行においては強制管理の方法は認められていないので，24条の規定は準用の余地がない。

⑾　評価書の記載事項等（30条１項４号，５号及び２項）

不動産の評価書に関する30条１項４号，５号及び２項の規定は，不動産の評価書に固有の記載事項であるので，準用されていない。

⑿　買受けの申出をすることができる者の制限（33条）

自動車については，法令の規定による取得の制限はないので，33条の規定は準用されていない。

⒀　公告事項等（36条１項５号から７号まで及び２項）

公告事項について規定した36条１項５号から７号までが準用されていない理由については，前記⑹，⑿及び74条の解説の注⑷を参照されたい。また，市町村への公告事項を記載した書面の掲示の嘱託の規定（36条２項）が準用されていないのは，自動車の価額が不動産，船舶，航空機に比較して著しく低いのが通例であること等が考慮されたためである。

⒁　期間入札（34条の一部，46条から49条まで）

自動車は，不動産，船舶，航空機と比較して価額が低廉なのが通例であり，また，その価額の相場は，製造年度，型式等によって通常一定しており，しかも，時日の経過による価額の下落が著しいので，期間入札には適しないと考えられる。そこで，入札の方法による売却のうち，期間入札に関する部分は準用しないこととされている。

⒂　入札又は競り売り以外の方法による売却（51条）

執行官に対し入札又は競り売り以外の方法による売却を命ずる要件については96条１項に規定され，その手続等については同項において51条（１項前段及び９項（ただし，31条の２の規定を準用する部分に限る。）を除く。）が準用されている。

⒃　自動車譲渡命令に関する準用除外規定

自動車譲渡命令を発する方法による自動車の売却については，買受けの申出の保証（法66条），売却決定期日（法69条）及び売却許可決定の告知，公告（54条，55条）に関する規定の準用が除外されている（96条の解説の３⑵⑶を参照）。

⒄　暴力団員の買受け防止の規定（法65条の２，法68条の４，法71条５号，31条の２（38条７項及び50条４項において準用する場合を含む。），51条の７）

自動車執行においては，暴力団員の買受け防止の規定を準用する必要はないと考えられたことから，これらの規定は準用しないこととしている[(2)]。

3　自動車執行の申立て前の自動車引渡命令（法115条（１項後段を除く。）の準用）

船舶執行の申立て前の船舶国籍証書等引渡命令の規定（法115条）は，自動車執行にも準用される。すなわち，自動車執行の申立て前に自動車を取り上げなければ自動車執行が著しく困難となるおそれがあるときは，自動車の所在地（本項後段の読替えに注意）を管轄する地方裁判所は，申立てにより，債務者に対し，自動車を執行官に引き渡すべき旨を命ずることができる。この命令は，自動車執行を申し立てるための暫定的な措置として発せられるものであるから，執行官は，自動車の引渡しを受けた日から10日以内[(3)]に債権者が自動車執行の申立てをしたことを証する文書を提出しないときは，自動車を債務者に返還しなければならない[(4)]。この決定は，債務者に送達する前に執行することができること，この決定に対しては即時抗告をすることができることなど，法115条１項の決定と同じである。

4　自動車の取上げができない場合の強制競売の手続の取消し（法120条の準用）

船舶執行においては，開始決定後２週間以内に船舶国籍証書等の取上げができないときは，強制競売の手続を取り消すべきものとされている（法120条）が，自動車執行においても，執行の目的物を確保しなければ，売却の実施が困難であるため，この規定を準用し，開始決定がされた後１月以内に（本項後段における読替え）執行官が自動車を取り上げることができないときは，強制競売の手続を取り消さなければならないものとした。

船舶執行においては２週間以内に船舶国籍証書等を取り上げなければならないのに対し，自動車執行においては１月以内に自動車を取り上げるべきものとしたのは，船舶に比べて自動車は，はるかに軽快な移動性を有し，容積も小さいため，探索に日数を要することがあり得るからである。

5　第三者に対する自動車の引渡命令（法127条の準用）

開始決定における自動車の引渡命令は，債務者に対してしか執行することができないが，差押えの効力が生じた後に債務者から第三者に占有が移転した場合には，その者から自動車を取り上げる必要がある。そこで，差し押さえた動産を第三者が占有することとなった場合の引渡命令の規定（法127条）を準用することとしているのである[(5)]。

この引渡命令の申立権者は差押債権者であり，差押債権者は，第三者が自動車を占有していることを知った日から１週間以内にこの申立てをしなければならない（法127条１項及び２項の準用)。この引渡命令の管轄裁判所は，自動車執行の開始決定をした地方裁判所である[(6)]。

法127条の引渡命令は，執行官が占有している差押物を第三者が占有することとなった場合に限り求めることができるものであるが，この引渡命令は，執行官が引渡しを受けた自動車を第三者が占有することとなった場合のほか，執行官が自動車を占有する前に差押えの登録又は開始決定の債務者への送達によって差押えの効力が生じた（本項，法46条１項）自動車について，債務者から第三者に占有が移された場合にも求めることができる。

この引渡命令は，第三者に送達される前であっても執行することができるが，申立人に告知された日から２週間を経過したときは，執行力を失う（法127条４項，法55条８項の準用）。引渡命令を執行した執行官は，その旨並びに自動車の保管の場所及び保管方法を自動車執行の執行裁判所に届け出なければならない（90条１項）。

この引渡命令に対しては，執行抗告をすることができる（法127条３項の準用）。

6　評価書の内容の公開等（85条の準用）

自動車執行においても，航空機執行に関する85条の規定を準用し，不動産執行における現況調査の実施及び物件明細書の作成に関する規定は準用しないこととされているが，その趣旨については，前記２⑷を参照されたい。なお，法49条１項及び36条１項８号の規定の準用については，その趣旨で，本条後段において読替えが規定されている。

7　職務執行区域外における自動車の取戻し（109条の準用）

執行官がいったん占有を取得した自動車が何らかの事情で職務執行区域外に逸出した場合において，これを取り戻すため必要があるときは，執行官は，職務執行区域外で職務を行うことができる。

8　住民票の写しその他その住所を証するに足りる文書の提出（２項）

期日入札における入札人及び競り売りにおいて買受けの申出をしようとする者は，住民票の写しその他その住所を証するに足りる文書を執行官に提出するものとされている。その趣旨は，83条３項と同様であるので，同条の解説の４を参照されたい。

第97条

注⑴ 船舶又は航空機に対する強制執行において，留置権者は，それらの航行に必要な文書を執行官に提出するにすぎないので，留置的効力を主張する利益まで放棄したものとみることはできず，買受人は，留置権者が船舶又は航空機の任意の引渡しに応じない限り，留置権によって担保される債権を弁済する責に任ずる（法121条，法59条４項，84条）。

⑵ 自動車執行について暴力団員の買受け防止の規定が準用されない理由については，84条の解説の注⑹を参照。

⑶ 船舶執行においては返還の猶予期間を５日間としながら（法115条４項），自動車執行において返還の猶予期間を10日間とした（本条後段における読替え）のは，船舶執行においては，船舶を捕そくした地を管轄する地方裁判所が執行裁判所となるのに対し，自動車執行においては，自動車の使用の本拠を管轄する地方裁判所となるため，自動車執行の申立ての証明書を執行官に提出するのに日数を要することがあり得るからである。

⑷ 10日間経過後執行官が債務者に自動車を返還する前に，債権者が，債務者に対し執行官への自動車の引渡しを命ずる開始決定の正本を執行官に提出したときは，執行官は，この決定正本に基づいて新たに自動車の引渡しを受けたものとして，執行裁判所に90条１項の届出をすべきであろう。

⑸ 開始決定において命じられる引渡命令は，債務名義に準じて取り扱われるので，差押えの効力を生じた後の承継人に対しては，承継執行文を得て執行することもできるが，承継の立証が困難なことも多く，また，その場合には，不法占有者に対する執行ができなくなることから，法127条を準用して，その難点の解決を図ったのである。

⑹ 差押物の引渡命令は，執行官の所属する地方裁判所に求めるのであるが，第三者に対する自動車の引渡命令は，執行官が占有している自動車を第三者が占有することとなった場合においても，自動車執行の開始決定をした裁判所に求めなければならない。

第５款　建設機械及び小型船舶に対する強制執行

（建設機械に対する強制執行）

第98条　建設機械抵当法（昭和29年法律第97号）第３条第１項の登記がされた建設機械（以下「建設機械」という。）に対する強制執行については，前款の規定を準用する。この場合において，第87条第１項中「自動車の自動車登録ファイルに登録された使用の本拠の位置（以下「自動車の本拠」という。）」とあり，及び第88条中「自動車の本拠」とあるのは，「建設機械の登記の地」と読み替えるものとする。

〔解　説〕

1　本条の趣旨

建設機械抵当法26条２項は，登記がされた建設機械に対する強制執行及び仮差押えの執行に関し必要な事項は，最高裁判所規則で定めるものとしている。本条は，この規定に基づき，登記がされた建設機械に対する強制執行の手続について，自動車執行に準じた手続によるべき旨を規定したものである(1)。

2　自動車執行の規定の準用

⑴　建設機械とは，登録を受けた建設業者が建設業法２条１項に規定する建設工事の用に供する一定の機械類をいう（建設機械抵当法２条）。建設機械は登記の対象となり（同法３条１項），登記がされた建設機械は抵当権の目的とすることができる（同法５条）が，質権の目的とすることができず（同法25条），登記がされた建設機械の所有権及び抵当権の得喪及び変更は，登記しなければ第三者に対抗することができない（同法７条１項）。

このように，登記がされた建設機械についての権利関係は，登録を受けた自動車についての権利関係と酷似しており，また，建設機械は，管理の方法等において自動車と類似性を有するため，登記がされた建設機械に対する強制執行については，自動車執行の規定を全て準用することとされている。

⑵　自動車執行の管轄裁判所は自動車の本拠を管轄する地方裁判所であるが，建設機械に対する強制執行においては，建設機械の登記の地[(2)]を管轄する地方裁判所が執行裁判所として管轄する。また，自動車執行においては，強制競売の開始決定がされたときは，裁判所書記官は，自動車の本拠を管轄する運輸監理部長又は運輸支局長に差押えの登録の嘱託をするのに対し，建設機械に対する強制執行においては，管轄登記所に差押えの登記の嘱託をすることになる。その他の手続は，自動車執行の手続と異なるところがない[(3)]。

注⑴　小型船舶登録法の制定により，小型船舶に対する強制執行（次条）が新設されたことに伴い，本款が「建設機械に対する強制執行」から「建設機械及び小型船舶に対する強制執行」と改められ，本条に見出しが付されることとなった。

⑵　建設機械の登記については，建設機械抵当法施行令８条１項の規定により打刻された記号によって表示される都道府県の区域内に置かれる法務局又は地方法務局（北海道にあっては，札幌法務局）が，管轄登記所としてその事務をつかさどる（建設機械登記令１条）。

⑶　自動車執行の規定が準用される以上，不動産競売における暴力団員の買受け防止の規定は準用されないことになる。その理由については，84条の解説の注⑹を参照。

（小型船舶に対する強制執行）

第98条の２　小型船舶の登録等に関する法律（平成13年法律第102号）第９条第１項に規定する登録小型船舶（以下「小型船舶」という。）に対する強制執行については，前款の規定を準用する。この場合において，第87条第１項中「自動車の自動車登録ファイルに登録された使用の本拠の位置（以下「自動車の本拠」という。）」とあり，及び第88条中「自動車の本拠」とあるのは，「小型船舶の小型船舶登録原簿に登録された船籍港」と読み替えるものとする。

〔解　説〕

1　本条の趣旨

小型船舶登録法27条２項は，登録小型船舶に対する強制執行及び仮差押えの執行に関し必要な事項は，最高裁判所規則で定めるものとしている。本条は，この規定に基づき，登録小型船舶に対する強制執行の手続について，自動車執行に準じた手続によるべき旨を規定したものである[(1)]。

2　自動車執行の規定の準用

(1)　小型船舶とは，総トン数20トン未満の船舶のうち，船舶法１条に規定する日本船舶又は日本船舶以外の船舶（本邦の各港間又は湖，川若しくは港のみを航行する船舶に限る。）であって，漁船又はろかい若しくは主としてろかいをもって運転する舟，係留船その他小型船舶登録規則２条で定める船舶を除くものをいう（小型船舶登録法２条)。小型船舶は，原則として，小型船舶登録原簿（以下「原簿」という。）に登録を受けたものでなければ，航行の用に供してはならないとされ（同法３条)，登録を受けた小型船舶の所有権の得喪は，登録を受けなければ第三者に対抗することができない（同法４条)。

このように，登録小型船舶の権利関係については，登録を受けた自動車についての権利関係と類似しており，また，小型船舶は，自動車と同様の高度の移動性を有しているため，登録小型船舶に対する強制執行については，自動車執行の規定をすべて準用することとされている。

(2)　登録小型船舶に対する強制執行においては，原簿に登録された船籍港を管轄する地方裁判所が執行裁判所として管轄する（本条後段，87条１項)。また，裁判所書記官は，登録小型船舶に対する強制執行において，強制競売の開始決定がされたときは，国土交通大臣を代行して登録に関する事務を行う小型船舶検査機構（小型船舶登録法21条）に差押えの登録の嘱託をすることになる[(2)]。その他の手続は，自動車執行の手続と同様である[(3)(4)]。

注(1)　「民事執行規則等の一部を改正する規則」(平成14年２月15日最高裁判所規則第４号）により新設された。森田浩美外「小型船舶の登録等に関する法律の施行に伴う民事執行規則等の一部改正について」NBL739－43以下参照

(2)　具体的には，船舶安全法に基づき設立され，国土交通大臣を代行して登録に関する

事務を行う小型船舶検査機構である日本小型船舶検査機構の小型船舶の所在地を管轄する事務所（小型船舶登録規則35条２項，船舶安全法施行規則48条２項参照）に対し，登録の嘱託をすることになる。

⑶　ただし，小型船舶の保管に当たっては，適切な係留施設を確保するのが困難な場合が少なくないなど，運用上留意すべき点がある。森田浩美外・前掲注⑴47頁以下参照

⑷　自動車執行の規定が準用される以上，不動産競売における暴力団員の買受け防止の規定は準用されないことは建設機械執行と同様である。その理由については，84条の解説の注⑹を参照

民事裁判資料第257号
条解民事執行規則（第四版）
上〔第１条～第98条の２〕　　**書籍番号 500206**

昭和55年１月28日　第１版第１刷発行
令和２年４月30日　第４版第１刷発行

編　　集　最高裁判所事務総局
発行人　門田友昌
発行所　一般財団法人　法　曹　会
〒100-0013　東京都千代田区霞が関1-1-1
振替口座　00120-0-15670
電　　話　03-3581-2146
http://www.hosokai.or.jp/

落丁・乱丁はお取替えいたします　　印刷製本／（株）キタジマ

ISBN 978-4-86684-042-0